普通高等教育“十四五”规划教材

大学生职业生涯规划与就业指导教程

邓基泽　曾龙威　主　编

U0823336

中国农业大学出版社
·北京·

内 容 提 要

本书以习近平新时代中国特色社会主义思想为指导，紧扣人才强国与科教兴国战略，秉持“为党育人、为国育才”的初心使命，依据教育部相关课程教学要求，紧密结合大学生成长成才规律与高校就业指导实践，采用通俗易懂的语言与鲜活案例，旨在引导当代大学生科学规划职业生涯，掌握求职就业核心技巧，为未来就业创业奠定坚实基础。

全书精心编排为三大篇章：大学生职业生涯规划篇、大学生就业指导篇和全国大学生职业规划大赛实战篇，共十七章。内容涵盖自我认知、职业探索、就业形势分析、简历制作、面试应对、创新精神培养及大赛实战演练等。

本书全面贯彻党的教育方针，落实立德树人根本任务，致力于培养德智体美劳全面发展的时代新人，指导性、实操性并重，既可作为高校低年级学生“职业生涯规划”课程的理想教材，也可作为高年级学生提升就业竞争力、规划创新创业之路的实用宝典。

图书在版编目(CIP)数据

大学生职业生涯规划与就业指导教程 / 邓基泽，曾龙威主编 . -- 北京 ：中国农业大学出版社， 2025. 8.
ISBN 978-7-5655-3519-2

Ⅰ. G647. 38

中国国家版本馆 CIP 数据核字第 2025450GV5 号

书　　名　大学生职业生涯规划与就业指导教程
Daxuesheng Zhiye Shengya Guihua yu Jiuye Zhidao Jiaocheng
作　　者　邓基泽　曾龙威　主编

策划编辑　梁爱荣　　**责任编辑**　梁爱荣
封面设计　李尘工作室
出版发行　中国农业大学出版社
社　　址　北京市海淀区圆明园西路 2 号　　**邮政编码**　100193
电　　话　发行部 010-62733489，1190　　读者服务部 010-62732336
编辑部 010-62732617，2618　　出　版　部 010-62733440
网　　址　http://www.caupress.cn　　**E-mail**　cbsszs@cau.edu.cn
经　　销　新华书店
印　　刷　涿州市星河印刷有限公司
版　　次　2025 年 9 月第 1 版　　2025 年 9 月第 1 次印刷
规　　格　185 mm×260 mm　　16 开本　　19.5 印张　　480 千字
定　　价　66.00 元

图书如有质量问题本社发行部负责调换

编 写 人 员

主　编　邓基泽（广州华商学院）
　　　　　曾龙威（广州华商学院）

副主编　邱会锋（广州华商学院）
　　　　　高艳锋（广州华商学院）
　　　　　宋元跃（广州华商学院）

参　编　余玉琼（广州华商学院）
　　　　　柯丽颖（广州华商学院）
　　　　　胡小瑜（广州华商学院）
　　　　　李栩垚（广州华商学院）
　　　　　刘贝莹（广州华商学院）
　　　　　吕汉城（广州华商学院）
　　　　　张丹婷（广州华商学院）

前　言

党的二十大报告高屋建瓴，将“实施科教兴国战略，强化现代化建设人才支撑”置于专章论述，深刻阐述了“坚持教育优先发展、科技自立自强、人才引领驱动”的核心要义，擘画了加快建设教育强国、科技强国、人才强国的宏伟蓝图。这不仅彰显了以习近平同志为核心的党中央对民族复兴伟业和百年未有之大变局的深邃洞察与战略远见，更为新时代我国教育发展、科技进步和人才培养指明了根本遵循。报告同时强调，“教育是国之大计、党之大计”，要求我们将思想政治教育贯穿人才培养全过程，致力于“培养德智体美劳全面发展的社会主义建设者和接班人”。新时代要求这些接班人做到明大德、守公德、严私德。

当前，我国高等教育已从“精英教育”迈向“大众化教育”的新阶段，高校毕业生就业亦遵循“市场导向、政府调控、学校推荐、双向选择”的政策机制。这一深刻变革意味着，大学生就业已全面进入“大众化”时代，就业市场的竞争日趋激烈。面对这一现实，每一位大学生都应清醒认识当前的就业形势，积极主动地拥抱“大学生职业生涯规划与就业指导”这门课程。这不仅关乎个人未来的发展方向，更是将个人理想融入国家发展大局的必要准备。近年来，备受瞩目的全国大学生职业规划大赛，正是将理论学习付诸实践、提升职业规划能力的重要平台。大赛不仅激发了同学们主动探索职业世界、科学规划未来的热情，也为高校职业指导工作提供了生动的实战案例与经验借鉴。本书也特别融入大赛实战的相关内容，旨在通过鲜活的案例与模拟演练，帮助同学们将所学知识转化为应对未来挑战的实际能力。

党的二十大报告进一步指出，“必须坚持科技是第一生产力、人才是第一资源、创新是第一动力”，深入实施科教兴国战略、人才强国战略、创新驱动发展战略，开辟发展新领域新赛道，不断塑造发展新动能新优势。在“大众创业，万众创新”的时代浪潮中，大学生必须注重树立创新精神，培养创新创业意识，既要心怀梦想，也要确立远大目标。大学生的职业指导理应从新生踏入大学校园的那一刻就开始。大学一年级重点开展职业生涯规划启蒙教育，帮助同学们树立新的学习目标，做好大学期间的发展与职业生涯初步规划，并学会适时调整、分步实施。大学二年级起，则应有计划地深化就业指导与创新教育，通过课堂教学、实践体验（如参与职业规划大赛等），引导大学生更深入地认识自我、了解社会需求，抓紧时间充实自我，为未来走上工作岗位做好思想上、知识上和能力上的全面准备。

本书是作者和同事们长期从事高校大学生教育管理和职业指导工作的创新与经验积累，力求指导性、实操性强。我们期望本书能对刚跨入大学殿堂的本、专科新生和正在求知路上的在读大学生们，在人生成长的关键阶段提供切实的指引；同时能为辛勤耕耘在大学生职业指导一线的教育工作者们，带来一些实际的帮助与启发。

鉴于作者水平有限，恳请各位读者对本书可能存在的疏漏与不足之处批评指正。

编　者

2025 年 5 月

目　录

大学生职业生涯规划篇

大学生就业指导篇

大学生职业生涯规划篇

亲爱的同学们，欢迎开启大学生涯规划的第一课。你们踏入大学校门时，或许怀揣着对未来的无限憧憬，或许带着一丝对未知方向的迷茫。职业生涯规划，正是我们在这个关键节点，为自己绘制人生蓝图、明确前行方向的重要探索。它并非遥不可及的宏大叙事，而是始于足下，关乎我们如何认识自我、认识世界、认识自我与世界的关系，并据此作出人生选择的基础性功课。

“千里之行，始于足下。”职业生涯规划的起点，正是我们对自己内在世界（兴趣、性格、能力、价值观）的深度探寻，以及对外部世界（社会发展趋势、行业动态、职业要求）的敏锐洞察，这需要我们保持好奇、勤于思考、勇于尝试。然而，仅仅掌握规划的方法和技巧是远远不够的。大学不仅是知识传授的殿堂，更是塑造品格、涵养情怀、坚定信念的熔炉。

在规划个人职业道路的同时，我们更应将个人的小我“融入国家和民族发展的大我”之中。习近平总书记深刻指出，“建设教育强国、科技强国、人才强国，必须坚持正确办学方向，培养德智体美劳全面发展的社会主义建设者和接班人。”这句话为我们指明了方向：个人的成长与国家的命运紧密相连。我们每个人都是实现中华民族伟大复兴中国梦的参与者和建设者。正如习近平总书记所言，“家是最小的国，国是千万家。”我们的职业选择，不仅关乎个人价值的实现，更可能影响家庭幸福，乃至国家的发展。将爱家与爱国统一起来，把实现个人梦想融入实现民族复兴的伟大梦想之中，这应是我们职业生涯规划中不可或缺的价值考量。

回望历史长河，无数仁人志士正是将个人理想与国家前途、民族命运紧密结合，才谱写了壮丽的人生篇章。从“两弹一星”元勋的默默奉献，到新时代奋斗者在各自岗位上的创新突破，他们以青春之我、奋斗之我，为民族复兴铺路架桥，为祖国建设添砖加瓦。他们的故事告诉我们，有意义的人生，往往与贡献社会、服务人民紧密相连。这些前辈的经历，不仅助你点亮职业发展的灯塔，更能为你注入前行的精神动力，让你在未来的道路上，既能实现个人价值，也能担当起时代赋予的重任。

第一章 瞄准社会需求，及早规划人生

大学是当今大学生进入社会前的最后一个课堂，整个大学期间学生们都在为自己将要进入社会作最后的冲刺，社会的需求逐渐成为高校教育的努力方向。随着高等教育的不断改革，职业生涯规划教育已经成为刚跨入大学校园的大学生不可缺少的必修课。许多学校将职业生涯规划指导课设置在大学一年级，这说明职业生涯规划对当代大学生整个大学时期的学习和生活起着极其重要的引领作用。

第一节 当今社会对大学生的要求

每一位大学毕业生都希望在自己经过十几年寒窗苦读后能找到理想的工作，以报答自己的祖国与父母。但随着社会就业形势的不断变化，许多大学生感到困惑，社会到底需要什么样的人才？当今社会就业现状又是怎样的？

社会需要什么样的人才

每一位找工作的毕业生几乎都需要经历面试这一考验，作为面试官，他心目中的理想应聘者永远是能为单位做事并给单位带来好处的人，对于今后将成为社会栋梁的大学生来说，社会将要求毕业生具有较高的综合素质，其中身体、知识、能力、素养永远是社会注重的主题。

★ 高素质复合型人才
★ 有合理的知识结构，计算机、外语等应用能力突出的人
★ 有满足社会需要的实际应用能力的人
★ 有适应社会的自我发展能力的人
★ 有较强的社会交往能力的人
★ 具有强烈事业心和责任感的人
★ 具有吃苦耐劳、实干精神的人
★ 具有超前意识的人
★ 具有扎实的基础知识和宽广知识面的人
★ 具有良好文字和口头表达能力的人
★ 性格坚强的人
★ 有独特创意的人
★ 拥有独立解决问题能力的人
★ 具有较强动手能力的人

★ 拥有专长才能的人
★ 拥有健康体魄的人
★ 对生活、未来乐观积极的人
★ 有个性的人
★ 具有集体观念、合作精神的人
★ 有自我约束力的人
★ 对单位忠诚，注重个人与单位整体共同发展的人
★ 对随时可能出现的工作有较高的热情和耐心的人
★ 能够服从单位在不同区域间的人事调动的人
★ 能够更好地融入集体，勇于承担个人责任的人
★ 有再学习能力的人
★ 遵纪守法的人

资料链接

用人单位偏爱什么样的求职者——“软硬件”过硬　多技能加持

实力强的企业更容易招到合适的毕业生？门槛低的岗位真的“没要求”？待遇好但离家远的单位去吗？当前，湖北各高校毕业生招聘会正如火如荼举办，湖北日报全媒记者现场走访后领悟到用人单位的“真心话”，对大学生学习和择业有着重要的引导作用。

专业对口　踏实肯干　“软硬件”都需过硬

不论是综合性大学，还是专业院校，大多数用人单位都对专业、文凭、相关资格证书有明确要求，也有不少用人单位较看重毕业生在相关行业实习，或在学校学生会、社团工作的经历等。

在江汉大学举办的招聘会现场，武汉伊利乳业有限责任公司人事行政经理说，除专业对口外，还希望学生在相关行业实习过，这样才更了解行业，知道所学专业能胜任什么职业，求职方向更明晰，入职后上手也快一些。

记者在招聘现场发现，并非岗位多、待遇好就能招到合适的毕业生。

博士年薪 35 万以上，硕士年薪 20 万以上，“双一流”本科生年薪 7 万至 15 万，入职后还有事业编。在武汉科技大学举办的招聘会上，湖北允升科技工业园有限公司开出的待遇，让不少学生眼前一亮，然而，因工作地点在随县，“劝退”了不少人。“不好招哦！”该公司招聘人员何女士叹气说，去年的校招发出不少录用通知书，但最后只有一位学生入职。

不少毕业生坦言，要么留在家乡，亲朋好友都在身边；要么去北上广深等一线大城市，意味着更多的发展机会。因此，踏实肯干是许多用人单位看重的“隐性条件”。

武昌船舶重工集团有限公司主要招聘船舶、软件、会计、法律等岗位。公司招聘主管介绍，公司在武汉远城区，生活配套相对简单，传统制造业工作环境较艰苦，有些职工工作几年后就跳槽了，所以希望学生能更踏实。他说：“沉下心来，把基础打好，不论在什么地方，在哪个岗位，都一定会有所作为的。”

此外，大多数用人单位对于学历要求水涨船高。

在湖北中医药大学举办的招聘会上，一所医院招 131 位护士，其中 100 位要求为本科及以上学历、20 位为硕士学位、1 位为博士学位，其余可为大专学历。一位求职者说，我进校时，硕

士进三甲医院很容易，但现在要读到博士才更容易进三甲，所以能当医生我就很满足了，不管在哪所医院都可以。

新技能加持　交叉学科背景　动手能力强

“你玩抖音吗？是只刷视频，还是会研究平台规则？”江汉大学举办的招聘会上，在中影时代文化发展（武汉）有限公司展位前，挤满了前来应聘“旅游探店达人”岗位的学生，门槛低、好玩以及能获得较好收入等因素吸引了各专业的学生投递简历。广告学专业本科毕业的一名女生详细询问了工作任务、收入、发展前景等问题之后，递交了简历。“虽然这个岗位签的是经济代理合同，但和自己的兴趣契合，如果做好了，收入远比打工高。”

这个岗位甚至吸引了部分非毕业生。有一名大三学生和同学一起来咨询，她说自己对直播和短视频很感兴趣，所以提前来看看，看需要掌握哪些技能，为将来的就业做准备。

该公司项目主任介绍，仅在江大的招聘现场，就已收到近百份简历。“目前，湖北这类人才的缺口较大，公司今年打算招 1 000 人左右。”他介绍说，这个行业看起来门槛低，对于学历专业的限制较少，但后续发展与个人综合素质、吃苦耐劳的精神、抗压能力、学习能力等都有很大关系。如果毕业生再有些新媒体剪辑、运营等方面的技能，就会加分。

具有交叉学科背景的毕业生更受企业欢迎

武汉工程大学的一名同学签约了行业头部公司，他学习的是控制科学与工程专业，但因有计算机相关学业背景，被很多企业看中。该校辅导员老师介绍，学校交叉学科的学生很受欢迎，如电子信息专业学生如果有物理材料学或者人工智能、云计算相关的背景，就很好找工作。

不少用人单位表示，动手能力强，有实践经验，或在互联网+、挑战杯等偏重创新实践的比赛中获奖的学生，会比较吃香。

资料来源：用人单位偏爱什么样的求职者——“软硬件”过硬 多技能加持. 湖北日报. 2023-03-08. https://www.hubei.gov.cn/hbfb/rdgz/202303/t20230308_4575462.shtml 节选，有改动。

资料链接

就业的一个重要特征是社会对求职者综合素质的需要和认可。因此，大学生是否具备社会需要和认可的综合素质，便成了就业的重要因素。从近年来人才招聘的情况观察，目前大学生的综合素质缺失主要表现在以下几个方面：

首先，不能将自己所学知识与社会要求结合起来，实际应用能力不足。一些用人单位的人事负责人认为，许多学生动手能力差，入职后单位还要花费相当的精力进行培训，不能很快开展工作。面对用人单位的这些要求，许多大学生满怀希望而来，沮丧失望而去。他们在实践方面的素质缺陷是显而易见的。

其次，缺乏拼搏意识，不能抓住朝阳行业的就业机会。在武汉一家人才市场上，上海某生物技术公司上海地区的招聘人员不停招呼：“想到上海工作的请这边排队。”但很久都无人投档。而该公司的武汉地区招聘台被求职者围得水泄不通。应聘的大学生认为，在本地就业，关系多、环境熟、生活有父母照顾。面对保险、广告、咨询、法律服务等行业，一些大学生坦言，这些行业保障度低，虽然行业整体利润高，但是风险大，就业压力太大，认为自己“不能胜任”。

再次，缺乏与他人合作与沟通的意识。不少公司表示，应聘者的学历很重要，但企业更看重应聘者的综合素质。人才市场的实际情况也表明，性格活泼、口才好的大学生在招聘会上往往能很好地推介自己，占尽优势。

最后，技能单一，不能适应社会对复合型人才的需求。如往年“备受青睐”的英语专业毕业生，不再是市场的“抢手货”。近年来，很多单位不再招聘专门英语人才，而只是把英语作为一个附加条件。如一家单位的招聘主管说：“我们公司和外商谈判时，并不需要非常专业的英语水平，如招聘市场经理这一职位时，我们要求英语水平达到六级以上，这样，我们一举两得，翻译和销售人员都有了。”市场调研显示，复合型人才广受欢迎。

就大学生自身而言，在成才观念方面也明显滞后。信息社会又是创新的社会，社会竞争的焦点不仅在于资金的多少、学历的高低，还在于创新能力和情商的高低。但是，许多大学生在平时习惯于“你说我听，你讲我背”，以应试为学习目的，很少考虑社会需要，在集体生活中孤芳自赏。他们在求职时必然无法自信，在工作时不能与周围人和睦相处。因此，大学生不仅需要记忆和传播知识，更要学会如何做人，如何思考问题。这就要求大学生改变多年来被动学习的旧习，超越校园、参与社会、主动获取、主动发展，使所学知识、技能与社会需要有机结合。

资料来源：面对就业：大学生素质缺失及补救. 同济大学新闻网. https://news. tongji. edu. cn/info/1084/61243. htm 节选，有改动。

第二节　如何适应从中学到大学的转变

从学生自身的发展角度看，大学这几年正好是一个人的身心发展最为关键的时期，也是世界观、人生观、价值观发展成形的时期。

大学期间还是一个人一生中最好的专业学习阶段，是具有奠基意义的，它决定了一个人基本的专业发展方向和基础的职业素养。

从大学环境的特点看，大学是一个社会中最文明、新潮、浪漫、激进、多彩的场所，一个人在一所大学学习生活几年所受到的由大学环境带来的深刻影响，是其他任何环境因素都无法替代的，会受益一生。

中学与大学的区别

■ 学习目标不同

中学的学习目标简单而明确——考大学。而大学的学习目标则相对综合，主要是提高各方面的素质，以适应社会的需求。

■ 学习方法不同

中学和大学都要学习，但学习目的和方法却不尽相同。中学时，教师不厌其烦地“传道、授业、解惑”，负责的态度一点也不亚于父母的关心。大学则实行学分制，学习主要靠个人主动学习，即“师傅领进门，修行靠个人”。自学能力强的学生脱颖而出，而有些中学时的佼佼者，由于对大学的学习不能及时适应，加之强手如林，昔日的优势不复存在。

■ 生活环境不同

大学校园比中学校园面积大，楼群林立，是个小社会。我国高校采取的是住宿制，步入大学即意味着进入一个陌生的环境，过集体生活。一旦上了大学，各项事务必须亲力亲为。因此，新入学的学生要尽快适应环境的转变。

■ 人际交往方式不同

中学里的人际关系要简单些，一心只读"圣贤书"，而大学的交往是广泛的，有同学、同乡、老师、社会活动团体等。同居一室的同学来自五湖四海，有不同的城乡背景、不同的方言、不同的性格，磨合是个新问题。

■ 恋爱方面不同

中学时，家长、老师不止一次告诫大家绝不容许谈恋爱。大学里却听不到这些告诫的话，也找不到学校关于恋爱问题的明文规定，只是在思想修养课和人文素质讲座上有引导性的教育。如果在大学生活中不处理好这个问题，会严重影响正常的生活和学习。

大学新生出现的不适应现象

■ 学习不适应

据调查，60％的新生存在不同程度的学习不适应问题。大学新生都有一个学习心理与学习方法的适应期，有的同学能很快适应，有的同学则适应较慢。这些不适应主要表现在以下几个方面：

(1)不适应大学授课方式和考试方式。

(2)不适应大学的学习方法。

(3)学习无计划性。

(4)不会有效地利用时间。

(5)不善于自学。

解决方法：

★ 要培养自主学习的能力

(1)学习要具有主动性。做时间的主人，确立新的人生目标，做好职业生涯规划，有计划地进行学习，能充分利用自习的时间。

(2)学习要具有选择性。善于选择参考书或文献资料，有选择地学习，而不是盲目学习。

(3)多渠道学习。除在课堂上学习外，应该充分利用图书馆、资料室的图书资料进行自学，积极参加学术讲座、人文素质讲座和课外兴趣小组的学习研究，并能够主动拜访老师或师兄师姐，争取得到老师和同学对自己的指导和帮助。

(4)探索性学习。具备探索的态度，坚持以辩证唯物主义与历史唯物主义为指导，对资料及各种信息进行分析，取其精华，去其糟粕；要参加一定的社会实践活动，了解社会，增长知识和能力。

(5)充分利用网络。利用计算机网络的正面作用，开展自主学习，丰富和补充学习内容。

★ 确立志向，发展创造性思维能力

大学阶段是抽象思维迅速发展(尤其是辩证逻辑思维发展)以及创造方向确立的重要阶段。大学生在专业或学科的学习与研究中，如果能与未来的创造目标联系起来，即学习的目的与动机是正确的，学习的毅力就会大大加强。因此，大学生有正确的学习动机和目的十分重要。

★ 应重视发展自己的智力和能力

在学习时不要满足于吸收现成的知识，而应当多思考，举一反三，并尽可能运用已经掌握的知识，培养解决问题的能力。大学阶段培养自学能力很重要。

自学能力由以下5个主要因素构成：

(1)独立阅读能力。

(2)组织学习能力，确立目标，制订计划，持之以恒。

(3)自我监督和自我调节能力。

(4)运用知识解决问题的能力。

(5)自我创新能力。

■ 生活不适应

(1)水土不服。

(2)希望值过高，过于理想化，容易失望。

(3)集体生活不适应，人际关系搞不好，容易孤独。

(4)想家、想念高中同学。

(5)生活不能自理。

(6)情感问题。不少同学在面对情感体验时束手无策。

(7)自卑，身边高手如云，自信心不足。

(8)思想松懈，失去生活、学习目标，无聊、空虚。

(9)时间太宽裕，无法好好把握，无所适从。

(10)因经济水平不同而造成的心理压力。

(11)无法掌管自己的财政，花钱前松后紧。

(12)课外生活眼花缭乱，尤其社团活动丰富多彩，不知如何面对。

解决方法：明确新的奋斗目标，做好大学职业生涯规划，及时调整自我，做到劳逸结合，生活有规律。

■ 心理不适应

不良的心理状态是大学新生思想问题的主要方面，主要是由环境改变、心理失衡以及承受学习、经济和人际关系的压力等因素所导致的，若不能自我解脱或寻求帮助，就会出现自卑、对现实不满等心理障碍。

★ 环境变迁所带来的心理变化

进入大学后，集体生活成为主要的生活环境，这时的新生还没有完全独立生活的能力，有的学生面对这些以前从来没遇到过的问题显得束手无策，有一种被抛弃、不受重视、无人管且无助的感觉。

解决方法：应及时调整自己的心态，学习、生活中遇到困难或不能解决的问题应及时寻求老师或其他同学的帮助，尽快适应新环境。

★ 师友同学的转换所带来的心理变化

进入大学后，新生面对一个完全陌生的环境，周围的人素昧平生，感觉孤独寂寞，在这种情况下，往往怀念中学的生活和中学的师友、同学。

解决方法：多参加班级或学院组织的各项活动，通过参与，增进了解，增进友谊。另外，多与其他同学交流，在学习上、生活上、工作上，加强交流，广交朋友，重新建立自己的人际圈子。

★ 学习方法不适应所带来的心理变化

大学以启发性教育为主，授课时常会增加部分课本以外的新内容，需要较强的自学能力，但是一部分学生入学后一段时期还是沿用中学的学习方法。他们感到学习被动，效果不佳，被作业课程拖着走，感觉不到学习的乐趣。时间一长，学习成了负担。

解决方法：加强书写速度的锻炼，提高记笔记的能力。结合自己在学习过程中遇到的问题，请教老师或同学（包括高年级同学），吸取有效的大学学习方法，再结合自身特点进行思考探索，逐步找到适合自己的学习方法。

★ 精神生活领域扩大后出现的心理变化

进入大学后，竞争性急剧下降，学生有了较多的自由支配时间，精神生活领域也随之扩大。有的学生对书籍缺乏选择能力和判断能力，易受各种消极因素和时髦思潮影响，有的学生迷恋于网络游戏，在虚拟的世界里自由驰骋，而在现实生活中却无所适从。

解决方法：应有目的地选好书、读好书，提高鉴别是非的能力；对于上网，应引导正确求知方向，以提高自身综合素质为目的。另外，积极参加丰富多彩的课外活动、各种兴趣小组、社会实践活动。

第三节　规划职业生涯，赢在起跑线上

大学生在毕业时常常会谈到这样一个话题——假如大学生活让我重新开始……并由此发出诸多的感慨，感觉留下许多遗憾。更有人诙谐地将一部分学生的大学生活比喻成鲁迅先生的四本书：大一《彷徨》、大二《呐喊》、大三《伤逝》和大四《朝花夕拾》。

而大学毕业生群体往往出现了不同层次的分化：有些同学如愿考上研究生；有些同学找到称心如意的工作；有些同学却因成绩不合格，不能如期毕业；有的同学因毕业时处分不能撤销，而影响自己的就业等。同样是大学生，毕业时为什么有如此差异？分析其原因，没有正确地规划自己的大学生活是失误的首要因素。

大学生职业生涯规划要从一年级开始

如果说大学以前的教育是一种基础教育，那么大学本科教育应该是培养高素质复合型人才的通才教育，而研究生教育则是培养高层次专门人才的专才教育，是与受教育者的就业与成才更为直接的教育。大学生如果不从大一起按照将来所从事的职业提前规划好自己的大学生活，就很难想象大学四年能取得圆满的结果。因此，职业生涯规划要从大学一年级开始，从跨入大学的第一学期起步。

大学生活与中小学生活有着天壤之别，学习需要自己主动、有计划地安排，经济上需要自主支配。为了提高综合素质，担任社会工作、参加社会实践等都需要自主抉择、合理分配精力、精心安排时间。没有明确的目标和切合实际的计划，不可能获得成功。而目标的确立、计划的制订，首先应该从职业生涯的设计开始。

随着高等学校招生规模的逐年扩大，大学毕业生就业的竞争日趋激烈，这使一些刚迈进大

学校门的新生背上了心理包袱。就业焦虑取代了高考焦虑，困扰着一些新生。因此，新生必须提前做好准备，从大学一年级开始就必须做好职业生涯规划，并认真制订实施计划，在自己内在潜能上不断探索和发展。

如何规划职业生涯

新生要对自己进行更全面的评估和了解，明确自身优势，发现不足。通过自我分析认识，明确方向，确定目标，规划职业生涯，并借助有效的方式与途径，实现人生价值。其中包括以下几个方面的内容：

■ 明确自身优势

通过对自己的分析，深入了解自身，根据自身的优势和潜能选择，推断未来可能的工作方向与机会，从而解决“我能干什么”的问题。

★ 我学到了什么？

是指在大学读书期间，我从专业学习中要获取些什么收益；参加什么社会实践活动，提高和升华哪方面知识。

★ 我曾经做过什么？

即自己已有的人生经历和体验，在校期间担任过哪些学生干部职务，曾经组织或参与过哪些社会实践活动，取得过哪些成就，积累了哪些实践经验，获得过哪些奖励等。

★ 我做过的最成功的事情是什么？

我做过很多事情，但最成功的是什么？为何能成功，是偶然还是必然？是否是自己能力所为？

★ 我身体和性格方面的优势是什么？

通过努力，我的身体是否比别人更健壮？心理承受压力的能力是否比别人更强？更容易和其他人交流吗？

■ 发现自己的不足

★ 性格的弱点

人无法避免与生俱来的弱点，必须正视，并尽量减少其对自己的影响。例如，一个独立性强的人会很难与他人默契合作。因此，要安下心来，多与别人交流，看看别人眼中的你是什么样子，与你的预想是否一致，找出其中的偏差。

★ 经验与经历中所欠缺的方面

“金无足赤，人无完人。”由于经历的不同、环境的局限，每个人都无法避免一些经验上的欠缺，特别是面对招聘单位纷纷打出“多年工作经验”的条件更加无所适从。有欠缺并不可怕，怕的是自己还没有认识到，或认识到但一味地不懂装懂。正确的态度是：认真对待，善于发现，并努力克服和提高。

■ 进行社会分析

★ 社会环境分析

社会在进步、在变革，作为即将步入社会的大学生们，应该善于把握社会发展脉搏，这就需要进行社会大环境的分析，包括以下内容：

◇ 当前社会、政治、经济发展趋势

◇ 与就业有关的政策

◇ 社会热点职业门类分布及需求状况

◇ 所学专业在社会上的需求形势

◇ 自己所希望选择职业在目前与未来社会中的地位情况

◇ 社会发展对自身发展的影响

★ 组织分析

西方关于职业发展有句名言：你选择了一个组织，就是选择了一种生活。组织是你实现个人抱负的舞台，因而应对你将跻身其中的集体的各个方面做详细了解：在知己知彼的基础上，只有两者之间拥有较多的共同点，才是个人融入组织的最佳选择。

★ 人际关系分析

个人处于社会庞杂环境中，不可避免地要与各种人打交道，因而分析人际关系状况显得尤为必要。人际关系分析应着眼于以下几个方面：

◇ 个人职业生涯发展过程中将与哪些人交往

◇ 其中哪些人将对自己事业的发展起重要作用

◇ 日后工作中会遇到什么样的上下级、同事及竞争者，对自己会有什么影响，如何相处，怎样取得支持和帮助，如何在竞争中发展和完善自我

★ 家庭及社会关系的分析

每一位毕业生都来自不同的家庭，受不同家庭和主要社会关系教育的影响，在规划职业生涯的时候，不可忽略家庭对自己的影响。

■ 明确选择方向

职业方向直接决定着一个人的职业发展，职业方向的选择应遵守职业生涯规划的四项基本原则：

★ 择业所需的原则

所选职业只有为社会所需要，才有自我发展的保障。

★ 择己所爱的原则

你必须对自己选择的职业是热爱的，从内心自发地认识到要“干一行，爱一行”。只有热爱它，才可能全身心地投入，作出一番成绩。

★ 择己所长的原则

选择自己所擅长的领域，才能发挥自我优势，注意千万别当职业的外行。

★ 择己所利的原则

应该本着“利己、利他、利社会”的原则，选择对自己合适、有发展前景的职业。

■ 确定短期目标和长期目标

长期目标一般是以后职业规划的顶点或较高点，也就是人生事业理想，但要细化至具体的工作，如毕业后进入国际知名管理顾问公司从事研究分析、咨询工作等。

短期目标设立一般是素质能力的提高或相关证书的获取。

■ 制订行动计划

大学四年要根据自己的长期目标制订行动计划，需要采取的方式和途径不尽相同，因人而异。

★ 一年级为启动期

初步了解职业，特别是自己未来所想从事的职业或与自己所学专业对口的职业，提高人际

沟通能力。

★ 二年级为定向期

◇ 应考虑清楚未来是否深造或就业，了解相关的活动，并以提高自身的基本素质为主

◇ 参加学生会或社团等组织，锻炼自己的各种能力，同时检验自己的知识技能

◇ 可以开始尝试兼职、社会实践活动，并要具有坚持性，最好能在课余时间从事与自己未来职业或本专业有关的工作，提高自己的责任感、主动性和抗挫折能力

◇ 增强英语和计算机应用能力等，通过英语和计算机的相关证书考试，并开始有选择地辅修其他专业，充实自己

★ 三年级为冲刺期

◇ 目标应锁定在提高求职技能上，搜集用人单位信息，并确定自己是否要考研

◇ 在撰写专业学术文章时，可大胆提出自己的见解，展示自己独立解决问题的能力和创造性

◇ 参加与专业有关的暑期工作，和同学交流求职心得体会，学习写求职简历和求职信，了解搜集工作信息的渠道，并积极尝试，加入校友网络，向已经毕业的校友、师哥师姐了解往年的求职情况

◇ 希望出国留学的学生，可多接触留学顾问，参与留学系列活动，准备 TOEFL、GRE，注意留学考试资讯，向相关教育部门索取简章参考

★ 四年级为分化期

想就业的边完成学业边找工作，想深造的作考研或出国准备，等等。

第四节 大学，应该学些什么

如果一个学生在大学仅仅完成了学习知识的任务就毕业了，那么他只是完成了大学任务的一部分。

上大学的另一个任务是：学做人、学生活技能、学生活方式、学人际交往。学生通过与同学、教师和其他社会成员的交往，学习人际交往的技能，了解社会，了解各种社会成员，学习通过交往解决各种社会问题的能力。

还有就是学习思考问题的方法、思路、观点。上大学要学习认识社会的思路，掌握先进的文化、观念和方法论，通过积极独立的思考把握社会发展和个体自我发展的方向与规划。

■ 构建合理的知识结构

大学生不仅要具有相当数量的知识，还要形成合理的知识结构。在职业生涯规划设计时，大学生要能够根据职业和社会不断发展的具体要求，将已有知识科学地重组，建构专业知识与其他知识有机统一的合理知识结构，最大限度地发挥知识的整体效能。

■ 培养职业需要的能力

大学生进行职业生涯规划设计，除构建自己合理的知识结构外，还应具备从事本行业岗位的基本能力和专业能力。一般来说，大学生应重点培养满足社会需要的决策能力、创造能力、社交能力、实际操作能力、组织管理能力，以及自我发展的学习能力、心理调适能力、随机应变能力等。具体来说，大概有六个方面。

★ 学习创新能力
◇ 跟随老师参加课题研究
◇ 参加系里或学校举办的学习和科研活动，如论文竞赛、发明比赛等
◇ 长期积累某一领域的相关资料，并撰写相关论文
◇ 参加社会实践活动，从实践中观察、提炼和创新
◇ 向校园有创新精神的同学和老师学习，或者直接向社会上比较成功的专业人士请教
★ 解决问题能力
◇ 尝试多角度、多层次思考问题
◇ 尽量在实践中检验自己的想法
◇ 总结别人成功和失败的经验和教训
◇ 在具体事物过程中反复提高自己解决问题的能力
★ 主动性和责任感
◇ 从自身找到做事的动力
◇ 信守承诺，不轻易放弃
◇ 勇于为自己的行为和结果负责
◇ 承担社会实践工作，尤其要承担比较重要的职责
★ 沟通协调能力
◇ 与宿舍的同学建立良好的关系
◇ 与教师、专家多沟通
◇ 在社会实践中和同学沟通交流
◇ 承担一定职责并在工作实践中加强协调
◇ 提高口头表达能力
◇ 增强人格魅力
★ 压力承受能力
◇ 锻炼心理和身体耐力
◇ 主动承担学习、生活和社会工作带来的压力
◇ 管理自己的时间
◇ 学习一些调节压力的小技巧，如做一些轻松有趣的事情，进行心理放松训练，计划留有余地，设定合适的目标，学会说“不”，管好情绪外露等
★ 社会适应能力
◇ 多关注环境的优点，这样你才可能去接近、去适应
◇ 多向适应能力强的人学习交流
◇ 多行动，少空想
◇ 合理确定自己的期望、目标
◇ 思想上有主动适应社会的愿望

在日趋激烈的就业竞争中，学历固然是择业成功的敲门砖，但用人单位更看重求职者的实际能力。因此，英语四六级证书和计算机应用能力几乎成为用人单位招聘人才的必备条件；而应聘国家公务员、律师、会计等岗位也必须取得相应的职业资格证书。若要出国留学，更是必须取得优秀的 TOEFL、GRE、GMAT 或雅思成绩。

提示

大学期间应该通过的两项重要考试

1. 英语等级水平考试

大学期间，至少要通过英语四级考试，最好能通过英语六级考试且口语能力要突出，实际会话技能强，这样才能更好地适应全球化的市场经济竞争。英语专业学生要通过专业英语八级考试。

2. 计算机等级资格水平考试

大学期间一定要具备良好的计算机操作能力，通过全国的计算机等级资格考试，获得相关资格证书，才不会在日后的求职择业中被淘汰。

■ 参加有益的职业训练

职业训练包括职业技能的培训、对自我职业的适应性考核、职业意向的科学测定等。目前，除计划内的必修课包含有关职业训练内容外，高校组织大学生参与的暑期“三下乡”活动、社会实践活动、“青年志愿者”活动、毕业实习工作、校园创业活动等都是开展职业训练的良好形式。除此之外，还包括邀请成功校友回校与大学生座谈、校外知名人士来校交流，有条件的大学生利用假期到单位实习，从事社会兼职工作，开展模拟性的职业实践活动、职业意向测评和职业兴趣分析测评等。

■ 培养健康的心理素质

健康的心理素质包括正确对待择业挫折的心理素质和敢于竞争、善于竞争、坚韧不拔的心理素质等。

■ 情商(EQ)的培养

★ EQ是描述人们的情绪评价、表达和情绪调节及运用情绪信息引导思维的能力。EQ是人类最重要的生存能力，人生的成就至多20%可归于IQ(智商)，另外80%则要受其他因素(尤其是EQ)的影响

★ EQ包含5个方面的内涵

◇ 认识自身的情绪

认识情绪的本质是EQ的基石，随时随地认知自身感受的能力对了解自我非常重要。只有了解自身真实感受的人，才能成为生活的主宰，否则易沦为情绪的奴隶。

◇ 妥善管理情绪

情绪管理必须建立在自我认知的基础上，这方面能力较差的人常受低落情绪的困扰；能控制自身情绪的人则能很快走出困境，重新奔向新的人生目标。

◇ 自我激励

自我激励包含两方面的意思：

(1)通过自我鞭策保持对学习和工作的高度热忱，这是一切成就的动力；

(2)通过自我约束以克制冲动、延迟满足和抵制不良诱惑，这是获得任何成就的保证。

◇ 理解他人情绪

能否设身处地地理解他人的情绪，这是了解他人需求和关怀他人的先决条件。“同理心”是同情、关怀与利他主义的基础，具有同理心的人常能从细微处体察出他人的需求。

◇ 人际关系管理

恰当管理他人的情绪是处理好人际关系的一种艺术。如果这方面的能力强，意味着他的人际关系和谐，适合从事组织领导工作。

大学，怎么学

大学四年，要学的东西很多，如何在这有限的四年里不碌碌无为，应当弄清楚几个问题。

■ 你为谁而学

社会进步到今天，这个问题应该不再让人迷茫了，但还是有些同学没有搞清楚。我们今天的学习既是为了明天的就业和职业生活，也是自我完善的重要一环——学习是丰富自己精神世界的最主要途径，更是为了个人与社会的和谐发展。

■ 你该向谁学

高校的教育资源有许多类型，这些资源不会主动送到你的手里，大多数同学不知道如何去获取更多的学习资源。例如，老师讲完课就离开教室了，同学们也就各自回去自习了，如果有问题需要向老师请教怎么办？

■ 怎样管理自己的学习

大学的学习不同于中学，没有人一天到晚"管"着你。学校要培养多样化的人才，你自己要知道自己往什么方向去努力，你学什么课程、听哪个老师的课都要自己决定。因此，要学会管理自己的学习，包括管理时间、选择学习内容。要学会确定每年、每学期和每周的计划，专业课要选修哪些、通识选修课要选修哪些，都要自己计划好，不要随大流。

第二章 职业生涯规划认知

合理设计自己的职业生涯是大学生通向成功的第一步。它可以使大学生充分地认识自己，客观地分析环境，正确地选择职业，采取有效的措施克服职业生涯发展中的各种困扰，从而实现自己的理想。大学生要实现从"自然人"到真正意义上的"社会人"的转变，在纷繁复杂的职业世界中找到适合自己的职业并不断探索，就必须对自己的人生进行合理的职业生涯规划。然而，在当代大学生中，有一半以上的人没有进行过职业生涯规划，他们不知道自己将来要从事什么样的职业或者对自己所选择的职业缺乏必要的了解，这种状况需要尽快改善。

第一节 大学生职业生涯规划现状

1903 年，美国的弗兰克·帕森斯在波士顿宣传职业指导，并最早提出了就业指导的概念。职业生涯规划理论起源于 20 世纪 60 年代。如今，大学生职业生涯规划已成为各高校进行职业指导、就业教育的重要方式和手段。但由于文化背景的差异及当前社会处于转型发展期，当前大学生职业规划教育存在诸多误区和盲点。

★ 职业生涯规划意识淡薄，缺乏有效的自我定位和自我认知

自我认知是进行职业生涯规划的基础和关键。大学时期作为大学生职业生涯规划的探索阶段，需要认真探索各种可能的职业选择，对自己的天资和能力进行现实的评价。

当代大学生在自我认知、自我了解方面不够深入全面，具体表现为忽视职业生涯规划、自我定位模糊。一项关于《大学生就业职业指导的现状》的调查显示，51.4％的人对自己的职业发展只有模糊的想法和愿望，17.6％的人只有 3～5 年的规划。

在"你的第一份工作是你喜欢的或者与目标工作相近的吗"一题中，有 36.6％的人选择"先就业后择业，能找到工作就不错了"；有 4％的人"找工作的时候并没有明确的目标"；只有 26％的人"是经过考虑和挑选才最终确定的"。在另一道题"你毕业多久之后就重新换了一份工作"中，有 23％的人在短短半年内就换了工作；在一年内跳槽的占 18.3％；两年内换工作的人占 24％；只有 25％的人毕业后的第一份工作超过 3 年。这种普遍对职业生涯规划的认识不足和缺失，必然使大学生在就业过程中盲目无措，备受挫折。

★ 职业发展期望过高，职业路径设计不合理，急功近利

部分大学生只盯住大城市、大企业、大机关、高收入、高福利、高地位的岗位，很少有人愿意去不发达地区。

不少大学生选择以考取学位和证书作为发展主路径，以考研和考博来作为自己职业设计的职业目标，还有些大学生"为保险起见"准备了四条以上的发展路径，但这些路径的结果悬殊

较大，路径之间也缺乏内在联系，发展方向和路径模糊不清，势必导致在实际选择中的犹豫不决，不利于核心职业目标的实现。

有些大学生对经济学上讲的“最小成本、最大收益”津津乐道，花费大量时间和精力在寻找“最佳规划”上，希望“一次规划，终身受益”，在做规划时面面俱到，不愿舍弃，在行动中也不愿从小事做起，碰到困难就不知所措，不会灵活采取调整措施。

实际上，由于诸多因素的限制，一个人几乎是无法作出一个十全十美的职业生涯规划的，况且，由于外部环境变化和自身认识能力的提高，职业生涯规划也是需要不断调整、与时俱进的。

★ 职业生涯规划教育不到位，方式手段单一

大学生就业指导机构是实施大学生职业生涯规划教育的主要部门。但目前我国绝大多数高校并没有设立专门的职业生涯规划教育机构，对大学生实施职业生涯规划教育，仍旧靠就业指导中心的几堂课、几场招聘会。

大多数高校也没有设立比较系统的职业生涯规划指导课程。从事高校就业指导服务机构的工作人员和少数的职业生涯规划教育教师大多来源于学校党务、政务部门，他们对大学生就业和就业管理工作的要点掌握得比较好，但要运用职业生涯规划的相关理论对大学生进行职业生涯教育，对于“半路出家”的他们来说还比较困难。高校大学生职业生涯规划指导专业人员的严重匮乏和素质不高，严重影响了大学生职业规划教育工作的开展。

许多高校在开展职业生涯规划教育时，手段、方式单一。对学生的教育仅仅局限于教师站在讲台上讲、在黑板上写，采用的依旧是“满堂灌”的单项教学方式，缺少联系实际和个性化指导，案例分析不够充分，学生参与性不强，局限于做表面文章。

第二节　大学生职业生涯规划的误区

★ 误区之一：我的目标就是做总裁

不少人相信“不想当将军的士兵不是好士兵”。其实，现实生活中，将军的位置很少，如果大家的目标都是想到最高层，那么这种主观愿望就会与客观条件产生差距。因此，确定职业前程时要从实际出发，切实可行。

★ 误区之二：能当好下属就能当好主管

有人认为，只要能把本职工作做好，就能升任主管。其实不然，优秀的运动员不一定能成为教练，一些表现优异的工程师、销售人员等升任主管后却表现不佳。这是因为主管还需要工作以外的条件，如决策能力、协调能力、组织能力等。所以，在某个职位做得好，并不表明你在其他职位也能做得好。

★ 误区之三：成功的关键在于运气

很多人坚信成功是由于有好的机会，因此，他们被动地等待命运的安排，而不是主动地计划、经营自己的生活，这种人往往只能守株待兔。

★ 误区之四：作计划是父母和学校的事

职业前程计划是组织和个人双方参与的事，最终的实现者是个人。因此，不能抱着做一天和尚撞一天钟的态度来对待自己的未来。

★ 误区之五:我得加班,才能得到赏识

有些人认为,在单位待的时间越长,越能显得自己勤奋。但是,工作效率和工作业绩最重要,整天忙忙碌碌但不出成果,并不是一个有效的工作者。

★ 误区之六:由老板决定升迁的快慢

如果过于迷信老板对你升迁的影响,你会因迎合他的好恶而妨碍了自己真正的成长。如果你失败了,你会归咎于老板,而看不到自己的问题,这样会使你走入歧途。

★ 误区之七:只有改正了缺点才能得到升迁

这种想法使人注意到自己的不足,而忽略了自己的强项,一个人要完成自己的职位计划,要靠自己的优势,将自己的强项发挥出来后,再去试着纠正弱点,这是扬长避短。

★ 误区之八:不管事大事小都要尽力去做

有些人总说自己忙,老有干不完的事,由于事无巨细,浪费了很多时间和精力。应该把要做的事情做好计划,分清轻重缓急;要抓住主要矛盾,不要眉毛胡子一把抓。

★ 误区之九:生活就是生活,工作就是工作,二者之间没有联系

有些人不愿意自己的家人过问工作,觉得没有必要让他们了解自己的职业前程。其实,家庭的支持对于工作的成功很重要。

★ 误区之十:这山望着那山高

有人总是觉得别人的工作更理想,因此产生"跳槽"的想法,而没有想到在新的工作岗位上要建立新的人际关系,面对新的矛盾和挑战。其实不管从事什么工作都是不容易的,都要有现实的态度。

第三节　正确理解职业生涯规划

对职业生涯规划有两种最一般的错误理解:一种认为生涯规划无所不能,认为规划可以帮助我们计划好未来,从而一切都可以按照规划好的人生理想发展,不从发展的角度脚踏实地地实施;另一种认为人生规划毫无用处,这个世界不确定的东西太多,计划总是赶不上变化,规划了也没用。其实职业生涯活动将伴随我们大半生,在我们人生的旅途中留下永恒的印记。一个没有规划的职业生涯是迷茫的、没有方向的,有时会走很多弯路,浪费许多宝贵时光;职业生涯规划,好比大海中的启明灯,为航行中的人生之舟指明方向,因此职业生涯规划对大学生的发展具有特别重要的意义。

■ 帮助大学生树立人生目标

大学生人生目标缺失有以下几种情况:

(1)根本无目标,没想好(或根本没想过)大学毕业后怎么办,走一步算一步。

(2)有一个目标,但目标的制定是随大溜的:大家都考研,我也考研;父母让我出国留学,我就学英语;外企工资高,我的目标就是进外企。

(3)自己有明确的目标,但与现实情况相矛盾。例如,想当律师,却学了化学,不知如何是好。

(4)目标是外在的,而不是自己的。

职业生涯规划能帮助你制定适合自己的职业发展目标,目标能让你最大限度地挖掘潜能,最恰当地利用已有条件,从而获得成功。

对大学生而言，有了明确的职业目标，就很容易确定大学的学习目标，增强学习的主动性和自觉性。

■ 帮助大学生发现自我，挖掘潜能，实现自我

我们要善于发现一个客观的我，一个有信心的、有能力的、有欲望的我。世界上没有两片完全相同的树叶，当然也不存在两个完全相同个性的我。尺有所短，寸有所长，每个人各有所长。马克·吐温是位出色的作家，但他经商却一败涂地；爱因斯坦的思维更倾向于直觉，所以他选择了物理作为他终身的研究方向，如果他当初选择数学，人类就会失去一个伟大的物理学家。

就在校大学生而言，大学生职业生涯规划能够帮助你作出正确的选择，找到适合自己的发展方向，在大学期间不断充实自己，进而在事业的舞台上厚积薄发。

■ 帮助大学生增强就业竞争力

在大学期间做好职业生涯规划有助于合理地安排和利用大学生活，要为实现自己的规划目标，制订大学阶段的学习和能力培养计划，并根据自己的爱好、实际能力和社会需求制定正确的大学生涯发展目标和有效的实施步骤。

有了目标，同学们就能积极主动地学习知识，完善自己。例如，许多同学毕业后想考研究生，那么，大学期间就要认真地学习专业知识，加强外语水平，了解时事政治，对目标专业考试大纲进行深入研究，并利用业余时间扩展学习范围；也有一部分同学毕业后想开办公司，自己做老板，那么就要有意识地培养自己的创新意识、开拓精神和吃苦耐劳的工作作风。在目标的指引下，大学生们就可以不断提升自己的就业竞争力。

■ 帮助大学生奠定未来事业成功的基础

有了职业生涯规划，在职业选择时就会多一分理性和自信，在职业发展过程中就会多一些准备和从容，在事业的成功上就会多一点积累和希望。

每个人成功的方式和成功的道路各有不同，但有一点是相同的，那就是正确认识了自我和社会，充分发挥了个人所长，确定目标并持之以恒，有了规划便坚持不懈，克服困难的勇气多了，获取成功的信心足了，得到鲜花和掌声的时刻也就更近了。

如果同学们能够踏踏实实地按照职业规划去做，紧紧围绕职业目标不懈努力，相信你们的梦想的实现便不再遥远。

第四节 兴趣的自我诊断

■ 职业兴趣与职业选择的关系

★ 兴趣是最好的老师

纵览古今，我们不难发现，那些在某一领域作出杰出贡献者无一不是对该领域有着浓厚的兴趣，他们受兴趣的引领和推动，锲而不舍，孜孜不倦，最后成为最优秀的成功人士。

★ 兴趣可以提高人的工作效率

人的工作犹如机器的运转，要想提高工作效率，就必须使各个部件相互协同合作，而兴趣就是其间的润滑剂。所以，在工作中，兴趣使人精神集中，肢体互动，让人的每一份力量与激情都毫无保留地发挥出来。

★ 兴趣是促使事业成功的重要因素

是什么能让瓦特对水沸腾的声音百听不厌，是什么让牛顿对苹果的落地流连忘返，是什么让诺贝尔对炸药的威力毫不退缩？不能否认，这是他们对事业不懈追求的结果。可以说，有兴趣才有动力，有动力才有追求，有追求才能成功。因此，兴趣是促进事业成功的重要因素之一。

★ 兴趣是职业选择和职业成功的先导

选择一份职业容易受到诸多方面因素的影响，其中，兴趣扮演着先导的角色，因为只有你对所选择的职业有兴趣，你才会全身心地投入，你才能功成业就，反之亦然。

■ 职业兴趣评价途径

★ 兴趣表达

就是询问测试者自己所感兴趣的事情是什么。

★ 行为观察

观察你的各种情景或参与各种活动时的情况，并从中推测出你的兴趣所在。

★ 知识测试

测验你在有关特殊职业中所掌握的特殊词汇和其他信息，根据测验分数推断兴趣。

★ 兴趣测验

就是向你提出一系列问题，要求指出对诸如职业、学习和娱乐等是否喜欢或喜欢的程度，再根据测试结果进行分析，最后确定被测试者的兴趣类型或兴趣倾向。

资料链接

职业兴趣的自我测试

本测试是通过自我对实践性职业、研究性职业、艺术性职业、社会性职业、企业性职业、普通性职业六个方面进行兴趣测试，反映出自我的职业兴趣，从而正确认识自我，帮助就业。

下面各道题答案有是(√)、否(×)和不能确定(?)3 种选择，请根据自己的实际情况，作出回答。

一、实践性职业(R)

(　　)1. 你能将钢笔全部拆散加以清洗并能独立地将它装配起来吗？

(　　)2. 你会用积木搭出许多造型吗？或小时候常拼七巧板吗？

(　　)3. 你在中学里喜欢做实验吗？

(　　)4. 你喜欢尝试着做一些木工、电工、钳工、修表工、复印、摄影等其中一件或几件事情吗？或你对织毛衣、绣花、剪纸、裁剪等方面很感兴趣吗？

(　　)5. 当你家里有些东西需要小修小补时，常常是由你来做吗？

(　　)6. 你常常偷偷地去摆弄不让你摆弄的机器或器械吗？

(　　)7. 你觉得身边有一把镊子或老虎钳等，就会有许多便利吗？

(　　)8. 看到老师傅在做活，你能很快地、准确地模仿吗？

二、研究性职业(I)

(　　)9. 你对电视或单位里的智力竞赛很感兴趣吗？

(　　)10. 你经常到新华书店或图书馆翻阅图书(文艺小说除外)吗？

(　　)11. 你常常会主动地去做一些有趣的习题吗?

(　　)12. 你总想知道一件新产品或新事物的工作原理吗?

(　　)13. 当同学不会做某一道习题来请教你时,你能给他讲清楚吗?

(　　)14. 你常常对一件想知道但又无法详细知道的事情想象出它将是什么或将会怎么变化吗?

(　　)15. 看到别人在为一个有趣的难题讨论不休时,你会加入进去吗? 或者即使不加入进去,你也会一个人思考很久,直到你觉得解决了为止吗?

(　　)16. 看推理小说或电影时,你常常试图在结果出来以前分析出谁是罪犯,并且这种分析时常和小说或电影的结果相吻合吗?

三、艺术性职业(A)

(　　)17. 你对戏剧、电影、文艺小说、音乐、美术等其中的一两个方面较感兴趣吗?

(　　)18. 你常常喜欢对文艺界的明星品头论足吗?

(　　)19. 你曾经参加过文艺演出或写过诗歌、短文被墙报或报刊采用,或参加过绘画训练吗?

(　　)20. 你喜欢把自己的住房布置得优雅一些而不喜欢过分豪华和拥挤吗?

(　　)21. 你觉得你能较准确地评价别人的服装、外貌以及家具摆设等的美感如何吗?

(　　)22. 你认为一个人的仪表美主要是为了得到别人的赞扬或羡慕吗?

(　　)23. 你觉得工作之余坐下来听听音乐、看看画册或欣赏戏剧等,是你最大的乐趣吗?

(　　)24. 遇到有美术展览会、歌星演唱会等活动,常常有朋友来邀请你一起去观看吗?

四、社会性职业(S)

(　　)25. 你常常主动给朋友写信或打电话吗?

(　　)26. 你能列出五个你自认为够朋友的人吗?

(　　)27. 你很愿意参加学校、单位或社会团体组织的各种活动吗?

(　　)28. 你看到不相识的人遇到困难时,能主动去帮助他,或向他表达你的同情和安慰吗?

(　　)29. 你喜欢去新场所活动并结交新朋友吗?

(　　)30. 对一些令人讨厌的人,你常常会由于某种理由原谅他、同情他,甚至帮助他吗?

(　　)31. 有些活动,虽然没有报酬,但你觉得这些活动对社会有好处,就积极参加吗?

(　　)32. 你很注意你的仪容风度,这主要是为了让人产生良好的印象吗?

五、企业性职业(E)

(　　)33. 你觉得通过买卖赚钱,或通过在银行存钱拿取利息很有意思吗?

(　　)34. 你常常能发现别人组织的活动的某些不足,并提出建议让他们改进吗?

(　　)35. 你相信如果让你去当个体户,一定会成为富翁吗?

(　　)36. 你在读书时曾经担任过某些职务并且自认为干得不错吗?

(　　)37. 你有信心去说服别人接受你的观点吗?

(　　)38. 你的心算能力较强,对一大堆的数字不感到头疼吗?

(　　)39. 做一件事情时，你常常事先仔细考虑它的利弊得失吗？

(　　)40. 在别人跟你算账或讲一套理由时，你常常能换一个角度考虑，继而发现其中的漏洞吗？

六、普通性职业(C)

(　　)41. 你能够用一两个小时坐下来抄写一份你不感兴趣的材料吗？

(　　)42. 你能按领导或老师的要求尽自己的能力做好每一件事吗？

(　　)43. 无论填报什么表格，你都非常认真吗？

(　　)44. 在讨论会上，如果不少人已经讲的观点与你的不同，你就不发表自己的观点了吗？

(　　)45. 你常常觉得在你周围有不少人比你更有才能吗？

(　　)46. 你喜欢重复别人已经做过的事情而不喜欢做那些要自己动脑筋摸索着干的事情吗？

(　　)47. 你喜欢做那些已经很习惯了的工作，同时最好这种工作责任心小一些，工作时还能聊聊天、听听歌曲吗？

(　　)48. 你觉得将非常琐碎的事情整理好，或由于你的工作，使有些事情能日复一日地运转很有意思吗？

◇ 计分与评价

试卷分 R、I、A、S、E、C 六项，分别统计得分。每道题中选是(√)为 2 分，不确定(?)为 1 分。依各项得分的高低排列顺序。把得分最高的 3 个兴趣类别的字母按顺序列出来，查下表，即可得出自己的职业兴趣。

不同的职业兴趣与对应的职业类型

职业名称	兴趣指标	职业名称	兴趣指标
社会科学研究者	ISA	演员、歌星、乐队演奏者	AIC
医生	ISC	图案、美术、装潢、广告设计	AIC
自然科学研究者、工程师	IAR		
工程技术设计人员	IRA	美容师、理发师	ARI
法官、律师	SLA	技术员、海员、飞行员	RCI
文科教师	SAC、SEC	驾驶员、军人	RCS
理科教师	SIC、SRC	工程技术制图人员	RIC
行政管理人员	SIC	描图员	RAC
采购员、推销员、公共关系人员	SEI	精密检验员	RCE
护士、服务员	SCR	服装设计、工艺品制作人员	RCI
营业员、售票员	SEI	业务型企业管理人员	EIS
警察	SCR	财务人员	ECS

续表

职业名称	兴趣指标	职业名称	兴趣指标
理论家、新闻工作者、作家、画家	ASI	个体工商业者、专业户	ESI
打字、排版工作人员	CRA	一般事务人员、文书	ESI
		计算机人员	CSR

摘自陈锟,方拥政,舒天戈. 打造明天的金领生涯. 北京:中国青年出版社,2003.

第三章　职业生涯概论

目前，不少毕业生就业前迷茫、就业后频繁跳槽的一个重要原因就是缺少职业生涯规划。如果能够尽早根据人生目标和市场需求找准自己的岗位方向，在校时有针对性地进行相关知识的补充和能力的培养，那么毕业生的就业将更具针对性，职业生涯就会比较顺利。

第一节　职业生涯概述

职业生涯是人一生中最重要的历程，是追求自我实现的重要阶段，对人生价值起着决定性作用。同时，职业生涯又是一个动态的过程，一个人一生在职业岗位上所度过的、与工作活动相关的连续经历，并不包含在职业生涯上成功与失败或进步快与慢的含义。不论职业高低，不论成功与否，每个工作着的人都有自己的职业生涯。

■ 职业生涯的由来

“生涯”一词由来已久，“生”原意为“活着”，“涯”原意为“边际”，“生涯”连起来是“一生”的意思。

在英文里，生涯“career”，指古代的战车，后来逐渐引申为道路，即人生的发展道路。

虽然“生涯”一词经常被国内外学者引用，但要从学术上给“生涯”下一个确切的定义，还不是一件容易的事情。

■ 职业生涯的含义

职业生涯也称事业生涯，是指一个人一生连续担负的工作职业和工作职务的发展道路，是一个人一生中所有与工作相联系的行为与活动，以及相关的态度、价值观、愿望等连续性经历的过程。

就职业生涯的内在特性而言，它具有以下几个特点：

(1)方向性。职业生涯是生活中各种事态连续演进的方向。

(2)时间性。职业生涯综合了人一生中依序发展的各种职业角色。

(3)空间性。职业生涯除了职业角色之外，还包括任何与工作有关的经验和活动，如承担该工作需要的资格和能力，以及工作中建立的与其他部门或社会成员的人际关系等。

■ 人生职业生涯的分期

在我国，有些研究者提供了适合我国国情的分期模式，一般认为人的职业生涯可以分为六个时期(表 3-1)。

★ 职业准备期(一般从 17～18 岁开始直至面临就业)。这一时期包括职业技能学习和等待就业机会

★ 职业选择期(一般集中在 21～30 岁)。人们在这一时期，根据社会和自己的能力、愿望

作出职业选择

★ 就业初期或职业适应期(成年初期)。人们走上职业岗位从事劳动,这是对人的职业能力的实际检验。在这一时期,许多人能在一两年时间内顺利适应某一种职业(适应期或长或短)或难以适应后又重新选择

★ 就业稳定期(成年期、壮年期)。这一时期占据人的职业生涯的绝大部分,是人的劳动效果最好的时期,也是成就事业、获得社会地位的关键时期

★ 就业后期。随着人的生理条件改变,人的职业能力会不可避免地缓慢减退

★ 职业结束期。由于年老体衰而结束职业生涯

表 3-1　人生职业生涯的分期

阶段(年龄)	愉悦人生	痛苦人生
职业准备期(17 岁至就业)	主动学习、充实自己	悠哉悠哉、无所事事
职业选择期(21～30 岁)	尝试、思考、少转换	随遇而安
就业初期(23～30 岁)	波折、坚持、成就	外强中干、颓废丧志
就业稳定期(31～50 岁)	保持、提高	抱残守缺
就业后期(51～65 岁)	传授	阻止青年创业
职业结束期(66～75 岁)	乐观式超脱	心境忧郁

第二节　职业生涯规划的基本知识

职业生涯规划,是近几年来工业发达国家人力资源开发的重要内容之一,也是当今人事管理的一大趋势。近年来,政府、大中专院校和企事业单位对职业生涯规划的重视程度越来越高,尤其在企业当中,帮助员工进行职业生涯规划、提供培训与职业发展已成为企业人力资源部的一个重要管理职能。无论从事什么职业和工作,只要进行科学的职业生涯规划,可促使一个人的目标得以实现,使一个人的事业获得成功,使一个平凡之人发展成为一个出色的人。由此可见,职业生涯规划是个人成才的有效方法,也是个人在事业上得到长足发展以至最终获得事业成功的必要途径。

■ 职业生涯规划的含义

职业生涯规划简称生涯规划,又叫职业生涯设计,是指个人与组织发展相结合,在对一个人职业生涯的主客观条件进行测定、分析、总结的基础上,对自己的兴趣、爱好、能力、特点进行综合分析与权衡,结合时代的特点,根据自己的职业倾向,确定其最佳的职业奋斗目标,并为实现这一目标作出行之有效的安排。

职业生涯规划的目的是帮助个人了解自己,为自己的发展选定方向,筹划未来,向着自己的目标不断迈进。

■ 职业生涯规划的特点

★ 可行性。规划并非美好幻想或不着边际的梦想,要有事实依据,否则将会延误生涯良机

★ 适时性。规划是预测未来的行动,确定将来的目标,因此各项主要活动,何时实施、何

时完成，都应有时间和时序上的妥善安排，以作为检查行动的依据

★ 适应性。规划未来的职业生涯目标，涉及多种可变因素，因此规划应有弹性，以增加其适应性

★ 连续性。人生每个发展阶段的规划应能持续、惯性地衔接。影响个人职业生涯发展的因素有：进取心与责任心、自信心、自我表现认识和自我表现调节、情绪稳定性、社会敏感性、社会接纳性、社会影响力

■ 职业生涯规划的原则

在进行职业生涯规划时要充分考虑到个人的特性，对影响职业生涯的因素进行总结和分析，确定个人的人生发展目标，选择实现这一目标的职业并作出具体的安排。具体来说，在职业生涯规划时应遵循下列原则。

★ 目标导向原则

什么是目标？在一定的时间内达到具有一定规模的期望值就叫目标。人们也经常给目标下另一个定义，即梦想的日期化和数字化。对人生而言，需求产生目的，目的具体化就是目标，目标就是前进的动力，是行动的灯塔。

哈佛大学曾经进行了一项非常著名的关于目标对人生影响的跟踪调查。对象是一群智力、学历、环境等条件都差不多的年轻人，调查结果如下：27%的人，没有目标；60%的人，目标模糊；10%的人，有比较清晰的短期目标；3%的人，有十分清晰的长期目标。经过 25 年的跟踪调查发现，他们的生活状态十分有意思。那 3%的人，25 年来几乎都不曾更改过自己的人生目标，他们始终朝着同一个方向不懈努力；25 年后，他们几乎都成了社会各界的顶尖成功人士，他们中不乏白手创业者、行业领袖、社会精英。那 10%的人，大都生活在社会中上层；他们的共同特点是，那些短期目标不断地被实现，生活质量稳步上升；他们成为各行各业不可缺少的专业人士，如医生、律师、工程师、高级主管等。那 60%的人，大都生活在社会的中下层；他们能安稳地生活与工作，但都没有什么特别的成绩。剩下的 27%的人，他们几乎都生活在社会的最底层，生活都过得很不如意，常常失业，靠社会救济，并且常常在抱怨他人，抱怨社会。从哈佛大学的调查，我们可以得出一个结论：目标引领未来，目标促进行动，目标对人生有巨大的导向作用。成功一开始仅仅是一个选择。我们选择什么样的目标，就会有什么样的成就，就会有什么样的人生。

★ 重在大学原则

大学生还没有真正进入现实的职业世界，因此要做一个真正意义上的职业生涯规划是不现实的。大学阶段只是为即将从事的职业做能力和知识准备，真正的职业发展规划必须同自己所从事的职业内容联系在一起。人的职业发展必须以社会或组织的发展为前提，离开这个前提，个人的职业发展规划只会成为空洞的自我设计，个人的职业发展就会落空。由于大学阶段是一个人职业生涯发展中的重要准备期，因此在大学阶段为自己选定一个职业发展方向，放眼未来，着手当前，对大学生涯进行规划是可行的，而且也是非常必要的。大学生的职业生涯规划重点应是对大学期间的学习、生活、社会兼职、社团活动等方面进行合理规划，这也是大学生职业生涯规划与其他类型人员职业生涯规划的主要区别。

★ 清晰性原则

规划应该清晰、明确，能够把它转化为一个个可以实行的行动。

★ 挑战性原则

规划要在可行性的基础上具有一定的挑战性，完成规划要付出一定的努力，成功之后才有较大的成就感。

★ 适应性原则

一份职业生涯规划不管表面上有多么诱人，都得经过实践的考验。一份好的职业生涯规划除了遵循以上原则外，还应该遵循适应性原则。

在适应性原则里，我们应该考虑目标是否符合自己的性格、兴趣和特长，是否对自己有挑战性，能否在规定的时间内完成，实现目标的途径是否能在自己的特质、社会环境、组织环境等范围内执行，可行性有多大。同时，职业规划是否具体，在执行职业生涯规划的过程中，自己能否随时掌握执行的情况，能否进行评估等。

★ 一致性原则

主要目标与分目标是否一致？目标与措施是否一致？个人目标与组织发展目标是否一致？

★ 激励性原则

目标是否符合自己的性格、兴趣和特长？是否能对自己产生内在激励作用？

★ 具体性原则

生涯规划各阶段的路线划分与安排，必须具体可行。

★ 可行性原则

规划要有事实依据，要因人制宜，否则可能延误职业生涯发展机遇。

★ 阶段性原则

所谓阶段性原则，主要指在进行职业生涯设计时，要充分考虑自身所处的不同发展阶段，有目的、有步骤、有计划地调整和安排实施。职业生涯设计的阶段主要划分为短期、中期和长期三个阶段。

(1)短期规划。一般为 3 年，这一阶段职业生涯计划主要是确定近期目标和明确其间需要完成的任务。

(2)中期规划。一般为 5 年，这一阶段职业生涯计划的重点是要规划出 3～5 年内的职业生涯的目标与任务以及具体实施途径。

(3)长期规划。一般为 5～10 年，这一阶段职业生涯规划的重点是要设定较长远的目标。

第三节　职业生涯规划的基本理论

职业生涯规划经过几十年的发展，相关理论不断得到完善，目前国际上比较成熟、应用比较广泛的职业生涯规划理论主要有 3 种：职业兴趣理论——强调兴趣与职业的匹配；MBTI 人格类型理论——强调职业与性格的吻合；职业锚理论——强调价值观、能力及兴趣，甚至个性的融合。

■ 职业兴趣理论

职业兴趣理论主要是由美国著名的职业指导专家霍兰德(John L. Holland)提出和发展的。他认为，人的一生中面临许多选择，职业方面的选择是关乎个人一生幸福的重要内容之一，这其中职业兴趣具有极大的影响作用。根据霍兰德的观点，一个人的职业兴趣会极大地影响职业的适宜度。当他从事的职业与其兴趣相吻合时，就可能发挥最佳水平，易于作出成就；反之则可能感到极不适应或者毫无兴趣，即使取得一定成绩也难以获得成就感。诺贝尔物理学奖得主华人丁肇中曾说过“兴趣比天才重要”，这是对职业兴趣理论的最好诠释。

★ 职业兴趣理论的基本内容

理论核心：作为职业选择的首选工具，霍兰德职业兴趣量表几乎被国内外所有的职业机构应用。霍兰德的职业兴趣理论，其核心是提出了 4 个假设。

(1)大多数人的人格可以分为现实型、研究型、艺术型、社会型、企业型和传统型 6 种类型，这些是在个人与环境的相互作用中形成的。每一种特定人格类型会对相应的职业类型活动感兴趣。

(2)人们所生活的职业环境也同样可以划分为上述 6 种类型。每一种职业环境大致由同一种人格类型的人所占据。

(3)人们寻求的是能够充分施展自己的能力，充分表现、发展自己价值观的职业环境。

(4)个人的行为是由个人的人格和其所处的环境相互作用决定的。

★ 兴趣类型的特点及其较为适宜的职业环境(表 3-2)

表 3-2 兴趣类型的特点及其较为适宜的职业环境

类 型	劳动者特点	职 业
现实型(realistic)	具有这类倾向的个体，属于技术与运动取向：①对机械与物体的关心比较强烈，愿意使用工具从事操作性工作；②身体技能及机械协调能力好，动手能力强，手脚灵活，动作协调；③不善言辞，对于人际交往及人员管理、监督等活动不太感兴趣；④稳健、务实，喜欢从事规则明确的活动及技术性工作，甚至热衷于亲自动手创造新事物	主要是指各类工程技术工作、农业工作。通常需要一定体力，需要运用工具或操作机器。主要职业：工程师、技术员；机械操作、维修、安装工人，矿工、木工、电工、鞋匠等；司机、测绘员、描图员；农民、牧民、渔民等
研究型(investigative)	具有这类倾向的个体，喜欢理论思维或偏爱数理统计工作：①抽象思维能力强，求知欲强，倾向于通过思考、分析解决难题，不愿自己动手；②喜欢独立的、挑战性的和富有创造性的工作，不太喜欢固定程序的任务；③知识渊博，有学识才能，不善于领导他人和人际交往	主要是指科学研究和科学实践工作。主要职业：自然科学和社会科学方面的研究人员、专家；化学、冶金、电子、无线电、电视、飞机等方面的工程师、技术人员；飞机驾驶员、计算机操作员等
艺术型(artistic)	具有此类倾向的个体，对具有创造、想象及自我表现空间的工作显示出明显偏好：①喜欢以各种艺术形式的创作来表现自己的才能，实现自身的价值；②具有特殊艺术才能和个性；③乐于创造新颖的价值、与众不同的艺术成果，渴望表现自己的个性，重视自己的感性，直觉力较好，情绪变化较大；比较喜欢独立行事，不太合群；④对于结构化程度较高的任务及环境都不太喜欢，对于机械及程序化的工作无兴趣	主要是指各类艺术创作工作。主要职业：音乐、舞蹈、戏剧等方面的演员、艺术家编导、教师；文学、艺术方面的评论员；广播节目的主持人、编辑；绘画、书法、摄影家；艺术、家具、珠宝、房屋装饰等行业的设计师等

续表 3-2

类 型	劳动者特点	职 业
社会型（social）	具有此类倾向的个体，喜欢从事以人为对象的工作：①通常言语能力优于数理能力，善于言谈，乐于与人相处、给人提供帮助，具有人道主义倾向，责任心也较强，喜欢从事为他人服务和教育、指导他人的工作；②习惯于与人商讨或调整人际关系来解决面临的问题，喜欢参与解决人们共同关心的社会问题，渴望发挥自己的社会作用；③比较看重社会义务和社会道德	主要是指各种直接为他人服务的工作，如医疗服务、教育服务、生活服务方面的职业等。主要职业：教师、保育员、行政人员；医护人员；衣食住行服务行业的经理、管理人员和服务人员；福利人员等
企业型（enterprising）	具有这种兴趣倾向的个体，喜欢制订新的工作计划、事业规划以及设立新的组织：①精力充沛、自信、善交际，具有领导才能；②支配欲、冒险性强，喜欢竞争；③喜爱权力、地位和物质财富；④不喜欢具体精细或需要长时间集中心智的工作	主要是指那些组织与影响他人共同完成组织目标的工作。主要职业：经理企业家、政府官员、商人、行业部门和单位的领导者、管理者等
传统型（conventional）	具有这类倾向的个体，喜欢高度有序、要求明晰的工作：①喜欢按计划办事，习惯接受他人指挥和领导，自己不谋求领导职务；②不喜欢冒险和竞争；对社会地位、社会评价比较在意，通常愿意在大型机构做一般性工作；③工作踏实、有毅力，忠诚可靠，遵守纪律，偏保守，工作中与人的交往会保持一定的距离	主要是指各类与文件档案、图书资料、统计报表之类相关的各类科室工作。主要职业：会计、出纳、统计人员；打字员；办公室人员；秘书和文书；图书管理员；旅游、外贸职员、保管员、邮递员、审计人员、人事职员等

★ 各类型之间的关系

霍兰德所划分的六大类型有着明晰的边界，他以六边形标示出六大类型的关系，如图 3-1 所示。

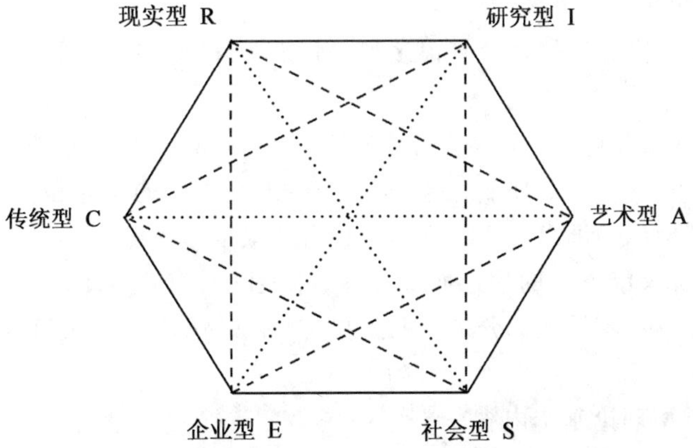

图 3-1 霍兰德兴趣理论六大职业类型的关系图

每一种类型与其他类型之间存在不同程度的关系：

(1)相邻关系。RI、IR、IA、AI、AS、SA、SE、ES、EC、CE、RC 及 CR。属于相邻关系的两种

类型的个体之间共同点较多。如现实型R、研究型I的人就都不太偏好人际交往,这两种职业环境中也都较少有机会与人接触。

(2)相隔关系。RA、RE、IC、IS、AR、AE、SI、SC、EA、ER、CI及CS。属于这种关系的两种类型个体之间共同点较相邻关系少。如现实型R为人做事稳重、务实,而艺术型A则表现为感性化、情绪化。

(3)相对关系。在六边形上处于对角位置的类型之间即为相对关系,如RS、IE、AC、SR、EI及CA。相对关系的人格类型之间共同点少,因而一个人同时对处于相对关系的两种职业环境兴趣都很浓厚的情况,较为少见。

★ 职业兴趣理论在职业生涯规划中的应用

在职业生涯规划中,人们运用职业兴趣理论,通常倾向选择与自我兴趣类型相匹配的职业环境,如具有现实型职业兴趣的人希望在现实型的职业环境中工作,可以最好地发挥个人的潜能。

职业选择中,个体并非一定要选择与自己兴趣完全对应的职业环境。一则因为个体本身常是多种兴趣类型的综合体,单一类型显著突出的情况不多。因此,评价个体的兴趣类型时,也时常以其在6大类型中得分居前三位的类型组合为主。组合时根据分数的高低依次排列字母,构成其兴趣组型,如RCA、AIS等。二则因为影响职业选择的因素是多方面的,不能完全依据兴趣类型,还要参照社会的职业需求及获得职业的现实可能性。

职业选择时会不断妥协,寻求相邻职业环境甚至相隔职业环境,在这种环境中,个体需要逐渐适应工作环境。但如果个体寻找的是相对的职业环境,意味着所进入的是与自我兴趣完全不同的职业环境,则我们工作起来可能难以适应,或者难以做到工作时觉得很快乐,相反,甚至可能会每天工作得很痛苦。

在长期的职业生涯过程中,"职业兴趣"并非一成不变,例如,一个在管理岗位上工作了10年的管理人员,他的职业兴趣一般都是"企业"倾向。事实上,许多成功人士在做着与职业兴趣偏离的工作。当然,我们做与自己"职业兴趣"吻合度高的工作,可能工作更快乐,更容易发挥出自己的能力。

■ MBTI人格类型理论

世界上关于划分人格类型的理论有很多种,MBTI人格类型理论是目前国际上最权威、最普遍使用的理论。

MBTI人格类型理论源自瑞士著名心理学家Carl G. Jung(卡尔·荣格)于1920年提出的心理类型理论,后经Katharine Cook Briggs与Isabel Briggs Myers的研究和发展,将其命名为迈尔斯-布里格斯人格类型指标(MBTI)。MBTI是一种自我报告的调查,是为使荣格的心理类型理论成为日常生活中能够懂又能够用的理论而设计的。MBTI具有非常雄厚的心理学基础,可以分析出大量的个性特质,这些特质大部分是人无法改变的,从而确定了MBTI与职业发展之间的密切关系。

★ MBTI人格类型理论基本内容

MBTI人格类型理论认为一个人的人格类型分为4个维度,每个维度有2个方向,共计8个方面,即共有8种人格特点,具体如表3-3所示。

表 3-3　MBTI 理论的 8 种人格特点

人格特点	维度解释
我们与世界的相互作用方式	外向 E： 关注自己如何影响外部环境：将心理能量和注意力聚焦于外部世界和与他人的交往上。例如聚会、讨论、聊天
	内向 I： 关注外部环境的变化对自己的影响：将心理能量和注意力聚集于内部世界，注重自己的内心体验。例如独立思考，看书，避免成为注意的中心，听得比说得多
我们获取信息的主要方式	感觉 S： 关注由感觉器官获取的具体信息：看到的、听到的、闻到的、尝到的、触摸到的事物。例如关注细节、喜欢描述、喜欢使用和琢磨已知的技能
	直觉 N： 关注事物的整体和发展变化趋势：灵感、预测、暗示，重视推理。例如重视想象力和独创力，喜欢学习新技能，但容易厌倦；喜欢使用比喻，跳跃性地展现事实
我们的决策方式	思考 T： 重视事物之间的逻辑关系，喜欢通过客观分析作决定。例如理智、客观、公正，认为圆通比坦率更重要
	情感 F： 以自己和他人的感受为重，将价值观作为判定标准。有同情心。例如善良、和睦、善解人意，考虑行为对他人情感的影响，认为圆通和坦率同样重要
我们的做事方式	判断 J： 喜欢作计划和决定，愿意进行管理和控制，希望生活井然有序。例如重视结果（重点在于完成任务）、按部就班、有条理、尊重时间期限，喜欢作决定
	知觉 P： 灵活，试图去理解、适应环境，倾向于留有余地，喜欢宽松自由的生活方式。例如重视过程，随信息的变化不断调整目标，喜欢有多种选择

每个人的性格落在 4 种维度相应的分界点的这边或那边，我们称之为“偏好”。例如，如果你落在外向的那边，称为“你具有外向的偏好”；如果你落在内向的那边，称为“你具有内向的偏好”。你的人格类型就是你用得最频繁、最熟练的那种。4 个维度各有两个方面，一共组成 16 种人格类型，如表 3-4 所示。

表 3-4　16 种人格类型

ISTJ	ISFJ	INFJ	INTJ
ISTP	ISFP	INFP	INTP
ESTP	ESFP	ENFP	ENTP
ESTJ	ESFJ	ENFJ	ENTJ

通过统筹，以上 16 种类型又归于 4 个大类。

1. SJ 型——忠诚的监护人

具有 SJ 偏爱的人，他们的共性是有很强的责任心与事业心，能忠诚、按时完成任务，推崇安全、礼仪、规则和服从，常常被一种服务于社会需要的强烈动机所驱使。他们坚定、尊重权威和等级制度，持保守的价值观，充当保护者、管理员、稳压器、监护人的角色。大约有 50% SJ 偏爱的人为政府部门及军事部门的职务所吸引，并且显现出卓越成就。在美国执政过的 41 位总统中有 20 位是 SJ 偏爱的人，如乔治·布什、乔治·华盛顿等。

2. SP 型——天才的艺术家

有 SP 偏好的人有冒险精神，反应灵敏，在任何要求技巧性强的领域中游刃有余，他们常常被认为是喜欢活在危险边缘寻找刺激的人，为行动、冲动和享受现在而活着；有 60%左右 SP 偏好的人喜欢艺术、娱乐、体育和文学，常常被称赞为天才的艺术家。我们熟悉的书法家米芾、艺术家黄永玉、歌星麦当娜、篮球魔术师约翰逊、音乐大师莫扎特等都是具有 SP 性格特点的例子。

3. NT 型——科学家、思想家的摇篮

具有 NT 偏爱的人有着天生的好奇心，喜欢梦想，有独创性、创造力、洞察力，有兴趣获得新知识，有极强的分析问题、解决问题的能力。他们是独立的、理性的、有能力的人。

人们称 NT 是思想家、科学家的摇篮，大多数 NT 类型的人喜欢物理、研究、管理、电脑、法律、金融、工程等理论和技术性强的工作。如达尔文、牛顿、爱迪生、瓦特、比尔·盖茨、阿伯特·爱因斯坦等都是属于 NT 型的人。

4. NF 型——理想主义者

NF 偏爱的人在精神上有极强的哲理性，他们充满活力、有感染力、能影响他人的价值观并鼓舞其激情。他们帮助别人成长和进步，具有煽动性，被称为传播者和催化剂。约有一半的人在教育界、文学界、宗教界、咨询界以及心理学、文学、美术和音乐等行业显示着他们的非凡成就。如毛泽东、弗拉基米尔·列宁、奥普拉·温弗尼、莫汉迪斯·甘地等。

★ MBTI 人格类型理论在职业生涯规划中的运用

MBTI 人格类型理论揭示了一个人深层的"本我"、真实的我、自我的核心，是最本能、最自然的思维、感觉、行为模式，而不是在别人面前所表现出来的表面性格特征。

通过了解自己和他人的性格倾向，可以更好地理解自己的优点、缺点，更容易接受自己；可以更好地理解和接受他人，理解为什么人与人之间在思维、行为、观念、表现等方面存在差异，从而接受其他观点的合理性，避免固执己见或者简单地判定某种做法的正确或错误。

根据 MBTI 理论，每种个性类型均有相应的优点和缺点、适合的工作环境、适合自己的岗位特质，使用 MBTI 进行职业生涯开发的关键在于如何将个人的人格特点与职业特点进行结合。

对于大学生而言，在进行职业生涯设计时，除了参考职业兴趣之外，最重要的是了解自己的 MBTI 类型，它不仅可以提供适合岗位、工作环境等方面的参考，还可根据个人的情况提出系统的发展建议。

★ MBTI 人格类型测试(迈尔斯－布里格斯人格类型指标)

MBTI 测试前须知：

(1)本测试用于确定测试者的人格类型。人格类型没有好坏，只有不同。每一种人格特征都有其价值和优点，也有缺点和需要注意的地方。

(2)本测试分为四部分，共93题。所有题目没有对错之分，请根据自己的实际情况选择。将你选择的A或B所在的○中涂黑或标记√。

(3)参加测试者请务必诚实、独立地回答问题。根据国际专业心理量表评测和施测标准化要求，本量表有部分题目实际上并非为其所测维度变量，而是测试你前后态度是否一致，请诚实答题。

1. 哪一个答案最能贴切地描绘你一般的感受或行为？

序号	问题描述	选项	E	I	S	N	T	F	J	P
1	当你要外出一整天，你会	A							○	
	A. 计划你要做什么和在什么时候做，B. 说去就去	B								○
2	你认为自己是一个	A								○
	A. 较为随心所欲的人，B. 较为有条理的人	B							○	
3	假如你是一位老师，你会选教	A			○					
	A. 以事实为主的课程，B. 涉及理论的课程	B				○				
4	你通常	A	○							
	A. 与人容易混熟，B. 比较沉静或矜持	B		○						
5	一般来说，你和哪些人比较合得来？	A				○				
	A. 富于想象力的人，B. 现实的人	B			○					
6	你是否经常让	A						○		
	A. 你的情感支配你的理智，B. 你的理智主宰你的情感	B					○			
7	处理许多事情时，你会喜欢	A								○
	A. 凭兴所至行事，B. 按照计划行事	B							○	
8	你是否	A	○							
	A. 容易让人了解 B. 难以让人了解	B		○						
9	按照程序表做事，	A							○	
	A. 合你心意，B. 令你感到束缚	B								○
10	当你有一份特别的任务，你会喜欢	A							○	
	A. 开始前小心组织计划，B. 边做边找需做什么	B								○
11	在大多数情况下，你会选择	A								○
	A. 顺其自然，B. 按程序表做事	B							○	
12	大多数人会说你是一个	A		○						
	A. 重视自我隐私的人，B. 非常坦率开放的人	B	○							
13	你宁愿被人认为是一个	A			○					
	A. 实事求是的人，B. 机灵的人	B				○				
14	在一大群人当中，通常是	A	○							
	A. 你介绍大家认识，B. 别人介绍你	B		○						
15	你会跟哪些人做朋友？	A				○				
	A. 常提出新意的，B. 脚踏实地的	B			○					
16	你倾向于	A						○		
	A. 重视感情多于逻辑，B. 重视逻辑多于感情	B					○			

续表

序号	问题描述	选项	E	I	S	N	T	F	J	P
17	你比较喜欢 A. 坐观事情发展才作计划,B. 很早就作计划	A								○
		B							○	
18	你喜欢花很多的时间 A. 一个人独处,B. 和别人在一起	A		○						
		B	○							
19	与很多人一起会 A. 令你活力倍增,B. 常常令你心力交瘁	A	○							
		B		○						
20	你比较喜欢 A. 很早便把约会、社交聚集等事情安排妥当, B. 无拘无束,看当时有什么好玩就做什么	A							○	
		B								○
21	计划一个旅程时,你较喜欢 A. 大部分的时间都是跟当天的感觉行事, B. 事先知道大部分的日子会做什么	A								○
		B							○	
22	在社交聚会中,你 A. 有时感到郁闷,B. 常常乐在其中	A		○						
		B	○							
23	你通常 A. 和别人容易混熟,B. 趋向自处一隅	A	○							
		B		○						
24	哪些人会更吸引你? A. 一个思维敏捷且非常聪颖的人, B. 实事求是,具有丰富常识的人	A				○				
		B			○					
25	在日常工作中,你会 A. 颇为喜欢处理迫使你分秒必争的突发工作, B. 通常预先计划,以免要在压力下工作	A								○
		B							○	
26	你认为别人一般 A. 要花很长时间才认识你,B. 用很短的时间便认识你	A		○						
		B	○							

2. 在下列每一对词语中,哪一个词语更合你心意?请仔细想想这些词语的意义,而不要理会它们的字形或读音。

序号	问题描述	选项	E	I	S	N	T	F	J	P
27	A. 注重隐私　　B. 坦率开放	A		○						
		B	○							
28	A. 预先安排的　　B. 无计划的	A							○	
		B								○
29	A. 抽象　　B. 具体	A				○				
		B			○					
30	A. 温柔　　B. 坚定	A						○		
		B					○			
31	A. 思考　　B. 感受	A					○			
		B						○		

续表

序号	问题描述	选项	E	I	S	N	T	F	J	P
32	A. 事实　　B. 意念	A			○					
		B				○				
33	A 冲动　　B 决定	A								○
		B							○	
34	A. 热衷　　B. 文静	A	○							
		B		○						
35	A. 文静　　B. 外向	A		○						
		B	○							
36	A. 有系统　　B. 随意	A							○	
		B								○
37	A. 理论　　B. 肯定	A				○				
		B			○					
38	A. 敏感　　B. 公正	A						○		
		B					○			
39	A. 令人信服　　B. 感人的	A					○			
		B						○		
40	A. 声明　　B. 概念	A			○					
		B				○				
41	A. 不受约束　　B. 预先安排	A								○
		B							○	
42	A. 矜持　　B. 健谈	A		○						
		B	○							
43	A. 有条不紊　　B. 不拘小节	A							○	
		B								○
44	A. 意念　　B. 实况	A				○				
		B			○					
45	A. 同情怜悯　　B. 远见	A						○		
		B					○			
46	A. 利益　　B. 祝福	A					○			
		B						○		
47	A. 务实的　　B. 理论的	A			○					
		B				○				
48	A. 朋友不多　　B. 朋友众多	A		○						
		B	○							
49	A. 有系统　　B. 即兴	A							○	
		B								○
50	A. 丰富想象的　　B. 以事论事	A				○				
		B			○					
51	A. 亲切的　　B. 客观的	A						○		
		B					○			

续表

序号	问题描述	选项	E	I	S	N	T	F	J	P
52	A. 客观的　　B. 热情的	A					○			
		B						○		
53	A. 建造　　B. 发明	A			○					
		B				○				
54	A. 文静　　B. 爱合群	A		○						
		B	○							
55	A. 理论　　B. 事实	A				○				
		B			○					
56	A. 富有同情心　　B. 符合逻辑	A						○		
		B					○			
57	A. 具分析力　　B. 多愁善感	A					○			
		B						○		
58	A. 合情合理　　B. 令人着迷	A			○					
		B				○				

3. 哪一个答案最能贴切地描绘你一般的感受或行为？

序号	问题描述	选项	E	I	S	N	T	F	J	P
59	当你要在一个星期内完成一个大项目，你在开始的时候会 A. 把要做的不同工作依次列出，B. 马上动工	A							○	
		B								○
60	在社交场合中，你经常会感到 A. 与某些人很难打开话匣子和保持对话 B. 与多数人都能从容地畅谈	A		○						
		B	○							
61	要做许多人也做的事，你比较喜欢 A. 按照一般认可的方法去做，B. 构想一个自己的想法	A			○					
		B				○				
62	你刚认识的朋友能否说出你的兴趣？ A. 马上可以，B. 要待他们真正了解你之后才可以	A	○							
		B		○						
63	你通常较喜欢的科目是 A. 讲授概念和原则的，B. 讲授事实和数据的	A				○				
		B			○					
64	哪个是较高的赞誉 A. 一贯感性的人，B. 一贯理性的人	A						○		
		B					○			
65	你认为按照程序表做事 A. 有时是需要的，但一般来说你不大喜欢这样做 B. 大多数情况下是有帮助而且是你喜欢做的	A								○
		B							○	
66	和一群人在一起，你通常会选 A. 跟你很熟悉的个别人谈话，B. 参与大伙的谈话	A		○						
		B	○							
67	在社交聚会上，你会 A. 是说话很多的一个，B. 让别人多说话	A	○							
		B		○						
68	把周末要完成的事列成清单，这个主意会 A. 合你意，B. 使你提不起劲	A							○	
		B								○

续表

序号	问题描述	选项	E	I	S	N	T	F	J	P
69	哪个是较高的赞誉,或称许为 A. 能干的,B. 富有同情心	A					○			
		B						○		
70	你通常喜欢 A. 事先安排你的社交约会,B. 随兴之所至做事	A							○	
		B								○
71	总的说来,要做一个大型作业时,你会选 A. 边做边想该做什么,B. 首先把工作按步骤细分	A								○
		B							○	
72	你能否滔滔不绝地与人聊天 A. 只限于跟你有共同兴趣的人,B. 几乎跟任何人都可以	A		○						
		B	○							
73	你会 A. 采用一些证明有效的方法 B. 分析还有什么毛病,及针对尚未解决的难题	A			○					
		B				○				
74	为乐趣而阅读时,你会 A. 喜欢奇特或创新的表达方式,B. 喜欢作者直话直说	A				○				
		B			○					
75	你宁愿替哪一类上司(或者老师)工作? A. 天性纯良,但常常前后不一的, B. 言辞尖锐但永远合乎逻辑的	A					○			
		B				○				
76	你做事多数是 A 按当天心情去做,B 按拟好的程序表去做	A								○
		B							○	
77	你是否 A 可以和任何人按需求从容地交谈 B 只是对某些人或在某种情况下才可以畅所欲言	A	○							
		B		○						
78	要作决定时,你认为比较重要的是 A 据事实衡量,B 考虑他人的感受和意见	A					○			
		B						○		

4. 在下列每一对词语中,哪一个词语更合你心意?

序号	问题描述	选项	E	I	S	N	T	F	J	P
79	A. 想象中的 B. 真实的	A				○				
		B			○					
80	A. 仁慈慷慨的 B. 意志坚定的	A						○		
		B					○			
81	A. 公正的 B. 有关怀心	A					○			
		B						○		
82	A. 制作 B. 设计	A			○					
		B				○				
83	A. 可能性 B. 必然性	A				○				
		B			○					
84	A. 温柔 B. 力量	A						○		
		B					○			

续表

序号	问题描述	选项	E	I	S	N	T	F	J	P
85	A. 实际　B. 多愁善感	A					○			
		B						○		
86	A. 制造　B. 创造	A			○					
		B				○				
87	A. 新颖的　B. 已知的	A				○				
		B			○					
88	A. 同情　B. 分析	A						○		
		B					○			
89	A. 坚持己见　B. 温柔有爱心	A					○			
		B						○		
90	A. 具体的　B. 抽象的	A			○					
		B				○				
91	A. 全心投入　B. 有决心的	A						○		
		B					○			
92	A. 能干　B. 仁慈	A					○			
		B						○		
93	A. 实际　B. 创新	A			○					
		B				○				
每项总分										

5. 评分规则

(1)当你将○涂好后，把 8 项(E、I、S、N、T、F、J、P)分别加起来，并将总和填在每项最下方的方格内。

(2)请复查你的计算是否准确，然后将各项总分填在下面对应的方格内。

每项总分

外向	E			I	内向
实感	S			N	直觉
思考	T			F	情感
判断	J			P	认知

6. 确定人格类型的规则

(1)MBTI 以四个组别来评估你的人格类型倾向："E-I""S-N""T-F"和"J-P"。请你比较四个组别的得分。每个组别中，获得较高分数的那个类型，就是你的人格类型倾向。例如，你的得分是：E(外向)12 分，I(内向)9 分，那你的类型倾向便是 E(外向)了。

(2)将代表获得较高分数的类型的英文字母，填在下方的方格内。如果在一个组别中，两个类型获同分，则依据下边表格中的规则来决定你的类型倾向。

评估类型

同分处理规则　假如 E=I　请填上 I
　　　　　　　假如 S=N　请填上 N
　　　　　　　假如 T=F　请填上 F
　　　　　　　假如 J=P　请填上 P

7. MBTI 十六种人格类型特性及对应的常见职业

ISTJ：一丝不苟的检查者型/调查员。严肃的、有责任心的和通情达理的社会坚定分子。他们值得信赖，重视承诺，工作缜密，讲求实际。他们具有很强的集中力、条理性和准确性，具有坚定不移、深思熟虑的思想，一旦着手运用自己相信的最好行动方法时，就很难转变，否则会变得沮丧。

适合职业：首席信息系统执行官、天文学家、数据库管理员、会计、房地产经纪人、侦探、行政管理人员、信用分析师等。

ISFJ：照顾者/保护者/守卫者型。安静、和善、负责任且有良心；行事尽责投入，对细节事务有耐心，忠诚、考虑周到、知性且会关切他人感受。他们愿投入、吃苦且力求精确，安定性高，是常驻项目工作或团体的安定力量，致力于创建有序及和谐的工作与家庭环境。但兴趣通常不在于科技方面。

适合职业：内科医生、营养师、图书/档案管理员、室内装潢设计师、客户服务专员、记账员、特殊教育教师、酒店管理等。

INFJ：灵性特质的作家型/咨询师/劝告者。忠诚、坚定、富有理想；他们珍视正直，坚信其价值观；满怀热情与同情心，提出造福大众利益的明确愿景而为人所尊敬与追随；喜欢说服别人，使之相信他们的观点是正确的，能成为伟大的领导者或者独立的、有独创性的思想家。他们是深思熟虑的决策者，觉得问题使人兴奋，在行动之前他们通常要仔细地考虑，喜欢每次全神贯注于一件事情，专心致志一段时期。

适合职业：特殊教育教师、建筑设计师、培训经理、培训师、职业策划咨询顾问、心理咨询师、网站编辑、作家、仲裁人等。

INTJ：系统的建设者/策划者。自信、有智慧、富有想象力，善于分析、总结、判断；善于从整体上把握事物；喜欢追根究底，力图抓住事物的本质；对文字、语言敏感；抽象思维能力强，能理解复杂的理论概念，善于将事情概念化，善于从中推断出原理或预测趋势；擅长策略性思维；会接受建设性的批评，而不把它当作针对个人的问题。喜欢自由、变化和需要有较高智力才能完成的工作，不喜欢简单、重复的工作。INTJ 型的人属于"概念主义者"，他们是最独立的一种人，工作原则性强，标准高，对自己和对别人的要求都很严格，希望"所有的事情都要做到最好"。总的来说，他们属于"专家型"，但缺乏浪漫。

适合职业：首席财政执行官、知识产权律师、投资银行家、经济学家、企业家、各类科学家、金融规划师、设计工程师、精神分析师、心脏病专家、媒体策划师、网络管理员、建筑师、技术专家等。

ISTP：艺术能手型/鉴赏家。冷静旁观者，惜言如金，不喜欢抛头露面。这类型的人擅长掌握问题核心及找出解决方式，作出的决定总是那么客观公正，不带个人感情色彩，而且建立在分析的基础上。他们的日常生活是即兴的，灵活的；在一个新环境里，不管突然出现了什么人或发生了什么事，他们都会马上给予关注，尽管他们常常不说出来。

适合职业：信息服务业经理、计算机程序员、警官、软件开发员、律师助理、消防员、私人侦探、药剂师、木匠等。

ISFP：艺术家型人格。羞怯的、安宁和善的、敏感的、亲切的，且行事谦虚。喜于避开争论，不对他人强加己见。无意于领导却常是忠诚的追随者。办事不急躁，安于现状，无意于以过度的急切或努力破坏现状。喜欢有自由的空间及照自定的程式办事。

适合职业：画家、室内装潢设计师、时装首饰设计师、按摩师、客户服务专员、服装设计师、厨师、护士、牙医、旅游管理、行政人员、乐器制作者等。

INFP：治疗者或者哲学家型人格。安静观察者，具理想性，对重要之人具忠诚心。具好奇心且很快能看出机会所在。除非价值观受侵犯，行事会具弹性、适应力高且承受力强。想了解及发展他人的企图。做事全神贯注、有弹性，对所处境遇及拥有不太在意。

适合职业：心理学家、人力资源管理、翻译、大学教师（人文学科）、社会工作者、图书管理员、服装设计师、编辑、网站设计师等。

INTP：一板一眼的学者型人格。安静、自持、思维敏捷、洞察力强。特别喜欢追求理论与科学事理。习于以逻辑及分析来解决问题。喜欢提出新的见解和主张，不大喜欢聚会和闲聊。追求有强烈兴趣的生涯。

适合职业：软件设计师、网站设计师、计算机程序员、风险投资家、法律仲裁人、金融分析师、大学教师（经济学）、研究开发专业人员、音乐家、知识产权律师等。

ESTP：挑战者型人格。灵活、忍耐力强，实际，注重结果；最专精于可操作或处理、分解或组合的真实事务。精力充沛，擅长现场实时解决问题，喜欢办事并乐于其中及过程，很少被规则或标准程式框住。倾向于技术事务及运动，交结同好友人。性格外向，友好而迷人，很受欢迎，并且能在大多数社会情况中放松自如。积极活跃，随遇而安，乐于享受今天，不喜欢冗长概念的解释及理论。很难独自长时间工作，对行政细节和手续缺乏耐心，在压力和挫折面前不够坚持；做事不喜欢事先准备；对别人的感觉迟钝、麻木。

适合职业：企业家、股票经纪人、土木工程师、旅游管理、职业运动员/教练、电子游戏开发员、房产开发商、警察、消防员、记者、主持人、财务主管等。

ESFP：表演者型人格。外向，友善，包容。热爱生活、喜欢物质上的享受。喜欢与别人共事，乐于分享喜乐予他人。最擅长人际相处及具备完备常识，很有弹性，能立即适应他人与环境。但容易忽视他人的情感；缺乏时间观念；很难独自长时间开展有规则约束的工作；对行政细节和手续缺乏耐心。

适合职业：幼教老师、公关专员、演员、职业策划咨询师、旅游管理/导游、社会工作者、促销员、演员、海洋生物学家、销售、客户经理等。

ENFP：冒险特质的记者型/奋斗者/追梦人/劝告者。充满热忱、精力充沛、聪明的、富有想象力的，视生命充满机会，但期望得到他人肯定与支持，有时做事无条理。几乎能做好所有有兴趣的事。对难题很快就有对策并能对有困难的人施予援手。依赖能改善工作的能力而无须作规划准备。为达目的常能找出强制自己为之的理由。此类型人好奇,喜欢理解而不是判断,是即兴执行者。但有时容易将别人或事情理想化,不够实际;比较倾向对人不对事,更多的时候容易情绪化。

适合职业:记者(访谈类)、节目策划和主持人、专栏作家、剧作家、电影/电视制片人、会计、广告客户管理、管理咨询顾问、演员、平面设计师、艺术指导、公司团队培训师、心理学家、人力资源管理者、播音员等。

ENTP:推陈出新的发明家型。热情开放、足智多谋、健谈而聪明,不断追求增加能力和个人权力。富有想象力,喜欢新思想,留心一切可能性。有很强的首创精神,视灵感高于其他的一切,力求使他们的新颖想法转变为现实。好奇、多才多艺、适应性强,在解决挑战性和理论性问题时善于随机应变,但会轻视或厌烦经常的任务与细节,不喜欢按照传统的公式化的方式办事。吸引和鼓励同伴,通过他们富有感染力的热情,鼓舞别人加入他们的行动中。会为了有趣而对问题的两面加以争辩,但难以让自己有条不紊和富有条理性。

适合职业:企业家、投资银行家、金融规划师、广告创意总监、文案、广播/电视主持人、演员、大学校长等。

ESTJ:优秀行政者型/政治家。务实、真实,具企业或技术天分。有条理,对现实敏感,不喜欢抽象理论;固执己见,保守,最喜欢学习可立即运用的事理。喜好组织与管理活动且专注于最有效的方式行事以取得成效。具决断力、关注细节且决策迅速。能制定和遵守规则,自我负责,监督他人工作,合理分配和处置资源,主次分明,井井有条,喜作领导者或企业主管。会忽略他人感受。

适合职业:公司首席执行官、军官、职业经理人、预算分析师、药剂师、房地产经纪人、保险经纪人、银行官员、教师(贸易/工商类)、物业管理、项目经理、各类中小型企业主管等。

ESFJ:天生的合作者及活跃的组织成员。诚挚、爱说话、合作性高、受欢迎、光明磊落。重和谐且擅长于创造和谐。常作对他人有益事务。给予鼓励和肯定会使他们有更佳工作成效。最有兴趣于会直接及有形地影响人们生活的事务。喜欢与他人共事去精确且准时地完成工作。传统尽责且脚踏实地,做事有条理,善于处理日常事务。

适合职业:劳工关系调解人、房地产经纪人、市场营销人员(消费类产品)、护士、理货员/采购员、按摩师、运动教练、饮食业管理、旅游管理、幼教老师、社区工作人员等。

ENFJ:教育家型/主人公型。友好热诚,谈吐亲切,圆滑得体;富有创造力;做事果断,甚至武断;能力强,责任心重,做事有计划。全方位的学习者,视野宽广。注重他人的感情、需求和动机。爱交际、受欢迎且富同情心。对赞许或批评很在意。善于发现他人的潜能,并希望能帮助他们实现目标。在团体中能很好地帮助他人,并有鼓舞他人的领导能力。但过于认真和动感情,当事情没有如预期那样成功时,会感到失落、失望甚至绝望。

适合职业:大学教授(人文学科)、广告客户管理、杂志编辑、公司培训师、电视制片人、市场专员、作家、社会工作者、心理学家、早期教育老师、人力资源管理者等。

ENTJ:外刚内柔的陆军元帅型/指挥者。坦诚、具决策力的活动领导者。亲切友好,意志坚强,坦率直言;能干果断,做事有条理,对自己及他人要求严格。善于组织群众,专精于具内涵与智能的谈话,如对公众演讲。易于过度自信,强于表达自己意见。讲求实际,逻辑性强,善于做那些需要推理和智慧的工作。善于策划及目标设定,作计划和研究新事物时很有系统性。

适合职业：公司首席执行官、管理咨询顾问、政治家、房产开发商、教育咨询顾问、投资顾问、法官、办公室主任、项目经理、零售经理、经济学家、股票经纪人、律师、网络安全管理员等。

■ 职业锚理论

职业锚(career anchor)是指当一个人面临职业选择的时候，他无论如何都不会放弃对职业至关重要的东西或价值观。职业锚实际上就是人们选择发展自己的职业生涯时所围绕的中心，是企业和个人在进行职业生涯决策时的核心因素，是判断人们是否达到职业成功的标准。

职业锚理论产生于美国的麻省理工学院斯隆管理学院施恩(Edgar Schein)教授领导的专门研究小组，是在对该学院毕业生的职业生涯研究中演绎而成的。斯隆管理学院的44名MBA毕业生，自愿形成一个小组接受施恩教授长达12年的职业生涯研究，包括面谈、跟踪调查、人才测评、问卷等多种方式，最终分析总结了职业锚(又称作"制约定位")理论。

★ 职业锚理论的基本类型

施恩教授1978年提出了5种类型的职业锚，随后众多学者对职业锚进行了广泛的研究，并在20世纪90年代将职业锚确定为8种类型。

1. 技术/职能型

技术/职能型的人追求在技术/职能领域的成长和技能的不断提高，以及应用这种技术/职能的机会。对自己的认可来自他们的专业水平，喜欢面对专业领域挑战。通常不喜欢从事一般的管理工作，因为这意味着他们不得不放弃在技术/职能领域的成就。

2. 管理型

管理型的人追求并致力于工作晋升，倾心于全面管理，独立负责一个部分，可以跨部门整合其他人的努力成果。他们想去承担整体的责任，并将公司的成功与否看成自己工作的成与败。具体的技术/职能工作仅仅被看作通向更高、更全面管理层的必经之路。

3. 自主/独立型

自主/独立型的人希望随心所欲安排自己的工作方式、工作习惯和生活方式，追求能施展个人能力的工作环境，最大限度地摆脱组织的限制。他们宁愿放弃提升或工作发展机会，也不愿放弃自由与独立。

4. 安全/稳定型

安全/稳定型的人追求工作中的安全与稳定感。他们因为能够预测到稳定的将来而感到放松。关心财务安全，如退休金和退休计划。稳定包括诚实、忠诚以及完成老板交代的工作。尽管有时可以达到一个高的职位，但他们并不关心具体的职位和具体的工作内容。

5. 创业型

创业型的人希望用自己的能力去创建公司或创建完全属于自己的产品(或服务)，而且愿意去冒险，并克服面临的障碍。他们想向世界证明公司是靠自己的努力创建的。他们即使在别人的公司工作，也会同时寻找机会，一旦时机成熟，便会走出去创立自己的事业。

6. 服务型

服务型的人一直追求他们认可的核心价值，例如，帮助他人，提升人们的安全感，通过新的产品消除疾病等。

7. 挑战型

挑战型的人喜欢解决看上去无法解决的问题，战胜强硬的对手，克服无法克服的困难等。对他们而言，参加工作或职业的原因是工作允许他们去战胜各种不可能。他们需要新奇、变化和困难,如果事情非常容易,他马上会变得非常厌烦。

8. 生活型

生活型的人希望将生活的各个主要方面整合为一个整体,喜欢平衡个人的、家庭的和职业的需要,因此,生活型的人需要一个能够提供"足够弹性"的工作环境来实现这一目标。他们将成功定义得比职业成功更广泛。相对于具体的工作环境、工作内容,生活型的人更关注自己如何生活、在哪里居住、如何处理家庭事务等。

职业锚实际上是个人能力、动机、需要、价值观和态度等相互作用和逐步整合的结果。在实际工作中,通过不断审视自我,逐步明确个人的需要与价值观,明确自己擅长所在及今后发展的重点,最终在潜意识里找到自己长期稳定的职业定位即职业锚。

★ 职业锚的作用

1. 选择职业生涯发展道路

职业锚是通过工作经验的积累产生并形成的,能够清楚地反映个人的价值观与才干,也能反映个人进入成年期的潜在需求和动机。个人抛锚于某一职业工作过程,实际上就是个人真正认知自我的过程,认识自己具有什么样的能力和才干,需要什么。通过对职业锚的认识,找到自己长期稳定的职业贡献区,从而决定自己将来的主要生活与职业选择。

2. 确定职业生涯目标,发展职业角色形象

职业锚清楚地反映出个人的职业生涯追求与抱负。例如,技术/功能型职业锚的人,其志向和抱负在于专业技术方面的事业有成,有所贡献。同时,根据职业锚可以判断个人达到职业成功的标准。例如,对于抛锚于管理型的人来说,其职业成功在于升迁至更高的职位,获得更大的管理机会。因此,明确自己的职业锚,可以帮助确定自己职业生涯成功的标准、职业生涯成功要求的环境,从而确定职业目标及职业角色。

3. 有助于提高个人的工作技能,提高自己的职业竞争力

职业锚是个人经过长期寻找所形成的职业生涯的定位,是个人的长期贡献区。职业锚形成后,个人便会相对稳定地从事某种职业。这样必然累积工作经验、知识与技能,随着个人工作经验的丰富和累积和个人知识的扩张,个人的职业技能将不断增强,个人职业竞争力也随之增加。

★ 职业锚理论对大学生职业生涯规划的意义

1. 职业生涯规划首先要进行自我定位

职业锚是内心深处对自己的看法和自我定位,大学生职业生涯规划的首要环节是自我分析、自我定位。大学毕业生求职之前先要进行职业生涯规划,进行职业生涯规划之前先要进行自我定位,先要弄清自己想要干什么,能干什么,自己的兴趣、才能、学识适合干什么。通过自我分析与可靠的量表工具的测量,评估出自己的职业倾向、能力倾向和职业价值观。

2. 职业生涯规划是一个动态的变化过程

施恩教授认为:职业生涯规划实际上是一个持续不断的探索过程;在这一过程中,每个人都在根据自己的天资、能力、动机、需要、态度和价值观等慢慢地形成较为明晰的与职业有关的自我概念。

当今社会处于激烈的变化过程中,大学毕业生的就业观念也要相应地改变,打破传统的"一业定终身"的理念,就业、再就业是大趋势,职业生涯规划也需要根据各种变化来调整。环境的变化可导致自我观念的变化,反映到制定职业生涯规划上来,应先找出基本的职业定位,

沿着大的方向发展，不断探索自己的职业锚，而不应该一次就把终身职业生涯的每一个具体细节都确定下来。

3. 大学毕业生职业生涯规划的重点内容是职业准备、职业选择与职业适应

职业准备期：这是指形成了较为明确的职业意向后，做好从事职业的心理、知识、技能的准备以及等待就业机会。每个择业者都有选择一份理想职业的愿望与要求，准备充分的就能够很快地找到自己理想的职业，顺利地进入职业角色。

职业选择期：这是实际选择职业的时期，也是由潜在的劳动者变为现实劳动者的关键时期。职业选择不仅仅是个人挑选职业的过程，也是社会挑选劳动者的过程，只有个人与社会成功结合、相互认可，职业选择才会成功。

职业适应期：择业者刚刚踏上工作岗位，存在一个适应过程，要完成从一个择业者到一个职业工作者的角色转换，要尽快适应新的角色、新的工作环境、工作方式、人际关系等。

职业稳定期：这一时期，个人的职业活动能力处于最旺盛时期，是创造业绩、成就事业的黄金时期。当然职业稳定是相对的，在科学技术发展迅速、人才流动加快的今天，就业单位与职业岗位发生变化是很正常的。

职业结束期：由于年龄或身体状况原因，职业活动能力与职业兴趣逐渐减弱，从而结束职业生涯。

职业锚实际上是一个不断进行职业目标探索、职业选择和职业适应的过程所产生的动态结果。因此，大学毕业生职业生涯规划的侧重点应在职业准备、职业选择、职业适应 3 个阶段。大学生要对职业进行物质、心理、知识、技能等各方面充分的准备，还要根据各方面的分析与自己的职业锚来合理、客观地对职业作出选择。对即将进行的职业活动要有一定的心理预期，包括工作性质、劳动强度、工作时间、工作方式、同事以及上下级关系都要快速适应，迅速成为一个成功的职业者。

资料链接

职业锚的自我评价

1. 你在高中时期主要对哪些领域比较感兴趣(如果有的话)？为什么会对这些领域感兴趣？你对这些领域的感受是怎样的？

2. 你在大学时期主要对哪些领域感兴趣？为什么会对这些领域感兴趣？你对这些领域的感受是怎样的？

3. 你毕业之后所从事的第一种工作是什么(如果相关的话，服役也算在其中)？你期望从这种工作中得到些什么？

4. 当你开始自己的职业生涯时，你的抱负或长远目标是什么？这种抱负或长远目标是否曾经出现过变化？如果有，那么是在什么时候？为什么会变化？

5. 你第一次换工作或换公司的情况是怎样的？你指望下一个工作能给你带来什么？

6. 你后来换工作、换公司或换职业的情况是怎样的？你怎么会作出变动决定？你所追求的是什么？(请根据你每一次更换工作、公司或职业的情况来回答这几个问题。)

7. 当你回首自己的职业经历时，你觉得最让自己感到愉快的是哪些时候？你认为这些时候的什么东西最能令你感到愉快？

8. 当你回首自己的职业经历时，你觉得最让自己感到不愉快的是哪些时候？你认为这些

时候的什么东西最令你感到不愉快?

9. 你是否曾经拒绝从事某种工作的机会或晋升机会?为什么?

现在请你仔细检查自己的所有答案,并认真阅读关于5种职业锚(管理型、技术或功能型、安全型、创造型、自主与独立型)的描述。根据你对上述这些问题的回答,分别将每一种职业锚赋予1～5的某一分数,其中1代表重要性最低;5代表重要性最高。

管理型__________技术或功能型__________安全型__________

创造型__________自主与独立型__________

摘自江小卫. 大学生职业生涯规划. 北京:原子能出版社,2008.

第四章　职业素质培养

如果我们把一个人的全部才能看作一座冰山，那么浮在上面的是他所拥有的资质、知识、行为和技能，这些都是他的显性素质；而潜在水下的东西，包括职业道德、职业精神，则是他的隐性素质。显性素质和隐性素质的总和构成了一个人所具备的全部职业素质。目前，有的应届毕业生在显性素质方面表现良好，但在隐性素质方面由于没有得到过培训，所以比较欠缺，这就是很多企业不招聘应届毕业生的真正原因。因此，大学期间进行职业素质培养是十分必要的。

第一节　职业素质及其要求

一个人能否顺利就业并取得成就，在很大程度上取决于本人的职业素质，职业素质越高的人，获得成功的机会就越多。可以说，职业素质是人才选用的第一标准，是职场制胜、事业成功的第一法宝。

■ 职业素质的内涵

职业素质(professional quality)是劳动者对社会职业了解与适应能力的一种综合体现，主要表现在职业兴趣、职业能力、职业个性及职业情况等方面。影响职业素质的因素有很多，主要包括受教育程度、实践经验、社会环境、工作经历，以及自身的一些基本情况(身体状况等)。一般来说，劳动者能否顺利就业并取得成就，在很大程度上取决于本人的职业素质，职业素质越高的人，获得成功的机会就越多。

■ 职业素质的特征

★ 职业性

不同的职业，对职业素质的要求是不同的。例如，对建筑工人的素质要求，不同于对护士的素质要求；对商业服务人员的素质要求，不同于对教师的素质要求。李素丽的职业素质始终是与她作为一名优秀的售票员联系在一起的，正如她自己所说："如果我能把 10 米车厢、3 尺票台当成为人民服务的岗位，实实在在去为社会做贡献，就能在服务中融入真情，为社会增添一份美好。即使有时自己有些烦心事，只要一上车，一见到乘客，我就不烦了。"

★ 稳定性

一个人的职业素质是在长期执业实践中日积月累形成的。它一旦形成，便产生相对的稳定性。例如，一位教师，经过三年五载的教学生涯，就逐渐形成了怎样备课、怎样讲课、怎样热爱自己的学生、怎样为人师表等一系列教师职业素质，于是，便保持了相对的稳定性。当然，随着他自己学习、工作和环境的影响，这种素质还可以继续提高。

★ 内在性

从业人员在长期的职业活动中，经过自己学习、认识和亲身体验，觉得怎样做是对的，怎样做是不对的，这种有意识地内化、沉淀和升华的心理品质，就是职业素质的内在性。我们常说："把这件事情交给小张师傅去做，有把握，能放心。"人们之所以放心他，就是因为他的内在素质好。

★ 整体性

一个从业人员的职业素质是和他整个素质有关的。说某某同志职业素质好，不仅指他的思想政治素质、职业道德素质好，还包括他的科学文化素质、专业技能素质好，甚至还包括身体素质和心理素质好。一个从业人员，虽然思想道德素质好，但科学文化素质、专业技能素质差，就不能说这个人整体素质好。相反，一个从业人员科学文化素质、专业技能素质都不错，但思想道德素质比较差，同样不能说这个人整体素质好。所以，职业素质一个很重要的特点就是整体性。

★ 发展性

一个人的素质是通过教育、自身社会实践和社会影响逐步形成的，它具有相对性和稳定性。但是，随着社会发展对人们不断提出的要求，人们为了更好地适应、满足、促进社会发展的需要，总是不断地提高自己的素质，所以素质具有发展性。

■ 职业素质的构成

职业素质的构成主要包括以下几方面的内容：

(1)身体素质。指体质和健康(主要指生理健康)。

(2)道德素质。指道德认识、道德情感、道德意志、道德行为、道德修养、组织纪律等观念。

(3)科技文化素质。指科学知识、技术知识、文化知识、文化修养等。

(4)能力素质。主要是学习能力、信息能力、创新意识、创新精神、创新能力、创业意识与创业能力等。学习和创新是个人价值的另一种形式，能体现个人的发展潜力以及对企业的价值。

(5)心理素质。指认知、感知、记忆、想象、情感、意志、态度、个性特征等。

■ 职业素质要求

不同的行业对于从业者的职业素质要求不尽相同，除了一些共性的要求之外，还有其自身特殊要求。

资料链接

不同岗位对职业能力的要求详解

在当今快速变化的商业环境中，企业对员工的职业能力要求越发精细化和多元化。不同岗位因其职责和工作场景的差异，对职业能力的需求也截然不同。以下结合 2025 年的新实践，解析技术类、管理类、销售与市场类及客户服务类岗位对职业能力的要求。

(一)岗位分类与职业能力概述

职业能力是员工在特定岗位上完成工作任务所需的知识、技能与素质的综合能力。为了更好地理解不同岗位的职业能力，我们通常将岗位划分为以下类别：

技术类岗位：如软件开发工程师、数据分析师、系统运维工程师等。

管理类岗位：如项目经理、人力资源经理、部门主管等。

销售与市场类岗位：如销售代表、市场策划专员、品牌经理等。

客户服务类岗位：如客服专员、客户成功经理、技术支持工程师等。

每个岗位在具体职业能力的要求上都有显著差异，而这些差异直接影响到人员选拔、培训以及绩效管理的设计。

（二）技术类岗位的职业能力要求

核心能力：技术类岗位的员工需要具备扎实的专业知识和技能，同时需要一定的逻辑思维和问题解决能力。以下是2025年对技术类岗位的主要能力要求。

（1）专业技能　掌握特定领域的技术能力，如编程语言（Python、Java、C++等）、数据分析工具（Power BI、Tableau）或云计算技能（AWS、Azure）。

（2）学习能力　技术发展迅速，员工需保持持续学习的能力，快速适应新技术和工具。

（3）协作能力　随着敏捷开发模式和DevOps的普及，团队协作能力成为关键。

（4）创新思维　能够在技术难题中找到创新的解决方案。

案例：某互联网公司需要招聘一名数据分析师，他们重点关注候选人的数据建模能力、统计学基础以及熟悉AI工具的使用。同时，沟通能力也是考察重点，因为该岗位需要经常与业务部门对接需求。

（三）管理类岗位的职业能力要求

核心能力：管理类岗位的职业能力要求更多集中在领导力、战略思维和沟通协作能力上。以下是2025年的主要能力需求。

（1）领导力　能够激励团队达成目标，尤其是跨部门协作场景中。

（2）决策能力　快速分析复杂信息，作出高效决策。

（3）变革管理能力　在企业数字化转型过程中，管理者需推动组织变革并带领团队适应新流程。

（4）数据驱动管理能力　数据分析支持决策成为管理者的重要能力之一。

案例：某制造企业的部门经理需要在推行新生产管理系统时，带领团队进行流程优化和技能升级。该岗位不仅要求其有扎实的行业知识，还需具备良好的沟通能力和变革管理能力。

（四）销售与市场类岗位的职业能力要求

核心能力：销售与市场类岗位要求员工既具备强大的沟通能力，也需对市场有敏锐的洞察力。以下是2025年的能力要求。

（1）客户洞察能力　理解客户需求并提供针对性的解决方案。

（2）营销数字化能力　熟悉数字化营销工具和数据分析工具（如Google Analytics）。

（3）谈判与影响力　在复杂的销售场景中建立信任并达成交易。

（4）抗压能力　在高目标压力下仍能保持高效工作。

案例：某跨国企业的品牌经理需要负责产品的海外市场推广，该岗位要求具备文化敏感性、市场分析能力以及国际化的沟通技巧。

（五）客户服务类岗位的职业能力要求

核心能力：客户服务类岗位的首要目标是提升客户满意度，因此对岗位能力的要求偏向于软技能。以下是2025年的能力需求：

（1）沟通能力 清晰表达问题解决方案，并能与客户建立良好的关系。

（2）问题解决能力 快速理解客户问题并提供可行的解决办法。

（3）情绪管理能力 在面对高强度客户投诉时，能保持冷静并积极应对。

（4）技术支持能力 对于部分技术型客户服务岗位，还需掌握一定的专业知识。

案例：某SaaS平台的客户经理需帮助企业客户充分利用软件价值。该岗位要求既熟悉产品功能，又具备良好的服务意识和培训能力。

资料来源：不同的岗位对职业能力的要求有哪些？利唐i人事．2025-01-18．https://www.ihr360.com/hrnews/202501229173.html节选，有改动

第二节 职业道德的修炼

职业道德是毕业生就业后的基本行为准则，它将决定大学毕业生能否成为社会所需要的人才。职业素质是职业道德的外在表现，而职业道德是职业素质的内在要求。

职业道德虽然是一种社会意识，但它是直接作用于社会行为的特殊意识，具有其他道德不具有的社会现实性和具体性。例如，一个人是不是从事着自己喜爱的职业？他是不是把自己的工作看作自己人生理想的实现？如果一个人从小热爱一种职业，并树立起对它的理想追求，那么，在他长大成人之后，终于能够从事这项工作时，或许能够保持一种较高的职业理想追求，因而具有较好的职业道德。

注重职业道德修养，对个人发展十分重要。职业道德有助于个人思想道德素质的提高，有助于个人人格的升华，有助于个人事业的成功。职业道德不仅对于个人的生存与发展有着重要的作用和价值，与社会的发展也密切相关。职业道德是社会进步的基石，反映了一定社会时代的道德水准；是各行各业生存发展的原动力；是社会和谐、社会风气优化和社会生活秩序稳定的重要因素。

职业道德修养是一个人为了更好地从事职业活动所必须练就的“内功”。大学生提高职业道德修养，主要从以下几个方面努力。

（1）确立正确的人生观。确立正确的人生观，是职业道德修养的前提。人生观就是人们对人生的目的、人生态度和人生价值的根本看法和观点，它是世界观在人生问题上的具体体现。大学生只有确立正确的、进步的人生观，才会有强烈的社会责任感，才会在职业活动中进行自觉的职业道德修养，形成良好的职业道德品质。

（2）培养良好的行为习惯。培养良好的行为习惯是职业道德修养的重要环节。古人云：“九层之台，起于累土。千里之行，始于足下。”大学生良好的职业道德修养，必须从现在做起，从一件件小事做起。平时生活中不注重“小节”的人，最终往往会失去“大节”。大学生只有养成良好的行为习惯，才能树立正确的人生观，形成良好的道德品质。

(3)学与思相结合。大学生要具备良好的职业道德品质,学习是第一步,也是最基本的办法。学习各种道德知识和做人的道理,予以思考、反省,才能在自己的心灵深处培养起趋善避恶的道德意向及情感,完善人格品质,约束自己的行为,提高职业道德水平。

(4)积极参加社会实践和职业活动。实践是道德修养的基础,如果离开了社会实践,职业道德修养就成了纸上谈兵。大学生只有把所学的道德知识运用到自己的职业实践中,才能逐步形成良好的职业道德品质。

综上所述,职业道德修养,根在实践,贵在自觉,重在学习。它伴随着大学生整个的职业生涯,需要持之以恒、不懈努力。

第三节　职业知识的学习

■ 知识就是力量,这是大学生求职择业的重要资本

大学生从业前最重要的准备之一,就是知识准备。合理的知识结构是承担现代社会职业岗位工作的必要条件,是人才成长的基础,它包括基础知识、专业知识和复合知识与新知识。

(1)雄厚扎实的基础知识。所谓基础知识,就是那些在人的一生发展中处于基础地位,为获取其他知识奠定基础的知识。它是知识大树的躯干,是知识结构的根基,是大学生的就业之本。在信息时代的今天,用人单位最欢迎的就是既有广博知识,又有一定深度的"T"形人才。因此,大学生必须学好基础知识。无论选择何种职业,也不管向哪个专业方向发展,都少不了雄厚扎实的基础知识。

(2)广博精深的专业知识。古人云:"七十二行,行行出状元"说的就是专业问题。大学生就业后,在各自的专业领域内,只要你干好了,就有可能成为这个领域的状元。因此,专业知识成为大学生立足社会的根本。专业知识的"广博精深",是指自己所掌握的专业知识和技术要具有一定的深度、一定的广度。

(3)超大容量的复合知识与新知识。现代职业要求从业者知识层次高、知识量大、知识面广。复合知识是指不限于某个特定专业的、文理交叉的、广博的知识。新知识是指当代大学生的知识结构应以反映当代科学技术发展状况的新知识、新信息为主。作为信息时代的大学生,应充分利用在校学习的宝贵时间,不断加深对本专业知识的理解,同时在基础知识学习的宽度和深度上狠下功夫,注意本专业的学科前沿状况,注重掌握专业知识的精湛性和先进性。在宽厚的基础知识和广博的知识面基础上,对专业知识和技能精益求精,注意自己专业的"前沿阵地",追踪国际先进技术,尽量少走弯路,这是时代对大学生的要求。

■ 大学生职业知识的学习与积累

(1)专业学习。首先,学好专业必须培养对专业的兴趣。抓住自己最感兴趣的专业学习点,逐步扩展范围,是专业学习的好办法。其次,专业学习必须防止学科相轻。大学生主要表现为学文科的不重视理科,学理科的不重视文科,实际上,这是对自己综合素质的提高设置了障碍。最后,学好专业必须重视专业文献的学习。每一个专业、每一门学科都有属于自己的"核心"级的重要文献。如果我们能抓住这些核心文献不放,反复钻研,那么我们就抓住了问题的主要矛盾,自然有可能成为专业里的行家。

(2)实践学习。进入大学后,大学生要积极主动地重构自身的知识系统,利用一切机会参

与实践，在实践中学习，优化自身的知识结构。青年学生要抓住每一个机会了解社会、参与社会、大胆实践、科学实践、增长才能、增强信心，实现人生价值。

(3)职业知识的积累与提升。职业知识的积累主要分为横向积累和纵向积累。横向积累主要是对知识的广度而言，纵向积累主要是从历史的角度而言。任何专业知识都有一个发生、发展到丰富的过程。积累知识，还要高效管理知识。个人知识管理，对个人的工作和成长有着十分重要的作用：①让自己养成不断学习的良好习惯，为个人能力和事业的可持续发展打基础；②有计划地建立个人专业知识体系，有针对性地吸收和补充有关专业知识；③不断学习、更新、提高个人专业知识和工作技能，提升个人价值和竞争力；④理论联系实际，更好地展示个人的学习能力和工作能力，充分发展个人事业，才能在职业生涯和职场竞争中达到预期目标。

第四节　职业能力的培养

■ 职业能力培养的认知

职业能力是指顺利完成某种职业活动所必需的并影响活动效率的个性心理特征，其中包括一般职业能力和特殊职业能力。一般职业能力是指与岗位各项任务和各种岗位、各种职业有关的共同能力，诸如自学能力、语言文字表达能力、社交与活动能力、外语和计算机应用能力等，特殊职业能力是指人从事某种专业活动所具体需要的能力。

职业能力一般包括：自我学习和发展的能力，独立分析和解决问题的能力，交流与合作的能力，管理和完成任务的能力，获取与利用信息的能力，判断与决策能力，应急与应变能力，创新能力，组织与协调能力，应对挫折与心理调适能力。

■ 大学生如何培养职业能力

加强对大学生职业观念的培养，改进大学课堂的学习方法，积极参加社会实践，是培养大学生职业能力的重要途径。大学生应通过专业实践活动、课题调研探究性活动、社会志愿者等公益性实践、社会实践活动、就业与创业教育、职业生涯规划实践等载体来培养自身的职业能力。

那么当代大学生如何锻炼和提升自己的职业能力呢？必须做好自身的发展规划，增加自信心，勇于实践，加强学习，从小事做起，从基层做起。总之，能适应未来激烈职场竞争的人才要具备两个基本条件：一是知道自己的价值所在；二是知道如何应用自己的价值。

因此，大学生提高自己的综合素质，培养自己的职业能力，是避免自己在未来职场中处于尴尬的有效途径。

■ 职业能力培养创新

大学生职业能力的培养要克服惯性思维的束缚，注重思维方式的创新，倡导科学思维。数学、管理学、经济学等学科提供的思维方式极为丰富，具有很高的实战参考价值。大学生在职业生涯规划中可以认真研究，积极借助。

★ 利用数学思维

数学家丘成桐说：“没有数学的导入，那个领域就不能称为科学。”有人提出将数据挖掘技术应用于大学生人生规划。

(1)为大学生职业生涯规划提供决策支持。针对不同的生涯模式，提出相应的规划策略。

(2)提供个性化决策支持。从总体和不同人格类型的大学生的特点出发,可以了解大学生的潜在需求,为大学生个性化服务策略的制定奠定基础。

(3)为大学生职业生涯提供定量分析。不少大学生在规划中容易不自觉地夸大自身的优势而导致分析缺乏客观性,而采用数据挖掘技术中的决策分析法正好可以克服分析缺乏客观性的不足。

★ 利用管理学思维

管理学是一门应用性、实践性和社会性十分突出的学科。管理思维方式,就是指管理思维活动所遵循的法则和路径,具有规律性。管理思维主要有以下几种。

(1)系统的思维方式。系统思维认为,任何事物都是作为系统而存在的,都是相互联系、相互依存、相互制约的,按一定结构组成的有机整体。系统思维要求人们研究和处理问题要有系统性和整体性。

(2)开放的思维方式。开放性思维从系统与环境的有机联系出发,认为一切局部性、小区域性、特殊性的规律都服从客观存在的环境的支配;要求人们在处理实际问题时不应把系统看成封闭的、单一的,不能忽视与外部环境的相互影响和相互作用。大学生在进行人生规划时要以开放姿态多方位、多视角、多元素、多层次地思考和探索问题;要博览群书,扩大知识面,注重多学科成果的应用,冲破惯性思维定式的约束,不同角度切入,形成多种解决问题的方案,找出解决问题的最优化路径。

(3)求实的思维方式。大学生应当避免以考试成绩的高低来评判自己,因为成绩只是实际能力的一部分,甚至并不反映个人实际能力。而应该从各个层面如分析问题、解决问题、沟通和组织等方面来综合分析自己,联系所要解决的问题,得出客观结论。

(4)精确性思维和模糊性思维的统一。大学生要养成精确性思维方式,把握科学性和客观性,强调规则和效率,培养注重实践的态度和科学解决问题的办法。另外,大学生要培养模糊性思维,把握管理的艺术性和主观性,强调人性化和情感化,学会动态管理。

(5)多元的连续性的思维方式。大学生要从多角度、多层面去思考和解决问题,注意多想几个“为什么”“怎么办”,在主动探索中体会创新。

第五节　职业心理素质的养成

就业与创业,都需要从“心”做起。心理素质是在个体遗传的基础上,经过后天学习与生活的磨炼而形成的人的心理倾向和心理发展水平的总和,是与我们的学习和生活实践密切联系的心理品质的综合表现。它的主要特征:一是相对稳定性与可发展性。心理素质始终处于变化发展之中,具有自我延伸的功能。二是综合性。心理素质是人的个性心理品质在学习、工作和生活实践中的综合表现。三是可评价性。心理素质具有优劣高低之分,对人的活动成效有较大影响,因而具有社会评价意义。

■ 心理素质是一个人整体素质的基础,也是个人整体素质的核心

当今是信息时代,社会发展迅速、竞争激烈,对每个人来说,不但机遇与挑战同在,而且成功往往与挫折并存。因此,需要大学生有较强的心理适应性和心理承受力。良好的心理素质能确立稳定的自我意识,能从容应对各种危机,能克服情绪发展的危机,能克服个性发展的危

机，能促进其他素质的充分发挥。所以，培养良好的心理素质，对青年大学生健全性格、早日成才，意义重大。

■ 良好心理素质的标志

智力正常；情绪稳定；意志健全；思想与行为统一协调；人际关系和谐；行为适度，遇事从容。

适应就业与创业的需要，大学生需要培养自强自信、心态积极、宽容大度、情绪良好、耐受力强的心理素质。

■ 培养良好心理素质的基本途径

★ 改变思维模式和行为方式

大学生心理、精神方面的状况与个体的思维模式有一定关系，即因固定的思维模式与行为方式所致，必须积极改变思维模式和行为方式。一是建立积极健康的心理模式，即要有正确的价值观、良好的个性特征、积极乐观的生活态度，能接受不可改变的现实，能不断学习和完善自己。二是增强思维的弹性，即增加思考的灵活性，学会客观地思考问题。三是积极地认知和评价，即知识经验丰富、个性心理特征开朗，能适应环境刺激并作出较正确的评价。

★ 寻找有利的环境支持

环境塑造人、改变人，但人又要去适应环境、改变环境，寻找有利的环境支持。大学生的环境支持主要是社会环境和人际关系，要学会改变自身的环境条件，搭建有利自身心理素质健康发展的平台。

■ 运用心理调节技术，培养良好的心理素质

★ 认知调整技术

认知理念和认知方式对人的心理和行为起着支配与调整作用。大学生要认清造成情绪困扰的不合理或非理性因素，调整歪曲的认知过程，正确地思考问题。一是无论做什么事情，不但要有成功的打算，而且要有失败的准备。一旦遇到挫折，不可自暴自弃、悲观失望，而要主动面对。二是不能总是杞人忧天，要从今天、自我、身边做起，做行动的巨人。三是无论干什么事都有计划、目标，不达目标誓不罢休。四是人贵有自知之明，要从实际出发，给自己制定切实可行的规划。五是学会正确地归因。把成败归因于外部原因，不利于自己的进步发展；把成败归因于内部原因，则能激发人不断进步。六是用发展的、客观的观点对待事物，树立正确的是非观，增强辨别是非和评价事物的能力。

★ 行为改变的技术

(1)观察与模仿学习。榜样的力量是无穷的。大学生要注意给自己寻找良好的榜样，向身边的优秀榜样学习，直至形成良好的行为习惯。

(2)放松训练技术。放松训练是使身体或精神由紧张状态过渡到松弛状态的过程，需要在安静的环境中按一定要求完成某种特定的动作程序，使人学会有意识地控制自己的心理活动，从而达到身心放松、防病治病的效果。

(3)疏泄疗法。当心理出现适应不良、矛盾冲突和消极情绪时，应尽早进行调整和宣泄，使压抑的心境得到缓解和减轻。常用的疏泄技术有谈话性疏泄、书写性疏泄、运动性疏泄、哭泣性疏泄，还有“宣泄靶场”“心理宣泄室”等。

第五章　职业生涯规划实操

第一节　职业生涯规划的常用办法

■ SWOT 法

S 代表 strength(优势),W 代表 weakness(劣势),O 代表 opportunity(机会),T 代表 threat(威胁)。

■ "五 What"法

◇ What are you? "你是谁?"

◇ What do you want? "你想干什么?"

◇ What can you do? "你能干什么?"

◇ What can the situation support you? "形势支持或允许你干什么?"

◇ What can you be in the end? "你最终的职业目标是什么?"

资料链接

职业规划自我分析方法

职业生涯规划的重要性在个人层面上主要表现为:有助于个人认清自己发展的进程和事业目标,作为选择职业与承担任务的依据,把相关的工作经验积累起来,充分利用有关的机会与资源,指引自我不断进步与完善。

第一步:分析你的需求

你也许会问:这一步怎么做呢?不妨试试以下两种方法。第一种是开动脑筋,写下 10 条未来 5 年你认为自己应做的事情,要确切,但不要顾虑哪些是自己做不到的,给自己头脑以充分空间。第二种更直接,完成这个句子:"我离开这个世界的时候会满足,如果……"假设你马上将不在人世,什么样的成绩、地位、金钱、家庭、社会责任状况能让你满足。

第二步:SWOT(优势/劣势/机会/威胁)分析

试着分析自己的性格、所处环境的优势和劣势,以及可能会有哪些机会;职业生涯中可能有哪些威胁?这就要求你试着去回答这个问题:我在哪儿?

第三步:长期和短期的目标

根据你认定的需求和自己的优势、劣势、可能的机会来勾画自己长期和短期的目标。例如,如果你的想法是去授课,赚很多钱,有很好的社会地位,则你可选的职业会明晰起来。你可以选择成为管理讲师——这要求你具有丰富的管理知识和经验、优秀的演讲技能和交流沟通技能。在这个长期目标的基础上,你可以制定自己的短期目标。

第四步：阻碍

写下阻碍你达到目标的缺点、所处环境中的劣势。这些缺点一定是和你的目标有联系的，而并不是分析你所有的缺点。它们可能是你的素质方面、知识方面、能力方面、创造力方面、财力方面或是行为习惯方面的不足。当你发现自己的不足时，就下决心改正它，这能使你不断进步。

第五步：提升计划

写下你要克服这些不足所作的行动计划，要明确，要有期限。你可能需要掌握某些新的技能，或学习新的知识。

第六步：寻求帮助

分析出自己行为习惯中的缺点并不难，但要去改变它们却很难。相信你的父母、老师、朋友、职业咨询顾问都可以帮助你。外力的协助和监督会让你更有效地完成这一步。

第七步：分析自己的角色

如果心目中有未来希望工作的公司或职位，你就可以开始分析或参考现有市场上这类公司或职位对应聘者有怎样的要求和期望，作出哪种贡献可以在这样的公司中脱颖而出？因为大部分人在工作后趋于麻木，对自己的角色并不清晰。因此，就像任何产品在市场中要有特色的定位和卖点一样，你也要培养一些能力。当你不断地对照公司的需求来评估自己需要创造的价值，并不断完善自我，创造自己的思想闪光点，培养自己的执行能力时，会为未来的职业之路埋下更好的伏笔。

不要在校园的温馨生活中，忘记了社会生活的紧张节奏，尽早做好自己的职业生涯规划，不断完善自我。在走出校园后，尽快融入社会，成就幸福人生！

资料来源：职业规划自我分析方法. 中国公共招聘网. 2024-11-29.

https://www.newjobs.com.cn/html/web/renzaizhichang/zhiyeguihua/1862396832303304706.html

第二节　职业生涯规划的基本步骤

职业生涯规划是一个周而复始的连续过程，分八个步骤进行，如图 5-1 所示。

◆ 第一步，确定职业方向

志向引导人生规划。俗话说："志不立，天下无可成之事。"立志向是人生的起点，反映着一个人的理想、胸怀、情趣和价值观，影响着一个人的奋斗目标及成就的大小。世界上所有的成功者，虽然情况各不相同，但都有高度一致的共同点，那就是他们都具有明确的人生奋斗目标和积极阳光的人生态度。它是一个人发展的内驱力和原动力，能持续地激发自己内心成功的欲望和奋斗的激情，这是大学生职业生涯规划极其重要的第一步。

◆ 第二步，自我认识与评估

就是客观地对一个人内在因素的认识和评估，包括健康状况、教育背景、经济情况、兴趣爱好、心理素质、价值观、能力、个性特征等。

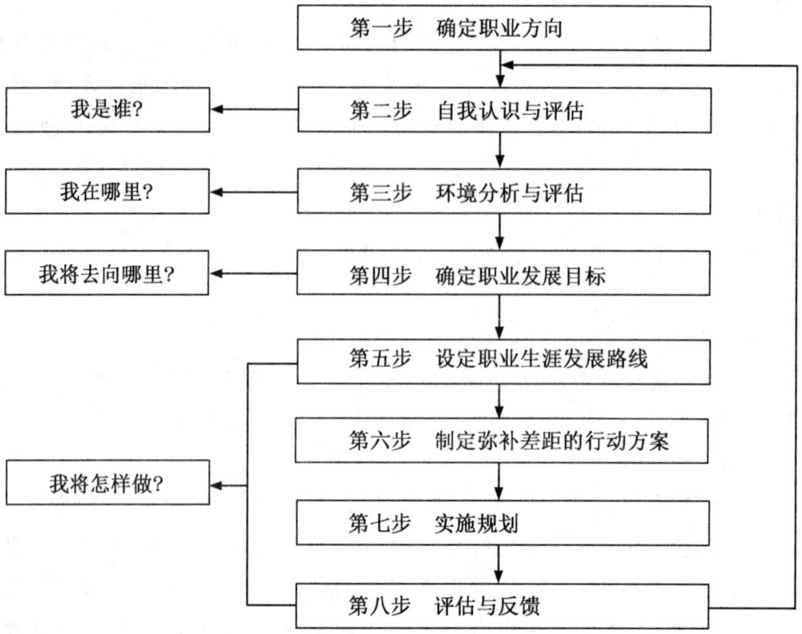

图 5-1 职业生涯规划步骤

◆ 第三步,环境分析与评估

每一个人都处在一定的环境之中,离开了这个环境,便无法生存与成长。它对一个人的生涯发展影响重大。主要包括如下几种环境因素。

(1)社会环境因素。主要是政治与法律环境、文化环境、经济环境、人口环境、科技环境等各种客观因素所形成的总体氛围。社会环境对大学生职业生涯规划乃至人生发展都有重大影响。

(2)组织环境因素。指行业环境和企业环境的总和,是大学生面对的具体职场环境。行业环境,就是各个不同行业总体环境的总和。企业环境包括企业实力、企业领导人、企业文化和企业制度。

(3)个体环境因素。一是家庭背景因素,就是家庭的环境气氛、父母的教育方式、以父母为核心的族群共同体(包括父母的主要社会关系),对儿童的成长起着重要作用;二是教育背景因素,是对个体有计划、有组织、有系统的训练,是根据一定的社会要求和教育对象的身心特点,所施加的全面的、系统的影响;三是性格因素,性格决定人的命运,当然也影响乃至决定人的职业行为和职业发展。

◆ 第四步,确定职业发展目标

在职业生涯规划的初期,只有制定了明确的目标,才能沿着已经设定的目标奋进。职业发展目标是以自己的最优性格、最大兴趣、最有利的环境等信息为依据而设定的。只有坚持目标的 SMART 原则[S(specific)具体性、M(measurable)可衡量性、A(achievable)可实现性、R(relevant)相关性、T(time-limited)时限性],目标才可能实现。

把职业生涯目标先按时间分解为长期目标、中期目标和短期目标,再分别写出不同职业生涯阶段的外职业生涯目标和内职业生涯目标(图 5-2)。

- 目标分解
  - 按时间分解
    - 短期目标(1～2 年)
    - 中期目标(3～5 年)
    - 长期目标(5～10 年)
  - 按性质分解
    - 外职业生涯目标
      - 工作内容目标
      - 经济收入目标
      - 工作环境目标
      - 职务目标
      - 工作地点目标
    - 内职业生涯目标
      - 观念目标
      - 心理素质目标
      - 工作能力目标
      - 工作成果目标

图 5-2　职业生涯目标分解

案例

1984 年,在东京国际马拉松邀请赛中,名不见经传的日本选手山田本一,出人意料地夺得了世界冠军。两年后,山田本一代表日本参加比赛又获得了冠军,人们都觉得很奇怪。10 年后,这个谜终于被解开了。山田本一在他的自传中这么说:"每次比赛之前,我都要乘车把比赛的线路仔细地看一遍,并把沿途比较醒目的标志画下来,例如,第一个标志是银行,第二个标志是一棵大树,第三个标志是一座红房子,这样一直到赛程的终点。开始后,我就奋力地向第一个目标冲去,等到达后又以同样的速度向第二个目标冲去。整个赛程,就被我分解成这么几个小目标轻松地跑完了。起初,我并不懂这样做的道理,我把我的目标锁定在赛程的终点线上,结果我跑到十几公里时就疲惫不堪了,我被前面那段遥远的路给吓倒了。"

启示

全程马拉松是一个很大的目标,本来是很不容易实现的,可是山田本一把这个大的目标分解成为一个一个小的目标以后,在实现大目标的道路上先实现一个一个的小目标,最终实现了自己的大目标。对于我们年轻人来说,有很多人也有自己的目标,可是在实现目标的道路上却总是觉得目标很遥远,无法达到。实际上,很多时候目标不是遥不可及,而是由于我们没有进行目标分解。

◆ 第五步,设定职业生涯发展路线

一个人的发展路线主要有三个方向,即行政管理路线、专业技术路线和自主创业之路(图 5-3)。

不同专业、不同的人生经历对职业生涯发展路径都有一定的影响,每位大学生都必须根据自己的实际情况,规划设计自己的职业生涯发展路线。下面是某专业大学生个人和某企业员工职业发展路线图(图 5-4 和图 5-5)。

大学生选择合理可行的职业发展路线,必须从以下 4 个方面认真考虑:①自己希望向哪条职业生涯路线发展;②自己适合往哪条职业生涯路线发展;③自己能够往哪条职业生涯路线发展;④选择哪条职业生涯路线发展更有可能成功。

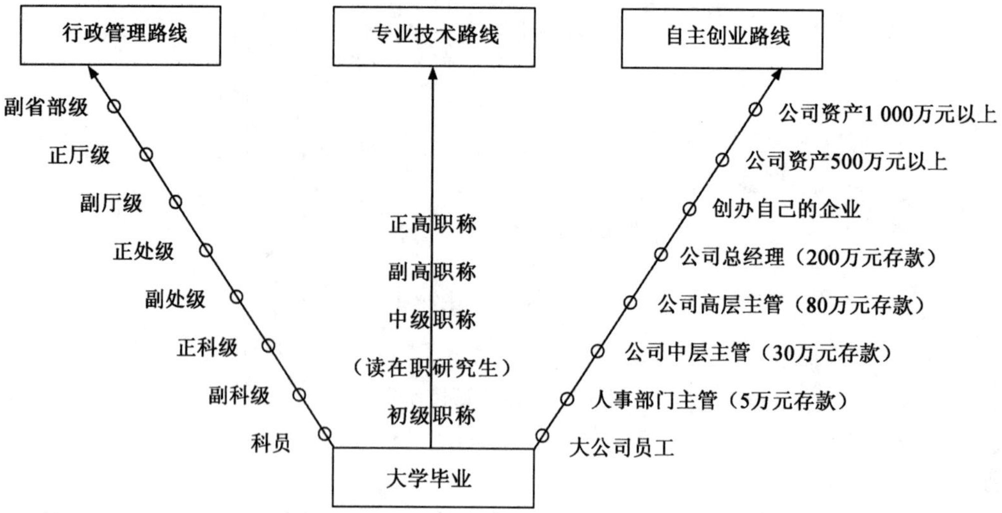

图 5-3　一个人的职业生涯发展主要方向

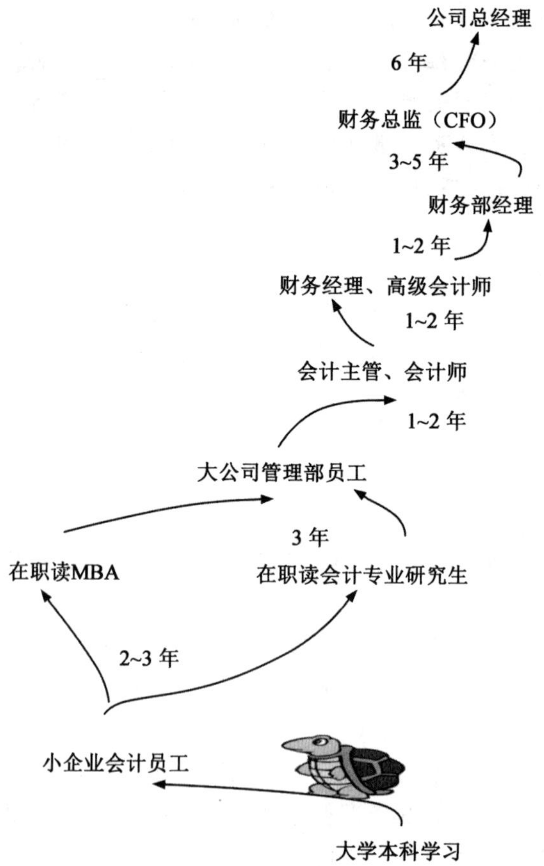

图 5-4　某大学会计专业学生职业生涯规划的发展路线

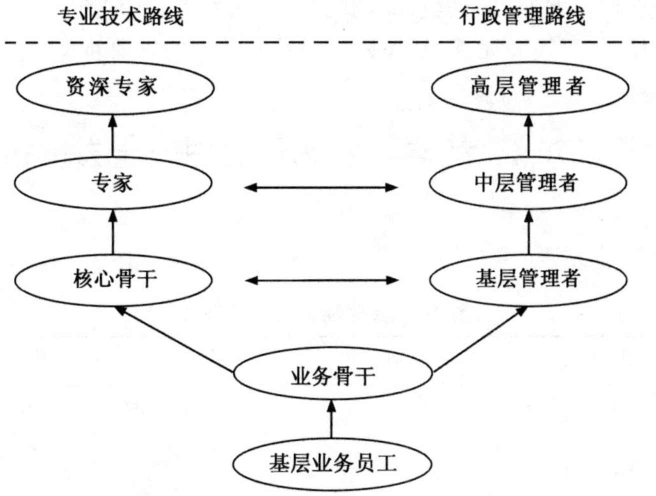

图 5-5　某企业员工职业发展路线示意图

◆ 第六步，制定弥补差距的行动方案

案例

某大学生弥补差距的行动方案(大二下学期)

具体措施	1. 早上朗读英语半小时，晚上练习听力半小时，做英语六级试题 2. 每周参加英语角活动 3. 定期看英语电影 4. 课前预习，课堂认真听讲，积极思考，课后复习整理 5. 通读专业书籍 23 本 6. 选修经济学、管理学	多与专业老师、周围同学交流
达到的效果	1. 通过 CET4、CET6 2. 提高英语听说能力 3. 每门专业课程不低于 85 分 4. 对经济学、管理学知识有初步了解	1. 提高组织管理能力 2. 与专业老师、同学建立良好关系 3. 参加社会实践，提高能力 4. 训练口头和书面表达能力

◆ 第七步，实施规划

俗话说："计划赶不上变化。"影响生涯规划实施的因素诸多，有的变化因素是可以预测的，而有的变化因素难以预测。

"心动百次不如行动一次"，规划好固然重要，但更重要的是将规划付诸实施并取得成效。在实施的过程中，要对职业生涯规划的职业选择、生涯路线、人生目标、实施措施进行阶段性的评估与修订，从而使得规划更加符合自身情况和社会需求，让它变得更加行之有效。

◆ 第八步，评估与反馈

就个人而言，每一次经历、每一种职业体验和因年龄增长而引起的价值观和需求的变化都会导致自我的重新认识。就外界环境来说,事物在不断发展,计划赶不上变化,不断地对职业生涯规划设计进行评估、反馈和完善,是保证规划顺利实施的重要步骤。

第三节 大学生职业生涯规划表

■ 大学期间生涯规划表(表 5-1)

表 5-1 大学期间生涯规划表

<table>
<tr><td rowspan="5">一般情况</td><td>姓名</td><td></td><td>性别</td><td></td><td>年龄</td><td></td><td>政治面貌</td><td></td></tr>
<tr><td>就读学校</td><td colspan="3"></td><td>院、系</td><td colspan="3"></td></tr>
<tr><td>所学专业</td><td colspan="3"></td><td>感兴趣的专业</td><td colspan="3"></td></tr>
<tr><td>起止时间</td><td colspan="7"></td></tr>
<tr><td>年龄跨度</td><td colspan="7"></td></tr>
<tr><td>规划总目标</td><td>就业</td><td></td><td>考研</td><td></td><td>留学</td><td></td><td>创业</td><td></td></tr>
<tr><td>具体方向</td><td colspan="8"></td></tr>
<tr><td rowspan="9">自我分析(包括现状分析以及发展潜能)</td><td rowspan="6">认识自我</td><td colspan="3">我的气质</td><td colspan="4"></td></tr>
<tr><td colspan="3">我的性格</td><td colspan="4"></td></tr>
<tr><td colspan="3">我的能力</td><td colspan="4"></td></tr>
<tr><td colspan="3">我的兴趣</td><td colspan="4"></td></tr>
<tr><td colspan="3">我的职业价值观</td><td colspan="4"></td></tr>
<tr><td colspan="3">我心中理想的职业</td><td colspan="4"></td></tr>
<tr><td rowspan="3">角色转变目标</td><td colspan="3">从依赖到独立的转变</td><td colspan="4"></td></tr>
<tr><td colspan="3">从被动学习到主动学习的转变</td><td colspan="4"></td></tr>
<tr><td colspan="3">从未成年人向成年人的转变</td><td colspan="4"></td></tr>
<tr><td rowspan="4">环境因素分析</td><td rowspan="2">学校学习、生活等环境分析</td><td colspan="3">本专业的课程设置(可另附表)</td><td colspan="4"></td></tr>
<tr><td colspan="3">与未来职业发展有关的课程设置(可另附表)</td><td colspan="4"></td></tr>
<tr><td colspan="4">行业发展趋势与就业环境分析</td><td colspan="4"></td></tr>
<tr><td colspan="4">国家相关政策法规、经济形势分析</td><td colspan="4"></td></tr>
<tr><td rowspan="5">我的现状与规划成功目标之间的匹配分析</td><td rowspan="5">我的优势</td><td colspan="7"></td></tr>
<tr><td colspan="7"></td></tr>
<tr><td colspan="7"></td></tr>
<tr><td colspan="7"></td></tr>
<tr><td colspan="7"></td></tr>
</table>

续表 5-1

	我的不足	
征求意见	家长意见	
	老师意见	
	同学意见	
	朋友意见	
大学生生涯规划目标分解	大一的目标	学业规划目标
		生活成长规划目标
		社会活动规划目标
	大二的目标	学业规划目标
		生活成长规划目标
		社会活动规划目标
	大三的目标	学业规划目标
		生活成长规划目标
		社会活动规划目标
	大四的目标	学业规划目标
		生活成长规划目标
		社会活动规划目标
大学生期间生涯规划目标组合	学习目标	专业学习目标
		与职业相关的学习目标
	生活成长目标	体魄健康
		心理健康
		学会理财
		学会管理时间
		正确交友
	社会实践目标	参加社团目标
		见习、实习目标
		假期社会实践目标

续表 5-1

<table>
<tr><td rowspan="10">大学生期间生涯规划成功目标</td><td rowspan="2">学习生涯成功目标</td><td>专业学习成绩优良</td></tr>
<tr><td>与总目标相关的学习成绩优良</td></tr>
<tr><td rowspan="5">生活成长成功目标</td><td>体魄健康</td></tr>
<tr><td>心理健康</td></tr>
<tr><td>会理财</td></tr>
<tr><td>会管理时间</td></tr>
<tr><td>人际交往能力强</td></tr>
<tr><td rowspan="3">社会实践成功目标</td><td>积极参与社团活动，成为社团骨干</td></tr>
<tr><td>见习、实习成绩优良</td></tr>
<tr><td>认识社会与职业</td></tr>
<tr><td rowspan="5">找出差距</td><td colspan="2"></td></tr>
<tr><td colspan="2"></td></tr>
<tr><td colspan="2"></td></tr>
<tr><td colspan="2"></td></tr>
<tr><td colspan="2"></td></tr>
<tr><td rowspan="5">缩小差距的方案</td><td colspan="2"></td></tr>
<tr><td colspan="2"></td></tr>
<tr><td colspan="2"></td></tr>
<tr><td colspan="2"></td></tr>
<tr><td colspan="2"></td></tr>
</table>

注：在制订大学规划后，应进一步根据规划制定按学期、月、周、日的实施方案，并在实施过程中及时进行评估、总结实施的效果，必要时对方案进行修正。

■ ×××大学期间生涯规划××(阶段)实施、评估与修正表(表 5-2)

表 5-2　×××大学期间生涯规划××(阶段)实施、评估与修正表

<table>
<tr><td rowspan="4">一般情况</td><td>姓名</td><td></td><td>性别</td><td></td><td>年龄</td><td></td><td>政治面貌</td><td></td></tr>
<tr><td>就读学校</td><td colspan="3"></td><td>院、系</td><td colspan="3"></td></tr>
<tr><td>所学专业</td><td colspan="2"></td><td colspan="2">感兴趣的专业</td><td colspan="3"></td></tr>
<tr><td>起止时间</td><td colspan="7"></td></tr>
<tr><td>总目标</td><td colspan="8"></td></tr>
<tr><td colspan="2" rowspan="2">××阶段分目标</td><td colspan="2">学习目标</td><td colspan="3">生活成长目标</td><td colspan="2">社会实践目标</td></tr>
<tr><td colspan="2">1. 专业学习成绩优良
2. 与总目标相关的学习成绩优良</td><td colspan="3">1. 体魄健康
2. 心理健康
3. 学会理财
4. 学会管理时间
5. 人际沟通能力增强</td><td colspan="2">1. 积极参与社团活动，成为社团骨干
2. 见习、实习成绩优良
3. 认识社会职业</td></tr>
</table>

续表 5-2

实施（具体方案）	1. 制订的实施方案应该详细、可以量化 2. 应该便于评估 3. 必须围绕阶段目标制订	1. 文化基础课程考核成绩优良（门数：××门） 2. 相关专业课程考核优良（门数：××门） 3. 选修课程考核优良（门数：××门）	1. 每天坚持体育锻炼××小时 2. 坚持心理素质训练 3. 每月收支平衡 4. 时间安排合理	1. 参加了××社团，每周参加社会活动××次 2. 参加社会公益活动 3. 实习成绩优良
评估（内容）	1. 达到规划标准的情况 2. 未达标的情况 3. 找出差距并分析原因	1. 达标的地方 2. 未达标的地方 3. 差距 4. 原因	1. 达标的地方 2. 未达标的地方 3. 差距 4. 原因	1. 达标的地方 2. 未达标的地方 3. 差距 4. 原因
修正（内容）	1. 目标过高过大，不切合实际，需修订目标 2. 实施方案不符合实际，需要调整 3. 执行方案不力，应加强实施			

注：在制订大学规划后，进一步根据规划制定出按学期、月、周、日的实施方案，并在实施过程中，及时进行评估、总结实施的结果，必要时对方案进行修正。

■ 大学生毕业后职业生涯发展规划表（表 5-3）

表 5-3　大学生毕业后职业生涯发展规划表

<table>
<tr><td rowspan="5">一般情况</td><td>姓名</td><td></td><td>性别</td><td></td><td>年龄</td><td></td><td>政治面貌</td><td></td></tr>
<tr><td>就读学校</td><td colspan="3"></td><td>院、系</td><td colspan="3"></td></tr>
<tr><td>所学专业</td><td colspan="3"></td><td colspan="2">感兴趣的专业</td><td colspan="2"></td></tr>
<tr><td>起止时间</td><td colspan="7"></td></tr>
<tr><td>年龄跨度</td><td colspan="7"></td></tr>
<tr><td>规划总目标</td><td colspan="8"></td></tr>
<tr><td>具体方向</td><td colspan="8"></td></tr>
<tr><td rowspan="3">职业方向</td><td colspan="2">职业方向一</td><td colspan="6" rowspan="3"></td></tr>
<tr><td colspan="2">职业方向二</td></tr>
<tr><td colspan="2">职业方向三</td></tr>
</table>

续表 5-3

<table>
<tr><td rowspan="6">自我分析（包括现状分析以及发展潜能）</td><td rowspan="6">认识自我</td><td>我的气质</td><td></td></tr>
<tr><td>我的性格</td><td></td></tr>
<tr><td>我的能力</td><td></td></tr>
<tr><td>我的兴趣</td><td></td></tr>
<tr><td>我的职业价值观</td><td></td></tr>
<tr><td>我心中理想的职业</td><td></td></tr>
<tr><td rowspan="4">环境因素分析</td><td rowspan="2">学校学习、生活等环境分析</td><td>本专业的课程设置（可另附表）</td><td></td></tr>
<tr><td>与未来职业发展有关的课程设置（可另附表）</td><td></td></tr>
<tr><td colspan="2">行业发展趋势与就业环境分析</td><td></td></tr>
<tr><td colspan="2">国家相关政策法规、经济形势分析</td><td></td></tr>
<tr><td rowspan="12">我的现状与规划成功标准之间的匹配分析</td><td rowspan="6">我的优势</td><td colspan="2"></td></tr>
<tr><td colspan="2"></td></tr>
<tr><td colspan="2"></td></tr>
<tr><td colspan="2"></td></tr>
<tr><td colspan="2"></td></tr>
<tr><td colspan="2"></td></tr>
<tr><td rowspan="6">我的不足</td><td colspan="2"></td></tr>
<tr><td colspan="2"></td></tr>
<tr><td colspan="2"></td></tr>
<tr><td colspan="2"></td></tr>
<tr><td colspan="2"></td></tr>
<tr><td colspan="2"></td></tr>
<tr><td rowspan="4">征求意见</td><td>家长建议</td><td colspan="2"></td></tr>
<tr><td>老师建议</td><td colspan="2"></td></tr>
<tr><td>同学建议</td><td colspan="2"></td></tr>
<tr><td>朋友建议</td><td colspan="2"></td></tr>
<tr><td rowspan="4">生涯规划目标分解</td><td>第一阶段目标（××年至××年）</td><td colspan="2"></td></tr>
<tr><td>第二阶段目标（××年至××年）</td><td colspan="2"></td></tr>
<tr><td>第三阶段目标（××年至××年）</td><td colspan="2"></td></tr>
<tr><td>第四阶段目标（××年至××年）</td><td colspan="2"></td></tr>
</table>

续表 5-3

<table>
<tr><td rowspan="15">生涯规划目标组合</td><td rowspan="4">人生目标</td><td>职业目标</td><td></td></tr>
<tr><td>财富目标</td><td></td></tr>
<tr><td>家庭目标</td><td></td></tr>
<tr><td>社会价值目标</td><td></td></tr>
<tr><td rowspan="4">长期目标</td><td>职业目标</td><td></td></tr>
<tr><td>财富目标</td><td></td></tr>
<tr><td>家庭目标</td><td></td></tr>
<tr><td>社会价值目标</td><td></td></tr>
<tr><td rowspan="4">中期目标</td><td>职业目标</td><td></td></tr>
<tr><td>财富目标</td><td></td></tr>
<tr><td>家庭目标</td><td></td></tr>
<tr><td>社会价值目标</td><td></td></tr>
<tr><td rowspan="3">学习生涯成功目标</td><td>专业学习成绩优良</td><td></td></tr>
<tr><td>与总目标相关的学习</td><td></td></tr>
<tr><td>成绩优良</td><td></td></tr>
<tr><td rowspan="4">生涯规划成功标准</td><td>职位目标成功标准</td><td colspan="2"></td></tr>
<tr><td>家庭目标成功标准</td><td colspan="2"></td></tr>
<tr><td>财富目标成功标准</td><td colspan="2"></td></tr>
<tr><td>社会价值成功标准</td><td colspan="2"></td></tr>
<tr><td rowspan="5">找出差距</td><td colspan="3"></td></tr>
<tr><td colspan="3"></td></tr>
<tr><td colspan="3"></td></tr>
<tr><td colspan="3"></td></tr>
<tr><td colspan="3"></td></tr>
<tr><td rowspan="5">缩小差距的方案</td><td colspan="3"></td></tr>
<tr><td colspan="3"></td></tr>
<tr><td colspan="3"></td></tr>
<tr><td colspan="3"></td></tr>
<tr><td colspan="3"></td></tr>
</table>

注：在制订大学规划后，应进一步根据规划制定按学期、月、周、日的实施方案，并在实施过程中，及时进行评估、总结实施的效果，必要时对方案进行修正。

第四节　职业生涯规划书撰写

职业生涯规划书是书面化呈现大学生职业生涯规划，不仅能体现大学生的宏观职业规划，还能引导具体的学习和工作。在撰写职业生涯规划书时，目标不能过于理想化，思路必须具体、清晰，还必须拟订详细的执行方案和时间限制，防止大而空。

■ 职业生涯规划书模板

(封面)

姓名、学院、班级

(扉页)

参赛人资料

真实姓名：×××

笔名：×××

性别：×

年龄：××

身份证号码：××××××××××××××××××

所在学院：××××学院

班级及专业：××××级×××专业

学号：××××××××××

联系地址：××××××××××××××××

邮编：××××××

联系电话：×××××××××××

E-mail：×××××××××

(正文)

引言

一、自我分析

(对自己进行全方位、多角度的分析)

1. 职业兴趣——喜欢干什么；
2. 职业能力——能够干什么；
3. 个人特质——适合干什么；
4. 职业价值观——最看重什么；
5. 胜任能力——优劣势是什么。

自我分析小结：

二、职业分析

(对影响职业选择的相关外部环境进行较为系统的分析)

1. 家庭环境分析。如经济状况、家人期望、家族文化等及其对本人的影响。

2. 学校环境分析。如学校特色、专业学习、实践经验等。

3. 社会环境分析。如就业形势、就业政策、竞争对手等。

4. 职业环境分析。

行业分析(如××行业现状及发展趋势,个人与行业匹配分析)。

职业分析(如××职业的工作内容、工作要求、发展前景,个人与岗位匹配分析)。

企业分析(如××单位类型、企业文化、发展前景、发展阶段、产品服务、员工素质、工作氛围等,个人与企业匹配分析)。

地域分析(如××工作城市的发展前景、文化特点、气候水土、人际关系等,个人与城市匹配分析)。

职业分析小结

三、职业定位

综合第一部分(自我分析)及第二部分(职业分析)的主要内容得出对本人职业定位的SWOT分析。

内部环境因素:优势因素(S)劣势因素(W)

外部环境因素:机会因素(O)威胁因素(T)

结论:

职业目标:将来从事(××行业的)××职业

职业发展策略举例:进入××类型的组织(到××地区发展)

职业发展路径举例:走专家路线(管理路线等)

具体路径举例:××员——初级××——中级××——高级××

四、计划实施

计划实施一览表

计划名称;时间跨度;总目标;分目标;计划内容。

(参考)策略和措施

(参考)备注

短期计划

(大学计划)20××—20××年,如大学毕业时要达到……如大一要达到……大二要达到……或在××方面要达到……,如专业学习、职业技能培养、职业素质提升、职业实践计划等。如大一以适应大学生活为主,大二以专业学习和掌握职业技能为主……,或为了实现××目标,我要……大学生职业规划的重点。

中期计划

(毕业后五年计划)20××—20××年,如毕业后第五年时要达到……,如毕业后第一年要……第二年要……或在××方面要达到……,如职场适应、岗位转换及升迁……大学生职业规划的重点。

长期计划

(毕业后十年或以上计划)20××—20××年,如退休时要达到……如毕业后第十年要……第二十年要……。如事业发展,工作、生活关系,健康,心灵成长,子女教育,慈善……方向性规划。

详细执行计划如下：

本人现正就读大学×年级，我的大学计划是……

五、评估调整

职业生涯规划是一个动态的过程，必须根据实施结果的情况以及变化进行及时的评估与修正。

1. 评估的内容

职业目标评估（是否需要重新选择职业？）假如一直……，那么我将……

职业路径评估（是否需要调整发展方向？）当出现……的时候，我就……

实施策略评估（是否需要改变行动策略？）如果……，我就……

其他因素评估（身体、家庭、经济状况以及机遇、意外情况的及时评估）。

2. 评估的时间

一般情况下，我定期（半年或一年）评估规划；

当出现特殊情况时，我会随时评估并进行相应的调整。

3. 规划调整的原则

六、结束语

■ 职业生涯规划书撰写的注意事项

（1）职业生涯规划是建立在对自己的兴趣、特长、能力、社会需要等各方面全面了解评估的基础上的，进行目标设定时一定要结合自身特点和情况，不能完全脱离现实。要认清兴趣与能力、能力与社会需求都是存在一定差异的，我们所要做的是要在这诸多因素中找出一个结合点，将自己的经历经验、专业技能、兴趣特长都有机地结合起来，这样的职业目标才会有生命力。

（2）人才素质测评是了解自我的理论依据之一，有的同学在撰写报告书时，对自我的分析仅凭自我认识及他人评价，这是不全面的，也缺乏足够的理论依据。正确的做法是将个人认识、他人评价和人才素质测评结果有机结合，形成一个较为全面的自我认知，据此设定的目标可信度才较高。当然，由于人才素质测评的效度和信度并非绝对，所以也不可完全根据测评结果设定职业目标。

（3）措施要有可行性。针对职业目标制定的措施一定要具有可行性，这是评价报告书的一个重要部分。最好制订出长期、中期、短期计划，并拟订详细的执行方案和时间限制。高年级的同学可将重点放在就业3～5年内的职业规划；低年级的同学可将重点放在大学生涯的规划上，但都应突出为职业发展所做的准备工作。

（4）报告书应有自己的风格和特色。无论是行文的风格、叙述的方式、文案的设计，还是职业目标的选择、职业路线的设计等，想要出色，就要力争做到创新，要彰显自己的个性与特色。

（5）撰写报告书还有几忌。忌大，忌空，忌记流水账；忌条理不清，忌文法不通、错别字连篇；忌过于煽情、没有理性分析；忌死气沉沉、没有朝气。

大学生就业指导篇

◇ 第六章　大学生就业形势与政策
◇ 第七章　大学生如何做好就业的准备
◇ 第八章　大学生择业心理
◇ 第九章　大学生求职途径与方法
◇ 第十章　求职简历制作
◇ 第十一章　面试技巧
◇ 第十二章　大学生创新

亲爱的同学们，当你们怀揣着梦想，在大学的知识海洋中遨游时，即将迎来人生中一个重要的转折点——就业。就业，不仅关乎着你们个人的未来，更与国家的发展、社会的进步紧密相连。在这个关键时期，我们深入学习习近平总书记重要讲话精神和党的二十大报告内容，将为你们的就业之路注入强大的精神动力，照亮前行的方向。

习近平总书记始终高度重视青年就业问题，他曾指出："就业是最大的民生工程、民心工程、根基工程，是社会稳定的重要保障，必须抓紧抓实抓好。"这句话深刻地揭示了就业对于个人、社会和国家的重要意义。对于每一位大学生来说，找到一份合适的工作，是实现自我价值、改善生活的重要途径；对于社会而言，稳定和充分的就业能够促进经济的繁荣和社会的和谐；而对于国家来说，青年一代的充分就业，是国家发展活力的重要体现，是推动国家不断前进的强大动力。

党的二十大报告更是为我们指明了就业工作的方向，报告强调要实施就业优先战略，强化就业优先政策，健全就业公共服务体系，加强困难群体就业兜底帮扶。这充分体现了党和国家对就业工作的高度重视，也让我们看到了国家对青年就业的殷切期望。在全面建设社会主义现代化国家的新征程中，青年是主力军，你们的就业选择不仅关乎个人的前途，更关系到国家战略的落地实施。无论是投身于科技创新的前沿，还是扎根于基层服务人民，每一个岗位都是实现人生价值、贡献国家力量的舞台。

接下来，我们将开启"大学生就业指导篇"的学习之旅。从第六章了解大学生就业形势与政策入手，到第十二章探索大学生创新之路，每一章都蕴含着丰富的知识和宝贵的经验。在这里，你们将学会如何分析就业形势，把握政策机遇；如何做好就业准备，提升自身竞争力；如何调节择业心理，勇敢面对挫折；如何掌握求职途径与方法，制作出吸引人的求职简历；如何运用面试技巧，在面试中脱颖而出；更将激发创新意识，为未来的职业发展注入新的活力。

在这个过程中，我们要将习近平总书记的重要讲话精神和党的二十大报告内容融入就业指导的每一个环节。让思政教育如春风化雨般滋润你们的心田，引导你们树立正确的就业观、价值观和人生观。希望你们能够以国家需求为导向，将个人的职业发展与国家的战略布局相结合，在实现个人梦想的同时，为国家的发展贡献自己的力量。

同学们，就业的号角已经吹响，让我们带着思政教育的智慧与力量，勇敢地踏上就业征程，书写属于你们的精彩人生篇章！

第六章 大学生就业形势与政策

受全球经济的影响，目前我国大学生的就业形势受到一定冲击。为拓展大学毕业生就业渠道，各级政府都出台了一系列推动大学生就业的政策和规定，促使大学毕业生充分就业。

第一节 大学生就业形势

■ 大学生就业形势仍然严峻

近年来，国内连续扩大高校招生规模，毕业生总量大、增幅高，社会需求有限。广东省近几年高校毕业生未就业率有上升迹象。

★ 历年招生人数

高等教育划分为3个阶段：精英教育阶段，适龄青年上大学的毛入学率＜15%；大众化教育阶段，15%≤毛入学率≤50%；普及教育阶段，毛入学率＞50%。1999年，我国适龄青年上大学的毛入学率只有8%，2002年毛入学率为15%，高等教育迈进"大众化"教育阶段。2014年，全国毛入学率已达到37.5%，广东毛入学率也达到30.5%。2019年全国毛入学率51.6%，我国高等教育开始迈进普及教育阶段；广东省毛入学率超过46%。

2001—2019年大学招生情况如图6-1和图6-2所示。在给更多的适龄青年提供高等教育机会的同时，也为大学毕业生的就业带来了新的压力和挑战。

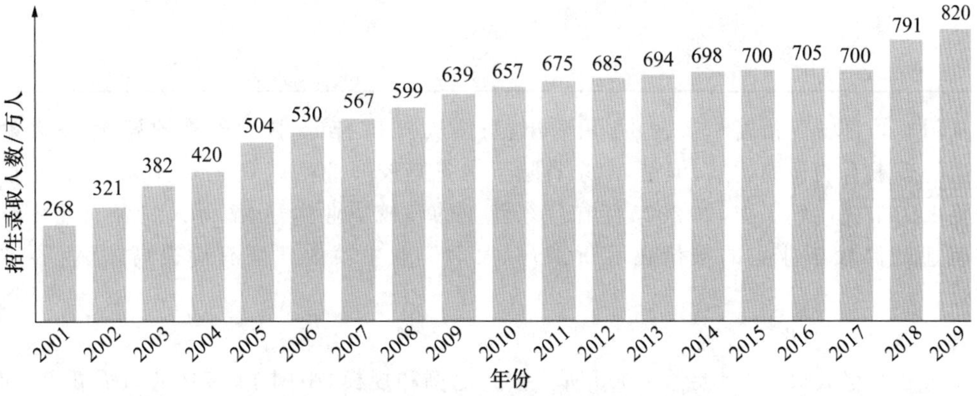

图6-1 全国2001—2019年招生录取人数示意图

★ 历年毕业生人数

从2002年起，全国每年的毕业生人数逐年攀升，已从2002年的145万人增加到2010年的630万人，2020年毕业生人数达到874万人；广东省也从2002年的9.1万人增加到2010年

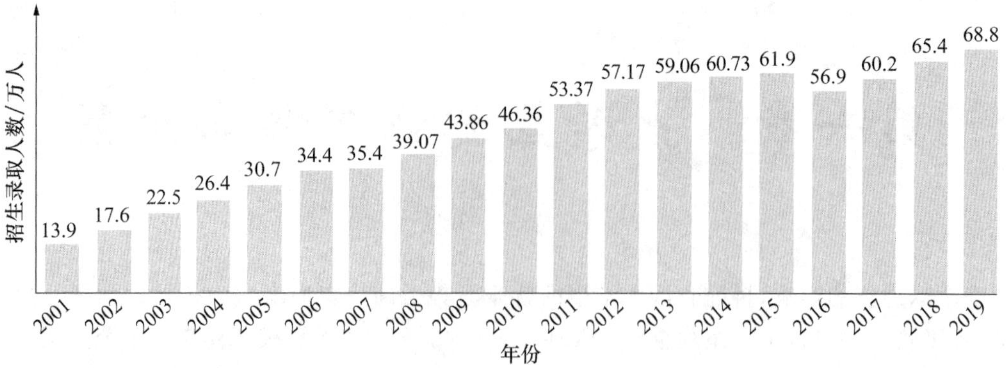

图 6-2 广东省 2001—2019 年招生录取人数示意图

的 33.24 万人，2020 年毕业生人数达到 60.3 万人，2015—2020 年全国及广东省的毕业生人数见表 6-1 和表 6-2。

表 6-1 全国 2015—2020 年高校毕业生人数 万人

年度	总数	年度	总数
2015	749	2018	820
2016	765	2019	834
2017	795	2020	874

表 6-2 广东省 2015—2020 年高校毕业生人数 万人

年度	总数	全国在广东就业的毕业生
2015	51.9	80
2016	53.5	80
2017	52.86	80
2018	57.14	82
2019	57.2	83
2020	60.3	87

从图 6-1、图 6-2 和表 6-1、表 6-2 可看出：虽然从 2011 年起，随着经济的复苏，用人单位对毕业生的需求有明显的增加，但是，广东省除了本省高校毕业生就业之外，还要承受外省高校毕业生来广东就业的压力，如 2020 年在广东就业的高校毕业生达 87 万人之多。近几年在广东省就业的高校毕业生的数量在不断攀升，大学毕业生就业比率有待提高，就业形势仍然严峻。

★ 中国大学生并不过剩

美国 2.7 亿人口，拥有大学 4 000 所。按此比例和规模，中国 14 多亿人口需要 20 000 所大学；若按韩国目前高等教育的规模水平，中国也要 10 000 所大学。

而中国目前才 1 000 多所普通高校，即使算上成人和民办高校，也不过 3 000 多所，怎么能说多呢？蒋国华先生认为，中国即使在未来 10 年、15 年内，大学在校生达到 3 000 万人，也不为多。

★ 大学生就业的结构性矛盾十分突出

从地区看，北京、上海等发达地区需求较旺，需求总量大于当地的生源数。中西部不少省区虽然有较大的用人需求，面临的问题是工作和生活条件艰苦，往往招不到合格的人才，出现了“有地方没人去，有人没地方去”的现象。在一些西部经济不发达地区，当前就业岗位相当有限，难以吸纳本地毕业生。

从院校类别看，教育部直属高校毕业生就业情况较好，初次就业率为85%，部属高校次之，地方院校较差。从学历看，用人单位对学历高的毕业生需求高于对学历低的毕业生需求。研究生供需比约为1∶2.6，本科生约为1∶1.3，专科(高职)生约为1∶0.4。从专业看，一些紧缺专业如计算机、通信、电子、土建、自动化、机械、医药和师范等学科类的毕业生需求旺盛，毕业生供不应求，而一些专业如哲学、社会学、经济学、法学等学科类的毕业生需求较少。

■ 大学生就业形势透析

造成目前大学生就业现状的原因有很多，既有主观因素，也有客观因素，具体可概括为以下几方面。

★ 大学生就业观念存在偏差

(1)“铁饭碗”的就业观念。应试教育和就业由国家“统、包、管”的分配体制，造成了“毕业即就业”的局面，大学生毕业就意味着端上了“铁饭碗”。但是随着就业市场化的到来，如果还存在着“等、靠、要”的思维模式，认为“进了大学就进了保险箱，只要拿到毕业证书就可以就业”，于是就在大学里“混日子”，不管以后的出路如何。

(2)“精英化”的就业观念。长期以来我国的高等教育规模是相当小的，大学毕业生是一种非常稀缺的资源，就业层次一直比较高。随着高等教育大众化的到来，若学生的就业观念仍停留在“精英”上，对自身的定位过高，认为只有在比较高的就业层次，留在大城市才能体现自己的人生价值，才能实现自己的理想和抱负，他们将面临“毕业即失业”的困境。

(3)“学而优则仕”的就业观念。少数学生认为只有在公、检、法和一些党、政部门工作，才能被人瞧得起，才能实现自己的人生价值。在当代社会，他们仍改变不了“只往高处走”的传统观念，放不下架子，不愿意去一些普通而平凡的岗位。

(4)“博弈”心理。毕业生求职时，会综合各种因素形成一个就业期望值。我们不妨设定一个毕业生的期望值为100，当A单位招聘提供的待遇为90时，由于博弈心理的存在，他认为以后还会出现待遇高于90的单位，所以即使A单位愿意要这个学生，该学生也不会与这个单位签约。在以后的日子里，如果没有单位能提供的待遇超过100，且这个毕业生又不愿意降低自己期望值的话，他就会处于失业的状态中。

★ 用人单位的用人机制

(1)用人单位的期望值越来越高。随着经济、科技的发展，大学生不仅要有宽博扎实的基础知识，还要有符合时代要求的综合技能。

(2)高学历供大于求。随着高等教育大众化的普及，众多本科生、研究生走上社会，出现了就业市场供大于求的现象，毕业生处于买方市场，很多用人单位不愁招不到人，致使单位出现了盲目攀比的状况。

★ 社会中介机构或学校的服务不够

在就业日益市场化的今天，社会上的中介机构和学校没有跟上时代的变化而建立起与时代相适应的服务机制，缺乏对毕业生的信息服务和就业指导。

此外，关于大学生就业的相关政策支持力度还不够，高校的就业及创业教育人力和财力投入不足也是造成大学生就业难不可忽视的原因。

■ 解决大学生就业难的对策

★ 大学生需做的努力

（1）转变思想，树立正确的就业观。在大众化教育的时代，当代大学毕业生最重要的就是要树立正确的择业观和职业观，转变传统的就业观。①要破除旧的“精英化”就业观念，树立“大众化”的就业观；打破旧的“正式编制”和“铁饭碗”的就业观，树立起市场经济条件下新的就业理念；从被动就业转向主动就业。②要树立自主就业和多元化的就业和择业观念，摒弃从众、博弈、攀比、依赖等心理。要从自身情况出发，根据自身的兴趣和爱好准确地给自己定位，客观地看待地区和基层单位的工作，实现自我价值和社会价值的统一。要树立“先就业，后择业”的就业观，要有勇于放下身份到适合自己的岗位上去工作的心理，要有到祖国最需要的地方去就业的意识。

（2）努力提高自身的综合素质。随着社会的发展和就业市场供求关系的不平衡，社会对大学生的要求也越来越高，就业单位对毕业生的期望值也水涨船高。这种情况下大学生要通过各种途径努力提高自己的综合素质，增强自身竞争力。①在校期间，大学生在努力学好本专业的同时，应努力培养自己的各种能力，包括人际交往能力、社会适应能力、组织管理能力、决策能力、团队合作能力、开拓创新能力等，这些都是企业对人才要求的必备条件。②要学会利用学校提供的各种机会，同时要努力利用各种条件来自觉培养自己的自主创业意识。这样既能为自己未来的工作创造有利条件，又能带动其他同学一起开展就业和创业尝试。

★ 高校需做的努力

（1）加强大学生的就业指导工作。①由于毕业生是高校产出的最终“产品”，其就业率与就业层次的高低是衡量一所大学办学质量好坏的一个重要指标，也会影响到学校的招生和发展，因此高校必须加强大学生的就业指导，把该工作作为高校工作的一个重要组成部分，作为学校发展的生命线。②必须用市场营销的策略来做好“产品”的推销工作，尤其要发挥好高校共青团组织的优越性。学校应设立就业指导中心，配备专职人员，加强就业信息网络的建设，通过各种渠道加强宣传。加强与用人单位和社会的联系，掌握第一手就业信息，并及时提供给毕业生。③帮助学生了解市场需求，学会写求职简历，加强求职技巧等技能的培训，并开展心理咨询和指导工作，帮助学生培养健康的心理素质，引导大学生正确认识自我，提高抗挫折能力和自我调节能力。

（2）实施积极的奖励和激励机制。合理的激励机制能帮助大学生树立正确的职业观和就业观。面对大学生“孔雀东南飞”的现象，以及其他一些不良的就业观念，高校要适时地采取一些鼓励和激励的引导措施。①对志愿到西部和基层就业的学生实行一定的奖励制度，比如考研奖励、跟踪服务以及颁发奖励证书等一系列的物质和精神奖励，这样既能激发学生到西部就业的积极性，也能在一定程度上缓解高校毕业生就业难的问题。②对自主创业的大学生提供广泛的政策性优惠，大力鼓励在校大学生和应届毕业生自主创业，这不仅为他们本人解决了就业问题，也为他人提供了就业机会。

★ 政府需做的努力

（1）构建高校毕业生就业政策新体系。政府作为宏观调控的重要部门，应从战略的高度来认识大学毕业生就业的重要性，采取相关的政策措施，形成有力的政策导向体系。①建立财政性支持政策，引导毕业生到非公有制单位就业；扶持大学生自主创业，设立大学生自主创业基金和贷款制度；建立待就业毕业生社会保障和就业工作保障体系；深入改革劳动用工及户籍管理等相关制度;完善并严格执行职业资格准入制度。②建立培训机制,给就业中处于劣势或暂时找不到工作的毕业生提供一个重新学习的机会,把他们组织起来,根据就业市场的需求和学生的特点查漏补缺,以利于他们重新就业。

(2)建立完善的就业市场机制。针对目前就业市场不健全、秩序混乱的局面,政府应采取措施,加强宏观调控,建立完善的毕业生就业市场新体系。①进一步规范人才市场的管理和建设,加大执法力度,加强毕业生就业市场良好环境的建设;建设并完善以高校为基础的毕业生就业市场,政府主管部门要建立常设性毕业生就业市场,规范各种性质的招聘会,提高就业服务的效率。②建立并规范全国联网的毕业生与用人单位双方的资源信息库,实现全国性的网上信息资源共享;各地政府劳动保障部门系统发布往年毕业生工作指导性薪酬,给供需双方的工资约定水平提供相关信息。

★ 社会需做的努力

主要是加强中介机构的职业指导和服务意识,因为中介机构在学校、毕业生和用人单位之间起着桥梁的作用,能为学校和毕业生提供丰富的就业信息,也能为单位提供丰富的毕业生信息,加强双方的透明度,对有效地缓解毕业生就业难的问题起着重要作用。

例如,在美国就有一些非营利性机构,在学校中发挥了重要作用。如全美高校和雇主协会,该协会每年为一百多万大学生提供就业服务,每年出版定期刊物,对就业市场现状和市场需求进行调查分析。

同时,日本社会上也有数十家经营各种信息情报的专业公司或团体,毕业生就业信息是其主要的经营业务。除了为广大的毕业生提供书面的就业信息外,还可以通过"专业招聘网站"向毕业生提供就业信息。

第二节　我国大学生就业政策

中央和地方政府对大学生就业十分关心,先后出台了促进大学毕业生充分就业的优惠政策。作为大学毕业生,我们应该学好用足各级政府的政策和法规,帮助自身顺利就业,为我国社会主义建设贡献力量,在推进社会主义现代化的奋斗实践中建功立业,书写美好的人生。

■ 我国就业政策介绍

★ 我国采取积极的就业政策

我国的就业政策可概括为:五大支柱、六个领域、六大优惠。这些就业政策对我国就业产生了深远影响,了解国家这些政策可从宏观上更好地指导我们当前的学生就业工作。

◇ 五大支柱

(1)经济拉动。提高经济增长对就业的拉动能力。保持较高经济增长速度,调整产业结构、所有制结构、企业结构等,扩大就业总量。

(2)政策扶持。运用优惠政策杠杆,将所创造的岗位优先用于吸纳下岗失业人员再就业。

(3)市场服务。实现劳动力供求合理匹配。通过强化就业服务和职业培训,帮助劳动者了解需求信息,提高就业能力。

(4)政府调控。通过严格规范企业减员、建立预警制度等措施,尽量减少失业,减轻社会失业压力。

(5)社会保障。既能有效地保障下岗失业人员基本生活,又能积极促进再就业。通过完善社会保障体系,消除下岗失业人员的后顾之忧。

资料链接

大学生就业市场

大学生就业市场是大学生找工作、用人单位选人才的场所,是毕业生就业所涉及的各种关系的总和,其主体是毕业生和用人单位。主要有以下几种形式:

- 高等学校举办的毕业生就业市场
- 学校联办的毕业生就业市场
- 分科类毕业生就业市场
- 区域性毕业生就业市场
- 行业性毕业生就业市场
- 企业毕业生就业市场
- 无形的就业市场

◇ 六个领域

(1)中小企业。调整企业结构,发展有市场需求的中小企业,继续发展劳动力就业服务企业。

(2)第三产业。调整产业结构,大力发展第三产业,尤其是积极开发社区服务业和旅游业的就业岗位,积极发展商业、餐饮等传统服务业。

(3)多种经济。调整所有制结构,鼓励发展就业容量大的集体、个体、私营、外商投资、股份合作等多种所有制经济。

(4)劳动密集型。充分发挥劳动力资源优势,积极发展具有比较优势和市场需求的劳动密集型产业和企业。

(5)灵活就业。适应企业用工需求和就业方式的变化,鼓励下岗失业人员从事非全日制、临时性、季节性、弹性等灵活多样的工作。

(6)劳务输出。面向国内、国外两个市场,对内鼓励跨地区劳务协作,对外实施"走出去"的战略。

◇ 六大优惠

国务院办公厅下发了《关于加强普通高等学校毕业生就业工作的通知》(国办发〔2009〕3号,以下简称《通知》),要求把高校毕业生就业摆在就业工作的首位,采取切实有效的措施,拓宽就业门路,鼓励高校毕业生到城乡基层、中西部地区和中小企业就业,鼓励自主创业,鼓励骨干企业和科研项目单位吸纳和稳定高校毕业生就业。

一、鼓励和引导毕业生到城乡基层就业的政策措施

到城乡基层一线工作,既能实现就业,又能得到锻炼,是大学生就业的大方向。为鼓励高校毕业生参加社会主义新农村建设、城市社区建设和应征入伍,《通知》提出实行四项具体鼓励政策:

第一,基层社会管理和公共服务岗位就业补贴政策。其中涉及两项补贴政策:一是对到农

村基层和城市社区从事社会管理及公共服务工作的高校毕业生，符合公益性岗位就业条件并在公益性岗位就业的，按照国家现行促进就业政策的规定，给予社会保险补贴和公益性岗位补贴。二是对到农村基层和城市社区其他社会管理和公共服务岗位就业的，给予薪酬或生活补贴，所需资金按现行渠道解决，按规定参加有关社会保险。

所谓基层社会管理和公共服务岗位，包括大学生村官、支教、支农、支医、乡村扶贫以及城市社区的法律援助、就业援助、社会保障协理、文化科技服务、养老服务、残疾人居家服务、廉租房配套服务等岗位。其中，公益性岗位是指全部由政府出资开发，以满足社区及居民公共利益为目的的管理和服务岗位，优先安排困难人员或重要群体，并从就业专项资金中给予社会保险补贴和岗位补贴；其他基层社会管理、公共服务岗位，是指在街道社区、乡镇等基层开发或设立的相应的社会管理和公共服务岗位。部分出资由政府出资，或由相关组织和单位出资。所安排使用的人员按规定享受相关补贴。

第二，学费和助学贷款代偿政策。对到中西部地区和艰苦边远地区县以下农村基层就业并履行一定服务期限的高校毕业生，以及应征入伍服义务兵役的高校毕业生，实施相应的学费和助学贷款代偿。

第三，选聘招录优惠政策。对有基层经历的高校毕业生在研究生招录和事业单位选聘时实行优先，在地市以上党政机关考录公务员时进一步扩大对其招考录用的比例。

第四，继续实施和完善面向基层就业的专门项目，扩大项目范围。主要内容包括 4 个方面：一是 2009 年中央有关部门和地方基层就业专门项目（“选聘高校毕业生到村任职”“三支一扶”“大学生志愿服务西部计划”“农村义务教育阶段学校教师特设岗位计划”等项目）要鼓励更多的大学生参加。二是要制定各项目待遇政策衔接的办法。三是对参加项目的毕业生给予生活补贴，参加有关社会保险。四是与项目相对应的自然减员空岗要全部聘用那些项目结束后留在当地就业的高校毕业生。

二、鼓励高校毕业生应征入伍服义务兵役

高校毕业生应征入伍服义务兵役，除享有优先报名应征、优先体检政审、优先审批定兵及优先安排使用“四个优先”政策，家庭按规定享受军属待遇外，还享有以下优惠政策：

第一，享受学费补偿、国家助学贷款和学费减免；

第二，在选取士官、考军校、安排到技术岗位等方面优先；

第三，退役后参加政法院校为基层公检法定向岗位招生考试时，优先录取；报考政法干警招录培养体制改革试点招生时，教育考试笔试成绩总分加 10 分；

第四，具有高职（高专）学历的，退役后免试入读成人本科；或经过一定考核，入读普通本科；

第五，退役后在完成本科学业后 3 年内报考硕士研究生初试总分加 10 分，同等条件下优先录取；荣立二等功及以上的，退役后可免试（指初试）推荐攻读硕士研究生。

三、鼓励毕业生到中小企业、非公有制企业就业的政策

目前，70％以上的大学生去中小企业和非公有制企业就业，这已成为大学生就业的主要渠道，但这一渠道还不够通畅，相关制度和政策有待进一步完善，《通知》提出了完善落实相关制度和政策的工作要求，主要包括 3 个方面：

第一，清理影响就业的制度性障碍和限制。主要是在档案管理、人事代理、社会保险办理和接续、职称评定以及权益保障等方面，要认真清理现行制度，简化手续，做好服务工作，形成高校毕业生到企业就业的有利环境。

第二，取消落户限制。对企业招用非本地户籍的普通高校专科以上毕业生，各地城市应取消落户限制(直辖市按有关规定执行)。

第三，落实就业扶持政策。企业招用符合条件的高校毕业生，可享受相应的就业扶持政策。所谓符合条件的高校毕业生主要指就业困难人员，扶持政策包括对企业的社会保险补贴，以及定额税收减免政策；劳动密集型小企业招用登记失业的高校毕业生达到规定比例，可享受高至 200 万元的小额担保贷款。

四、鼓励骨干企业和科研项目单位积极吸纳和稳定高校毕业生就业的政策

为提高骨干企业人力资源质量和科研项目质量，对于有技术专长、优秀高校毕业生等，要采取相应的鼓励政策。《通知》提出 3 项措施：

第一，鼓励企业更多吸纳高校毕业生。国有大、中型企业特别是创新型企业要更多地吸纳有技术专长的毕业生。高新技术开发区、经济技术开发区和高科技企业要集中吸纳高校毕业生。高校毕业生掌握现代化知识和技术，符合这类单位的用人需求，因此《通知》提出要鼓励吸纳以加强人才培养使用和储备。各地、各有关部门要根据实际情况制定具体的鼓励措施。

第二，鼓励困难企业更多保留高校毕业生。在应对国际金融危机实施企业减负稳岗措施中，支持困难企业更多地保留大学生技术骨干，按规定给予社会保险补贴、岗位补贴或职业培训补贴。人力资源和社会保障部、财政部、税务总局《关于采取积极措施减轻企业负担稳定就业局势有关问题的通知》(人社部发〔2008〕117 号)对此项政策有具体规定。

第三，鼓励科研项目聘用高校毕业生。承担国家和地方重大科研项目的单位要积极聘用优秀毕业生参与研究。一是给予其劳务性费用和有关社会保险费补助，由项目经费列支。二是参与项目期间，毕业生户口、档案可存放在项目单位所在地人才交流机构。三是聘用期满，可续聘或到其他岗位就业，聘用期间工龄、社会保险缴费年限连续计算。高校毕业生参与科研项目，既可以促进科研的发展，又可以延长毕业生学习和研究时间，对缓解就业压力有积极作用。

五、鼓励和支持高校毕业生自主创业的政策措施

自主创业是大学生就业的重要增长点。据有关调查，目前应届毕业生中自主创业的比例仅为 0.3%。创业难度很大，潜力也很大，今后需要加大政策扶持和服务力度，鼓励大学生自主创业。《通知》对此提出 4 个方面的工作要求：

第一，鼓励高校积极开展创业教育和实践活动。

第二，税费减免和小额贷款。对毕业生从事个体经营符合条件的，三年内免收行政事业性收费；按规定落实残疾人就业、下岗失业人员再就业以及中小企业、高新技术企业发展等现行税收政策和创业经营场所安排；登记失业的高校毕业生可申请小额担保贷款，合伙经营组织，适当扩大贷款规模；从事微利项目的享受贴息扶持。

第三，创业服务。对有创业意愿的高校毕业生参加创业培训的，给予职业培训补贴；强化

高校毕业生的创业指导服务，提供“一条龙”创业服务。建设完善一批大学生创业园和创业孵化基地，给予相关政策扶持。

第四，鼓励支持高校毕业生灵活就业。鼓励高校毕业生从事灵活就业，符合就业困难人员条件的可享受社保补贴政策。

六、对困难毕业生的就业援助措施

《通知》要求强化对4类困难毕业生的就业援助：

第一，对困难家庭毕业生，高校可根据情况给予适当的求职补贴，公务员考录、事业单位招聘时免收报名费和体检费。

第二，对离校后未就业回到原籍的毕业生，各地要摸清底数，免费提供政策咨询、职业指导、职业介绍和人事档案托管等服务，并组织其参加就业见习、职业技能培训等促进就业活动。

第三，对登记失业的高校毕业生，各地要纳入当地失业人员扶持政策体系，抓好政策落实。

第四，对就业困难和零就业家庭的高校毕业生，要实施一对一职业指导、向用人单位重点推荐、公益性岗位安置等帮扶措施，按规定落实社会保险补贴、公益性岗位补贴等就业援助政策。就业困难人员的标准，由省级人民政府规定。

★ 劳动合同制、社会保障体系改革

◇ 主要内容

(1)企业全体职工都要在平等、自愿、协商一致的基础上，与企业签订劳动合同，明确双方的责、权、利。

(2)在企业内部取消不同身份界限，企业全体人员统称企业职工或企业员工。

(3)实行双向选择。

■ 就业程序介绍

★ 就业管理部门的一般工作程序

(1)教育部对年度国民经济发展和国家重点建设工程情况进行调查研究，制定相应的政策，确定年度的高校毕业生就业工作意见。然后，各省市、各高校按照文件精神制定具体的实施意见。

(2)各高校对毕业生就业意向进行调研，并开展就业指导和创业教育。

(3)各省市、各地市和各高校的就业管理机构在每年的12月份至翌年的二三月份，举办各种类型的“高校毕业生供需见面会”，开拓就业市场，为毕业生求职择业创造条件，提供服务。

(4)各高校收集毕业生就业信息并与毕业生签订《全国普通高等学校毕业生就业协议书》(一式三份)。

★ 学生自身的就业程序

(1)参加就业指导课程学习，了解有关就业政策。

(2)收集处理就业信息。

(3)做好求职简历及心理准备。

(4)应聘和签约。

★ 毕业后应注意的事项

(1)试用期。订立劳动合同时，规定试用期，这是许多用人单位的做法。试用期对劳动合同双方都有意义。对用人单位来说，可通过试用期考查职工是否符合招工条件；对试用人员来说，可以在试用期内考查用人单位原来介绍的劳动条件是否符合实际情况。在试用期内，劳动合同当事人双方均可解除劳动合同。

（2）报到后。毕业生应按时到单位报到，确因特殊原因不能按时去报到者，应主动向用人单位联系并说明情况。个别单位要求毕业生去上级部门报到，遇到这种情况，需听从用人单位的安排。报到时应衣帽整洁、态度谦虚、诚恳有礼。报到后，即已成为该单位的正式职工，应按其规章制度严格要求自己，服从组织工作安排，按时上下班。

★ 实习协议与就业协议的区别

大学生毕业前后往往要签署三份协议：实习协议、就业协议、劳动合同，更要正确了解和区分这三份协议的特点和效力，有利于顺利就业和公务员、“三支一扶”等方面的报考。实习协议与就业协议的异同如下。

（1）定义不同。实习协议是指在校学生通过参加实习单位的实际工作进行实践学习，明确双方权利义务的协议；就业协议是指在校学生毕业前与学校、用人单位三方签订的协议，目的在于约束学生和用人单位在毕业后建立劳动关系。但实习协议、就业协议的本质都是平等主体之间的民事合同关系，双方发生纠纷应直接诉讼到法院，法院处理的依据是合同法及其他民事法律，不适用劳动法，不受劳动法的特别保护。

（2）用途不同。毕业前，学生有意实习，单位接纳实习，双方可签订实习协议，进入实习阶段，而实习阶段的主要目的是实践学习，仅是发挥自身才能，提供双方加深了解的机会，并不代表未来会建立劳动关系。如果双方有意建立劳动关系，则签署就业协议，除非一方毁约，否则就业协议的归宿就是劳动合同。在实习期间学生并不能享受到最低工资、工伤保险、社会保险等劳动法规定的保障，双方权利义务基本靠实习协议来自行约定，受教育法规及民事法规的保护。而就业协议指向未来劳动合同，所列明的未来劳动合同内容不得违反劳动法，但为保障劳动关系的建立则可约定违约金，如学生未到单位报到则应支付违约金并签署解约协议以便于下一次就业。

（3）签订注意事项不同。实习协议往往被大家认为可签可不签，但事实上签订是有必要的。对于学生而言，实习协议不仅是向学校陈述实习体验的依据，更是证明实习期间是学习的一个阶段，有关纠纷可按协议约定来合理处理并且得到学校的支持；而对于用人单位而言，可以确定学生实习期间的工作是实习，而不是劳动用工。而就业协议签订的注意事项：应关注报到日期、未来劳动合同的期限、试用期、薪酬、岗位、福利、违约金等，这些都是未来劳动合同的主要内容，涉及双方根本利益。

★ 就业协议与劳动合同的区别

就业协议与劳动合同均为用人单位录用毕业生时所订立的书面协议。在就业过程中，准确理解两者的异同，把握细节，有利于就业。

◇ 主体不同

（1）就业协议适用于应届毕业生与用人单位、学校三方之间，学校就是就业协议的鉴定方，就业协议对用人单位的性质没有规定，适用于任何单位。

（2）劳动合同只适用于劳动者与用人单位之间，与学校无关。

◇ 内容不同

（1）就业协议主要是毕业生如实介绍自身情况，愿意到用人单位就业，用人单位愿意接收，学校同意推荐同学的方案，不涉及毕业生到用人单位后所享受的权利和应尽的义务。

(2)劳动合同涉及劳动报酬、劳动保护、工作内容、劳动纪律等多方面。

◇ 时间不同

(1)就业协议在毕业生毕业之前签订。

(2)劳动合同到用人单位报到后签订。

◇ 目的不同

(1)就业协议是毕业生对用人单位的基本条件及即将签订的劳动合同基本内容的大体认同。

(2)就业协议是编制毕业生就业方案和双方订立劳动合同的依据。

◇ 适用法律不同

(1)就业协议发生争议，主要根据协议内容和毕业生就业政策以及法律对合同的一般规定来加以解决。

(2)劳动合同发生争议，应根据《中华人民共和国劳动法》(以下简称《劳动法》)来解决。

★ 签订合同时应注意的事项

大学生与用人单位签订劳动合同是取得的阶段性成绩，但大学生与用人单位在经验和掌握专业知识程度等方面的不对称性，使他们明显处于劣势，因此签订劳动合同时一定要慎之又慎，不可大意。

◇ 签订的合同须合法

依法签订劳动合同是其产生法律约束力的前提。如果签订的劳动合同不合法，那么求职者的权益保护就会遇到困难。为此，求职者一定要先确认自己签订的劳动合同是否具备产生法律约束力的条件，包括：用人单位这一劳动合同主体须符合法定条件，用人单位应当依法成立，能够依法支付工资、缴纳社会保险费、提供劳动保护条件，并能够承担相应的民事责任。双方签订的劳动合同内容(权利与义务)必须符合法律、法规和劳动政策，不得从事非法工作。此外，签订劳动合同的程序、形式必须合法，如经协商一致、采用书面形式等。

◇ 关注内容应仔细

按照《中华人民共和国劳动法》的要求，劳动合同的必备内容包括：(一)劳动合同期限；(二)工作内容；(三)劳动保护和劳动条件；(四)劳动报酬；(五)劳动纪律；(六)劳动合同终止的条件；(七)违反劳动合同的责任。

如劳动合同期限与试用期对应关系的规定有："劳动合同可以约定试用期。劳动合同期限在 6 个月以内的，试用期不得超过 15 日；劳动合同期限在 6 个月以上 1 年以内的，试用期不得超过 30 日；劳动合同期限在 1 年以上 2 年以内的，试用期不得超过 60 日；劳动合同期限在 2 年以上的，试用期不得超过 6 个月。试用期包括在劳动合同期限内。"

求职者提出在劳动合同中约定工资的标准，应注意知己知彼。知己就是应结合自身的条件，包括学历、技能和身体素质等；知彼就是应掌握人力资源市场供求状况、劳动力市场价位等。对于试用期、培训、竞业禁止的补偿、补充保险和福利待遇等求职者希望在劳动合同中体现的内容，当事人应提出在劳动合同中写明要求。

◇ 相关知识不能少

求职者在签订劳动合同之前，应该认真学习和了解一些法律和法规方面的知识，例如，双方的权利义务，劳动合同的订立、履行、变更、终止和解除，法律责任等规定，这样有利于求职者争取一些对自己有利的权利和义务，或者一旦日后用人单位违反合同规定，求职者就可以利用法律武器来维护自己的权益。掌握了用人单位违反有关规定后，求职者有权利要求用人单位改正。

◇ 劳动合同及时签订

劳动合同应在求职者上岗、试用前与用人单位签订，而不是试用合格后。求职者若是通过熟人牵线，碍于情面关系，只是简单地达成了口头协议，虽然有对求职者不利的因素，但因无字据为证，增加了解决劳动争议的困难。对于随意解除劳动合同的用人单位，求职者可以依据有关规定维护自身权益。用人单位与劳动者存在劳动关系但未订立劳动合同，劳动者要求签订劳动合同的，用人单位不得解除劳动关系，并应当与劳动者签订劳动合同。

◇ 对合同文本要认真推敲

签订劳动合同前，应仔细阅读关于岗位的工作说明书、岗位责任制、劳动纪律、工资支付规定、绩效考核制度、劳动合同管理细则和有关规章制度，而不管这些用人单位的文件是否作为劳动合同的附件。因为，这些文件中会涉及求职者多方面的权益。遵守用人单位的劳动纪律和规章制度是职工的法定义务，当其作为劳动合同附件时，与劳动合同具有同样的法律约束力。当劳动合同涉及数字时，应当使用大写汉字。劳动合同应当至少一式两份，双方各执一份，求职者应妥善保管。用人单位事先起草了劳动合同文本，要求求职者签字时，一定要慎重，并对文本仔细推敲，发现条款表述不清、概念模糊的，及时要求用人单位进行说明修订。

第三节　我国大学生就业通知与公告

■ 普通高等学校毕业生就业工作通知与公告

★《国务院办公厅关于进一步做好高校毕业生等青年就业创业工作的通知》

《通知》要求，强化不断线就业服务。把脱贫家庭、低保家庭、零就业家庭高校毕业生，以及残疾高校毕业生和长期失业高校毕业生作为就业援助的重点对象，提供"一人一档""一人一策"精准服务。实施国家助学贷款延期还款、减免利息等支持举措。推进公共就业服务进校园，建立高校毕业生就业岗位归集机制，构建权威公信的高校毕业生就业服务平台。打造一批大学生就业指导名师、优秀职业指导师、优秀就业指导课程和教材。深入实施离校未就业高校毕业生就业创业促进计划，持续跟进落实实名服务。《通知》要求，着力加强青年就业帮扶。强化户籍地、常住地就业失业管理服务责任，允许到本地就业创业的往届高校毕业生、留学回国毕业生及失业青年进行求职登记、失业登记。鼓励高校毕业生等青年在获得学历证书的同时获得相关职业资格证书或职业技能等级证书。实施百万就业见习岗位募集计划，离校未就业高校毕业生到基层实习见习基地参加见习或者到企事业单位参加项目研究的，视同基层工作经历。

★《中共中央组织部 人力资源和社会保障部 教育部 公安部 国务院国资委关于做好取消普通高等学校毕业生就业报到证有关衔接工作的通知》

从 2023 年起，就业报到证不再作为办理高校毕业生招聘录用、落户、档案接收转递等手续的必需材料；教育部门建立高校毕业生毕业去向登记制度，成为高校为毕业生办理离校手续的必要环节。报到入职流程上，用人单位可凭劳动（聘用）合同或就业协议书（含网签协议）或普通高等教育学历证书或其他双方约定的证明材料，为高校毕业生办理报到入职手续。

★《教育部办公厅关于建立高校毕业生毕业去向登记制度的通知》

教育部要求，各地要明确本地毕业生去向登记办法。教育部委托学生服务与素质发展中心开发建立了全国高校毕业生毕业去向登记系统，提供毕业生去向信息自主登记、确认和查询核验功能，各地各高校要尽快全面推广使用。2023 年，各省级就业工作部门可选择使用全国登记系统，或使用省级高校毕业生毕业去向登记系统，开展毕业生去向登记工作。使用全国登记系统的省份，要推动本地高校统一开通使用，确保数据同步准确上报；使用省级登记系统的省份，系统需具有毕业生自主登记功能，并通过接口与全国登记系统实时同步数据。

★《人力资源和社会保障部办公厅 教育部办公厅关于积极稳妥做好高校毕业生档案转递接收工作的通知》

《通知》明确，档案转递接收是高校毕业生就业工作的重要内容，要加强高校毕业生档案转递接收工作，规范档案工作秩序，切实保障档案安全。一是全面落实取消就业报到证政策要求。从 2023 年起，取消就业报到证补办、改派手续，不再将就业报到证作为流动人员人事档案的必需材料。二是规范档案转出手续。指导高校落实毕业去向登记制度，组织毕业生填报转递信息，按规定做好材料收集归档，填写转递单后规范转递档案。三是做好档案接收工作。指导档案管理服务机构加强毕业生档案接收工作，做好档案甄别整理、入库管理、基础信息采集等工作。落实档案接收告知承诺制，对到集体立户单位就业的高校毕业生档案及时归档，提高管理服务效率。四是强化政策宣传。加强档案政策解读，提高档案意识。面向重点群体开展业务培训，提高经办能力。五是创新公共服务。结合毕业生需求，创新做好离校未就业毕业生就业服务、流动人才党员教育管理服务和档案基本公共服务。

★ 关于推荐使用全国高校毕业生网上签约平台的公告

用人单位在网签平台注册后，通过平台搜索已注册拟签约的毕业生（学生信息均为实名认证，并经学信网学籍验证），在线发送签约邀请，毕业生同意、院校审核通过后即完成签约。签约成功的就业协议可下载存档。用人单位可与平台上开通网上签约功能的高校毕业生实现网上签约，无须重复注册和提交单位核验信息，减少与不同学校就业部门沟通成本。签约流程全部线上完成，减少邮寄、盖章等环节，有效缩短办理时间。网上签约电子就业协议书与纸质三方协议书效力相同。

■ 高校毕业生就业创业智慧服务平台

从 2019 年 5 月开始，各省份陆续推出高校毕业生就业创业智慧服务平台，使毕业生可线上办理各种就业创业事项，进一步简化毕业生就业手续，缩短办事流程，为毕业生和高校减负。下面以“广东高校毕业生就业创业智慧服务平台”为例进行介绍。

2019 年 5 月 28 日，广东省高校毕业生就业创业智慧服务平台正式上线发布。毕业生登录“广东大学生就业创业”或“粤省事”小程序等，通过实名认证后，一网在线办理档案去向查询、生源上报及毕业去向信息上报等全流程。加盖电子签章的电子报到证和纸质版报到证具有同等的法律效力，可自行下载或打印。有关网址、二维码如下：

1."广东大学生就业创业"小程序二维码

2."广东教育"微信公众号

3."粤省事 "葵花码

■ 高校毕业生求职补贴

根据国家政策,我国从 2013 年开始,对享受城乡居民最低生活保障家庭毕业年度内高校毕业生,给予一次性求职补贴。2015 年,求职补贴调整为求职创业补贴,并将对象范围扩展到已获得国家助学贷款的毕业年度高校毕业生。不同省份的补贴范围和标准不尽相同。根据广东省有关政策,广东省高校毕业生求职补贴发放对象:在毕业年度内有就业意愿并积极求职的城乡困难家庭(指持有城乡低保证、五保供养证、特困职工证、扶贫卡和零就业家庭证明等的家庭)高校毕业生、残疾高校毕业生、已获得国家助学贷款的高校毕业生。

资料链接

《国务院办公厅关于优化调整稳就业政策措施全力促发展惠民生的通知》

国办发〔2023〕11 号

各省、自治区、直辖市人民政府,国务院各部委、各直属机构:

为全面贯彻党的二十大精神和中央经济工作会议、全国两会精神,落实国务院 2023 年重点工作分工要求,深入实施就业优先战略,多措并举稳定和扩大就业岗位,全力促发展惠民生,经国务院同意，现就优化调整稳就业政策措施有关事项通知如下：

一、激发活力扩大就业容量

（一）加大对吸纳就业能力强的行业企业扩岗政策支持。及时梳理本地区带动就业能力强、涉及国计民生和生产保供的企业清单，配备就业服务专员，建立岗位收集、技能培训、送工上岗联动机制。对吸纳高校毕业生等重点群体就业的，在符合发放条件的前提下，运用“直补快办”等模式，一揽子兑现社会保险补贴、吸纳就业补贴、职业培训补贴等政策。支持各地在符合国家规定的前提下出台地方性政策，为吸纳就业能力强的行业企业扩大岗位供给提供有力支撑。

（二）支持金融机构开展稳岗扩岗服务和贷款业务。鼓励金融机构面向吸纳就业人数多、稳岗效果好且用工规范的实体经济和小微企业发放贷款，支持其稳岗扩岗。支持金融机构在依法合规、风险可控的前提下，优化贷款审批流程，合理确定贷款额度，增加信用贷等支持，为符合条件的小微企业提供续贷支持。

（三）发挥创业带动就业倍增效应。聚焦高校毕业生、农民工等群体创业需求，支持其创办投资少、风险小的创业项目，从事创意经济、个性化定制化文化业态等特色经营。落实创业担保贷款及贴息政策，简化担保手续，对符合条件的落实免除反担保要求，健全风险分担机制和呆账核销机制。创业担保贷款借款人因自然灾害、重特大突发事件影响导致流动性遇到暂时困难的，可申请展期还款，期限原则上不超过 1 年，政策实施期限截至 2023 年 12 月 31 日。

（四）加大技能培训支持力度。适应数字中国、健康中国、制造强国等建设和本地区产业发展需求，积极推动各类职业院校（含技工院校）、职业培训机构和符合条件的企业大规模开展重点行业、急需紧缺职业（工种）技能培训。充分用好就业补助资金、失业保险基金、职业技能提升行动专账资金、企业职工教育经费等资金开展培训，按规定给予职业培训补贴等支持。参加失业保险 1 年以上的企业职工或领取失业保险金人员取得职业资格证书或职业技能等级证书的，可申请技能提升补贴，每人每年享受补贴次数最多不超过三次，政策实施期限截至 2023 年 12 月 31 日。

（五）继续实施失业保险稳岗返还政策。参保企业上年度未裁员或裁员率不高于上年度全国城镇调查失业率控制目标，30 人（含）以下的参保企业裁员率不高于参保职工总数 20％的，可申请失业保险稳岗返还。中小微企业按不超过企业及其职工上年度实际缴纳失业保险费的 60％返还，大型企业按不超过 30％返还。社会团体、基金会、社会服务机构、律师事务所、会计师事务所、以单位形式参保的个体工商户参照实施。实施此项政策的统筹地区上年度失业保险基金滚存结余备付期限应在 1 年以上，政策实施期限截至 2023 年 12 月 31 日。

二、拓宽渠道促进高校毕业生等青年就业创业

（六）鼓励企业吸纳就业。对企业招用毕业年度或离校 2 年内未就业高校毕业生、登记失业的 16～24 岁青年，签订 1 年以上劳动合同的，可发放一次性吸纳就业补贴，政策实施期限截至 2023 年 12 月 31 日。

（七）鼓励引导基层就业。稳定“三支一扶”计划、大学生志愿服务西部计划等基层服务项目 2023 年招募规模。实施“大学生乡村医生”专项计划，落实医学专业高校毕业生免试申请乡

村医生执业注册政策。继续做好2023年高校毕业生到城乡社区就业创业工作。对到中西部地区、艰苦边远地区、老工业基地县以下基层单位就业的高校毕业生，按规定给予学费补偿和国家助学贷款代偿、高定工资等支持，对招聘为事业单位工作人员的，可按规定提前转正定级。

（八）支持国有企业扩大招聘规模。对按照工资效益联动机制确定的工资总额难以满足扩大高校毕业生招聘需求的国有企业，经履行出资人职责机构或其他企业主管部门同意，统筹考虑企业招聘高校毕业生人数、自然减员情况和现有职工工资水平等因素，2023年可给予一次性增人增资，核增部分据实计入工资总额并作为下一年度工资总额预算基数。

（九）稳定机关事业单位岗位规模。挖掘党政机关、事业单位编制存量，统筹自然减员，加大补员力度，稳定招录、招聘高校毕业生规模，合理确定招录、招聘时间。

（十）实施2023年百万就业见习岗位募集计划。广泛动员各类企事业单位、社会组织等，募集不少于100万个青年见习岗位，对吸纳就业见习人员的给予见习补贴，用于支付见习人员基本生活费、办理人身意外伤害保险，以及对见习人员的指导管理费用。对见习期未满与见习人员签订劳动合同的，各地可给予剩余期限见习补贴，政策实施期限截至2023年12月31日。

三、强化帮扶兜牢民生底线

（十一）加强困难人员就业帮扶。合理确定并动态调整就业困难人员认定标准，及时将零就业家庭、低保家庭、脱贫户、大龄、残疾、长期失业等人员纳入援助范围。制定个性化援助方案，优先推荐低门槛、有保障的爱心岗位，提供“一对一”就业援助，对符合条件的困难毕业生发放一次性求职创业补贴。对企业招用登记失业半年以上人员，签订1年以上劳动合同的，可发放一次性吸纳就业补贴，政策实施期限截至2023年12月31日。对通过市场渠道难以实现就业的，合理统筹公益性岗位安置，确保零就业家庭至少一人就业。

（十二）保障困难群众基本生活。对符合条件的失业人员，做好失业保险金、代缴基本医疗保险费（含生育保险费）和失业农民工一次性生活补助等常规性保生活待遇发放工作。将符合条件的生活困难失业人员及家庭纳入最低生活保障、临时救助等社会救助范围。及时启动社会救助和保障标准与物价上涨挂钩联动机制，按规定向困难群众足额发放物价补贴。

四、加强组织实施

（十三）细化实化政策。各地要结合实际，细化实化本通知明确的各项政策措施，加速释放政策红利。同步梳理前期本地出台的阶段性稳就业政策，明确优化调整意见，落实好各项常态化就业政策，推动各项政策落地见效、惠企利民，为就业大局总体稳定提供有力保障。政策实施中的重要问题和经验做法，及时通报有关主管部门。

（十四）优化经办服务。各地要持续优化经办流程，减环节、减材料、减时限，编制好各项政策资金审核发放流程和办事指南。加快推进网上办理，加强大数据比对识别，推动更多政策直达快享，提升就业政策获得感和满意度。提高政策覆盖面和可及性，对符合条件的以单位形式参保的个体工商户，可参照企业同等享受就业补贴政策。规范资金管理使用，严格履行程序规定，健全风险防控机制，严肃查处骗取套取、虚报冒领等违法违规行为，保障资金安全运行。

（十五）强化宣传解读。各地要加强就业政策宣传，及时更新发布本地区就业创业政策清单，分类梳理面向高校毕业生、困难人员等不同群体和经营主体的政策举措，广泛推动稳就业政策进企业、进园区、进校园、进社区(村)。创新政策宣传方式,及时提供通俗易懂的政策解读,提高政策知晓度,稳定各方预期,营造良好社会氛围。

国务院办公厅

2023 年 4 月 19 日

《财政部 人力资源和社会保障部关于印发〈就业补助资金管理办法〉的通知》

各省、自治区、直辖市、计划单列市财政厅(局)、人力资源和社会保障厅(局),

新疆生产建设兵团财政局、人力资源和社会保障局:

为推动实施就业优先战略,落实各项就业创业扶持政策,规范就业补助资金管理,提高资金使用效益,我们对《就业补助资金管理办法》(财社〔2017〕164 号)进行了修订。现予印发,请遵照执行。

附件:就业补助资金管理办法

财政部 人力资源和社会保障部

2023 年 12 月 20 日

附件

就业补助资金管理办法

第一章　总　则

第一条　为推动实施就业优先战略,落实各项就业创业扶持政策,规范就业补助资金管理,提高资金使用效益,根据《中华人民共和国预算法》《中华人民共和国就业促进法》《中华人民共和国预算法实施条例》《中共中央 国务院关于全面实施预算绩效管理的意见》《国务院办公厅关于印发基本公共服务领域中央与地方共同财政事权和支出责任划分改革方案的通知》(国办发〔2018〕6 号)等相关法律法规和规定,制定本办法。

第二条　本办法所称就业补助资金是由县级以上人民政府设立,由本级财政部门会同人力资源和社会保障部门管理,通过一般公共预算安排用于促进就业创业的专项资金。

第三条　就业补助资金管理应遵循以下原则:

(一)注重普惠,重点倾斜。落实国家普惠性的就业创业扶持政策,重点支持就业困难群体就业创业,中央财政就业补助资金分配适度向中西部地区、就业工作任务重地区倾斜,促进各类劳动者公平就业,推动地区间就业协同发展。

(二)奖补结合,激励相容。优化机制设计,奖补结合,充分调动各级政策执行部门、政策对象等积极性。

(三)科学合理,提升质效。提高政策可操作性和精准性,优化资金支出方向,加强监督与控制,以绩效导向、结果导向强化就业补助资金管理,并结合就业形势和工作任务变化对政策进行动态调整。

第二章　资金支出范围

第四条　就业补助资金分为对个人和单位的补贴、公共就业服务能力建设补助两类。

对个人和单位的补贴资金用于职业培训补贴、职业技能评价补贴、就业见习补贴、一次性求职补贴、一次性创业补贴、社会保险补贴、公益性岗位补贴及其他支出;公共就业服务能力建设补助资金用于就业创业服务补助和高技能人才培养补助及其他支出。

同一项目就业补助资金补贴与失业保险补贴有重复的，个人和单位不可重复享受。

第五条　享受职业培训补贴的人员范围包括：防止返贫监测对象、毕业年度高校毕业生（含技工院校高级工班、预备技师班、技师班和特殊教育院校职业教育类毕业生，下同）、城乡未继续升学的应届初高中毕业生、农村转移就业劳动者、城镇登记失业人员、就业困难人员等（以下统称六类人员），以及符合条件的企业职工。

职业培训补贴主要用于以下方面：

（一）六类人员就业技能培训和创业培训。对参加就业技能培训和创业培训的六类人员，培训后取得符合规定证书的（包括职业资格证书、职业技能等级证书、专项职业能力证书、培训合格证书，下同），给予一定标准的职业培训补贴。各地应精准对接产业发展和培训对象需求，定期发布急需紧缺职业（工种）指导目录，对指导目录内的职业培训，可适当提高补贴标准。对为城乡未继续升学的应届初高中毕业生垫付劳动预备制培训费的培训机构，给予一定标准的职业培训补贴。其中农村学员和城市低保家庭学员参加劳动预备制培训的，可给予一定标准的生活费补贴。

（二）符合条件的企业职工岗位技能培训。对企业新录用的六类人员，与企业签订 1 年以上期限劳动合同，并于签订劳动合同之日起 1 年内参加由企业依托所属培训机构或政府认定的培训机构开展岗位技能培训，培训后取得证书的给予职工个人或企业一定标准的职业培训补贴。对按国家有关规定参加企业新型学徒制培训、技师培训的企业在职职工，培训后取得证书的，给予职工个人或企业一定标准的职业培训补贴。

（三）符合条件人员项目制培训。各地人力资源和社会保障、财政部门可按规定通过项目制方式，向培训机构整建制购买就业技能培训或创业培训服务，按规定对国家重大改革中的失业人员开展职业技能培训，对承担项目制培训任务的培训机构，给予一定标准的职业培训补贴。

职业培训补贴实行“先垫后补”和“信用支付”等办法，每人累计最多享受 3 次。有条件的地区可探索为培训对象建立职业培训个人信用账户，鼓励培训对象自主选择培训机构和课程，并通过信用账户支付培训费用。

第六条　对通过初次职业技能评价并取得符合规定证书（包括职业资格证书、职业技能等级证书、专项职业能力证书，不含培训合格证）的六类人员，给予职业技能评价补贴。对纳入重点产业职业资格评价和职业技能等级认定目录的职业工种，可适当提高补贴标准。每人累计最多享受 3 次，同一职业（工种）不得重复享受。

第七条　享受就业见习补贴的人员范围为离校 2 年内未就业高校毕业生和 16～24 岁登记失业青年。对吸纳就业见习的单位，给予一定标准的就业见习补贴，用于见习单位支付见习人员见习期间基本生活费、为见习人员办理人身意外伤害保险，以及支付见习人员的指导管理费用。对见习人员见习期满留用率达到 50%以上的单位，可适当提高见习补贴标准。

第八条　对在毕业学年积极求职创业的低保家庭、零就业家庭、防止返贫监测对象家庭和特困人员中的高校毕业生，以及残疾和获得国家助学贷款的高校毕业生，给予一次性求职补贴。

第九条　对首次创办小微企业或从事个体经营，且所创办企业或个体工商户自工商登记注册之日起正常运营 1 年以上的离校 2 年内高校毕业生、就业困难人员、返乡入乡农民工，可给予一次性创业补贴。

第十条 享受社会保险补贴的人员范围包括:符合《中华人民共和国就业促进法》规定的就业困难人员和高校毕业生。

社会保险补贴主要用于以下方面:

(一)就业困难人员社会保险补贴。对招用就业困难人员并缴纳社会保险费的单位,以及通过公益性岗位安置就业困难人员并缴纳社会保险费的单位,按其为就业困难人员实际缴纳的基本养老保险费、基本医疗保险费和失业保险费给予补贴,不包括就业困难人员个人应缴纳的部分。对就业困难人员灵活就业后缴纳的社会保险费,给予一定数额的社会保险补贴,补贴标准原则上不超过其实际缴费的2/3。就业困难人员社会保险补贴期限,除对距法定退休年龄不足5年的就业困难人员可延长至退休外,其余人员最长不超过3年(以初次核定其享受社会保险补贴时年龄为准)。

(二)高校毕业生社会保险补贴。对招用毕业年度和离校2年内未就业高校毕业生,与之签订1年以上劳动合同并为其缴纳社会保险费的小微企业,给予最长1年的社会保险补贴,不包括高校毕业生个人应缴纳的部分。对离校2年内未就业的高校毕业生灵活就业后缴纳的社会保险费,给予一定数额的社会保险补贴,补贴标准原则上不超过其实际缴费的2/3,补贴期限最长不超过2年。

第十一条 享受公益性岗位补贴的人员范围为就业困难人员,重点是其中的大龄失业人员和零就业家庭人员。

对公益性岗位安置的就业困难人员给予岗位补贴,补贴标准参照当地最低工资标准执行。

公益性岗位补贴期限,除对距法定退休年龄不足5年的就业困难人员可延长至退休外,其余人员最长不超过3年(以初次核定其享受公益性岗位补贴时年龄为准)。

对公益性岗位补贴期满后仍难以通过其他渠道实现就业的大龄就业困难人员、零就业家庭中的就业困难人员、重度残疾人等,可再次按程序通过公益性岗位予以安置,岗位补贴和社会保险补贴期限重新计算,并报送省级人力资源和社会保障、财政部门备案,累计安置次数不超过2次。

第十二条 就业创业服务补助用于加强公共就业创业服务机构服务能力建设。

县级以上人力资源和社会保障、财政部门可通过就业创业服务补助资金,支持公共就业服务机构加强就业信息网络系统建设及维护。对于基层公共就业服务机构(含政府设立的家门口就业服务站、零工驿站等)承担的免费公共就业服务和创业孵化基地开展的创业孵化服务,可根据工作量、专业性和成效等,给予一定的补助。对公共就业创业服务机构及其与高校开展的招聘活动和创业服务,可根据服务人数、成效和成本等,给予一定的补助。

县级以上人力资源和社会保障、财政部门可按政府购买服务相关规定,向社会购买基本就业创业服务,具体范围和办法由省级人力资源和社会保障、财政部门确定。

第十三条 高技能人才培养补助重点用于高技能人才培训基地建设和技能大师工作室建设等支出。

各地可结合区域经济发展、产业振兴发展规划和新兴战略性产业发展的需要,依托企业、院校、职业培训机构等具备高技能人才培训能力的单位,建设高技能人才培训基地,重点开展高技能人才研修提升培训、高技能人才评价、高技能人才课程研发、高技能人才成果交流等活动。

各地可发挥高技能领军人才在带徒传技、技能攻关、技艺传承、技能推广等方面的重要作用，选拔行业企业生产和服务一线的优秀高技能人才，依托其所在单位建设技能大师工作室，开展培训、研修、攻关、交流等技能传承提升活动。

高技能人才培养补助资金使用具体范围由省级人力资源和社会保障、财政部门结合实际情况，按现行规定确定。

第十四条 其他支出是指经国务院批准同意，财政部、人力资源和社会保障部根据就业形势变化新增的就业创业扶持政策支出，以及各地在确保国家确定的各项就业补贴政策落实到位的基础上，经省级人民政府批准，符合国家就业政策导向、与促进重点群体就业创业直接相关、现有补贴政策无法覆盖的就业创业扶持政策支出。

其他支出应当符合转移支付相关管理规定。

第十五条 就业补助资金中对个人和单位的补贴资金的具体标准，在符合以上原则规定的基础上，由省级人力资源和社会保障、财政部门结合当地实际确定。各地应合理确定并科学控制公益性岗位补贴占比，严格控制就业创业服务补助和其他支出比例。

第十六条 就业补助资金不得用于以下支出：

（一）办公用房、职工宿舍建设及维修，交通工具购置及运维支出。

（二）发放工作人员工资、津贴补贴等支出。

（三）“三公”经费支出。

（四）普惠金融项下创业担保贷款（原小额担保贷款）贴息及补充创业担保贷款基金相关支出。

（五）办公设备及耗材、报刊书籍订阅、走访慰问等支出。

（六）赛事组织实施经费、奖金等支出。

（七）按规定应由其他财政资金渠道安排的支出。

（八）法律法规禁止的其他支出。

不得对机关事业单位在编人员发放本办法中的补贴。

个人、单位按照本办法申领获得的补贴资金，具体用途可由申请人或申请单位确定，不受本条规定限制。

第三章 资金分配与下达

第十七条 财政部、人力资源和社会保障部分配中央财政就业补助资金，采用因素法与项目法相结合的方式。

因素法分配的资金，根据地区经济社会发展水平及财力实际状况，在东部地区和中西部地区之间进行划分后，再按照因素法分配。东部地区与中西部地区具体划分比例根据年度就业整体形势和就业工作任务等确定。东部地区包括北京、上海、江苏、浙江、福建、山东、广东7省（市）。

对人力资源和社会保障部、财政部评选的促进就业工作先进地区，在分配中央财政就业补助资金时予以适当支持。

项目法分配的资金采取竞争性评审的方式确定支持对象。

第十八条 财政部、人力资源和社会保障部因素法分配的因素包括基础因素、投入因素、工作成果因素和重点工作因素四类，并通过绩效调节系数和财力调节系数进行调节。其中：

（一）基础因素权重为35%，设置劳动力人口等指标，重点考虑就业工作任务量。

（二）投入因素权重为15%，设置地方政府就业补助资金的安排使用等指标，重点考虑地方投入力度和预算执行情况，引导地方加大投入，加快预算执行。

（三）工作成果因素权重为15%，设置城镇新增就业情况等指标，重点考虑就业工作成果完成情况。

（四）重点工作因素权重为35%，根据当年度就业工作重点任务设置具体指标。

每年分配资金选择的因素、权重、方式及增减幅上下限，可根据年度就业整体形势和工作任务重点适当调整。

绩效调节系数和财力调节系数分别通过绩效评价结果和财政困难程度系数确定。

地方财政、人力资源和社会保障部门可结合实际确定具体分配方式。

第十九条　在因素法分配中央财政就业补助资金时，人力资源和社会保障部负责会同有关部门提供资金测算需要的与就业相关的基础数据、绩效评价结果和资金分配建议。财政部负责收集汇总资金结转结余、预算执行、财政困难程度系数等业务相关数据。地方各级人力资源和社会保障、财政部门向上级单位报送分配资金相关基础数据时，要明确分工、压实责任，加强审核把关。各单位按照"谁提供、谁负责"的原则，对所提供数据的准确性、完整性、及时性负责。

第二十条　地方可对公共就业服务能力建设补助资金中的高技能人才培养补助资金，实行项目管理，各地人力资源和社会保障部门应编制高技能人才培养中长期规划，确定本地区支持的高技能人才重点领域。

各省级人力资源和社会保障部门每年需会同财政部门组织专家对地方申报的国家级高技能人才培养项目进行评审，评审结果需报人力资源和社会保障部、财政部备案，省级财政部门会同人力资源和社会保障部门根据备案结果给予分类分档补助。

第二十一条　财政部会同人力资源和社会保障部于每年10月31日前将下一年度中央财政就业补助资金预计数下达至各省级财政、人力资源和社会保障部门，抄送财政部各地监管局；每年在全国人民代表大会审查批准中央预算后30日内正式下达中央财政就业补助资金预算。各省级财政、人力资源和社会保障部门应在收到中央财政就业补助资金预算后30日内，正式下达到市、县级财政部门和人力资源和社会保障部门，并将资金分配情况抄送财政部当地监管局。

地方各级财政、人力资源和社会保障部门在收到中央财政转移支付预算时，应核对无误后再下达。如发现问题，应立即向上级财政、人力资源和社会保障部门报告。地方不得擅自分配处置存疑的转移支付资金。

地方各级财政、人力资源和社会保障部门应对其使用的就业补助资金提出明确的资金管理要求，及时组织实施各项就业创业政策。

第二十二条　各级人力资源和社会保障、财政部门应对就业补助资金全面实施预算绩效管理，按照财政部关于转移支付预算绩效目标管理的规定，做好绩效目标的设定、审核、下达工作；建立全过程预算绩效管理链条，强化绩效目标管理，做好绩效运行监控和绩效评价；加强绩效结果应用，加大绩效信息公开力度，提高资金配置效率和使用效益。

第四章　资金管理与监督

第二十三条　地方各级人力资源和社会保障部门要在坚持转变政府职能、提高行政效能的基础上，梳理并公开本地区就业补贴政策清单，明确申请材料、申领流程、经办渠道、办理时限。

地方各级人力资源和社会保障、财政部门应及时受理各类单位和个人的申请，尽快完成材料审核和资金拨付等工作，并定期对账。做好就业补助资金使用管理的基础工作，加强事中事后监管，有效甄别享受补贴政策人员和单位的真实性，对补贴金额大、人数多、期限长的补贴对象加强核查抽查，防范出现造假行为。

地方各级人力资源和社会保障、财政部门应按规定加强信息化建设，依托全省集中的就业信息平台，将补贴申请、受理、审核、拨付纳入系统管理。对能依托信息系统或与相关单位信息共享、业务协同获得的信息和资料，不再要求提供纸质材料，对面向个人的补贴，具备条件的可通过社会保障卡发放。

第二十四条　中央财政就业补助资金按规定直达市县基层，严格按照国库集中支付管理制度相关规定支付。资金使用过程中，涉及政府采购的，应按照政府采购有关法律法规及制度执行。

各级财政、人力资源和社会保障部门应加快预算执行进度，及时拨付到位，盘活存量资金，提高资金使用效益，结转结余资金管理按照财政部有关规定执行。

第二十五条　地方各级财政、人力资源和社会保障部门应建立健全财务管理规章制度，强化内部财务管理，严格按照财务管理规定，落实岗位设置权限分设和权限不相容要求，优化业务流程，加强内部风险防控。

第二十六条　各级财政、人力资源和社会保障部门应将就业补助资金管理使用情况列入重点监督检查范围，主动开展自查、互查、交叉检查或委托开展第三方检查，自觉接受审计等部门的检查和社会监督。

第二十七条　地方各级财政、人力资源和社会保障部门应按照财政预决算管理的总体要求，做好年度预决算工作，并按要求向社会公开。

第二十八条　各级人力资源和社会保障、财政部门应做好信息公开工作，通过当地媒体、部门网站等向社会公开年度就业工作总体目标、工作任务完成、各项补贴资金的使用等情况。

各项补贴资金的使用情况公开内容包括：享受各项补贴的单位名称或人员名单（含隐藏部分位数的身份证号码）、补贴标准及具体金额等。其中，公益性岗位补贴还应公开公益性岗位名称、设立单位、安置人员名单、享受补贴时间等；一次性求职补贴应在发放前在校内公示。

各级人力资源和社会保障、财政部门应严格遵守国家有关个人信息保护的法规制度，既保证资金使用公开透明，又避免个人敏感信息泄露。

第二十九条　各级财政、人力资源和社会保障部门应建立就业补助资金"谁使用、谁负责"的责任追究机制。

各级财政、人力资源和社会保障部门及其工作人员在就业补助资金的分配审核、使用管理等工作中，存在违反本办法规定的行为，以及其他滥用职权、玩忽职守、徇私舞弊等违法违规行为的，依法追究相应责任。涉嫌犯罪的，依法移送有关机关处理。

对疏于管理、违规使用资金的地方，中央财政将相应扣减其下一年度中央财政就业补助资金；情节严重的，取消其下一年度获得中央财政就业补助资金的资格，并在全国范围内予以通报。

第五章　附　则

第三十条　本办法由财政部、人力资源和社会保障部负责解释。

省级财政、人力资源和社会保障部门应根据各地实际情况，依照本办法制定就业补助资金管理和使用的具体实施办法。

第三十一条 中央财政就业补助资金相关支出实施期限至2025年。到期前,人力资源和社会保障部会同财政部根据有关法律、行政法规和国务院相关规定及工作需要,组织开展绩效评估,根据评估结果确定是否延续补助政策及延续期限。

第三十二条 本办法自发布之日起施行。《财政部 人力资源和社会保障部关于印发〈就业补助资金管理办法〉的通知》(财社〔2017〕164号)、《财政部 人力资源和社会保障部关于〈就业补助资金管理办法〉的补充通知》(财社〔2019〕122号)、《财政部 人力资源和社会保障部关于〈就业补助资金管理办法〉的补充通知》(财社〔2021〕89号)同时废止。

《广州市人力资源和社会保障局关于做好求职创业补贴和校内就业创业指导服务工作的通知》

各区人力资源和社会保障局,各在穗高校、中等职业学校(含技工院校):

为贯彻落实国家、省、市关于推进"放管服"改革精神,根据相关工作部署,现就做好求职创业补贴和校内就业创业指导服务工作有关事项通知如下。

一、补贴项目

(一)求职创业补贴

1.补贴条件:(1)属于广州市内普通高等学校、中等职业学校、技工院校毕业学年学生。(2)具有以下情形之一:城乡困难家庭(低保家庭、残疾人家庭、脱贫人口家庭、特困职工家庭)成员,特困人员,残疾人,曾获得国家助学贷款。

2.补贴对象:符合条件的人员。

3.补贴标准:每人3 000元。

4.补贴期限:一次性。

5.应提交材料:困难情形材料(包括学生父母一方持有城乡低保证/残疾人证/残疾军人证/特困职工证,或学生本人持有城乡低保证/残疾人证/残疾军人证/特困人员救助供养证/获得国家助学贷款材料)。

6.应核验信息:脱贫人口信息(以脱贫人口身份享受时核验)。

(二)校内就业创业指导服务

在本市区域办学的院校建立"就业创业E站"并为本校学生提供就业创业指导服务。

1.补贴对象:符合条件的普通高等学校、技工院校、中等职业学校。

2.补助标准:新认定的就业创业E站,认定后给予5万元补助。认定后按规定参加评估并达标的,一次性给予不高于15万元补助。从第2年起对服务站进行年度绩效评估,每年给予不高于10万元的补助。

3.应验核信息:站点场地情况,开展就业创业指导服务工作情况等。

二、有关要求

(一)由补贴或补助的申领对象或其所在院校,向所在地的区级人力资源和社会保障部门申请办理。

(二)市人力资源市场服务中心及时移交学校名单、人员信息等基本信息,并组织培训,指导各区开展求职创业补贴和校内就业创业指导服务工作。

(三)各区人力资源和社会保障部门根据要求使用广东省集中式人力资源和社会保障一体化信息系统,并及时完善、更新有关信息。

三、资金保障

各区人力资源和社会保障部门要配合完成求职创业补贴和校内就业创业指导服务工作相关的预算编制,将市转移支付到各区的预算资金进行统筹使用。其中,在市求职创业补贴项目和校内就业创业指导服务项目中尚未完结的,由学校所在地的区人力资源和社会保障部门办理完结。

四、工作要求

(一)加强组织领导。各区人力资源和社会保障部门要高度重视,结合工作实际,制定具体工作方案,明确牵头负责的机构和人员,及时做好业务衔接、规范管理,确保实现平稳过渡。

(二)积极协调沟通。各区人力资源和社会保障部门要及时与相关院校联系对接,认真研究工作过程中的情况和问题,并及时向市相关部门反映。

(三)严格监督管理。各区人力资源和社会保障部门要加强对资金拨付流程的监督,建立和完善补贴资金管理使用内部监督检查制度和资金发放台账,确保补贴资金管理使用的安全、规范、合理。

广州市人力资源和社会保障局

2024 年 4 月 28 日

第四节　广东省大学生就业相关政策

广东省政府对毕业生就业十分重视,要求切实把南粤高校毕业生就业推进行动摆在当前就业工作的首位,全力以赴抓好"岗位拓展计划""创业引领计划""就业服务与援助计划"三项计划落实,推动广东省高校毕业生就业工作迈上新台阶。

一是紧紧围绕转变经济发展方式,在推进"三促进一保持"中实施岗位拓展计划。要把提高自主创新能力与促进毕业生就业结合起来,按照全省培育自主创新 100 强的要求,对其进行重点扶持,发挥其吸纳毕业生就业的作用。要把传统产业转型升级与促进毕业生就业结合起来,把建设现代产业体系与促进毕业生就业结合起来,大力发展现代服务业尤其是服务外包企业,做优做强先进制造业,拓展大学生就业渠道。

二是充分激发高校毕业生的创造活力,在发展市场经济大潮中推进创业引领计划。要加强创业孵化基地和创业园建设,加大创业扶持力度,注重营造良好的创业氛围。

三是鼓励高校毕业生到企业和农村建功立业,在基层广阔天地的实践中落实就业服务与援助计划。要把引导高校毕业生面向基层就业与解决基层人才匮乏问题结合起来,把待遇留人与事业留人结合起来,把高校人才培养工作与基层人才实际需要结合起来。要引导大学生树立行行建功、处处立业的观念,继续精心实施"三支一扶计划""一村一大学生"和"医学专业毕业生到乡镇卫生院从医”等专项计划，做好基层就业扶持政策的落实。

四是加强组织领导，建立健全促进高校毕业生就业的长效机制。

广东省人力资源和社会保障厅官网 2025 年 3 月 12 日发布了《关于公开征求〈关于引导和鼓励高校毕业生到基层从事支教、支农、支医和帮扶乡村振兴工作的实施意见(征求意见稿)〉公平竞争审查意见的公告》，其中第二条关于保留加分倾斜政策的意见建议，回复是“未采纳。与规范事业单位招聘的要求不一致。”中组部、人社部印发《关于进一步做好事业单位公开招聘工作的通知》中提及(十三)各地区各部门各单位不得自行制定面向特定人员的专项招聘、加分等事业单位公开招聘倾斜政策，不得随意扩大国家规定的倾斜政策范围。省级事业单位人事综合管理部门要对本地区现有倾斜政策进行规范，确有必要继续实施的，需报中央事业单位人事综合管理部门同意。因为不符合事业单位招聘新规，广东“三支一扶”在事业单位招聘中取消加分，但“三支一扶”期满后，还是能在考编方面享受专项招聘、应届毕业生政策待遇，具体内容请以报考单位的招聘公告为准。

■ 广东省高校毕业生创业扶持政策

★ 税收优惠

持人社部门核发《就业创业证》(注明“毕业年度内自主创业税收政策”)的高校毕业生在毕业年度内(指毕业所在自然年，即 1 月 1 日至 12 月 31 日)创办个体工商户、个人独资企业的，3 年内按每户每年 8 000 元(各地区的金额有差异)为限额依次扣减其当年实际应缴纳的增值税、城市维护建设税、教育费附加和个人所得税。

★ 免收有关行政事业性收费

毕业 2 年以内的普通高校毕业生从事个体经营(除国家限制的行业外)的，自其在工商部门首次注册登记之日起 3 年内，免收管理类、登记类和证照类等有关行政事业性收费。

★ 创业培训补贴

具有创业要求和培训愿望并具备一定创业条件的高校毕业生，参加创业培训并取得合格证书的，可给予创业培训补贴，其中创办企业培训每人最高 1 000 元。创业培训机构向当地人力资源和社会保障部门办理开班申请，经批准同意组织学员免费创业培训并取得培训合格证书后，向当地人力资源和社会保障部门提出补贴申请。

★ 一次性创业资助

在校及毕业 5 年内高校毕业生成功创业(在本省领取工商营业执照或其他法定注册登记手续，本人为法定代表人或主要负责人)的，正常经营 6 个月以上，可申请 5 000 元的创业资助。符合条件人员只能享受一次创业资助。符合条件的人员向创业所在地人力资源和社会保障部门提出申请，并提交规定的材料。

★ 租金补贴

在校及毕业 5 年内高校毕业生创办初创企业并担任法定代表人或主要负责人的，可申请租金补贴，珠三角地区每年最高 6 000 元，其他地区每年最高 4 000 元，补贴期限累计不超过 3 年，租金补贴直接补助到所创办企业。

★ 创业带动就业补贴

初创企业吸纳就业并按规定缴纳社会保险费的，按其吸纳就业(签订 1 年以上期限劳动合同)人数(法定代表人或主要负责人除外)给予创业带动就业补贴。招用 3 人(含 3 人)以下的按每人 2 000 元给予补贴；招用 3 人以上的每增加 1 人给予 3 000 元补贴，总额最高不超过 3 万元。

★ 创业担保贷款

劳动者创办初创企业（国家限制行业除外）自筹资金不足的，可申请创业担保贷款（小额担保贷款），其中个人贷款额度最高 20 万元，合伙经营或创办小企业的可按每人不超过 20 万元、贷款总额不超过 200 万元的额度实行“捆绑性”贷款；符合贷款条件的劳动密集型和科技型小微企业，贷款额度不超过 300 万元。在规定的贷款额度内，个人贷款和捆绑性贷款可按照贷款基准利率最高上浮 3 个百分点据实给予贴息；劳动密集型和科技型小微企业贷款，按贷款基准利率的 50％给予贴息。

★ 优秀创业项目资助

被省级人力资源和社会保障部门评定为省级优秀创业项目的，可享受 5 万～10 万元资助。优秀项目可通过以下三种途径产生：

（1）大赛选拔。广东省人力资源和社会保障厅牵头举办的创业创新大赛获得特定奖项的优秀项目。

（2）落地注册。获得省级以上创业创新大赛前三名，并于获奖后两年内在广东省行政区域内登记注册的优秀项目。

（3）社会征集。通过公开征集、社会推荐、专家评审等方式确定的优秀项目。省人力资源和社会保障厅每年 6 月底前根据年度预算和工作计划，确定当年度优秀项目产生途径（可采取第二条规定的一种或一种以上途径）、重点行业和评审标准等相关事宜。

第七章　大学生如何做好就业的准备

第一节　认识求职

求职择业是人生必经的一道门槛。渴望有一个好的职业，充分发挥自己的聪明才智，成就一番事业，这是每一个有进取心的毕业生梦寐以求的事情。

从社会学角度看，职业是一个人为了不断取得收入而连续从事的具有市场价值的特殊活动，这种活动决定着从事它的那个人的社会地位。职业最基本的功能是作为人们谋生的手段，是个人发挥才能和获得发展的条件，是人们为社会做贡献的途径。劳动者要实现自身的社会价值，就必须选择一份能够发挥自己作用的工作。而当他在这个工作岗位上施展自己才华的时候，也就为社会作出了贡献。

在漫长的一生中，职业生活是人一生的主题，是人生旅程中最关键、最辉煌的阶段。人一生的成就，基本上都是在青壮年时期的职业生活中取得的，人生的目的、追求、奋斗、归宿，也都体现在其职业生涯之中。

■ 求职择业必须具备的三大要素

★ 必须决定要为这个世界做些什么

这包括识别你的天分和技能，将喜欢的技能按照重要性优先次序加以排列。一旦了解了自己的技能，就能够定义出自己喜欢的工作职位。

★ 必须决定想在哪里施展自己擅长的技能

这包括明确自己喜欢的专业或者兴趣，以及地理偏好，你可以通过互联网、书籍或者亲自面谈，获得信息。

★ 必须寻找你最感兴趣的工作，先不要顾忌它们是否有职位空缺

第二节　思想上的准备

■ 毕业生求职常见的矛盾

★ 有远大的理想，但往往不能正视现实

经过充实而丰富的大学生活，大学生知识的羽翼已逐渐丰满。他们豪情满怀，准备搏击一番。然而，由于接触社会较少，理想往往脱离客观现实。如许多大学生都想成为老板，想走成为商业巨子之路。但是，在择业中并未深入地思考自己的知识、能力、性格、爱好、气质等是否适合从商，未慎重考虑所选择单位是否有利于自己的发展，以致出现了理想自我膨胀和现实自我萎缩之间的矛盾。

★ 想做一番事业，但缺乏艰苦创业的心理准备

在择业中，大部分的大学生都愿意从专业出发选择职业，实现自己的人生价值，不愿意庸庸碌碌，无所作为。但同时，他们缺乏艰苦创业的思想准备，想走捷径，涉足层次高、工作条件好的单位，希望一举成名，一蹴而就。不愿到艰苦的地方去，不愿到边远地区去，不愿到基层去。

★ 有较强的自我观念，但缺乏把握自我的能力

在择业中，大学生意识到自己作为人才，迫切需要社会的承认。但是，由于他们社会经验不足，自我意识还不完善，还不能正确地认识自我和评价自我，以致出现期望过高或过低的现象。在面对择业现实时，有时又不能把握自己，遇到顺利的事，忘乎所以、欣喜若狂；遇到挫折时，烦躁苦闷、自暴自弃，不能冷静地理智地对待现实，缺乏驾驭自我的能力。

案例

患得患失　心理失衡

小林是某大学视觉传达设计专业的优等生，预备党员，在校期间多次斩获国家级设计竞赛奖项，长期担任学院学生会文艺部部长，是老师眼中的得力助手、同学心中的榜样。所有人都觉得，以小林的能力，找一份满意的工作易如反掌。然而，随着毕业季的推进，各大公司校招陆续进入尾声，早该“尘埃落定”的小林却仍在翘首以盼，等待着他心目中那个“完美”Offer的到来。小林开始感到困惑，他的心绪如同盛夏的蝉鸣，日益焦躁不安。

小林明显感觉到自己的心态在患得患失中失去了平衡，开始出现食欲不振、彻夜难眠的状况，总觉得在学校没脸见老师和同学，回家也愧对父母，整天精神恍惚，最后不得不向心理咨询师求助。在咨询师的耐心引导下，小林吐露了心声：“说到底还是我自己的心理素质不过关，对自我没有一个清晰准确的定位，总是这山望着那山高，挑来挑去反而没了主意。我从小到大一路顺风顺水，几乎没经历过什么挫折。在找工作的时候，总想着哪家公司才能最充分地认可和实现我的价值，老是担心自己选错了会吃亏。可现在时过境迁，我开始怀疑自己的能力了。”

从上学起，小林就一直很出色，对自己也充满自信。对于求职这件事，他从未想过会遇到挫折。从开始找工作起，他就为自己未来的工作划定了范围：必须是广州、杭州或成都这样的新一线城市，要是业内知名的设计公司，年薪不能低于18万元，还要有足够的个人成长机会和发展空间。在学校举办的双选会上，有好几家单位向他表达了录用意向，希望能进一步沟通交流，那几天小林忙得应接不暇。

小林先后参加了几家单位的面试。第一家是广州的一家设计工作室，创始人亲自面试，当场就表示愿意录用他，还承诺给他配备独立的创作空间，希望能尽快签约，但小林觉得这份工作来得太容易，而且这家工作室规模不大，不符合自己的预期，第二天就打电话委婉拒绝了；第二家是杭州的一家广告公司，薪资待遇不错，但小林认为该公司的设计风格过于传统，缺乏创新活力；第三家是成都的一家文创公司，各方面条件基本符合小林的要求，可他在终面时被淘汰了。面对这次失败，小林有些失落，他哼着“我追逐的梦已经飞走了，适合我的路还没找到”的调子，等待着下一次机会。

小林渐渐按捺不住了，论专业能力、学历背景、实践经历，自己都不比别人差，怎么就找不到理想的工作呢？突然一下子没了目标，小林变得慌乱不已，于是开始盲目地投递简历。之后，他又联系了几家单位，要么嫌弃公司规模小，要么觉得地理位置不合适，要么觉得薪资太

低，都没能达成协议。随便找家单位签约，他不甘心、不情愿；小林陷入了深深的懊悔："早知如此，当初那几家其实也挺好的……"

★ 渴望竞争，但缺乏参与竞争的勇气和能力

就业制度的改革，为大学生择业提供了公平、平等的竞争环境。大多数学生对此渴望已久，并且已经认识到，在商品意识广泛渗透到社会生活的各个方面，一个人如果没有强烈的竞争意识，就不可能成就事业。但是，当真正面对竞争机会时，许多大学生又顾虑重重，缺乏勇气，有的怕丢了面子，有的怕伤了和气。他们把不愿参与竞争的原因都归结到外界，其实，真正的原因是他们自己缺乏实践的能力和勇气，尤其是一些学生在择业中遇到困难时，不善于调整目标、调整自己，而是自己给自己打退堂鼓，自己拱手让出竞争的权利。

★ 鱼和熊掌，不可兼得，难以决断

择业过程中，往往会遇到多种选择的境遇。每种选择各有千秋，倘若犹豫不决，往往坐失良机。

★ 因为过去事事顺利，认为择业也依然会顺利

现在的大学生大都在顺境中成长，从家门到校门，没有经受过大的坎坷和复杂的经历，更没有经受过真正的挫折。一些学生就认为，既然我过去事事顺利，这次择业依然应当顺利。因此盲目乐观，过于自信，不做认真的心理准备，结果往往在择业中碰壁，于是意志消沉，一蹶不振。

★ 认为大多数人钟情的工作一定是好工作

一部分学生选择工作单位，自己毫无主见，总是随波逐流，看大多数人选择哪里，自己就选择哪里。结果，盲目跟着大多数人走，忽视了自己的特长，丧失了最能发挥自己特长的机会。

★ 选择的自由度越大越好

一部分学生认为，现在是社会主义市场经济，就业政策就应该是完全的市场政策，供需双方完全可以自由交易、自由成交。自由度越大，毕业生与用人单位"双向选择"的空间就越大，他们埋怨"一定范围内的双向选择"实际是给人限定了框框，他们期望一种无拘无束的选择空间。然而，就业制度的改革是要和劳动人事制度、招生制度和户籍制度的改革配套进行的，是逐步推进的，需要经过一个历史过程。即使这个过程已经完成了，也并非"自由度越大越好"。

★ 就业一定要一步到位

这种误区产生的原因是受传统择业观的影响，认为首次择业就已注定一生的前途和命运，没有看到许多人才通过多次择业，才找到适合自己施展才华的岗位。

★ 选择单位只注重经济待遇

这种误区产生的原因是把经济收入、工资高低作为衡量工作单位好坏的唯一标准。眼睛只盯着外贸、金融、保险和邮电等经济效益好的部门，很少问津企业、科研、教育等更能发挥才能的部门。其实，选择一个理想职业关键在于看其是否适合自身的发展，是否能够实现人生价值。

★ 认为企业规模越大越好

这种误区产生的原因在于一些大学生认为规模大的企业，其经营失利或倒闭的可能性小，实际上，企业规模大小与企业经营好坏的关系并不是绝对的。因此，择业时，应综合考虑，同时

也应看清与自己专业的关系。

★ 彼此嫉妒，好胜虚荣

大学生在参加大规模的洽谈会时，评价自己的价值能否得到承认，互相攀比，周围的同学谁选择了知名度高、效益好的单位，谁去了大城市或高层次部门。结果，不从实际出发，延误了时机。彼此嫉妒、好胜虚荣是一种不健康的心理状态，应及早调整。

★ 一定要去大城市工作

大部分学生在择业时一定要去沿海或大城市。在他们看来，沿海可以挣到大钱，到大城市一定会有更多的发展机会。他们很少考虑自己事业的发展和能力的发挥，更少考虑国家的需要。

★ 认为择业果断就是不要多虑

在择业中不要顾虑太多，然而欠思索并不等于果断。

★ 过于自信，过分坚信“天生我材必有用”

在择业中孤芳自赏，过高地估价自己，傲气十足是十分有害的。纠正的最好办法是客观地认识和评价自我。

■ 准备良好的求职心态

每一位毕业生在毕业前都必须做好各种思想准备，以利于走上工作岗位后能尽快适应新环境，打开新局面。

★ 职业理想与择业现实差异的思想准备

★ 艰苦奋斗面向基层的思想准备

★ 做好跨专业的思想准备

★ 做好竞争的思想准备

★ 挫折与成功的心理准备

★ 长远心理准备——理想的确立

★ 近期心理准备——树立自信心

提示

大学生如何具备良好的心理素质

1. 掌握知识，开发智力

作为一名大学生，不仅要掌握尽可能多的知识，更重要的是应该掌握用于创造更多、更新的知识的智力。

2. 开发智力，就要努力培养以下几种能力

◇ 观察力　◇ 注意力

◇ 记忆力　◇ 想象力

◇ 思维能力　◇ 创造力

3. 培养非智力因素

◇ 培养良好的情绪和情感　◇ 培养良好的性格

◇ 培养坚强的意志　◇ 培养积极正确的价值观

4. 维护和增强心理健康

◇ 科学用脑　◇ 自觉控制和调节情绪　◇ 提高耐受挫折的能力

资料链接

成功人生必备的几条信念

成功人生必备的几条信念

我是最棒的！我一定会成功！

成功因为态度；失败也因为态度！

过去不等于未来！

人因梦想而伟大！

不是不可能，只是暂时还没找到方法！

成功一定有方法！

成功者找方法，失败者找借口！

命运在自己的手里！而不是在别人的嘴里！

你越努力你的运气就越好！

每天进步一点点！

没有失败，只是暂时没有成功！

只要你不服输，失败就不会是定局！

坚持到底，永不放弃！

立即行动！

资料来源：https://mp.weixin.qq.com/s?__biz=MzA5NDg2Mjg4Mg==&mid=2651815218&idx=3&sn=674bec48f18edb3a9fa5789a1223773f&chksm=8a6e0d6f72f66e-8e9fe633ffe86e3cc27826451b678dca085679e4f696b921cc4db3921320d8&scene=27，略有改动。

■ 保持积极求职心态的方法

★ 保持良好心态的方法

◇ 保持正确的世界观

◇ 保持较浓厚的学习兴趣

◇ 保持正确的自我意识

◇ 能有效地调节和控制情绪

◇ 具有较强的适应环境的能力

◇ 具有坚定的信念与顽强的毅力

★ 调试求职心态的方法

◇ 磨炼个性品质，增强“免疫”力

※ 树立正确的人生价值观和择业观

※ 学会评价自我，合理定位

※ 提高自身的抗冲击力和诱惑力

◇ 在实践中学会调节情绪，处理心理矛盾

※ 改变认识，自我安慰

※ 合理宣泄，松弛自我

※ 让非理性情绪向理性情绪转化

◇ 寻求必要的关心和帮助

※ 主动地向老师和同学请教

※ 积极地向社会寻求关心

※ 积极地参加心理咨询活动，接受心理咨询人员的帮助

第三节　知识上的准备

■ 知识的运用决定命运

知识就是力量。当今社会是知识竞争时代，一切竞争归根结底都有赖于知识的运用，所以，大学生一定要扎扎实实地学习，为未来的职业生涯做好充分的知识准备，并掌握以下几方面知识：

(1)专业知识。专业知识是创业者们在自己所熟悉的领域内开拓和发展事业的通行证。

(2)哲学社会科学知识。必要的哲学社会科学知识会使我们更加睿智和理性。

(3)外语、电脑与网络知识。它们是跨时空、跨文化交流的必备工具，优秀的电脑与网络知识无疑将会起到如虎添翼的作用。

(4)政治法律知识。它是规范人们行为，保护自身权益的一把利剑。

(5)社会交往知识。人际关系是成功的又一重要指标。

■ 知识准备的现代要求

★ 宽厚扎实的基础知识

宽厚扎实的基础知识是攀登科学高峰的基石。

这包括人文社会科学基础知识、自然科学基础知识、基础技术知识。

★ 广博精深的专业知识

专业知识是人才知识构成的核心和特色部分，合理的专业知识结构应是广博与精深的统一，不能把两者割裂开来，对立起来，要做到专博相济，专深博广，专而不死，博而不滥。

★ 现代管理和社会知识

掌握一定的现代管理和社会知识，对拓宽自己的知识面，不断增加对社会和现代管理科学的了解，不断提高自己的能力至关重要。大学生要掌握的常用的基本管理知识有：

◇ 经济管理基本知识

◇ 人力资源管理知识

◇ 公共事业与行政管理知识

◇ 现代市场营销知识

◇ 危机管理知识

◇ 前沿性的新知识

信息社会瞬息万变，新知识层出不穷，这对大学生知识准备提出了更高更严的标准。它要求：

◇ 内容新

知识结构中应以反映当今科技发展的新知识、新信息为主。

◇ 实用性强

大学生要根据自己的特点，把优化知识结构同社会需要紧密联系起来。

第四节 能力上的准备

■ 当今形势对大学生能力的要求

毕业生就业面临多个层面的问题：有的专业设置不合理，知识面狭窄，学生毕业后对工作的适应期过长；招生和毕业生就业脱节，一些长线专业盲目招生，有的用人单位无法全面了解毕业生。学生对就业的期望值过高，对创业缺乏信心和思想上的准备等都使得高校毕业生就业形势不容乐观。但是，应当坚信，只要你具备足够的知识和能力，就一定能在激烈的人才竞争中取胜。

大学毕业生无疑具有了相当的知识积累，但并不等于有了较强的实际工作能力。知识并不能简单地与能力画等号。在一定意义上说，能力比知识更重要。因此，一名优秀的大学毕业生应把建立合理的知识结构、培养科学的思维方式和锻炼较强的实际工作能力统一起来，这样才能在择业、从业过程中立于不败之地。

■ 大学生就业应具备的基本能力

★ "三个一"能力

"三个一"是指一支笔杆赢天下、一根舌头打天下、一台计算机闯天下，即书面表达能力、演讲与口才、计算机应用技能对一个人建功立业极其重要，是毕业生能力的重要体现。

★ 外语应用能力

★ 思维方式与思维能力

一般来讲，科学的思维方式具有集中性与分散性、灵活性与敏捷性、独立性与批判性和理性思维的特征等。

★ 创新与发现的能力

培养提出问题的能力关键在于：在工作、学习、生活当中多问几个为什么，而如何解决问题是创造力的直接体现，用陈旧的方法解决问题是难以有所创新的。

★ 组织管理能力

大学生平时要训练和培养自己的决策能力，从小事做起，养成多谋善断的习惯，不断提高自己的决策能力。要培养自己的组织能力，就应多实践、多组织、多参加集体活动，调动各方面积极性，发挥集体智慧，以不断提高组织能力。

★ 应对困难与危机的能力

求职择业过程不可能是一帆风顺的，这要求大学生要有一定的承受能力和一定的忍耐力，常言道：镇定是力量的源泉，急躁是无能的表现。成功的第一步是临危不惧、遇难不退，用镇定去承受困难与危机以赢得时间，用忍耐去迎接机会的来临。

★ 人际沟通能力

大学生自觉培养良好的人际交往能力非常重要，要在学会竞争的同时，学会与人相处。要有同情心和责任心，能容忍别人与自己的一些差别，善于听取别人的意见，欣赏他人，讲究团体协作精神。

课题活动

我的人际沟通清单

材料准备：笔、纸

活动目标：提升我的人际沟通能力

活动流程：通过梳理在不同沟通情境下自己的沟通对象、沟通状况、沟通方式等提升人际沟通能力。

我的人际沟通清单

项目		内容
沟通情境 （宿舍、操场、教室等）		
沟通对象 （室友、辅导员、任课老师等）		
沟通状况	哪些情境中会感到压力？	
	最愿意和谁沟通？	
	最不愿意和谁沟通？	
	是否经常与大部分人沟通愉快？	
	是否经常感觉自己没有说清楚？	
	是否经常误解别人，事后才发现？	
	是否认为懒得和人沟通？	
沟通方式	通常是主动沟通，还是被动沟通？	
	与别人沟通时，是否注意力集中？	
	表达自己观点时信息是否充分？	
沟通方面存在的不足		
沟通计划	情境	
	对象	
	目标	
	措施	
沟通计划的效果与感受		

请思考：

1. 通过填写“我的人际沟通清单”，你发现自己在人际沟通方面有哪些不足？
2. 你计划怎样改变现状？想达到什么目标？具体措施有哪些？
3. 在改善提升的过程中，你有哪些感受？

（摘自郭庆，等. 大学生职业生涯规划与就业指导. 重庆：重庆大学出版社，2023.）

案例

邹晓波从学校毕业后，走南闯北，干过厨师、下过车间、当过销售，每份工作的时间都不长，收入也不高。由于缺乏专业技能，他不可避免地遭遇了理想与现实的碰撞，在期许与失望间徘徊。

2021 年底，邹晓波的父亲突发疾病而生活不便，于是，邹晓波决定回到老家求职，在当地找一份收入稳定的工作。2022 年春节后，邹晓波成了各招聘会的常客。可因为缺乏专业技能，福利待遇好的公司看不上他，纯体力工作他也不愿将就。半个多月来，邹晓波常常感到沮丧无比，回到家面对父母期盼的眼神，他的心里很不是滋味。"有时我觉得，自己要找的不仅仅是一份工作，还有对自己、对未来的信心。"2 月中旬，邹晓波求职路上反复碰壁的事被反映到当地就业和人才中心。2 月 17 日，就业和人才中心的工作人员到邹晓波家实地了解情况。"晓波，你只是缺少技能，不怕！我们区不少重点企业正缺一线技工，刚好区里针对企业需求有免费的职业技能培训，我推荐你去，掌握了技能不愁没好工作。"工作人员的一席话让邹晓波逐渐拾起了信心。

当地正在开展的热门职业技能培训包括机械制造钳工、电焊等。工作人员帮邹晓波分析，认为他头脑灵活、心思细密，适合做数控车工。更重要的是，这个工种刚好是当地一家公司急需的，岗位福利好，薪资待遇也不错。培训中，邹晓波了解到一个新词——"高质量就业"。"过去，我不知道这是什么意思，现在，我正一点一点向它靠近。"

在相关部门开展的"春风行动"中，"送技能"活动受到劳动者的热烈欢迎，它针对需要就业转型的群体或就业困难的群体，为他们免费提供学习技能、提高技能水平的机会，努力让每个人都有实现"高质量就业"的一技之长。

案例分析

从邹晓波的求职经历中，不难看出所谓"就业难"，难的不是找不到工作，而是不容易找到心仪的工作。在社会机构和政府单位的帮助下，邹晓波有了一技之长，顺利就业。党的二十大报告强调，要"强化就业优先政策，健全就业促进机制，促进高质量充分就业"，大学生也应学会利用社会支持系统，更快地适应社会，在社会的支持和帮助下找到一份心仪的工作。

（摘自查广云，高积学. 大学生就业指导教程. 北京：中国民主法制出版社，2024.）

■ 获得社会经验的几种方法

经验不是天生的，而是在实践生活中一点一滴积累起来的。许多招聘广告上大都有一条共同的要求，那就是有经验者优先，从事过类似行业者优先，甚至某些职位还有特殊的年数经验限制，这些都说明有经验将是择业成功的一道门槛。

当然，大学生在校期间不可能获得过多丰富的社会经验，这就需要你立刻开始积累，抓住机会，为以后顺利就业奠定良好基础。

★ 参加社会实践活动

可以利用寒暑假时间参加一些科技活动或社会活动，从而提高工作能力。

★ 适当兼职打工

课余时间兼职可以看作社会实践活动经常化的一种尝试，它对学生认识社会，锻炼和发挥才能大有好处。通过打工可以积累丰富的经验，且打工应围绕自己的就业目标进行。

★ 重视毕业实习环节

实习阶段可积累大量经验，一方面锻炼和培养工作能力；另一方面还可接触社会，发挥自己的专长，为未来的职业生涯作重要的经验准备。

第五节　做好求职准备

■ 做好物质上的准备

★ 通信设施

现在手机是不能缺少的通信工具。你可以很方便地去联络他人，也可让别人随时能告诉你信息。

★ 设立一个电子邮箱

能发送和接收邮件，比其他方式更方便，快捷。

★ 其他物品

◇ 个性化的信笺或资料袋

◇ 业务名片及通讯录(PDA)

◇ 一个体面的公文包

◇ 一个袖珍录音机(主要是用于检测自己的表达能力)

◇ 一些办公用品(纸、笔)

★ 得体的服装

■ 人际交往网的准备

★ 构建稳固的核心关系网

★ 为人要慷慨大方

★ 掌握人际关系的维护技巧

★ 建立人际交往网应注意的几个问题

◇ 关系网成员不要个个都像你

◇ 不要以为你有权从中发号施令(关系网中人人平等)

◇ 不要小气。当某位朋友帮了你的忙时，你一定要真诚地表示感谢或帮个忙来回敬对方

◇ 小小的付出往往令你得到意想不到的回报

◇ 不要忘了及时回电话。如果继续保持关系，就应尽快回复电话

◇ 不可低估私人接触的价值，要时时感谢别人

◇ 不要敷衍别人问你的问题，应当诚实相告

■ 记住，健康是众多准备的基础

案例

健康体魄　事业之舟

小林是某重点大学计算机专业的研究生，来自偏远的山区，父母都是普通的农民。从小，他就目睹父母为了供他读书，起早贪黑地劳作，身体也因此落下不少病根。这份沉甸甸的付

出，让小林暗下决心：一定要出人头地，让父母过上好日子。

读研期间，小林几乎把所有时间都投入到了学习和科研中。实验室里，他总是第一个到，最后一个走，常常为了攻克一个技术难题，连续几天泡在里面，饿了就啃面包，困了就趴在桌上眯一会儿。他的研究成果多次获得校级奖项，还发表了两篇核心期刊论文，导师对他赞赏有加，说他“是块搞科研的好料子”。

凭借优异的成绩和突出的科研能力，小林在毕业前就收到了多家知名互联网公司的offer，最终他选择了一家行业顶尖的企业，薪资待遇远超同龄人。身边的同学都羡慕他“一步登天”，但只有小林自己知道，为了这一天，他付出了多少——长期的熬夜和不规律饮食，让他的身体早已发出了警报。

入职前的体检，成了压垮小林的最后一根稻草。检查结果显示，他患有严重的腰椎间盘突出，且伴随严重的神经衰弱，医生明确建议他必须立刻休养治疗，否则可能会影响未来的正常工作和生活。

拿着体检报告，小林坐在医院的长椅上，第一次感到了绝望。他原本计划着入职后努力工作，尽快攒钱给父母在县城买套房子，可现在，别说工作了，连正常的生活都成了问题。他懊悔地说：“以前总觉得年轻，身体扛得住，只要能拼出成绩，一切都值得。可现在才明白，没有健康的身体，再远大的理想也只是空谈。”

小林的经历并非个例。如今，很多年轻人为了追求事业上的成功，常常忽视了身体的健康，把“拼命”当作一种“资本”。但事实上，健康的体魄才是支撑事业发展的基石。就像一艘船，如果船体本身出现了破损，即便配备了最先进的导航系统和动力装置，也无法在大海中平稳航行，更别说抵达成功的彼岸了。只有兼顾身体与事业，才能让人生的航船行稳致远。

第八章　大学生择业心理

随着“双向选择，自主择业”的就业政策不断推进，许多大学生不能正确把握自我与社会的需求，心理上产生种种矛盾与冲突，在求职择业时感到焦虑、灰心、无奈、迷茫等。因此，良好的择业心理是大学毕业生必备的求职素质，你准备好了吗？

第一节　择业心理调节

大学生择业中出现的心理障碍多属适应过程中的轻度心理障碍，是由心理压力和心理承受力相互作用，使人失去了应有的心理平衡的结果。

■ 大学生择业心理障碍主要表现

★ 焦虑心理

过度的焦虑表现为干扰人的正常活动，易导致较严重的心理障碍或疾病。引起毕业生焦虑心理的主要原因是：

◇ 自己的理想能否实现

◇ 能否找到一个既适合自己专业特长又环境优越的单位

◇ 用人单位能否选中自己；屡屡被用人单位拒之门外怎么办

◇ 自己看中的单位，父母、恋人不赞同怎么办

◇ 选择单位失误，造成“千古恨”怎么办

◇ 不能及时找到工作怎么办

◇ 到单位后不能胜任工作怎么办

大学生择业中焦虑心理的一种特征就是急躁：有的恨时间过得太慢，怨用人单位优柔寡断；有的希望在谈判桌前就一锤定音，期望无须经过周折就能如愿以偿；有的反映在选择单位上，在对用人单位信息掌握较少或不完全了解用人单位的工作性质的情况下，就匆匆签约。一旦发现未能如愿，又后悔莫及。尤其是在规定的期限内未落实单位的一些学生，心理更为急躁。急躁是一种不良心境，和冷静是对立的。急躁时，缺乏自我控制，过于急躁，会导致事倍功半甚至事与愿违。

心理调适：要克服焦虑的心理，主要是更新观念，打破中国传统的事事求稳、求顺的思想，树立市场竞争的新意识。

(1)确立竞争意识。有竞争必定会有风险和失败的可能性，确立了竞争意识，不怕风险和挫折，焦虑的心理必定得到缓解或克服。

(2)切忌急于求成。要克服择业心切、急于求成的思想，否则容易择业失败，失败的体验又会强化沮丧、忧虑的情绪。

(3)客观地分析自己。合理地设计求职目标,尽量减少挫折,增强求职的勇气,也会减轻心理焦虑的程度。

★ 自卑心理

缺乏自信的求职者,往往给面试官缺乏生气、能力低下、适应性差的感觉,从而导致面试失败。

心理调适:天生我材必有用。一个人的行为取决于自己的信心,如果我们想改变自己,就应改变对自己的看法,正确评价自己、扬长避短、表现自信。

◇ 正确评价自己

人贵有自知之明。不仅指善于发现自己的短处,还指善于发现自己的长处。自卑感的产生多是由崇拜别人或害怕别人加之或多或少地看不起自己而造成的。

◇ 以勤补拙,扬长避短

知道自己在某方面有缺陷,就努力去弥补。这就是所谓"笨鸟先飞"。在成长的道路上,"失之东隅,收之桑榆"的情况是屡见不鲜的。我们在阅读许多名人传记时,可以发现他们的优秀品格和辉煌成就,从某种意义上说反而是他们的个人缺陷促成的。所以说,只要下定决心,依循科学的方法,选择适合自己的奋斗目标,自卑的人会逐渐变成自信的人。

◇ 要有自信

自卑感往往产生在自我表现的过程中,要克服自卑感就必须学会怎样恰如其分地展示自己的才能。不妨多做一些较有把握的事情,因为任何成功都会使人信心加强。如果你想在求职面试中表现信心十足,在日常交往中不妨试着从以下几方面来强化自己的信心,为成功的面试做准备。

与对方说话时,保持对视,如果对方回避你的目光,说明你比他坚强;如果对方声音超过你,你可以突然把声音变轻,这样会使对方更想仔细地听你的叙述;保持与对方谈话中的沉默间隔,不要过于急躁;人各有所长,都存在着有求于人和被人所求的可能,不能因为有求于别人就感到自己低人一等,也不能因为被人所求而趾高气扬;在陌生人面前,你不了解对方,而对方也不了解你,要充分意识到自己的有利条件,不可妄自菲薄。

★ 怯懦心理

不少大学生在求职择业过程中过于怯懦,有一种"丑媳妇怕见公婆"的心理表现。有的在谈判桌前不是面红耳赤,就是语无伦次、张口结舌、支支吾吾、答非所问。辛辛苦苦准备的"台词"、腹稿,一急之下,忘得一干二净。有的谨小慎微,生怕一句话说错、一个问题回答不好会影响自己在用人单位代表心目中的形象,以致不敢放开说话,该表达的未能表达。这些学生渴望公平,但在机遇到来时却手忙脚乱,局促不安。他们盼望竞争,然而在机遇到来时却未能发挥自己的才能,在"自我推销"中败下阵来。过于紧张或异常胆怯、谨小慎微,都会影响水平的正常发挥。

案例

我曾为一家中型企业担任面试评委。虽然入选名单上有很多人,并都被预约面试,但很快就有一位候选者从他们当中脱颖而出。这位候选人是因为原来岗位的人员过剩而放弃那份工作的,所以站在评委们的角度上,很自然地认为这位候选人会急于得到这份工作。在整个面试过程中,这位候选人都表现得毕恭毕敬。

接下来的步骤中，有一个通知，评委主席告诉这位候选人："由于另外一名候选人不能在今天接受面试，所以通知日期可能会稍微推迟一下。"这位候选人很有礼貌地说："我很理解你的困难，但另一家很有吸引力的公司已经给我发来了录用通知，所以希望您能尽快给我答复。"

在这位候选人走出面试房间后，评委们陷入了紧张的状态。"我们必须得到他，怎样才能阻止他接受另一份工作呢？"很快评委们就决定让剩下的一位候选者提前面试。最后，那位杰出的候选人就被录用了。他的优势被无限地扩大，因为他对另一家公司也有吸引力。在这里，所有的理由都是因为另一家公司也对候选人感兴趣。

面试不是你接受审判的法庭，也不是被敌人俘虏要接受严刑拷打。相反，面试是你和未来老板间进行的一次对双方都具有探险意义的谈话。

★ 怕苦心理

现代大学生没有经过艰苦生活的磨炼，普遍缺乏艰苦奋斗的创业精神。在大学生求职过程中，普遍存在着攀高的心理，理想职业的选择标准是"三高、六个一点"，即起点高、薪水高、职位高；名声好一点，牌子响一点，效益高一点，工作轻一点，离家近一点，管理松一点。

心理调适：

◇ 要从思想上认识到能吃苦是一个人最基本的能力，不能吃苦就不会事业有成

◇ 最艰苦的环境，最容易锻炼人，成功的机会也较大

要克服怕苦心理，培养自己艰苦奋斗的作风，更需要实践，大学生要在日常的工作学习中有意识地做好吃苦耐劳的思想准备，这对求职成功会大有益处。

案例

美国的哈默博士，是世界级大富翁、世界级企业家，在他 23 岁时资产已达百万，他完全可以在美、英这些发达国家发展自己的事业，但是在第二次世界大战结束后，他勇敢地到百废待兴、千疮百孔的苏联，在那里他住的是从未见过的污秽的房间，与臭虫、老鼠为伴，没有洗澡间，没有水，没有面包。在这种艰苦的环境下他做了石棉、铅笔、毛皮、古董等多种生意，他的事业取得了巨大的成功。

也曾有位农村的大学生毕业时学校准备让他留校工作，这是农村学生求之不得的结局，但他谢绝了学校的好意，毅然回到故乡，5 年过去了，他已在农村成家立业，用他自己的话说，"我的选择是正确的"。

★ 孤傲心理

孤傲心理是缺乏客观的自我分析和自我评价的表现。一旦有了这种心理，很容易脱离实际，以幻想代替现实，使自己的择业目标和现实产生极大的反差。倘若未能如愿，则情绪会一落千丈，从而产生孤独、失落、烦躁、抑郁等心理现象。

★ 冷漠心理

当一些大学生因在择业中受到挫折而感到无能为力、失去信心时，他们自认为看破了红尘，听天由命，任凭自然发落。冷漠是遇到挫折后的一种消极的心理反应，是逃避现实、缺乏斗志的表现。这种心理是与就业的竞争机制不相适应的。

■ 产生心理障碍的主要原因

客观原因：

★ 社会为大学生提供的工作岗位有限

★ 多数家庭对子女所寄予的期望较大

★ 学校认为学生到不了高层单位有失学校声誉，有失学校身份

★ 学生的虚荣心，互相攀比，互相模仿

主观原因：

★ 学生不善于平衡心理，不善于调整应激，不善于运用自我调节功能克服"危机"

第二节 择业挫折应对

■ 择业挫折类型

★ 损失性挫折

这是指一直得到满足的需要突然不能满足时心理上所引起的感受。一些品学兼优的学生就业前总是比较沉闷，在求职择业时由于种种原因而不被用人单位接纳所引起的沮丧、失意、不满和焦虑的紧张情绪，就属于这一种。

★ 障碍性挫折

是指受到外界力量的阻止和干扰而使自己所追求的目标不能实现时所引起的挫折。一些同学千辛万苦找到了自己称心的岗位，但是由于时间、政策、经济、人事等方面的规定，未被用人单位录用，会引起焦躁、愤怒、无可奈何等心理体验。

★ 缺乏性挫折

由于自己长期得不到外界的支持、关心和帮助，积聚在内心的需要无法满足时所引起的挫折。一些同学不能及时得到择业的社会信息、政策要求，也不能及时得到择业指导，还有一些使他不能感到满意的支持、帮助也会产生这种体验。

★ 缺陷性挫折

由自身生理上的缺陷或疾病等而引起的挫折。身材胖瘦、高矮、长相、口吃等缺陷或其他生理条件，在比较中相形见绌的人所产生的心理体验。有的学生忽然在临毕业时生了大病，使学业和工作都受到影响，这时的体验就是缺陷性的。

■ 战胜挫折的办法

(1)在努力提高自己竞争能力的同时，合理地认识自己已经取得的成就。不要把学校、家庭、亲友所给予的尊重、爱戴和关心当成社会给予的最终认可，从而成为向社会索取的条件。

(2)要学会按事务处理要求办事，不能只顾自己的需要而不顾家庭和社会的需要，否则会导致障碍性挫折，而且极易丧失求职择业的时机。

(3)求职择业既要克服依赖心理，又要力争他人的支持和帮助。要主动与老师、家长和社会相配合，避免缺乏性挫折，保持择业的良好状态。

■ 面对挫折自我调适的方法

★ 自我转化法

有些时候，不良情绪是不易控制的。这时可以采取迂回的办法，把自己的情感及注意力转

移到其他活动中去。如进行一种新知识技能的学习，参加有兴趣的活动，利用假日郊游，接受大自然的熏陶等，使自己没有时间沉浸在不良情绪中，以求得心理平衡，保护自己。

★ 自我适度宣泄法

因挫折造成焦虑和紧张时，消除不良情绪最简单的方法莫过于“宣泄”。切忌把不良情绪强压心底。忧虑隐藏得越久，受到的伤害就越大。但是，宣泄一定要注意场合、身份、气氛，注意适度，宣泄应是无破坏性的。

★ 自我慰藉法

自我慰藉法就是自我安慰法，实质是自我辩解。人不可能事事皆顺心、处处是英雄。择业中遇到困难和挫折，已尽了主观努力仍无法改变时，可说服自己适当让步，不必苛求，找一个自己可以接受的理由承认并接受现实，让自己保持内心的平静。

★ 松弛练习法

松弛练习法也叫放松练习，是一种通过练习学会在心理上和躯体上放松的方法。放松训练可帮助人们减轻或消除各种不良的身心反应，如焦虑、恐惧、紧张、入睡困难、血压增高、头痛等症状，且见效迅速。

★ 理性情绪法

要消除人的不良情绪，就要设法将人的非理性观念转化为理性观念。大学生运用理性情绪法时，应首先分析自己有哪些消极情绪，从中分析、综合、抽象、概括出相应的非理性观念，并对其进行挑战、质疑和论辩，同时对比两种观念状态下个人的内心感受，鼓励自己向理性观念方面转化，从而有利于排除不良情绪。

自我调适最主要的还是要树立远大的理想，树立正确的人生观、价值观，平时注意培养良好的品质，磨炼坚强的意志，开放各种感官接触社会，多方面体验，培养乐观豁达的生活态度。

第三节　如何克服面试时的胆怯

■ 造成胆怯心理的原因

从现象上看，怯场往往是不适应、担心、害怕的结果。在不同的场合下，怯场的原因是不一致的。运动员可能在面对很强的竞争对手时怯场，歌手、演员可能会因不适应新的演出环境而怯场，而面试者一般是由于缺乏经验、害怕失败而怯场。下面是造成怯场心理的主要原因。

★ 成熟程度

不同年龄阶段的求职者，在面试时的焦虑程度高低有别，它表现出应试者的生理和心理成熟程度对面试焦虑程度的影响。伴随着年龄的增长，焦虑程度显著上升。特别是求职者，由于已踏入人生的“十字路口”，能充分意识到面试成绩对自己职业生涯的影响，因此，焦虑程度会显著地上升。

★ 认识评价能力

面试焦虑与个人的认识能力息息相关。如果求职者把面试视为关系自己终身前途的关口，一旦失败，什么前途、理想、荣誉、幸福都将付诸东流，其面试焦虑程度必然提高。其实，这种认识是片面的。

★ 知识经验

求职者知识经验的多寡及提取的难易会直接影响面试时的焦虑程度。当由于知识经验欠缺而对面试有较大障碍时,有些人会坐立不安、焦躁不已;还有一些人可能在面试前充满信心,但一到考场,发现自己已有的知识结构实在不足以应付面试要求,也难免会惊慌失措。

★ 应试技能

训练有素的求职者,对解题思路、答题要点、要求等心中有数,在考场上得心应手、处之泰然,分轻重缓急,井然有序地回答问题。平时缺乏训练、没有良好知识积累的人则会在面试时心里一片慌乱。

■ 如何应对临场心理的消极状态

"怯场"的状态在面试中处于临场心理的消极状态,会严重影响面试水准的发挥。下面,我们就几种常见的消极状态加以分析。

★ 面试恐惧心理表现

(1)群体恐惧。当你去面试时,发现面试室中已经有许多人了。见你一进去,众人的目光似乎都投向你,这时,你有可能会产生紧张情绪,很不自在。因为对方是一群人,而你却只身一人,自然而然地你就产生了一种群体恐惧。这时,你要在头脑中反复提醒自己:我是来求职的,说不定他们正需要像我这样各方面都不错的新人,我会成为他们的合格人选,他们以后都是我的同事。

(2)陌生恐惧。一见到陌生人就紧张,感到浑身不自在,这便是陌生恐惧。其实,面试官与应试者之间的陌生是相互的,你大可不必因此而恐惧。

(3)异性恐惧。有的人与同性打交道还可以,一旦主试者是异性,便会变得很慌张或特别拘谨。特别是有些女性求职者,说话时细声细气,不敢正视面试官,面部表情很不自然,面试结果可想而知。

(4)高位恐惧。如果面试官是著名企业的老板,一些求职者会被他们的名气所吓倒,一见面心中便忐忑不安,生怕别人看穿自己的弱点,这就是高位恐惧。其实,名气越大的人,越不摆架子,言谈举止均和蔼可亲。况且他们是人不是神,所以你不必注重他们的头衔。从人格上讲,每一个人都是平等的。

★ 消除面试怯场方法

(1)深呼吸。在面试前进行深呼吸,有助于缓解紧张的心情,不但会轻松许多,而且勇气倍增。此外,握拳头、放松,如此反复几次,也有助于情绪的稳定。

(2)穿上有相当品位的服装,提高自信心。即使你应征的是初阶的职位,不必穿太高级的服装,也应注意服装品位,穿得整洁大方,与对方建立起平等关系。

(3)亲切地与对方进行目光交流,消除紧张情绪。面试中最重要的就是要尽量建立平等的关系。当你觉得心里害怕时,不妨干脆说出自己的感受。自嘲可以缓解紧张的情绪,使自己轻松起来,也能得到主试者的谅解,或许他还可以说些幽默的话来帮你放松。

■ 预防怯场的三大训练阶段

★ 松弛神经

◇ 呼吸

调整好你的呼吸。感受到较大压力时,我们会很紧张,呼吸变得浅而急促。这很不好控制,经常会产生吞咽或者战栗的结果。

◇ 3 分钟呼吸训练

站直身体，把双手放在腰上部约 1 英寸处的膈膜上，使手指尖刚好能互相接触，双手自然下垂，缓慢地吸气并感觉到气流在隔膜上涌动。如果做法正确的话，你两手的指尖会分开大约 1 英寸。接着缓慢而悠长地用嘴呼气，要做到呼气的时间明显比吸气的时间长一些。不要强行为之，要做到自然而然，这样重复呼吸约 3 分钟。

如果这样做后你还很紧张，试试一些辅助措施：在吸气时，缓慢地对自己说："我很——"；在呼气时，用更慢的速度说："放松——"。

★ 稳定心情

◇ 默想

这又是一种有用的技巧，也是确信紧张不会破坏你的工作机会的最好的方法之一。这种技巧被运动员和其他体育活动者广泛运用，在重大赛事中屡屡奏效。

◇ 成功想象

用至少 20 分钟时间到一个很安静的地方待一会儿，回想一个你特有自信又能控制自如的场景，确认这个场景后，想象自己正坐在一个大屏幕前审视着你自己，看见你自己的穿戴和你的坐或站立的姿态以及房间里的一切，重现房间里的各种声响，呈现其他应聘者脸上的表情，这时牢牢记住你的心理感觉和身体上的感受以及其他类似的东西。这个过程一般会需要至少 5 分钟的时间，注意控制时间。

一旦你有了这种想象和所有相应的声音、感受，尽力使它们在你心中完整地重现。现在锁定你的想象，使它成为一幅静止的画面，同时把你的食指和大拇指紧捏在一起，使它成为一种触发行为。多练习几遍，使自己能熟练掌握这种技巧。当你参加面试时，使用触发行为把你的食指和拇指捏在一起，唤起前面的自信想象，让想象中的场景里那种自信挥洒自如的感觉一直伴随着你。

★ 成功预演行动

◇ 精神预演

欧美国家对面试怯场的治疗十分重视，治疗方法不断改进。但俗话说"心病还需心药医"，我们在这里提出一些有效易行的建议：

※ 正确看待面试，即使面试失败，也要心存"榜上无名，脚下有路"之念。

※ 努力形成面试前的良好竞技状态，养成必要的运动、休息、文化娱乐的习惯。

※ 熟悉不同类型面试的要求和回答技巧。

※ 面试时略微提早到场，在场外安静地休息，放松自己。

※ 看到你自己充满自信地走进房间，以笑容向评委们致意。

※ 观察到你自己保持警觉而又不拘束的坐姿。

※ 听你自己对实际面试中可能问到的所有问题应答如流。

※ 注意到评委们对你肯定的表示。

※ 看到你自己离开，知道你很好地表现了自己。

◇ 有辅助的精神预演

另一种应用这种技巧的方法是让一个同学或朋友帮你，与上次不同的是，这次你要让你的朋友帮助你进入一种轻微的恍惚状态，在这种状态中，无意识的你更能很好地接受建议。

※ 留出一段时间确保你不被打扰，最好能调暗灯光。

※ 把左栏的"脚本"给你的伙伴或朋友,让他们用一种安静连贯的语调缓慢地对你念出来。

※ 留些时间给面试的"提问"环节,告诉你的拍档这时最好不要出声。

※ 闭上你的双眼。集中精神到每一句话上,同时唤起这句话所引起的想象、声音和感觉。

※ 最后,让你的朋友说:"现在,睁开你的双眼",你慢慢回到现实中来。

■ 如何消除"怯场"时身体的紧张感

把精力集中在观众身上是向战胜"怯场"迈出的一大步。在讨论其他的演练技巧之前,我们先简要概括一下为了确保你自信、沉着、出色地接受面试而必须采取的关键步骤:

★ 突出你的基本技能

记住要展现的技能并练习如何展现这些技能,直到自己能够从容地回答问题并且掌握了娴熟的表现技巧为止。

★ 让你展示的技能在不同面试场合中各有特色

应该对你的面试官进行调查了解,从而使自己每次展现的技能都有特色。

★ 集中注意你的观众

需关注你的技能如何使你的观众受益。不要关注你自己,或者操心自己看上去是多么的不完美。

就业须知

对于应届毕业生来说,在参加面试时应该着重展现他们能胜任工作的技能。如果能按以下的提示来做,那会让你了解到任何事情都有它的应对方法,这将帮助你克服面试的紧张感:

• 练习详尽阐述自己具备的与工作有关的技能与知识

• 叙述经历——准备好能说明你的技能的具体事例。这些事例中有一半应该来自校内,另一半则应来自校外

• 练习谈论你很强的适应能力、良好的学习能力、充沛的精力以及勤奋工作的热情

• 无须强调你是个新手,或者因自己缺乏经验而向对方表示歉意——雇主已经知道你缺少经验

• 不要因为光谈论你的大学教育而使你显得缺乏足够的竞争力——仅仅靠大学教育是不能把自己推销出去的

• 你应当把面试看成是一次具有冒险性的挑战,而不是一次专考你台词背诵能力的令人焦急不安的考试

■ 提前训练,避免面试中出现"怯场"

克服面试中的"怯场",最好的办法是提前训练,在未参加面试之前,多争取机会磨炼自己在众人面前宣讲的胆量,这样才能应备战时之需。

★ 放下浑身不自在的初次体验

初次体验时所感到的不安,是由我们对即将面对的事情的相关知识、情况知道甚少或是全然不知,这时你所要做的就是调整二者平衡度,了解你所不熟悉的事物。要想下次战胜恐惧,必须放下"初次"的心理负担。

★ 从"想讲"开始

当我们长期受到"不擅讲话"的困扰,就要从"想讲"开始,对众发言。在学习"讲话"时,要

不断改正自身原有的一些错误认知，否则学习就很难持续下去，更谈不上学会“讲话”了。

★ 放下“不要出丑”的思想包袱

任何人都希望自己以最佳形象立于人前，大概没有人不期望自己具备高超的讲话能力吧！在人前讲话，确实是谁都可以做到的，但那不是从最初开始，而是必须经过无数次的挑战，累积大量经验，才有可能向自己的理想形象靠近。所以请放下“不愿失败”“不想出丑”的思想包袱。

★ 紧张不一定是坏事

紧张不一定是坏事，只要积累经验，习以为常，就可以消除过度的紧张，愉快地迎接紧张感的到来，不怕失败，拿出勇气立于其他人面前，试着讲话，这就是想要成为能在人前畅所欲言者学习过程中的最重要一步。

资料链接

帮助求职者缓解面试中的紧张情绪

一是做自我暗示，面试前反复以真诚的态度暗示自己就是“最棒的”“最好的”，暗示自己“一定能行”，从内心深处给自己传达积极的信号和传递正能量；

二是看淡得失成败，求职就业切忌急功近利，面试过程更不能过分地追求完美，也不要有太多的负面预想，只要按照预定计划展示自己就是一次成功的尝试，一时的失败也并不能说明自己能力不行；

三是提前做好足够的准备，如果担心自己在面试时无话可讲，可提前写好“台词”并反复练习，凭记忆叙述或许能有效缓解紧张情绪。

（摘自查广云，高积学. 大学生就业指导教程. 北京：中国民主法制出版社，2024.）

第四节　面试官的 12 种个性类别

面试官在面试内容上大同小异，目的性也十分明确，但由于每个主考官的性格各异，兴趣不同、处世方式大相径庭，使我们面对的问题变得格外复杂起来。我们必须学会快速评估主考官，把握主考官的类型，了解主考官的说话、思维方式，这样，我们应对起来就顺利得多。

■ 阅读以下面试官的 12 种个性类别

喜欢与自己相似的人是人的本性。你不妨主动试着使自己的形象与面试官相吻合。如果以此策略为鉴，在面试中你就更有可能与对方建立起一种良好和谐的关系。

1. 少年得志的面试官

特征：年纪 20 多岁，脸相稚嫩、着装保守，看上去很像是大学人才交流会上常见的预科生；举止大方，相当友好。

自我调整：用家一般的温暖对待这类面试官，他们比较容易跟着你的思路走。你可以将话题引向大学课外活动，彼此共同的爱好，领导职位的情况，对公司的仰慕之情，以及种种令人激动的事情，但是也别谈论太久。

这类面试官经验有限。为了得到工作，你必须侧重展示能使“少年得志者”产生共鸣的有关自我的个性、技能、目标和经历。

2. 认真务实的面试官

特征：头发灰白，一副成功人士的形象，极可能穿着微皱但昂贵的服装；严肃认真。

自我调整：用自信、谦逊的态度接近这一类面试官，同时让他们知道你愿意一步一个脚印走向成功的顶峰。展现你在学业上或工作上的成就，说明你严肃的工作作风、对目标坚定不移的追求精神以及各种各样的领导才能，令他们明白你对该单位了解甚广。

让这类面试官控制整场面试。为了得到录用，你得明白无误地向对方展示你能给单位带来的技能以及你能如何将这些技能运用于你所申请的职位。

注意：大多数“认真务实一族”都态度友好，但对这一类你得提高警惕，他们会通过制造紧张气氛以及提问不相干的问题为难你。

3. 城府深的面试官

特征：没有统一的形象；与“认真务实者”有相似之处；通常是部门经理，其聘人的目的是要找个帮手；认真务实。

自我调整：为了辨认这一类面试官，你可以直接问对方是否是你未来的直接顶头上司，可询问他(她)有关管理原则的问题。然后，描述自己的能力与这一原则相一致。

该类面试官看重的是常识、工作经验以及积极向上的态度，讨厌的则是自傲与幼稚。你应以务实的精神接近这一类人，并且让他们控制整场面试。

4.“谦虚”的面试官

特征：多属常识家。他们表面看来谦虚可亲，易打交道，可内心严谨，有严格的戒律，拥有卓越的洞察能力。在表达方式上永远让你感到舒心。他们多用赞同的方式和你交谈，又会巧妙地运用你的话加入他的思想。

他们在心理上毫无遗漏地掌握着应聘者，就考生某些优点，予以夸奖，缓冲考生的警戒心理，他们让应聘者充分地表达，而加以诱导。他们不管看中没看中你，都会以贬低公司或工作来使你感到安慰。他们用谨慎、恳切、言之有据的谈话方式，使你信以为真。

自我调整：面对这种类型的主考官，必须保持高度的警觉，第一要紧的事是：诚心诚意、老老实实地谈出自己的想法。不要一味地去迎合主考官，也不要妄自尊大，以为自己有什么了不起。主考官表面谦虚，内心却被优越的地位所包裹，妄自尊大最令他反感。所以，他谦虚，你最好比他还谦虚。

5. 冷冰冰的面试官

特征：通常出现于注重实际的场合，服装合适但毫无特色；不收藏个人物品；喜欢独处；办事说话准确无误、井井有条，以工作为重；神情安静、自足。

自我调整：这一类面试官善于分析、十分挑剔。接近他们的时候必须留有余地、充满自信。话别说得太多，回答的内容要有针对性，别啰啰唆唆谈些不相干的东西。

同时必须提供足够的信息让他们回味；他们喜欢细节，喜欢分析。因此提供的技能、成就以及经验方面尽可能详细，作为他们进行分析的丰富材料，他们也会因此倍感满意。

6. 闷不作声的面试官

特征：坐在那里，只等你自我介绍，亲切寒暄，寻找话题，谈天说地。最后他还是没什么话可说，谈话就到此结束了。

自我调整：这类面试官虽不爱言语，却善于察言观色。他们一言不发，静观应聘者如何在这需要发挥的场合展露自己的才能。诚惶诚恐，战战兢兢，很容易被淘汰。必须善于应对，不怵不惧，善于改变局面，录用机会便增大。

7. 热情糊涂的面试官

特征：毫无威胁、态度友好；办公室拥有几样个人物品；通常同时处理几件事情；经常微笑且笑容真诚；态度关切、周到、令人自在。

自我调整：这一类人在面试开始以前就想着如何使你欢欣愉快。事实上，他们一直都在花费大量的时间关照你，以至于你根本就没有得到正儿八经的面试。

面试开始的时候先与对方建立一种亲切的关系，然后将面试引向更加严肃的方面。这类面试官容易跟着你的指挥棒走，他们不擅长作决定。所以你得准备将一切有关自身资历的材料展示出来。

8. 漫不经心的面试官

特征：形态不一，肤色不同，高矮胖瘦也不一样——在各种场合都能见到；糟糕的面试技巧是他们共同的标签——举止各异。

自我调整：如果你的面试官问的问题显得不着边际，或者你发现所问的问题与道德不符或与工作无关，或者一句话也不让你说，为了能安然无恙地脱险同时又尽可能给对方留下美好的印象，你必须优雅地掌握局面，通过重复对方的提问抓住重点，同时提出一些能展示你在某一特殊领域的能力或知识的问题。保持镇静，主动将谈话引向你的能力及其在你所求职位上的运用。不过，不要过高估计这些面试官会发现你的潜能的可能性。

9. 态度傲慢的面试官

特征：着装无可挑剔，喜欢贵重、古典的装饰，因循守旧；办事干净利落、有条不紊；以工作为重；从不迟到，保守、挑剔，同时具有奉献精神。

自我调整：接近这一类考官时必须认真谨慎。喋喋不休、虚情假意会把他们吓跑，尽量简单明了、直奔主题。

10. 职业型的招聘面试官

特征：文雅、专业、服装整齐；举止安静、自信、保持审视的姿态。每天干的就是帮各家公司进行招聘面试。

自我调整：他们不会让你提太多的问题，因此对他们的问题你必须全力以赴进行回答，尽可能多地提供有关自身能力、经验以及成就的具体情况。为了将这一类招聘者争取过来，你必须侧重展现最好最能干的自我。确保你的外表无可挑剔，同时，你对工作的热情和兴趣必须溢于言表。回答问题时要充满自信，与对方交流时必须清楚明白。

11. 健谈的面试官

特征：打扮时髦、服装往往尽显个性；收藏诸如照片或纪念品之类令人伤感的物品；喜欢喧闹甚于秩序；经常迟到，健谈且乐观；喜欢周围有人相伴。

自我调整：他们喜欢高谈阔论，而且语速很快，因此你得竖起耳朵、步步紧跟。面试开始的时候要先建立一种个人的关系。如果你不被喜欢，他们可能就不太在意你说的一切。因此，脸上带灿烂、真诚的笑容很重要，可充分表现出热情洋溢的活力，从而尽量创造出友好的气氛。尽量在面试过程中始终让他们兴趣十足，不觉得无聊。

12. 技术型的面试官

特征：很难明确描述；经常在寻找铅笔、便笺以及其他小用具，如袖珍计算器或手提电脑什么的。往往带有某个技术职称，如会计、营销助理、化工工程师；友好但不易亲近。

自我调整：该类面试官不容易与其他人相处，因此要应付他们，必须以本行业的技能来装扮自己。侧重表现你的技术知识以及成就，探讨双方都感兴趣的有关本领域的话题，以此来调动他们的情绪。他们通常几乎毫无面试经验，因此你得确保详尽地表明你所有的技能，并随时准备提出一些对他们具有启发性的、同时又有利于展现自我才能的问题。

请随时记住：如果应聘的职位需要你性格沉稳冷静，你就绝不要得意忘形；如果职位要求你外向开朗，善于沟通，开几句玩笑也无甚不妥。注意，你只是应试者，应该保持谦虚有礼的态度，给考官留下沉稳可靠的印象。

对待非常规的面试，最关键是以不变应万变，见机行事，注意每一个细节，不要让这些考官得逞，遇到一些非常规型的考官，应对方法如下：

★ 应对官气十足的考官

方法：把握好自己的目的，重点强调你的强项。

★ 应对说个没完的考官

方法：最好是投其所好，若即若离，在他们滔滔不绝时加上几句评论。还要特别注意提问的质量。

★ 应对面无表情的考官

方法：避免使出浑身解数让他们开口，最好用较为低调的方式去回应他。最重要的是，不要曲解他们的意思，以为自己的表现不尽如人意。他们可能对你很满意，但并没有在脸上流露出来。

★ 应对“耍花招”的考官

◇ 当你走进去，考官故意不理睬你，看你是否会主动打招呼，大抵是为了考验你是否坚定而自信

◇ 邀请你就座的地方正好对着直射的太阳光，看看你是甘愿不舒服地坐在那里，还是主动要求换个座位

◇ 安排其他的不快，例如，你的座位要么坐着不舒服，要么就让你深陷到座位里面

◇ 面试开始时表现得像与你相交多年，但这仅仅是因为要你放松警惕，掏出你的心里话

◇ 主动积极，有时甚至是无礼地挑战你的回答，看看你在面对挑战时的反应

方法：你面临的最大问题，是当你不得不应付这些情况时，你要弄清楚面试者的动机。如果是在考验你，你要决定何种反应最符合你的利益。如果是因为面试者傲慢无礼，你就要考虑一下，是否乐意与这种人共事，为有这样管理人员的公司效力。

★ 应对姗姗来迟的考官

方法：无论感到多么不耐烦，你都不要表现出来。

第九章　大学生求职途径与方法

第一节　通过多种渠道搜集招聘信息

■ 大学毕业生获取招聘信息的主要途径

★ 学校毕业生就业指导中心

学校毕业生就业指导中心是学校的一个职能部门，其主要职责是对毕业生进行就业政策咨询与就业指导；搜集、整理、发布用人单位的招聘信息；毕业生基本情况的收集、整理、发布；向用人单位推荐毕业生；编制、上报就业计划；毕业生派遣及遗留问题的处理等。整理和发布就业信息，是学校毕业生就业指导中心的主要工作。

学校毕业生就业指导中心在与用人单位的多年交往中，取得了相互信任，并建立起了良好的、相对稳定的关系。经过学校毕业生就业指导中心的筛选和分类的用人单位招聘信息，其可信度高、信息量大。学校毕业生就业指导中心是毕业生获取招聘信息的主要途径。

★ 学校老师

毕业生所在学校工作、任教的教师，比一般人更了解本专业毕业生适合就业的方向和范围，以及近几年来毕业生的就业情况。在与校外的研究所、企业、公司合作开发科研项目或兼职教学、培训活动中，教师会熟悉这些用人单位的经营状况、工作环境和人才需求情况，他们提供的信息针对性强，更能满足学生对专业发展的要求。因此，毕业生可以通过自己的老师获得有关用人单位的相关信息，从而不断充实自己的信息库，且可以直接通过老师作为推荐人或引荐人，以此增加自己求职成功的可能性。用人单位在发布用人信息后，通常希望有较多的求职者前来应聘，能够有较大的选择空间。但是，招聘者又往往难以在众多的求职者中挑选出最佳人选，因为他们毕竟对求职者的过去不太熟悉。这时，如果自己的老师稍加推荐，那么被录用的概率就会大幅度增加。

★ 校友

校友是指那些已经毕业并参加工作的“师兄”“师姐”们。他们大多在对口的单位工作，对所在单位、行业的情况比较了解。毕业生可以寻求去他们单位实习的机会，以获得更多具体、准确的就业信息。校友提供的就业信息，其最大特点是比较接近本校，尤其是本专业的毕业生，比一般纯粹的职业信息更有参考、利用价值。具体的做法是：列出社会关系网中能够直接或者间接帮助求职的校友名单。然后通过打电话、写信、拜访、E-mail 等各种方式，与他们取得联系。

★ 家长、亲朋好友

家长亲友一般比较了解毕业生本人的求职意向，提供的信息也就比较直接、有效、可靠。所以，这也是毕业生获取就业信息的一个重要途径。

★ 政府教育主管部门与毕业生就业指导部门

政府各级教育和人事部门都成立了毕业生就业指导机构。这些部门会定期收集所在地用人单位的需求信息，经过整理，分单位和专业汇编成册，并通过多种渠道发布出去。这些信息几乎涵盖了当地各行业的需求信息，地域性较强，有利于毕业生按自己的就业意向选择。

★ 供需见面会及人才市场

高校单独或联合举办的毕业生供需见面会、各地市举办的人才市场招聘会，能在较短的时间内汇集众多用人单位和岗位信息，对毕业生求职比较简捷有效。同时，部分省市已经建立了毕业生就业固定市场，毕业生可以常去查询。

★ 互联网

随着互联网的普及，越来越多的用人单位、高等院校和其他一些企事业单位，在互联网上发布大量招聘信息。通过网络求职是大学毕业生求职的新途径。用人单位和毕业生可以将招聘信息与求职信息上网公开，用人单位和毕业生通过网络互相选择、直接交流。网上求职，最大的优势在于即使毕业生身在异地也能获得大量招聘信息及就业机会，它跨越时空界限，突破了人才信息与招聘信息难以沟通的种种限制，打破了单向选择的人才交流传统格局。随着我国就业工作信息化进程的加快，网上搜寻就业信息已成为如今大学毕业生最常用的求职手段之一。

★ 报刊、广播、电视等新闻媒体

这些新闻媒体历来关注高校毕业生的就业情况。一些用人单位的简介、需求信息、招聘启事等都会在当地主要媒体登出、播报，或在报纸招聘专栏登载。一些专门针对毕业生就业的期刊汇集了就业政策、就业指导和就业需求信息。这些信息传播速度快、及时、涉及面广，也是毕业生不可忽视的一条重要的就业信息搜集途径。

例如，由教育部主管，全国高校学生信息咨询与就业指导中心、高等教育出版社主办的《中国大学生就业》，各地的《就业指导报》《人才市场报》《劳动信息报》等。

★ 实习、社会实践、社交等活动

毕业生在实习、社会实践中可以直接与用人单位接触，可以更清楚地了解有关需求情况，也让用人单位更多地了解自己。社会实践是大学生自我获取求职信息的重要途径。

★ 通过黄页掌握各单位地址、电话，通过打电话、写求职信或登门拜访等方式获取用人信息

这种渠道主动性强、盲目性大、准确性低。

■ 就业信息的处理

★ 鉴别获取的信息

鉴别获取的信息是信息处理的第一步。信息既蕴藏着机会，也可能潜伏着陷阱；有时无比珍贵，有时却是一堆“垃圾”。鉴别信息，首先，要确定信息的可靠程度；其次，要鉴别信息的内容是否齐全，特别是发现自己想知道的细节没有或者不清楚时，要抓紧时间进行实际考查，信息基本准确之后再作选择决定。

★ 求职信息的分类整理

就业信息搜集到后，毕业生就应该对它们进行分类、分析。按就业信息的专业、就业信息的时效、就业信息的地域分类，然后采取不同的应聘方式。

★ 按照自我标准，将信息排序，重点把握

在筛选信息之后，毕业生再根据自己的实际情况和用人单位的要求，有针对性地设计自己的应聘材料，从而提高应聘的成功率。

★ 善于挖掘潜在信息

许多信息的价值往往不是浮在表面上的，必须经过深入挖掘才能发现。例如，从单位的组织结构发现其管理模式和运作机制，从单位的人事、财务报表分析它的人力资源状况和经济状况，从单位历年的招聘岗位和人数的变化了解它的经营方向变化。

★ 及时反馈信息

在当今变化万千、节奏加快的时代，由于就业信息传播速度快、共享程度高，毕业生得到的信息仅仅代表着一种可能的机会。因此，毕业生获取信息后，一定要尽快分析处理并向信息发布者反馈信息，早动手未必一定能得到这个岗位，但反应迟钝肯定会失去机会。

第二节　大学生求职新途径——网络求职

■ 网络求职的主要形式

★ 借助专业招聘网站

应届毕业生可通过专业招聘网站发布个人求职信息，也可以搜集企业招聘信息，投递简历，争取面试机会。这种招聘网站可分为全国性平台（如中华英才网、51job 网）和地方性平台（如深圳人才网）。

案例

广东省高校生化专业学生小贺毕业后想到上海工作，于是他通过几家知名招聘网站搜索与自己专业相关的上海企业的招聘信息，查到上海某生物保健公司网站的招聘公告，在详细阅读了该公司招聘公告后，小贺制作了精美的电子档案，发送到该公司的人事部邮箱，并附上自己针对该公司文化理念的一些观点和意见，之后就静静地等待消息回复。在一段时间的等待后，该公司给了小贺一个回复，告知他已经通过公司的初试，但是要求他亲自到公司参加面试。经过好几天的准备，小贺赶到上海，参加了该公司的面试，他良好的专业基础和出色的口才以及高校期间的实践经历，让他顺利地与该公司签约。

★ 借助大型网站或行业网站

许多大型综合网站和行业网站也设有人才频道（也叫招聘频道或求职频道），如国内关于程序员著名的网站 CSDN，这个网站的人才频道就是程序员的专业招聘求职平台，通信专业网站 C114. net 里的人才频道也是通信专业人才的专用通道。高校毕业生都比较倾向于借助这类专业化平台求职。

★ 企业网站

一般来说，知名企业的网站建设得都比较好，栏目丰富，而且有独立的招聘专区。在招聘专区中，会常年公布一些岗位需求信息，对岗位职责，以及对求职者的要求都描述得比较详尽。因此，高校毕业生如果对知名企业感兴趣，可以经常进入目标公司的网站查询。

★直播带岗[①]

据中国就业网发布的《2024 年直播带岗发展报告》，2020 年 7 月底，人力资源和社会保障部在 2020 年第二季度新闻发布会上提出，将开展"直播带岗"等专项招聘活动；2022 年 1 月，短视频直播平台快手推出"快聘"业务；2023 年 12 月，人力资源和社会保障部办公厅发布《关于推进直播带岗在就业公共服务领域应用的通知》。

◇ 直播带岗"昆山模式"

2022 年以来，作为首个 GDP 突破 5 000 亿的县域经济标杆，昆山与快手、抖音等平台深度合作，利用算法实现岗位需求与求职者画像的智能匹配。例如，快手"快聘"平台为昆山企业提供"点屏秒投"功能，求职者可通过直播间直接投递简历，2022 年昆山企业在该平台收到简历量居全国前列。此外，昆山市人力资源和社会保障局整合"就在江苏"智慧就业平台，实现全省直播招聘标准统一、数据互通，2024 年累计开展直播超 1 200 场，提供岗位 160 万个，观看量达 1 400 万人次。

◇ 企业深度参与直播带岗

以立讯精密、立臻精密为代表的制造业龙头企业，通过自建主播团队＋常态化直播实现用工需求快速响应。立臻精密每日直播 6 小时以上，2023 年开年首场直播吸引近万人围观，简历投递量近千份，三一重机等企业在直播中同步展示车间环境、薪资体系，提升求职者信任度。

■ 网络求职的优点

网上招聘人才没有人满为患的拥挤，也可以不受时间和地点的局限，招聘效果实际并不差，并且他还具有很多的独特优势。

★ 费用低廉

网上求职既省去了求职者的复印费和邮寄费，又省去了求职者和招聘者的交通费用。节省了大量的时间和人力。

★ 可以删改

招聘和求职双方可以随时对自己的信息进行删改，用人单位找到合适人选后可以立即把信息删除，免除打扰。相应地，求职者找到合适的单位也可以把信息删除。

★ 弥补不足

网上招聘省去了租用场地、准备宣传板块等程序。同时，网上招聘不受时空的限制，使异地求职成为可能，促进了人才的有序流动。

★ 方便快捷

求职者不仅可以搜集到大量具体有效的职位信息，还可以了解到用人单位的业务介绍、经营范围、员工结构、教育培训等有价值的资料。

★ 互惠互利

对于网上人才市场，一方面，用人单位公布需求信息，毕业生也在网上公布择业信息，两者

① 2024 年直播带岗发展报告. 中国就业网. 2025-06-20. https://chinajob.mohrss.gov.cn/c/2025-06-20/440240.shtml

都是卖方；另一方面，用人单位在网上寻找适合的人才，毕业生也同时在寻找理想职业，两者又都是买方。买卖的双重性有利于信息的快速交流，使双方都有更多的相互选择机会。

■ 网上求职前的准备

你想要在网上求职事半功倍，就要有一定的准备。

★ 搜集信息

网上求职的第一步是明确自己的求职意向，再在有关人才网站上搜集信息，并记下感兴趣单位的人事部的 E-mail 和网址。

★ 确定目标

对自己寻找什么样的求职目标要有清晰的认识，假如没有一个具体的求职目标，也一定要有一个求职方向。

★ 学会查看最新信息

在网络上，不少标题都有“NEW”字样，表示最近更新过。

★ 及时记录

从互联网上下来后要立即整理有关的求职信息，可以用笔记本记录。

■ 网页简历

网页简历是一种采用多媒体格式，既可以放在因特网(Internet)上也可以存储在磁盘里供招聘单位随时查看的电子简历。网页简历必须涉及以下几方面的重要内容：业绩能力，工作经历，荣誉奖励，求职意向。

★ E-mail 简历

E-mail 简历是一个内容可以通过网络传送到世界各地而无须打印在纸上的计算机文件。

发送注意事项：

(1)发送时，打开 ASCII 文本，拷贝全部内容，然后粘贴到 E-mail 中，不要以附件形式发送。

(2)先发送一封到自己的信箱，查看效果。

(3)注明申请职位。

(4)一些人才网站为求职者设计了标准简历模板，求职者只需根据提示按部就班地填写即可。

(5)一些人才网站的简历还可以设置简历的公开程度，如完全公开、部分公开、保密等，会员可根据需要选择和更改这些功能。

(6)求职信不可省略。

(7)向大量的公司无目的地发放个人简历是没头没脑的表现。

(8)如果你想同时申请同一个公司的两个不同职位，最好针对申请职位的不同做两份格式迥异的简历，分别申请不同的职位。

(9)发送后要跟踪联系。

(10)在发送 E-mail 时如何设计纯文本的简历。

如果想在网络上申请一份工作，最好不要用附件发送简历。但是放弃在附件中夹带简历而只能把简历嵌在电子邮件正文中发送，那就不能设定字体和使用列表符来排版了，为了使简历更好看些，可以精心设计一个纯文本格式的简历，也能达到不错的效果。以下有一些小技巧可供参考：

(1)注意设定页边距，使文本的宽度在 16 厘米左右，这样你的简历在多数情况下看起来都不会错误换行。

(2)尽量用较大字号的字体。

(3)如果你一定要使自己的简历看起来与众不同，你可以用一些星号(*)，加号(+)等分隔简历内容，这些符号不会被转换成不可识别的记号。

(4)不要使用项目符号(bullet)，将其替换为“*”或者“_”。

(5)需要空白处，不要用 Tab 键，而用空格键。

(6)格式简洁明了，重点突出。

第三节　常用的求职途径

常用的求职途径众多，主要有大型供需见面会、校园应聘求职、通过人际关系网求职等。

■ 大型供需见面会

★ 各级政府举办的大型人才招聘会

各省和各地市为了推动毕业生充分就业和为地方各用人单位招聘人才，每年都举办大型的人才招聘会。特别是广东省珠三角各地市举办这类大型的人才招聘会，信息量大、招聘岗位多，毕业生根据自己的就业意向有选择地参加。

大型人才招聘会由各级人才市场常年运作，由于组织得力，用人单位较多，所提供的需求信息和就业机会也比较多，使毕业生有较多的选择机会。大型人才招聘会接洽方便，可以现场签协议。还有就是较为节约，对于毕业生来说，一场招聘会可以接触几个到十几个专业对口需求单位，提高了效率，节约了时间和金钱成本。

★ 高校毕业生供需见面会

省政府和省高校就业指导部门为做好高校毕业生就业工作，促进毕业生充分就业，为毕业生提供良好的就业平台和就业环境，每年都在高校举办 10 多场大型的应届毕业生供需见面会。这类供需见面会由政府给予资金扶持，省高校毕业生就业职能部门主办，有关高校承办，毕业生免费入场。

毕业生供需见面会分类

按学生层次分：研究生专场、本科生专场和高职高专专场。

按专业类型分：工科类专场、农林类专场、文科类专场、管理类专场、师范类专场、外语类专场。

■ 毕业生参加供需见面会应注意事项

(1)精心准备。毕业生事先应准备好个人求职简历等有关应聘材料，特别要提醒毕业生注意自己的精神和精力准备，在与用人单位洽谈时要表现出良好的精神面貌，充满自信，精力充沛，志在必得。

(2)整体把握。毕业生要及早进入招聘会现场，以充分的时间搜集信息，了解行情，整体掌握到场单位的情况。注意不必太早与招聘者交谈，先浏览一遍整个会场，对到场的单位情况做初步的了解后，再根据自己的求职意向，确定重点应聘单位，按主次顺序进入交谈。

(3)详细询问。毕业生在与用人单位面谈时要仔细地询问招聘单位的详细情况，包括单位的上级主管部门、所有制的形式、招聘的岗位和工作的内容、用工形式、工作的时间、薪金待遇等。

(4)注意形象。毕业生参加招聘会时要适当打扮,"包装"自己。在招聘现场要注意自己的一言一行,特别是在与用人单位交谈时要运用必要的礼仪和谈话技巧。

(5)谨防受骗。近年来,一些不法分子利用人才招聘会行骗的案件时有发生,主要是由于不少毕业生涉世未深,又求职心切,缺乏必要的自我保护意识。

(6)及时联络。离开人才市场后要及时整理在人才市场搜集来的求职信息,并将其中重要的加以标记和摘录,准时赴约。毕业生在招聘会后,不能被动等待,要及时联系用人单位,一方面表示自己对用人单位的尊重,另一方面传递自己的诚意,给用人单位留下良好印象。

■ 校园应聘求职

校园应聘就是利用在校园举行的招聘会实现就业,是大学毕业生就业的主要渠道。根据招聘会的集中程度,可分为校园求职供需双向选择洽谈会和小型专场招聘会。

★ 校园求职供需双向选择洽谈会

校园毕业生求职供需双向选择洽谈会一般规模较大,由学校集中邀请相关的用人单位来校直接与毕业生见面,通过双方的直接沟通洽谈与双向选择,实现学生求职择业与用人单位选才纳才。主要特点有:

(1)针对性强。学校所邀请的用人单位多与本校设置的专业密切相关,用人单位向学校发出用人需求信息,一般也是基于对学校的专业设置、生源情况、教学质量等多方面的了解和掌握,对该校毕业生的招聘有较强的针对性。

(2)信息可靠。本着为学生负责的态度,对来校招聘单位的资质进行严格审查,且部分单位是学校合作伙伴,有业务上往来,这种审查和关系对于确保信息的真实性和可靠性提供了保证。

(3)服务到位。由于这种就业招聘会是由校方牵头举办,学校的服务意识好,可为双方提供周到的服务。

(4)方便学生,成本低廉。这类招聘会一般安排在春节前后,或者在毕业离校前的五六月份举行,招聘会的时间安排一般与应届毕业生的实习与就业相协调。同时,由于毕业生不出校门就可接触到针对性强的大量单位,减少了毕业生外出参加招聘会的人力、物力、财力,大大方便了学生。

(5)规模较大。有时由两所或两所以上的学校联办的供需洽谈会,会进一步扩大信息量、规模和影响。

★ 用人单位在高校举办的小型专场招聘会

这种招聘会一般由用人单位进高校招聘,招聘地点设在高校,除规模较小外,其余特点与校园求职供需双向选择洽谈会相同。除此之外,其特点还包括:

(1)专业对口性强。来高校招聘的单位通常有备而来,部分会早于高校统一招聘会开展招聘。这是因为它们对高校的专业设置等有较深了解,有的还与院校保持着长期联系;此外,提前启动招聘也是为了能优中选优。

(2)形式灵活、举办频繁。校园求职供需双向选择洽谈会,虽然信息量大,但规模大,成本高,不可能做到常态化,而这种小型招聘会则不受限制,形式和时间安排上也灵活机动,规模上可以为几人或几十人,为毕业生提供了多样的选择机会。

(3)深度沟通、取舍有据。来高校招聘的单位通常有备而来，部分会早于高校统一招聘会开展招聘。这是因为它们对高校的专业设置等有较深了解，有的还与院校保持着长期联系；此外，提前启动招聘也是为了能优中选优。

■ 通过人际关系网求职

运用人际关系，即通过父母、亲友、老师、校友、同学、朋友等社会关系获取推荐而达到自我推介的一种方法。由于个人掌握职业信息的途径有限，充分发挥人际关系网的优势，可为自己开辟出广阔的职业选择天地。这也是大学生求职的有效途径。

通过人际关系获取求职信息直接快捷、真实可靠。无论是招聘高、中层管理者还是普通员工，熟人推荐是企业最乐于接受的方式。

第四节　如何了解企业

面试前，应先将企业的基本情况了解清楚，这有助于面试者在面试中占据比较有利的地位，如果没有经过很好的调查研究，只是盲目应聘，容易掉进招聘陷阱，造成人力、物力、精力的损失。

■ 了解企业的方法

★ 直接索取企业宣传手册

★ 从企业外围着手调查

◇ 登录企业网站，查阅关于该企业的相关报道

◇ 从图书资料中查询有关企业简介或专访

◇ 利用社交关系，向了解企业情况的人请教与调查

◇ 从与该企业有业务往来的企业中进行查询了解

◇ 仔细阅读分析企业年度业绩报告，收集报刊和证券界人士对企业的分析研究

★ 从企业内部着手进行查询

◇ 收集企业内部出版物或关注企业高层管理人员所写的文章

◇ 向过去或现在在该企业工作的员工进行查询了解

■ 全面了解企业的情况

★ 企业的历史和隶属关系

◇ 企业性质

◇ 企业的成立时间与地点

◇ 企业发展历程

★ 企业的规模与发展模式

◇ 经营范围

◇ 企业规模

◇ 分支机构

◇ 企业员工数量

★ 产品和/或服务

◇ 生产标准

★ 企业净资产
◇ 企业资产、销售额与盈利
◇ 企业财务状况的稳定程度
◇ 企业利润面向员工的分配情况
◇ 企业的不动产情况
◇ 企业的其他产业情况
★ 企业在行业中的地位
◇ 在同行业中是处于主导地位还是处于中游或者下游地位
◇ 在不同行业中占据市场份额是多大
★ 企业发展前景
◇ 企业面临着什么样的困难
◇ 企业是否开始生产什么新的产品或者启动了什么新的项目
◇ 企业将如何进行资产重组和股份制改造
◇ 经营者如何考虑企业的未来发展
◇ 是否在进行上市的准备
★ 企业对人才的要求
◇ 这项工作是否一直有人在做？还是由很多人从事的常规工作
◇ 是否能联系到一些从这个岗位离任不久的老员工
◇ 将来的上司会是个什么样的人
◇ 这些工作需要掌握什么技能
◇ 对技能的要求怎样(最低限度是什么，最高标准是如何规定的)
◇ 最近在这些工作中处理的最棘手的事情是什么
◇ 这项工作的近期发展趋势如何
★ 企业员工待遇
◇ 工资收入、资金数额以及住房条件、医疗福利、失业保险等

第十章　求职简历制作

求职简历是求职者用来向用人单位介绍自己、通往面试、到达成功的一本护照。这本护照的制作质量直接关系到求职者给人的第一印象,是用人单位初步了解求职者的关键。

第一节　如何制作简历

简历是一个人的快照,是一份为你量身设计的专业技能和资质的清单,是一份最好的、达到先声夺人效果的自我介绍。但是,请注意,简历不是一份一步到位的求职解决方案,不是一个你曾经做过的所有工作的流水账,不是一份罗列曾经任职过的所有职位的枯燥文本,不是一份个人记录,不是一份可广泛散发、适合所有用人单位的文件。

■ 什么是"成功的求职简历"

★ 应该是一份目的明确的简历

★ 应该是一份可能获取最多面试机会的简历

★ 应该使招聘者的工作尽可能变得容易

★ 应该实事求是

■ 成功求职简历的主要特征

★ 简短

★ 切中要点

★ 发送正确的"信号"

★ 提供证据材料

★ 是一份展示自己的材料

★ 阐述有利条件,以争取面试机会

★ 赋予人信心

★ 诚实

■ 求职简历的类型

★ 时序型

包括按时间先后排列、反时间顺序排列(推荐)两种。这种简历清晰、简洁,便于阅读。一份时序型的简历应包括目的、摘要、经历等部分。

时序型的简历一般适用于以下情况:

◇ 你的工作经历能很好地反映出相关工作技能的不断提高

◇ 你有一段可靠的工作记录,表明你获得了不断的调动和提升

◇ 你最近所担任的职务足以体现你的优势

★ 功能型

这是一种不太常用但往往很有效的简历。它强调你的资历与能力，并对你的专长和优势加以一定的分析和说明。工作技能与专长是功能型简历的核心内容。一份功能型简历一般包括目的、成绩、能力、工作经历以及学历等几部分。

你可根据自己的实际情况选择使用功能型简历，它一般适用于：

◇ 你的部分工作经历及技能与求职目的相关

◇ 你只想突出那些与应聘职务相关的内容

◇ 你是一名应届毕业生

★ 复合型

该类型简历是时间型和功能型的综合运用。你可以按时间顺序列举个人信息，同时刻意突出你的成绩与优势。一份复合型简历一般包括目的、概况、成绩、经历和学历等部分。

复合型简历能最直接地体现你的求职目的。它一般适用于：

◇ 你是一名应届毕业生

◇ 你既想突出成就与能力，又想突出你的个人经历

★ 目的型

除了上述几种主要的类型外，简历也可以完全根据求职目的来安排。只要适应于具体情况，目的型简历可以是上述类型中任意一种(一般多为复合型)。

目的型简历一般适用于特定职业的求职，对在特定领域的求职者较为有用，如教师、电脑工程师、律师等。

■ 简历的基本内容

★ 个人基本信息

★ 求职意向(职业目标)

★ 教育背景

★ 工作经历(实习经历)

★ 爱好与特长

★ 个人简介(自我评价)

★ 附件(证明、证书等)

在你的简历中，到处都要推销自己，要把个人情况的信息和用人单位情况的信息结合起来，制作相对应的不同风格的简历。

■ 简历制作的三大原则

★ 要有重点——陈述工作和职位重点，或是把自己描述成适合该职位的求职者

★ 把简历看作一份广告，展示你自己——语言简短，多用动词

★ 陈述有利信息，争取面试机会，也就是说尽量避免在简历阶段就遭到拒绝

■ 简历制作的诀窍

★ 简历要简洁

★ 简历中不要含水分，一定要真实客观

★ 不要过分谦虚

★ 简历上要写明求职的职位

★ 在文字、排版、格式上不要出现错误

★ 简历不必做得太花哨
★ 简历言辞要言简意赅，不要过于华丽
★ 不要写上对薪水的要求
★ 不要写太多与求职的职位无关的个人情况
★ 避免遗漏要点
★ 避免喧宾夺主
★ 略去应该略去的部分
◇ 略去日期
◇ 略去缺点、失败的经历或羞于谈及的往事
◇ 略去证明人

案例

将简历做成数字展览

2024 年 6 月，天津某高校毕业设计展上，许多毕业生不再仅仅携带 A4 纸简历，而是在简历醒目位置贴上个人作品集二维码。有毕业生利用二维码整合了个人项目网站、设计作品集、短视频集、微信公众号等多元化内容，HR 用一部手机即可进入应聘者的全方位数字展示页面，实现实时互动和信息延展。这种方式成为用人单位初筛与精准判断人才综合能力的新“快通证”。现场多位企业招聘者表示，这样的创意极大方便了人才的高效甄选。

■ 撰写简历的步骤
★ 认识自己
◇ 什么是你最在乎、最想要的(经验、薪资、成就感)
◇ 什么是你最不能忍受的(受限制过大、加班)
◇ 什么是你与众不同的特点(优缺点)？对你的职业发展有什么作用
◇ 什么经历是你最得意的？这对你今后的发展有什么作用
◇ 什么经历是你最失败的？你是如何处理及改进的

★ 认识职业和应聘企业
◇ 你对所应聘职业和企业的了解程度很大程度上决定了你的“中彩”概率
◇ 清楚了解所应聘的职务是什么
◇ 该职业需要做哪些具体的工作
◇ 该职业必须具备什么样的条件和能力
◇ 这家企业有什么样的企业文化特点
◇ 他们的产品是什么？市场形象和定位是什么

★ 突出特色优势
◇ 首先要找到你期待的最理想的职位和企业
◇ 结合其中关键因素找到自己最突出的优势
◇ 列出关键项目和你能提供给企业所想要的重要特点
◇ 再想想用何种方式进行适度的“包装”：包括内容上和格式上的，以便用人单位对你的

优点一目了然

★ 制作适合的简历类型和格式

◇ 形式与内容要完整

◇ 个人状况要简洁明了

◇ 教育背景要争取对应

◇ 工作经验要有详有略

◇ 其他专长要真材实料

■ 简历的注意事项

★ 书面简历

◇ 不要文章式简历

不应该注入大量抒情的描写，这样会让面试官觉得你是一个无病呻吟、虚无缥缈的求职者。

◇ 多用数字说话

经常吹嘘自己组织过无数的成功活动，兼职如何获得别人的赞许，成绩如何的好，但就是没有量化的数据，这样令面试官觉得你是个爱说空话、废话连篇的人。

◇ 尽可能使复印件清晰明了

如果连自己的自荐书都不能让它清晰明了，会让人觉得你连自己都不尊重，肯定是个做事马虎、缺乏热情的人。

◇ 要有应聘职位

很多求职者不喜欢把自己的应聘职位写在简历上，希望这个工作不行那个也可以，这是大错特错的做法，老板不是慈善家，他绝不会将这份工作给一个连自己想干哪一种工作都不知道的人。

◇ 装订不要过于精美

装订过于精美的封面很容易让面试官误认为你是一个奢侈、不够专业和过于注重外表的人。

★ 邮件投递简历

◇ 尽可能不要加带附件

最好直接把你的简历粘贴在正文中，不要以附件的形式发送。在一些公司敏感防火墙的作用下，可能你的邮件还未到达目的地，就已在服务器内被直接删除了。

◇ 使用通用软件

用人单位的电脑为办公专用，一般只安装有常规办公软件，所以用通用软件制作简历会更稳妥。

◇ 杜绝使用加密文件

没有人愿意费心思去先解开你的密码，再去了解你。

★ 压缩简历

将简历压缩到一页，反复掂量，分辨那些功能相似的信息，选择那些更生动、更独特的信息，删除那些雷同的条目；在保留原有信息量的同时，力求表达更简练。

★ 包装简历

对简历上所有条目进行重新布局。布局与包装的原则是：

◇ 简历中重要的信息一定要出现在第一页

◇ 每页中重要的标题项尽量出现在靠近页首或页尾

◇ 每项标题中最重要的细节要出现在第一句，次重要的细节出现在最后一句，其他信息安排在中间，从而避免给人以虎头蛇尾的感觉

◇ 删除那些无足轻重的细节

简历页面寸土寸金，不要让你的姓名、性别、地址、电话占据了过大的页面。

如果你使用两页的简历，千万将第二页写满 2/3 以上，不然就坚决选择一页的简历。

◇ 将你的名字作为题目，可以省出宝贵的页面

◇ 设计反映自己个性的外观

案例

简历范本

张三

照片

- 联系电话：13570342×××　　E-mail：346810×××@qq.com
- 通信地址：广州市×××大学×××宿舍
- 性别：女　年龄：24 岁　政治面貌：中共党员　毕业时间：2025.7

【求职意向】金融类　咨询服务

【教育背景】2021.9—2025.7 广东财经大学华商学院主修国际经济与贸易专业

【学校工作经历】

• 2023.9—2024.8 担任学院学生会副主席

（任职期间培养了较强的表达能力、交际能力，积累了大量的组织管理经验）

• 2022.8 赴广东省珠海市实践调查　调查小组组长

（调查珠海市经济效益与旅游环境的关系问题。完成实践报告并获学院优秀奖）

• 担任广东财经大学华商学院 5 周年校庆学生系列活动筹备组副组长

（作为主要负责人之一，负责总体策划及组织工作，得到了各方面的高度评价，因表现突出被太阳城教育集团聘用，并安排在房产开发部顶岗实习）

【社会工作经历】

• 2022.1—2022.2 中国移动广州市增城分公司销售部（实习）

（负责部门日常事务管理、销售数据处理及外场销售活动推广等）

• 2023.8—2023.9 顺德区金鹭针织实业有限公司实习，担任经理助理（实习）

（负责协助经理处理日常事务）

• 2024.8—2024.9 中宏人寿保险有限公司人力资源部经理助理（实习）

（负责协助经理处理日常事务，撰写公司经理会议、专题研讨会议等会议纪要）

【专业知识】

• 金融：具备较扎实的专业课基础知识，通晓国际金融、国际贸易、管理信息系统等知识

• 市场营销：掌握市场营销学、消费者行为学等专业知识，并通过实习得到较深入的理解

• 人力资源管理及社会心理学：选修了相关课程，大量阅读相关资料，并积累了一定的工作经验

【外语能力】

• 英语：较熟练运用，具备较强的英语听说读写能力，CET-4 证书

【电脑运用】

• 能熟练使用 Word、Excel、PowerPoint 等办公软件，擅长使用 Excel 进行数据分析和处理，以及制作各类电子报表和图表

【特长爱好】

• 喜爱文学作品，尤其是推理性书刊，有一定的写作能力

【自我评价】

• 肯吃苦，敢拼搏，诚实，乐观，认真细致，学习和适应能力强

第二节　如何写求职信

今天的求职信已经不仅仅是作为求职简历的陪衬，它本身就是一种个性化的、充满活力的促销工具。最近的一项调查发现：60%的管理人员认为，他们在挑选众多求职者时，会非常仔细阅读求职简历里的求职信。有的甚至在看了求职信以后就决定将他纳入旗下。

所以，如果想让你的求职信能吸引未来老板的注意，你就要绞尽脑汁地把它写得感动人心。

■ 感动人心的求职信

★ 充满鲜明的个性

★ 饱满充沛的精力

★ 具有老板想知道的相关信息

★ 适当的不拘礼节

★ 清新的气息

■ 感动人心的求职信的作用

★ 给人良好的第一印象

就像你敲第一声门一样，一封激动人心的信可以吸引你的简历读者的注意力。

★ 以面试官为中心

简历的焦点是你，而感动人心的求职信的焦点则是将要面试你的面试官，简历迎合面试官的需求和期望。

★ 重点突出你的优势与资历

你的求职信应突出你的个人资历，并把它直接传达给特定的人，它让面试官明白为什么你具备他所需要的条件。

★ 紧跟潮流的形象

求职信表明你了解影响当今单位效益的新观念、新技术。在新兴的行业中，很多面试官一

般都认为刚毕业的学生掌握着最新的知识。

★ 显示才智

感动人心的求职信不仅展现你对岗位的理解，同时也展示你具有满足单位特定需要的能力。它能体现出你很聪明、还很尽责、能够洞察到单位在各方面的需求。

★ 预售自己

感动人心的求职信预售你的资格，促使读信人把你想象成聪慧、专业、能够胜任工作的人，从而为你赢得面试的机会。

★ 适应性——一个实用问题

求职信当然应该是针对个人的，不管什么时候，尽量写给个人而不要写给用人单位。但是，为了实用，你应写几份求职信模板——每种职业各一份。需要时只要加上一个新开头，插入一些目标工作的细节，你就有了一份全新的求职信。

★ 充分显示你是一个真实的人

有了求职信，你就不再仅仅是一个名字和一连串资历的组合，而是一个真实的人，可以带来岗位所需技能，有着自己的目标、主见和个性。

★ 展示你严谨的思维

感动人心的求职信可以向老板展示你是如何思考的，如何阐明自己的立场的，如何以清晰的思路把材料组织起来的。同时你的求职信也证明你善于用文字交流。

■ 求职信的格式

★ 称呼

求职信的称呼一般要比书信的称呼正规一些，在实际书写时要区别对待。如果写给国家机关、事业单位的人事处领导，用“尊敬的××处长（科长等）”称呼。当然，有些求职信，也可以不写姓名，如“尊敬的董事长先生”等。

★ 正文

◇ 说明本人的基本情况和求职信息的来源

◇ 说明应聘岗位和能胜任本岗位工作的各种能力

◇ 介绍自己的潜力

◇ 表示希望得到答复面试的机会

★ 结尾

写上简短的表示敬意、祝愿之类的祝词，如“深表谢意”；也可以用“此致敬礼”之类的通用词。

★ 署名

★ 日期

求职信的正文要突出你的优点，能令未来老板觉得你能为他分忧的特点，所以在写求职信前，先检阅一下自己的优势所在。

求职信范例

××经理：

您好！

我写此信是想要应聘贵公司的经理助理职位。我是在招聘网站上看到了你们的招聘信息，并一直期望能有机会加盟贵公司。

两年前我毕业于首都经济贸易大学国际贸易专业，在校期间学到了许多专业知识，如国际贸易，国际贸易实务，国际商务谈判，国际贸易法，外经贸英语等课程。毕业后，就职于一家外贸公司，从事市场助理工作，主要是协助经理制订工作计划、承担外联工作以及管理文件和档案。本人具备一定的管理和策划能力，熟悉各种办公软件的操作，英语熟练，略懂日语。我深信可以胜任贵公司经理助理之职。

个人简历及相关材料一并附上，希望您能认识到我是该职位的有力竞争者，并希望能尽快收到面试通知，我的联系电话：139××××××××。

感谢您阅读此信并考虑我的应聘要求！

此致

敬礼！

×××

××××年×月×日

一封完整的求职信可以从 4 个方面入手：

A. 开头

开头一定要开门见山地写明你对公司有兴趣并想担任他们空缺的职位，以及你是如何得知该职位的招聘信息的。

例如：获知贵公司××××年××月××日在××××××上招聘××××××的信息后，我寄上简历敬请斟酌。

B. 推销自己

信的第二部分要简短地叙述自己所学的专业以及才能，特别是这些才能将满足公司的需要。没有必要具体陈述，如果想要获取详细内容，引导对方查看你的简历。此外，推销时要适度，不能夸大其词。

C. 联系方式

在求职信中写清楚你电话预约面试的可能时间范围，或表明你希望迅速得到回音，并标明与你联系的最佳方式。

D. 收尾

感谢他们阅读并考虑你的应聘。

另外，还有几点是一定要注意的：首先求职信的篇幅不要太长，简明扼要就可以了。其次不要粘贴或附带太多支持文件，诸如证书、奖状等复印件，除非是招聘单位在招聘广告中特别声明要求的，否则寄了厚厚一大沓材料，成本不菲，收效可能甚微。最后，态度要诚恳，不需要任何豪言壮语，也不用使用任何华丽的词汇，只要让对方读起来觉得亲切、自然、实实在在就可以了。

第十一章　面试技巧

面试是获得单位录用的艰难过程中的最重要环节。面试技巧是就业指导中最为关键的内容。每一位求职的学生一旦走进面试室，他的整个前途也许就取决于他在接下来的15～30分钟里是如何向坐在桌子对面的陌生人展现他的风采。

很多人一直在寻求面试的技巧。但是，我们必须明白一点：针对不同人、不同职位的面试方法是绝对不同的。“看情形灵活运用我们讲的面试技巧”就是答案。这是因为：

◇ 求职所谓有效的方法与做法，大多数是普通常识

◇ 一般的毕业生往往因为情绪因素，无法好好应用求职策略

◇ 面试本身是宣传与推销自己的过程，但许多大学生都缺乏这两方面的训练

◇ 面试过程中无论你遵从多少人的建议，最后也只能让部分人满意而已

◇ 求职过程中没有万灵丹

◇ 每个人求职过程面对的情况是千变万化的

资料链接

一些招聘的“新科技”，在今年秋招中开始逐步广泛地使用。

“作为曾参加过往年招聘的文科硕士，感觉今年的招聘形式越来越复杂，如现在很多民营企业甚至外企，都引进了行政职业能力测验和AI测评等。”2024届硕士毕业生徐琳告诉21世纪经济报道，她往年应聘的时候并没有遇到过AI面试测评，但今年使用AI面试测评的公司增加很多，也遇到过在面试前进行心理测试的公司。

面对这一“新局”，不少高校毕业生感觉有点茫然。

一位毕业于湖南师范大学体育学院的高校毕业生李思告诉21世纪经济报道，今年找工作中，她发现互联网大厂或者是新媒体公司使用招聘新技术的越来越多，不过教育行业主要是面试和考试为主。

21世纪经济报道记者采访了一些进行秋招的大型公司HR，发现不少公司都在考虑引入新技术，甚至已经引入了心理测试。“今年我们会对招聘对象进行心理测试，一方面对应聘者做一个综合心理分析，作为岗位推荐和录用参考。同时请第三方咨询机构出题，对应聘者进行统一上机考试，考试达标才能入围。”云南某大型电力公司人力资源部主任对21世纪经济报道记者表示。

21世纪经济报道记者了解到，该公司的心理测试颇为复杂，会从个性特点、职业行为风险与发展、职业兴趣三方面进行评估。个性特点包含学习意识、责任意识、合作意识、自觉自律、情绪控制、同理心等方面的测试；职业行为风险与发展评估心理是否健康，分析积极因子和问题因子；职业兴趣主要分析喜欢的职业类型。“我们比较看重心理健康因素。使用新技术能够提高招聘效率，能有效排除不符合硬性条件的应聘者。”上述人力资源部主任说。

事实上，目前应聘企业对于应聘人的心理健康状况越来越关注。上述从事过 HR 的心理咨询师表示，从招聘的角度来说，如果使用正规的人格测量表，对于一个人的人格了解是具有一定客观性的，因此对人才招聘选拔方面有一定的参考价值。不过，关键是招聘的时候要如何使用。

"最好的使用办法是将心理测量与面试结合起来，只要通过正常的简历筛选，都给予一个公平的面试机会。"上述心理咨询师表示。

资料来源：陈洁. 秋招引入心理测量、AI 面试　高校毕业生就业遇"新局". 21 世纪经济报道，2023-10-27(005).

第一节　面试的类型

■ 按目的划分

一般在大机构里，面试分为筛选型和挑选型面试。

★ 筛选型面试

目的：为了筛去多数的应聘者，留下最符合条件的求职者

负责人：通常是人事部门或专门从事物色员工的招聘人员。他们将面试后的合格者交给有权作最终决定的人

方式：通过研究你的应聘资料以及询问你一些常规性的问题来考查你是否符合他们的最低限度的规定

典型的筛选型面试的内容包括：

◇ 有关你的学习经历以及成绩的问题

◇ 探询你是否有跨工种的技能，如有没有其他与专业无关的特长爱好

◇ 询问你简历中时间不连贯(如学习经历中的空白阶段)的原因

◇ 旨在发现你的为人如何，是否可靠和具有较好的协作精神

★ 挑选型面试

目的：在少数的合格者中确定最终人选

负责人：有权决定录用你的管理人员、部门负责人或老板

方式：通过多种方式，如单独谈话、一起吃饭等对你进行综合性的考查

主持挑选型面试的考官会特别注重以下几方面：

◇ 面试者表现出来的突出的优良个性

◇ 有没有比其他应聘者更出色的技能或特长

◇ 面试者如何处理某项假定的工作

◇ 询问一些有关面试者个人意愿的问题(是否愿意出差或需要自己租房)

■ 按面试者类型划分

★ 一对一的面试

就是一名面试者接受一名面试官的面试，这是一种非常典型的面试方式。通常面试者应当以面试官为中心，充分地表达自己的观点和表现自己的优势。

资料链接

人工智能时代大学生就业能力构成要素

(1)知识与技能。理工科专业的学生需要掌握先进的技术知识,如计算机编程、数据分析等;文科专业学生则应具备深厚的人文素养、语言表达和文字处理能力等。此外,大学生还需要掌握一定的综合技术。综合技术不仅包括最基础的软件应用能力,还包括与人工智能相关的技能,如机器学习、人工智能算法、机器人技术等领域的知识和技能。

(2)沟通能力。在智能时代背景下,沟通的方式不局限于电话、短信、面对面,而是新增了微信、社交媒体平台、智能协作工具、AI等方式,可以跟AI进行对话、沟通,有效地提高自身的沟通能力,也突破传统的人人对话模式。

(3)创新能力。创新能力是智能时代大学生就业能力的灵魂。人工智能的发展使得重复性、规律性的工作逐渐被机器替代,而创新性工作的需求日益增长,这包括创造性地运用知识、敢于突破传统思维模式、具备快速学习和适应新环境的能力等。

(4)适应能力。首先,能够积极主动地更新自己的知识库和技能,适应时代发展。其次,具备一定的心理韧性。在面对社会带给自身的就业压力时,也能够积极调整好心态,积极乐观地面对问题、解决问题,养成豁达的乐观态度。最后,具备一定的自我效能感。在提升自身的就业能力时,对自己充满信心,充满能量,相信自己能够完成时代的一切挑战和要求。

资料来源:刘锦煜.人工智能时代大学生就业能力构成的现实挑战与路径选择[J].现代商贸工业,2025,(13):31-33.节选,有改动。

面试时,请注意:

◇ 不要紧张,表现得自然些,别忘记和面试官打招呼,说句“早晨好”

◇ 举止要大方,不可闪缩。待面试官示意你坐下,你才可礼貌地坐下,不要太随意或左顾右盼;切忌懒洋洋和满不在乎

◇ 微笑

◇ 眼望对方,并留心倾听

◇ 当面试官说话时,要让面试官先打开话匣子。回答问题要直截了当,无须太繁复,也不要单说“是”或“不是”,否则,面试官会觉得你欠缺诚意。深入的谈话内容有助于面试官对你作出确切的评估

◇ 假如不太明白面试官的问题,应该礼貌地请他重复

◇ 不要打断面试官的说话,被问及重复的问题不能表示不耐烦,更切忌与面试官争辩

◇ 谨记在适当时机表现出自己的优点和特长,但不要浮夸

◇ 不要急着提出薪酬问题,最好让面试官先提出

◇ 问清楚多久才能知道面试结果。不要忘记向面试官道谢及说声“再见”才离去

◇ 不要害怕给面试官打电话,要知道对方的名字,写给“主管者”的求职信永远是不管用的

◇ 要尊重单位的秘书和助手,她们往往拥有真正的权力

◇ 坚强振作

◇ 必须有始有终

4 种类型的“面试杀手”

◇ 过分紧张

※ 握手时心不在焉

※ 在面试中蜷缩在椅子上或者坐立不安

※ 不敢正视面试官

※ 活动指关节(使之发出响声)或玩弄手指或头发

◇ 缺少自信

※ 不断地做自我批评

※ 过分贬低自己的成就与能力

※ 声音太低,或声音太高

※ 用一个词来回答面试官的所有问题

※ 回答问题时犹豫不决

◇ 不体谅他人

※ 对待接待人员、秘书或就餐时对侍者不礼貌

※ 喝烈性饮料

◇ 你的价值观

※ 在面试时和简历上有不诚实和撒谎的迹象

※ 不负责任,有屡犯错误的可能

※ 傲慢、不守约定、不守诺言

※ 有不听指挥、不遵守规章制度的迹象

※ 有不停地抱怨、指责别人的迹象

※ 懒惰、缺乏动力

※ 对组织和所做的事情缺乏热情

※ 三心二意、不恰当的举止等

★ 多对一面试

在一些规模较大的单位,经常会有多位面试官同时面试一位毕业生。

◇ 注意礼貌

进场面对各个面试官时,最好能够逐一趋前握手致意。若办不到,至少要以眼神逐一扫过,同时微微地鞠躬或点头打招呼。

◇ 克服心理障碍

当应试者面对众多的面试官时,在心理上更容易形成紧张状态。要保持信心,绝不能吃心理败仗。

◇ 迅速分辨主面试官

在众多的面试官中,必定有一个是主要的面试官。赢得主要面试官的好感,是面试成败的关键所在。面试中的第一步就是迅速分辨出谁是主面试官。

※ 座位的次序

※ 察言观色

※ 面试官的耳语集中点

◇ 赢得所有面试官的好感

集体面试的结果是所有面试官综合意见的结果，所以对任何一个面试官都不应冷落，无论谈论什么话题，都要顾及在场所有的人，把自己的真诚友好传达给每一个人，把才华展现给所有的面试官。

※ 态度认真诚恳，不要流露出自负，也不要过于夸奖自己的才能

※ 善于言谈、内容准确可信

※ 口才一般的面试者，可以集中阐述某一个事关重大的问题，或是谈一些有创造性的话题

◇ 切实了解这份工作的要求和条件

不管有多少面试官在场，问了多少条问题，绕了多大的圈子……最终结果就是要选出最适合的人才。所以只要抓住“最适合性”的大原则来发挥，你就不会脑袋一片空白了。

◇ 选准突破点

在顾及全体面试官的基础上，最重要的是选准突破点，这样可以变消极为积极，变被动为主动，产生意料不到的效果。

※ 找出相似点。将自己的要求变成对方的要求，将自己的意愿转变为对方的意愿

※ 试图从地域、时间、感情等各方面缩短与某个面试官的距离，让他对你产生亲近友好的感情

※ 确立突破点，从一群陌生人中挑出一两个最易获得好感与信任的人，在对你作是否聘用的决定时，他(们)的话对你的面试结果会起到举足轻重的作用

◇ 坚持你的战术

不要让集体面试者打乱你的安排。把你的资历和背景直接与工作需要挂上钩。同时，表现出你的兴趣、热情和自信。

◇ 小心背后的两只眼

在集体面试中，可能会有经历、风格迥异的面试官济济一堂。有的面试官可能表现出对你有兴趣；有的和你亲切交谈；有的对你责问刁难；有的似乎对你一点都不感兴趣，甚至在面试中始终一言不发，表情木然而又没精打采。对最后一种人，要特别小心。

◇ 特别提示

不要仓促地回答问题，如果你对提的问题没把握，要问清楚：如果无法回答，就大方承认。

★ 无领导小组面试

近几年来无领导小组面试法得到越来越多用人单位的认可，无论是公务员面试还是外企面试都可能采用这种方法。无领导小组讨论给考生提供了充分展现个人才能与人格特征的舞台，对考生而言其实更有利，在既定情景下，考生通过对问题的分析、论述，给考官留下良好的印象。

◇ 什么是无领导小组面试

无领导小组面试是评价中心技术中经常使用的一种测评技术，采用情景模拟的方式对考生进行集体面试的考查方式，考官可以通过考生在给定情景下应对危机、处理紧急事件以及与他人合作的状况来判断该考生是否符合岗位需要。

无领导小组面试一般由多人组成讨论小组(5～10 人)，任务目标是小组要在规定时间内达成统一的结论。面试者不被指定角色，小组在整个讨论总结的过程中可能会产生不同的任务角色。有的人喜欢分配任务，有的人善于思考总结，有的人善于发表言论，有的人则思维缜

密,各有各的特点和长处,每人都扮演一种角色,不同角色有着不同的任务。

◇ 角色扮演

(1)讨论方向把控者(小组长)。这个角色类似于 Leader,对个人的各方面要求都很高,对特定情景或问题有足够的系统认识,能够引领讨论大方向,对小组讨论结果进行决策。如果你想要当 Leader 这个角色,那你应该在面试前就做足准备:如在等待面试时,先主动和各位参加面试的同学认识一下;又如进入面试教室时,可以主动帮面试官的忙,如摆椅子、倒水等。

当你顺利当上了 Leader 这个角色之后,你的任务就是要领导整个小组达到预期的目标。那么第一件事就是把时间分配好,用较短的时间阅读完材料并整理出大概思路和框架,不要在意细节问题。要第一个发言,干脆利落果断,例如:“大家都看完材料了吧?我先来讲一下我们本次的任务是……时间比较紧张,我建议大家做好时间分配,大家看看有什么补充的可以直接提出来。”你的思路讲述完成后,就要确保按照时间分配内容,把讨论进行下去,并促使团队达成共识,完成任务。

在讨论过程中,你要注意处理好这些问题:①组内有些人的意见不统一时,要根据自己的判断,跟有意见者进行单独交流,说服其暂时接受多数人意见。如果你没办法说服他,可以套用这样的思路:“这位同学(最好是记住他们的名字),我很理解你的看法,但是由于时间有限,暂定为多数人赞同的方法,你自己的想法我们可以让记录员写下来,如果最后时间有剩余,我们再进行讨论,可以吗?”此话一出,大家会附和你,这样使讨论继续进行下去。②组员抓不住重点,讲话太多时,你可以直接委婉地提示:“这位同学(直呼名字最好),你的意思是不是这样……。”或者说:“同学你的讲话很精彩,但是篇幅太长记录员无法都写下来,麻烦你用一句话概括你的观点,可以吗?”③统筹全局,让每个人都参与。你应该在适当的时机鼓励不爱讲话的人发言。你可以这样讲:“这位同学,我看你一直在深思熟虑,大家也想听听你的意见,可以吗?”

(2)方案成形贡献者。通常小组成员都会扮演这样的角色,在 Leader 的引导下,说出自己的方案意见,并用自己的理由说服别人。有突出、创新意见的人员容易引起考官的关注。如果你是这一角色,就要把精力用到题目本身,作出最佳的观点陈述,让大家都认可你的想法,使你的方案成为最终解决方案,这样你在面试中获胜概率才会大大增加。

(3)时间把控者。参加面试时戴手表是好习惯。时间把控者,类似于计时员,主要是在规定的时间内分配好各个面试环节,使小组最有效率地得到答案。一块手表就可以让你顺理成章地当选这一角色。当你当选该角色后,要申请坐到 Leader 的旁边,这样既方便与 Leader 交流,又会引起考官的注意。除坐在 Leader 旁边外,在大家发言时,你的温馨提示也能够引起考官的注意。发言中可以这样说:“各位,我们的时间大概还剩下几分钟,我们看看有没有其他补充方案,如果没有的话,请问 Leader 是不是可以完成我们的讨论?”或者说:“这位同学,十分抱歉打断你一下,你讲话的时间还剩下 30 秒,我建议现在可以做一下总结陈词。”这样不仅仅是单纯地进行时间提醒,还附加了一些推进讨论进程的话语,能够引起考官的注意。但是请注意,小组中你不仅仅是时间把控者,也一定要积极参与讨论!

(4)讨论成果记录者。这个角色比计时员角色任务多一些,要把大家讨论的方案记录下来以便最后展示,需要较好的理解能力和速记能力。如果具备这样的能力,你可以直接举手示意要扮演这个角色。一般先举手先得到,其他人也不好去抢。当选之后,你除做好记录外,也要这样做：把每个人的观点进行总结，并从中引申和总结出自己的观点，而且在冷场的时候把自己的观点讲出来；在大家讨论时，可以配合 Leader 解决冲突，因为你手中有所有观点的记录，容易与 Leader 进行交流；最后，你可以总结出本次讨论的最终方案，并争取担任最后的演讲者。记录者是演讲者的最好人选。

(5)演讲者。将大家的方案进行最后展示。这个角色需要有很强的总结能力和表达能力。当选者最好是先作为记录者，这样更有利于做总结演讲。讲话时，逻辑清楚，口齿清晰，声音洪亮，注意礼貌用语，要与所有组员和考官有眼神交流，注意一定要用“我们”而不是“我”作为主语。

◇ 注意事项

在无领导小组面试中要根据自己的实际情况，认真扮演好以上角色，此外也要注意以下事项：

(1)做真实的自己，注意礼仪和文明。在面试过程中做真实的自己，就是要求发挥自己的特长。如果你善于记录和总结，就不要同时要求自己又是小组的领导者，硬着头皮去做不擅长的事容易作出拙劣的表现。听别人讲话时要学会倾听，不可东张西望，或显出不耐烦的表情。也不要说脏话、粗话、口头语等，这些都会影响自己的形象和成绩。

(2)发言要积极、主动。抢先亮出自己的观点，不仅可以给考官们留下较深的印象，还可能将其他考生的注意力吸引到自己的思想观点上来，从而争取担任小组中的领导角色。

(3)要有团队合作意识，努力搞好小组中的人际关系。要体现团队精神，让团队所有人员都参与到讨论中。要尊重队友观点，友善待人，不要恶语相向。如果为了过分表现自己，而对对方观点进行无端攻击、横加指责，会令整个小组厌恶。考官不会喜欢一个不重视合作、没有团队意识的人。遇见了与自己不同的意见，不要急于反驳，要沉着冷静，先找不同，再找相同，对事不对人，用事实说话。也可以采取一些交谈技巧，如运用先肯定后转折的技巧，拒绝接受对方的提议。

(4)发言时注意讲话技巧，言简意赅，沉着稳重。有理有据、清晰连贯、符合逻辑地表达出自己的观点，并试图说服队友。在有限的时间内，发言时要抓住问题实质和要点，表达自己的核心观点；不要眉毛胡子一把抓，将自己的观点阐述不停，不利于团队合作和自己的成绩。这样的表达能力需要进行一些模拟训练来提高。也要多接触这方面的讨论题目，在具体的话题中去思考应对的策略，日积月累就能获得丰富的经验。

(5)谈话时要广泛吸收别人的思想观点，后发制人。在讨论开始后，如果无法抢先亮出自己的观点，就不急于表达自己的看法，而是仔细倾听别人的发言，从中捕捉某些有用的信息，取他人之长来补己之短，完善自己的观点，达到“一鸣惊人”的效果。

案例

无领导小组面试题目：某企业招聘新员工，认为员工应具备下面几项素质，请选择自己认为重要的三项并进行排序。

(1)加强品德修养；

(2)较强的学习能力；

(3)要树立边工作边学习的意识；

(4)具备正常的人际交往能力；

(5)积极的工作态度;

(6)会处理好和领导的关系;

(7)能和同事好好相处。

答题要求:①请考生认真读题,并准备发言提纲,时间5分钟。②小组每位考生依次发言表明观点并陈述理由,时间3分钟。③考生自由讨论,并须达成一致意见,时间40分钟。④小组推举一位代表进行总结陈词,时间3分钟。

题目分析及答题过程:

对于排序类问题,有两点非常重要:一是找到排序的依据或原则;二是根据这个依据或原则把选项进行归类,找出所有选项的类别。

首先,考生在审题时要把题目中七项素质之间的关系梳理一下,分析出七项素质之间的关系:选项①是谈"德";选项②是谈"能";选项③、⑤是工作态度问题,因为选项③可概括为"虚心好学",选项⑤可演绎为"勤奋",都可归为"勤"的范畴;选项④、⑥、⑦是讲"人际关系能力",其中选项④可以包括选项⑥和选项⑦。通过分析可以看出,题目中的七项可以归纳为四类素质。考生在选择时,便可从四类选项中进行选择,避免了选择本质上内容一样的选项。归类后,就要考虑选择和排序的标准和原则问题了。标准和原则不是唯一的,根据确定的标准不同,作出的选择和排序也是不同的。

其次,考生独立发言时要注意将自己对以上题目进行分析思考的逻辑思路和组织协调思路展现给考官。

再次,在小组自由讨论环节,考生要注意倾听其他考生的排列顺序观点,记录下他们的观点选择,并进行统计,总结小组整体排序安排,以便更好地对所有考生的发言进行归纳总结。在讨论过程中,当小组成员的观点出现分歧时,你就可以建议持少数人观点的小组成员暂时放弃自己的观点,服从多数人观点,保证整个小组在最短的时间内得到统一意见,以此展现自己的说服能力。

最后,在总结陈词阶段,小组代表在发言时要注意观点明确,在一定的标准下组织自己的发言。要注意将小组讨论的整体思路阐述出来,同时保证理由充分、全面。此处重点考查考生的语言表达能力和组织协调能力。

■ 按手段划分的面试

★ 模式化面试

由面试官根据预先准备好的问题和有关细节,逐一发问。其目的是获得有关应试者全面、真实的情况,观察应试者的仪表、谈吐和行为,以及沟通意见等。

★ 问题式面试

由面试官对应试者提出一个问题或一项计划,请你予以解决。其目的是观察应试者在特殊情况中的表现,以判断其解决问题的实际能力。

★ 非引导式面试

面试官海阔天空地与应试者交谈,让应试者自由地发表议论,尽量活跃气氛,在闲聊中观察应试者的能力、知识、谈吐和风度等。

★ 压力式面试

面试官有意识地对应试者施加压力,针对某一问题作一连串的发问,不仅详细,且追根问底，直至无法回答，甚至有意识地刺激应试者，看你在突如其来的压力下能否作出恰当的反应，以观察其机智程度和应变能力。通常包括几个方面的内容：

◇ 在面试开始前让面试者等上较长的时间

◇ 令人不舒服的长时间缄默

◇ 质问面试者的信念

◇ 故意曲解面试者的话或当面侮辱面试者

★ 综合式面试

由面试官通过多种方式综合考查应试者多方面的才能。如用外语同应试者会话以考查其外语水平，让应试者写一段文字以考查其写作能力，让应试者讲一段课文以考查其演讲能力，也许还会要求你现场操作计算机或打字机等。

■ 按面试地点划分的面试

★ 线上面试

随着中国信息技术的发展，线上面试相对于现场面试而言，有着方便灵活、成本低廉的特点，成为越来越多公司的常规选择。线上面试最常用的是视频面试，最常用的工具是钉钉、微信视频、腾讯会议、阿里云等。在这些工具的视频沟通界面中，面试官和候选人可以进行一对一、多对一或者小组面试。但线上面试绝不仅仅是简单地将面试场景搬到线上，求职者需要对此作出更有针对性的准备。

◇ 视频面试硬件和软件的准备

(1)有上网和拍照摄像功能的智能手机等电子设备和有线耳机。要保证网络信号稳定。提前调试好摄像头、麦克风等，确保能正常调用摄像头和麦克风。可以找家人或朋友协助你调试，进行模拟视频面试一遍，确定音量恰好、光线效果好等。使用有线或蓝牙耳机是为了使面试过程不被周围环境干扰，应聘者的声音更加清晰。

(2)手机支架。如果用手机面试，一定要找个支撑物将手机固定起来，免得手持手机造成面试中画面晃动，模糊等情况。

◇ 挑选背景环境

(1)选择光线充足的环境。在光线充足的环境中你脸上的光彩、光泽度和眼神会给面试官留下比较好的观感。注意背景中不要出现光源、玻璃等反光的东西。

(2)选择安静的环境，面试时周围没有噪音，不被打扰。

(3)最好在书架前。在视频面试时，除对应聘者仪容仪表的考查外，面试官也会在一定程度上从应聘者身处的环境来侧面衡量他们。选择书房，就会给人知书达理、上进爱学习的印象。如果没有书房或书架，也可以选择后面背景是挂着乐器的墙，或者至少要找一面白墙，一定不要选择在床上或杂乱的饭桌上。要保持自己、桌面等进入镜头的环境干净整洁，不要让周围乱七八糟的画面进入镜头。

◇ 提前进入面试沟通界面等待面试官

等待期间也要注意自己的环境、仪容仪表等。

◇ 视频面试过程中注意事项

开始面试后，一定要盯着摄像头，给面试官一种眼神交流的感觉。如果只是盯着屏幕，面试官看到的是应聘者眼睛耷拉的状态。由于视频面试不是面对面交流，应聘者如果一边面试一边在网上搜索答案，会被面试官看出来并留下不良印象。除此之外，在回答问题的过程中，应聘者只要将之当成现场面试来认真对待就可以了。

★ 校园里的面试

有专业要求的单位一般会直接到校园内面试。他们会通过与学校的就业指导中心或学院(系)党委联系,由学校老师负责安排场地、时间进行面试。毕业班的学生应当注意:

◇ 面试的服装在宿舍里随手可得

◇ 收到面试通知过于紧急时,可以考虑穿上校服进行面试

◇ 面试前不要做剧烈的运动,如果赶得及,最好先洗个澡

◇ 如到其他学院部门面试时应带上学生证或身份证

◇ 记住面试前把你的通信工具关闭,以免影响面试

★ 在人才市场的面试

在人才市场上与面试官的见面是短暂而重要的。见面时毕业生把资料递给对方,目的是得到一个面试的机会,而不是在人才市场找到工作。递材料时,应当注意:

◇ 准备简短的能突出本人特点的解说词

◇ 尽量表现得谦逊而不自卑

◇ 注意音调,要比平时稍大,但不能过于刺耳

★ 餐桌旁的面试

应聘者会同该单位各部门的主管一起用餐,席间大家与应聘者一边吃一边谈。虽然看起来轻松自在,但面试者必须比其他场合更警惕:

◇ 不要吃那些很费事的食物(如螃蟹等)

◇ 除非晚餐,否则不要喝酒

◇ 如果面试官让你点菜,不要点菜单上最贵的菜,也不要点最便宜的菜

◇ 不要吸烟

◇ 不要抱怨饭菜、服务或饭店不好

◇ 不要剩下过多的饭菜

◇ 要对对方的盛情款待表示感谢

■ 其他情景面试类型

★ 集体解决某一问题

在这种面试中,你会被分配一项任务,并被安排坐到某张桌子旁。每张桌子都坐有其他3～4名应聘者,一起组成一个小组。这时该企业会有人出来告诉各小组的成员,每张桌子代表"一个企业的团队",每个团队都将有一个小时的时间去解决某一具体的问题。他还会进一步告诉你们,每桌都安排有一个该企业的代表(常常由企业顾问或人力资源部门的员工担任)帮助你们一起分析问题以及组织你们进行小组讨论。

★ 办公室信函及文件的处理

这一方法是,他们给你一只盛满备忘录、电话记录、约会时间安排表、项目完成的最后期限以及其他各种企业经理人员办公桌上常见的文件的收文篮。你的任务是必须在较短的时间内,通常在30～45分钟内将这些待处理的事务按轻重缓急整理安排好。因为你未来的上司希望借此了解你的组织能力、思维方式、分析问题的能力以及承受因时间紧迫带来的压力的能力。

★ 角色扮演

在一种模拟情景下，你会被要求完成一项具体的任务，如做一次产品销售演示等（通常他们会向你提供产品的介绍资料并给你一定的时间进行准备）。有时，在角色扮演活动中你也可能会被要求扮演一个咨询顾问、经理或客户服务代表等不同的角色。

★ 评估中心

这种方法大多在企业招聘某一岗位如企业主管时，因有大量的候选人需要评估考察才使用。它往往更多地用在对企业内部候选人，而不是对外部应聘者的筛选上。

顺利通过情景面试有几点建议：

◇ 必须明白，情景面试实际上就是看你的表现

◇ 要尽可能多地了解你未来雇主的情况

◇ 在小组讨论中要尽量表现得轻松、自然、真实

◇ 研究掌握情景面试中所用到的各种技巧

■ 公务员面试

公务员面试是一种通过精心设计，在特定场景中以考官对考生的面对面交谈与观察为主要手段，测评考生的综合素质及相关工作能力是否与职位相匹配的考试活动。

相对于笔试而言，面试测评的内容较为主观。为了降低人为因素对考试结果的影响程度、保证考试的公正性，考试组织单位把宏观概括的测评内容具体化、量化，明确测评方向，提供评价标准体系，尽可能将面试过程规范化、标准化，从而确保面试结果客观真实。

★ 公务员面试主要测评考生的综合素质和相关工作能力

◇ 综合分析能力

综合分析能力是由分析理解能力和综合概括能力组成。分析是指把整体分解为部分进行认识和理解，综合是指把对事物各个部分的认识有机结合起来，形成对事物整体的认识和理解。这项测评考查考生能否对政府的政策有透彻的理解，能否对社会现象有正确的看法，能否坚持正确的道义，能否知法守法。公务员工作不是清谈，而是要脚踏实地工作、服务，那么综合分析能力要求考生不仅要明辨是非，还要善于运用综合与分析的方法，既能从整体上把握，又能在局部上深入，透彻分析事物与现象之间的因果联系，看清事物的本质，并提出解决对策。

案例

成也干部作风，败也干部作风，谈谈你的想法。

本题主要考查考生综合分析问题的能力，考生能否在分析干部作风对社会的影响和作用后提出合理的论证观点。答案要点：①作风就是形象，领导干部要以良好的形象赢得人民群众的认可和信赖。②这句话是指干部作风的好坏，直接关系到人民群众的幸福、社会的稳定和国家的昌盛。③所以要努力塑造为民的形象。想问题、办事情、作决策，都要把群众利益放在第一位，将群众满意作为第一标准。④要努力塑造务实的形象，坚持讲实话、出实招、办实事、求实效，不摆花架子，不搞形式主义，不做表面文章。⑤要努力塑造清廉的形象。任何时候、任何情况下，都能稳得住心神、管得住身手、抗得住诱惑、经得起考验，筑牢拒腐防变的思想防线。

◇ 计划组织协调能力

计划组织协调能力是指为完成某一工作任务而具有的预先系统地安排工作以及过程中合理调配各项资源的能力。它包含了三方面的内容:计划能力、组织能力、协调能力。计划是参照,组织是执行,协调是方法,三种能力对于一项工作或任务来说,缺一不可,互为条件。切实可行的计划、严密的组织实施、科学的工作方法,三者相一致才能使工作顺利高效地完成。计划、组织、协调能力是公务员必备的基本素质和能力之一。对于公务员来说,面对的工作错综复杂,必须要有明确的目标,要统筹兼顾、协调各方,要合理安排各种资源,协调各方关系,才能把工作做好。因而,在公务员结构化面试中,该项能力往往是必考的,几乎各地区各行业均会设题进行考核。

案例

某地政府组织本地农户参加迟菜心展销会,由你组织带队,如何安排?

本题主要考查考生计划、组织、协调能力。组织这样一项活动,由于规模比较大,牵涉的人、部门也较多,所以首先要设立一个具体的活动目标,然后制订详尽周密的计划,包括时间、地点的安排,财务预算,人员分工,奖励方法等。同时要考虑到对计划实施的监督以及与有关部门的协调。本题评分较高的答案应该是内容新颖、丰富,计划安排全面可行,注意与各部门联系协调等。答案要点:①根据参展农户的具体情况、具体的展销会内容、时间安排、食宿、交通运输等拟订一份参展计划。②与展销会举办方取得联系,进行协调;联系好交通、食宿;召集参展农户,就展销会的安排进行讨论,争取做到依计划而行。③在参加展销会时,要注意保障参展农户的安全健康。④展销会结束后,做好善后工作。

◇ 应变能力

这是公务员面试题型之一,既考查考生思考问题的全面性,又考查考生的情商,难度系数较大。具体来说,应变能力面试题就是要考查考生四点特质:一是思维的敏捷性和情绪的稳定性;二是对突发事件的整体驾驭能力;三是对工作事务能够分清轻重缓急,把握重点,按照一定顺序处置的协调能力;四是对工作中突然出现的疑难、棘手问题的处置能力。这类试题包括事件应对类、即兴演讲类和串词讲故事类。试题的素材多种多样,但其基本特征就是使考生置身于一个不断变化的情境中,要求考生提出最佳的解决方案。应对应变能力题型可坚持三个原则:一是私事服从公事,以大局为重的原则;二是遵循轻重缓急,学会统筹安排的原则;三是坚持实事求是的原则。

案例

在由流动摊贩代表、城管人员、群众代表组成的听证会上,流动商贩代表与城管人员发生了冲突,城管人员愤然离去,群众代表指责你工作不力,你作为组织者,该怎么办?

本题主要考查考生应变能力。考生要有较高的情商、稳定的情绪和对突发事件的整体驾驭能力,答题时要以大局为重,做到统筹安排。答案要点:作为听证会组织者,出现这种情况,必须妥善解决并维持好会场秩序,确保听证会顺利进行,圆满实现既定目标。具体措施:①先暂停听证会,稳定大家的情绪,对发生这样的事件表示道歉。让群众代表和流动商贩先在会场稍等,我们会马上处理,恢复听证会。②请同事帮忙立即赶出去找到离开的城管人员,安抚他们的情绪，尽量请他们继续回来参加听证会。同时，我会在会场安抚流动商贩的情绪，对流动商贩代表的行为进行适当的批评，并提出自己的建议。听证会是在平等的基础上进行的，希望大家积极发表建议，但是在讨论的过程中要懂得尊重他人，同时，再次强调会场纪律要求。③等城管人员回到会场之后，代表大家向他们表示道歉，但同时也要对他们的行为提出适当的批评和合理的建议，不管怎么样，也不能负气离开。把城管人员和流动商贩代表的问题解决之后，听证会继续按照正常的流程进行。我相信群众会理解并继续支持我们的工作，我也相信，在后面的听证会中，大家会本着互谅互让的原则，最终能达成一致意见。④此次会议结束后，我会向领导进行汇报，主动检讨自己在听证会中工作的疏忽，以后召开听证会一定要注意强调纪律、考虑到参加者的情绪等方面问题，坚决杜绝再发生此类事件。

◇ 人际交往意识与技巧

对于公务员来说，他们在各种具体的公务活动中需要建立和维持自己与他人和团体的关系。这些关系是有目的的、与工作相关的，包括与他人的沟通以及组织中的服从、合作、协调、指导、监督等活动。具体来说，要求考生人际合作要有主动性；要有清晰的权属关系意识；要增强人际间的适应性；做到善于沟通、有效沟通；把握处理人际关系的灵活性与原则性。

案例

小王毕业于某名牌大学，但工作经常出错，办事风格拖沓。现在领导让你和小王共同完成某项紧急工作。请问你怎么办？

本题主要考查考生人际交往意识与技巧。在日常工作中，我们经常要与他人合作去完成一项工作。在合作过程中，我们必须处理好人际关系以辅助我们更好地完成工作。因此，我们在回答这类问题的时候，首先要传递给考官的是你有处理好人际关系的意识，而且能够充分发挥自身主动性去寻找解决问题的途径。答案要点：本题中的问题实际就是我们的合作者小王的优缺点对于工作的影响，我们如何把控。①先对小王优缺点进行分析：小王毕业于名牌大学，必然会有很多闪光点，如理论知识储备丰富、思维活跃、创新意识强。但是毕竟是新同事，作为一个新人，能力不足，资历尚浅，工作出些小差错或者工作效率提高不上去也是人之常情，在所难免。②我们考虑这些影响合作的因素后，就可以用明确分工和积极合作的思路来说服考官，让考官相信你这样做确实能够把工作做好。第一，在工作分配上，因为小王思维活跃，可以多听取他的意见和看法，不仅能够让他做擅长的部分来提高他的工作热情和工作效率，还可以启发自己的工作思路，创新工作想法；第二，在分工以后，小王资历尚浅和能力不足，可能导致出差错。我们作为老同事就可以起到“传帮带”的作用，针对他具体的工作可以给其传授一些自己在工作中积累的经验，告诉他哪儿容易出什么错，应该注意些什么，出现了问题又该怎么解决。这样不仅能让小王尽可能避免错误，还能提高我们的合作效率，也迎合了题中“紧急工作”对于效率的要求。第三，小王工作可能会拖沓，为了防止这样的情况发生，我们可以多合计工作进度，及时沟通交流，对接工作情况，虚心听取对方意见和想法，做到无保留协作。

◇ 言语理解与表达能力

工作环境中的言语理解与表达能力不同于生活中的日常交流，它要求考生具备针对不同听众采取不同的语言方式和风格，将自己的思想明白无误、条理清晰地表达出来，并能让听众接受、产生共鸣的能力。在考官的评分标准中，要求我们要做到：理解他人的意思；口齿清晰，表达流畅；内容有条理，逻辑性强；能让他人理解并有说服力；用词准确、恰当、有分寸。

案例

政府垃圾分类的工作，要推广到一个社区里边，你是负责人，考查推广情况，发现没有分类，工作人员抱怨居民不配合。问题：在小区举办的居民座谈会上，有群众反映垃圾分类太麻烦，要求取消，请你现场进行劝说。

本题侧重考查考生的言语表达能力，通过阐述填埋、焚烧这两种主要的垃圾处理方式的不足，突出实行垃圾分类的必要性和重要性，晓之以理、动之以情地说服小区居民自觉进行垃圾分类。答题要点：①表明自己的态度。对群众的意见和建议一定会吸取，并进一步完善垃圾分类处理制度，满足人们的需求。②结合数据、实例向居民介绍垃圾分类的积极作用，引起居民的共鸣。③针对群众反映垃圾分类太麻烦的问题，提出针对性的解决措施。

答题示范

各位街坊邻里：

我是咱们社区垃圾分类处理项目负责人，刚才听大家发表了对垃圾分类的看法，我深受启发，我一定会结合大家的意见和建议，进一步完善咱们社区的垃圾分类处理制度，满足大家的生活所需。现在我给大家说说垃圾分类这件事。

我想大叔大妈一定还记得，过去我们都会把牙膏皮攒起来卖，橘子皮用来制药，废布头、墨水瓶等都会想方设法重复利用，其实我们很早就在进行垃圾分类处理，不是吗？

现在政府推行垃圾分类处理，在源头上将垃圾分类投放，并通过分类的清运和回收使之变成资源，这对于保护环境具有十分重要的作用。一方面，垃圾分类后，那些能回收、不易降解、有毒的物质就不再填埋，这样可减少填埋垃圾达总量的60%以上，从而减少占地，更减少了环境污染；另一方面，垃圾分类提高了垃圾利用率。30%～40%的生活垃圾可回收利用。1吨废塑料可回炼600千克柴油，1吨易拉罐结块后形成的铝块，能让我们少采20吨铝矿，垃圾可是放错地方的资源，且经科学论证，垃圾分类是最节能、最经济、最环保的垃圾处理方式。

现在我们小区作为示范点推行这种方式，为了减轻大家分类的困难，政府将统一给每家每户发放分类垃圾桶和垃圾袋，小区内也设立了分类垃圾桶。表现优异的家庭将会获得洗衣粉、购物袋等奖励。我们也根据本社区的情况制作了很多垃圾分类操作手册，里面详细介绍了具体的生活垃圾品种，就是发到大家手上的这本，大家可以好好看看。只要我们多用一点心，多动一下手，就能让我们的居住环境更美好，给子孙后代留一个美丽家园，何乐而不为呢？

◇ 求职动机与拟任职位匹配性

求职动机是指求职者在一定需要的刺激下，直接推动自身进行求职活动以达到求职目的的内部心理活动。当求职者的求职目的与拟任职位所能提供的条件相一致时，其胜任该职位工作并稳定地从事该工作的可能性较大。考查考生的求职动机与拟任职位匹配性的问题大多是意愿性问题，内容涉及考生的人生价值取向和生活态度等多个方面。为了应对此类面试考题，考生首先要在面试之前要做好准备：应收集一些有关用人单位情况的资料并加以分析，增强对单位的了解，特别是自己希望从事的工作内容、性质以及任职要求等，了解更要详细一些。其次，回答问题时要对用人单位有关情况作出简明扼要、恰如其分的概括，以口气平和、说话婉转的方式表达自己的思想倾向，然后诚实地表明自己的需要，谈自己为何要报考该单位。另外，在回答这类问题时，考生应该避免两种倾向：一是求职动机抽象化，如考生只空谈报考职位能发挥自己的特长、实现自己的理想与抱负，未能具体化。正确的回答应该是，考生自己的什么特长怎样与具体工作相结合？自己的理想与抱负是什么及如何通过报考职位的工作来实现？二是"庸俗化"，如考生回答自己为什么报考该职位时，没有体现自己的能力和水平，而是只谈什么工资待遇好、出国机会多、权力大等。

案例：你为什么报考银保监会？

本题考查考生的求职动机与拟任职位匹配性。考生可根据个人具体情况实事求是、选择性地阐述个人现实需求（专业对口、家庭要求等，但不能成为主要理由）、职业兴趣、成就动机（自我提升与锻炼、自我价值的实现等），并能够结合自身体验表达对组织文化的认同。考生在回答时要注意三点内容：第一，自己报考的是公务员，国家对公务员有特殊的价值观要求，要在答案中将这些价值观体现出来；第二，考生报考的是银保监会，银保监会有特殊的社会管理职能，在答案中也需要将其体现出来，以增强匹配性；第三，回答的内容要想打动考官，就需要从生活、学习或工作中去挖掘曾经打动过自己的经历，以真挚的情感感染别人。

◇ 专业（创新）能力

专业能力是指履行职位职责所需的技术性能力或具体的知识要求。在公务员面试中，有些招录部门很重视对考生专业能力和素质的考查，而且这方面的要求越来越高。考生在掌握基本专业知识的同时，也要经常对相应知识进行积累、拓展和创新，才能在答题时展示出内容的专业性和思维、素养方面的创新意识。

案例：什么是流动性风险？银保监会可以采取哪些监管措施对其进行控制？

本题的专业性很强，考查应试者是否具备银保监会相应职位所要求的专业素养和相关知识，并能在此基础上有所拓展和创新。考生不仅要掌握流动性风险相关知识，还要了解对流动性风险进行控制的监管措施。你的答案是否准确，监管措施方面是否到位、有效，观点是否有创新，这些决定你能否脱颖而出。

公务员面试除了有选择性地测评考生以上七大方面的能力和素质外，往往也考查考生自我情绪控制能力和举止仪表等。自我情绪控制能力主要是在面试过程中通过观察考生的行为进行考查。如在较强刺激情境中，考生的表情和语言是否自然；在受到有意挑衅甚至有意侮辱的情况下，能否保持冷静。在举止仪表方面，考官也会观察考生穿着打扮是否端庄得体，言行举止是否符合一般礼节，是否有多余的动作，身体和精神状态是否良好。

★ 公务员面试考查形式

◇ 结构化面试（传统的公务员面试形式）

这是一种根据特定职位的胜任特征要求，遵循固定的程序，采用专门的题库、评价标准和评价方法，通过考官小组与应考者面对面的言语交流等方式，评价应考者是否符合招录岗位要求的人才测评方法。根据结构化面试的要求，考生按照抽签顺序、逐一进入考场，以看题或者听题的形式、在规定时间内回答题目，考官根据考生当场表现进行评价打分。在结构化面试中，考生的发挥依赖于自己的能力，他人的影响较小。因此，这种考试形式侧重对考生进行纵向测查。由于操作较为简单且能够较好地测查考生能力，结构化面试在全国各地、各类公务员面试中应用程度较高。

◇ 结构化小组面试

这是一种要求一组考生在规定的时间内依次作答结构化面试题目，并互相点评的面试测评方法。结构化小组面试结合了结构化面试和无领导小组讨论面试的特点，测查考生从事机关和公务员工作所需的基本能力和素质。一组考生一般是由 3～4 人组成。

※ 结构化小组面试有两种组织形式

一是：考生 A 答第一题，回答完毕后，考生 B、C 分别对第一题的回答进行补充回答；考生 B 回答第二题，回答完毕后考生 A、C 分别对第二题的回答进行补充回答；考生 C 回答第三题，回答完毕后，考生 A、B 分别对第三题的回答进行补充回答。随后考试完毕。答题时间、补充答题时间要遵循考场规定。一般而言答题时间 2 分钟左右，补充回答每次 1～2 分钟。

二是：每名考生依次回答三道题，考场规定或抽签决定每道题的答题顺序，例如，第一题依次由考生 A、B、C 回答，第二题依次由考生 C、A、B 回答，第三题依次由考生 B、C、A 回答，即每人首答一道题，次答一道题，三答一道题。全部回答完毕后，每名考生对另外两名考生进行点评，被点评者作出回应。第一轮，A 点评 B、C，B、C 分别作出回应；第二轮，B 点评 A、C，A、C 分别作出回应；第三轮，C 点评 A、B，A、B 分别作出回应。考试完毕。答题时间、点评时间、回应时间要遵循考场规定。一般而言答题 2 分钟，点评 2 分钟，回应 1～2 分钟。有的地区在这种形式的结构化小组面试中省去了回应环节，即只有答题环节和点评环节。

※ 结构化小组面试备考建议

结构化小组面试的内容仍然是建立在传统的结构化面试基础上的，题目的几种类型也没有改变。因此，考生仍要扎实地打好基础，熟悉题目类型，掌握答题思路，积累政策知识。

①跟传统的结构化面试不同的是，结构化小组面试的答题时间。传统的结构化面试回答一道题时间为 3～5 分钟，结构化小组面试一般则是 2 分钟。这就要求考生反应要更快，思维要更灵敏，逻辑要更清晰，语言要更简练。我们备考时一定要注意答题时间的变化。

②要有一定的心理准备和心理承受能力。在传统的面试中，你在现场看不到别人答题的情况，也就不会形成对比。而在结构化小组面试中，你答完别人会有补充，或者每一道题都由你们分别回答，这样在面试现场就形成了考生之间直接的对比，可能会给考生带来一定冲击。因此，要提前做好心理准备，要有更好的控场能力。

③无论是补充回答，还是点评和回应，本质都是一种交流，要体现出交流的诚意和良好的交流风格，提出建设性意见。

◇ 无领导小组讨论面试

公务员面试中也会采用无领导小组讨论面试形式，就是通过对考生设置与工作相关的问题，将考生按相同或相近的报考职位分组，每个小组(一般 6～8 人，个别地方多达 12 人)在不设定领导的情况下，让他们进行一定时间的自由讨论，据此来检测考生的组织协调、综合分析、洞察应变、人际关系处理、语言沟通等方面的能力，以及个性特征和行为风格，以评判考生之间的差异。具体内容请参考本书中无领导小组面试相关内容。

第二节　求职面试中的自我介绍

在求职面试过程中，面试官常常要求应聘者先做自我介绍。一段短短的自我介绍，其实是为了双方更深入地进行交谈。一般情况下，自我介绍在时间上不要超过 3 分钟，最好控制在 1 分钟左右。

■ 做自我介绍的原因

面试官通过求职者的自我介绍来考查以下几方面内容：

★ 考查求职者自我介绍的内容与递交的简历是否一致

如果简历有假，求职者自我介绍时一般都会“露出马脚”，给面试官留下不良印象。

★ 考查求职者的逻辑思维能力、语言表达能力和概括总结能力等

★ 考查求职者的现场感知能力与把控能力

开始面试时，面试官常常说“请您用 3～5 分钟做自我介绍”，而有的求职者则一介绍就超过面试官所要求的时间，甚至达到 10 分钟，使面试官不得不多次提醒和引导。

★ 考查求职者初步的自我认知能力和价值取向

■ 大学毕业生求职面试自我介绍技巧

★ 内容上有中心思想，要重点突出

在面试前，要对所应聘的用人单位文化、产品和职位技能进行了解，然后根据自己的阅历，组织好自己的语言，把你描述成适合该职位的求职者，即你的特质符合该用人单位的文化和职位，你的知识结构和能力水平也与该职位相匹配。

★ 语言表达过程中要保持自然和大方

在自我介绍时要落落大方，笑容可掬；充满信心和勇气，敢于正视对方的双眼，显得胸有成竹，从容不迫；语气自然，语速正常，语音清晰。

★ 讲求真实

进行自我介绍时所表述的各项内容，一定要实事求是，真实可信；不可过分谦虚，或者自吹自擂，夸大其词。

★ 不惜字如金或滔滔不绝

自我介绍时有些求职者惜字如金，进行问答式的介绍，这会使面试官失去交流的兴趣。但是也切忌滔滔不绝，易让人产生不切实际、浮躁的印象。

★ 结尾要小结

在自我介绍的结尾要做一下总结，更强调你与这个岗位的符合性，如“我认为我在文字功底方面的能力很强，也有相关的经验和良好的成绩，非常符合您的岗位要求”。这样不仅能继续提醒考官注意你这方面的能力，也表达出你的自信和加入用人单位的兴趣。

★ 多练习

准备好了面试自我介绍后，最好找你熟悉的人进行练习，多练习几次，不仅会减少你的紧张，也会得到一些建议。

案例 1

各位面试官，你们好！我是来自××学校××专业的毕业生××，在这次企业招聘中，应聘的是办公室文员职位。办公室作为企业的综合职能部门，不仅需要较高的服务意识，还需要社交能力。而本人性格开朗、很有语言表达天赋，善于沟通交际，具有良好的人际关系。同时我还具有以下几方面的特长和优势：

第一，我待人热情，彬彬有礼，办事稳重认真，有事业心，我觉得这个特长为我做好办公室文员、文秘等工作打下了基础。

第二，我的计算机操作能力较强，通过了计算机二级（或其他级别）等级考试，喜欢编程，对计算机网络、办公自动化等知识有所了解，我觉得这个特长是做好文员工作必备的技能之一。

第三，我善于写作，文字写作基础扎实，发表过××等文章，写作是文员的基本功之一。

第四，我在文体方面有特长（有什么特长，取得过什么级别的证书），有什么级别的驾驶证，我觉得这几个特长对做好文员工作有所帮助；

第五，我在外语（或其他语种）方面有特长（取得过什么级别及证书），随着改革开放的进展，我的这个特长将来会有用武之地；

第六，我的语言表达能力强，普通话说得好，我觉得这个特长是做好文员工作必备的基本功之一。

以上就是我简短的自我介绍，作为文员求职者，我将不断地完善自己，提高自身素质，成为一名合格的文员。

案例 2：银行无领导小组面试自我介绍

各位面试官，你们好！我是来自×××大学××专业的应届毕业生××。首先感谢人民银行给我这样一个展示自我的机会。

对于我的情况简历上都介绍得比较详细了，在这里我想谈一谈我对这次贵行招聘的认识。在经济与金融系这 4 年的学习生活让我满载而归，4 年里我系统地学习了有关金融方面的专业知识，如金融学、商业银行、中央银行理论与实务等。我认为随着国民经济的增长，银行已经不仅仅在承办存款等业务，更多的是承担一种信用中介的角色，银行已逐渐发展为老百姓生活中必不可少的金融机构。

能够到银行就业更是我们金融专业毕业生的首选。而我们学校在毕业生就业方面也为我们量身打造了一个系统的就业体系，如对点钞、票币百张、五笔打字等专业技能进行了一定的培训与考核。另外，学校也安排我们参加各种社会实践，尤其是在工行的实习，让我熟悉了银行的工作环境，了解了银行大堂的基本工作流程和业务操作，大堂是银行不可或缺的岗位，它是银行的门面，是银行业务的讲解员，也是银行与老百姓沟通的桥梁。这个岗位不仅仅是检验我对专业知识掌握的平台，更重要的是它能培养我的耐心、意识和应变能力，端正我的工作态度，所以我很看重这次贵行招聘的机会。如果我能成功，我一定会努力成为企业认可、客户满意的优秀员工。

第三节　面试仪容

关于求职面试的穿着，传统的建议是：面试的穿着应该比该职位的人的典型穿着高一个档次。在这里，我们会建议你：打扮得比平时靓一点，比你平常的穿着好 10%，或者“为你想得到的职位而穿着，而不是为你已经拥有的职位而穿着”等。

■ 男士职场穿衣原则

掌握每个人的整体色彩搭配规律后，还要根据场合的不同，选择不同的颜色进行色彩搭配。

时间：服饰需与自然的四季变化、昼夜变化相协调，如分春、夏、秋、冬装，晚间礼服、晨礼服等。

地点：服饰需与社会环境相适应，如处在乡村还是城市，国内还是国外，室内还是室外。

场合：服饰需与周围环境气氛相协调，是会议、谈判，还是宴会、约会等。

现今社会，每一位男士都能体会到个人形象对事业等各方面带来的巨大影响，尤其是常被称为着装第一视觉元素的色彩，如果搭配应用不当，不合时宜，则会给人带来不佳的第一视觉印象。

掌握好适合自己的色彩搭配原则及场合用色原则，对于男士来说至关重要。场合用色有一定的俗成和历史因素，应综合起来考虑。

■ 面试男性着装小 Tips

西装：职场正规男装应该为黑、藏青等深色，浅灰、米黄等浅色西装不易让人产生信赖感，而轻浮、急躁的印象最让面试官不屑。欧版西装摆在橱窗里气派非凡，却不一定适合中国人的身材。对于瘦高型男性，日版西装可能是更适合的选择。裤子以盖住鞋面为宜，否则你一落座就露出半截小腿，未免不妥。单排三粒扣的西装，职业化的穿法是不扣第三粒扣。微软对新员工培训着装的部分，就有这一条。当然对面试者，公司的要求并没那么高，只是如果面试官发现你与他一样不扣第三粒纽扣，你“自己人”的形象便在不知不觉中树立了一半。要提醒的是，这粒纽扣，无论你扣或不扣，一定不能让领带下摆露出来。

衬衫：白色及蓝色衬衫一向是职场男性挑选衬衫的主流色彩。不要轻易尝试黑色衬衫。

领带：选用黑、紫、蓝、灰等冷色调领带，花纹要简洁。只有领带质地较薄，导致不服帖时，才使用与外套颜色一致的领带夹，否则没必要佩戴。

鞋袜：深色皮鞋必须整洁如新，肮脏或磨损的皮鞋将会使你在衬衫领带西装上花的一切心血付诸东流。系带皮鞋看上去比船鞋正规。一定要穿深色袜子，使西裤、皮鞋和袜子三者的颜色相同或接近，腿和脚成为完整的一体。在穿深色西装的前提下，连灰色袜子都不适合，更不用说经典没品位的白袜子。袜筒要足够长，免得坐下时露出衬裤或小腿。

如果你目前经济拮据，推荐你一套购衣方法：先到精品店逛逛，注意高档西服的款式和细节，如面料、纹路、纽扣、口袋的位置、袖口的款式等，再到大众商店买一套最相似的就可以了。

求职须知

■ 女士仪容应该注意的问题

女性在求职时，适合面试场合的妆容要求是：大方、整洁、舒服。

★ 不要浓妆艳抹

★ 领口上别沾上化妆物

★ 不要出现指甲油剥落的现象

★ 不要穿走丝的袜子

★ 不要穿各部分互不协调的套装

★ 如果申请的是管理人员的职位，你可以提着手提包。不过，如果既提手提包又拿钱包，那就太过分了

★ 穿短裙配凉鞋时可不穿袜或穿长筒丝袜，切忌穿短丝袜

★ 不要穿男式的衬衣或西装

★ 切忌穿假冒的名牌服饰（这一点很重要）

★ 穿紧身牛仔裤时，最好不要配松糕鞋

★ 不要穿套装或套裙搭配双肩背包

★ 切忌穿长、短裙时配一件外套

■ 什么是过分时髦

通过阅读女性杂志以跟上时装的流行趋势是个好主意。但是，不要过分听信那些时髦的建议。

第四节　面试时的仪态与举止

任何一位求职者，无论到哪里求职，修饰边幅都非常重要，对于未踏入社会的大学毕业生，通常最容易忽略这些要点：

★ 面试之前洗个澡——可以使用消除异味或防止过分排汗的沐浴品。身体异味，包括非你能控制的身体异味，都会使你被成功录用的可能性大打折扣

★ 检查呼吸的气味——假如你在午饭时喝了点酒，或者吃了含有大蒜的食品，或者你已经不停地忙了好几个小时，那么你呼吸的气味可能很难闻。你可以嚼口香糖或者再漱漱口

★ 头发是否干净——油腻腻的头发显得很脏。在卫生间里快速检查一下并整理好

★ 指甲是否修剪得整齐而且干净——肮脏的指甲、指甲油剥落的指甲或者长得卷曲起来的指甲——这一切都有损你的形象

★ 确保衣服干净整齐——绝对不要将面试的衣服穿了一回又一回。你应该穿出你的样子——干净整齐、充满活力

★ 是否穿上了适合的鞋子——不论你的衣服如何整齐，如果你的鞋子没有擦拭过，或者鞋跟或鞋面出现磨损，那么你会给对方留下很不好的印象。穿跑鞋或其他运动鞋也不合时宜

★ 尽可能不要使用香水，或只使用气味较淡的香水

在求职中，面试官可以通过求职者的形态信号和身体语言“读”出你是内向还是外向，你是否善于社交等。据有关统计，“在谈话过程中，面试官有75%的时间在注视求职者，求职者有40%的时间在注视面试官，双方彼此对视的时间占全部时间的30%，一次目光接触的时间长度大约为1.5秒。”这说明，在面试中要让自己的表情“说话”，要善于用自己的表情征服对方。

★ 你歪着头倾听：显示出对对方所谈内容很感兴趣

★ 你咬嘴唇：表明你思虑重重，思想负担重

★ 你微微眯着眼：表示意见有分歧或不服气

★ 你面无表情：表明你难以捉摸或深不可测

★ 你眼睛向上看：说明你疑惑、或怀疑、或无意、或不在乎

★ 你双手分开手心向上：说明你诚实和坦率

★ 你两臂交叉放在胸前：说明你藐视、自卫、抗拒、思想封闭

★ 你双手拧在一起：说明你充满信心

★ 你眼睛闪闪发光：表明你精神焕发，是个有精力的人，对谈话内容很感兴趣

★ 你目光暗淡：说明没有斗志、索然无味

★ 你目光飘忽不定：表示是个三心二意或拿不定主意抑或紧张不安的人

★ 你直视着对方，眼神一动也不动：含有非常深切的意味。说明受到某种强大的打击，或者怀有强烈的敌对心理

★ 你不敢正视或回避别人的视线：表明你是个内心紧张不安或言不由衷、有所隐藏的人

★ 把嘴抿成“一”字形：你是个坚强的人，一定能完成任务

★ 嘴唇往前撅：可能是一种防卫心理的表现

★ 用手搔头：表示尴尬、为难、不好意思

★ 用手托住额头：表示害羞、困惑、为难

★ 双手相搓：说明陷入为难、急躁状态之中

★ 双手插在口袋里：表明内心紧张，对将要发生的事没把握

★ 双手交叉在胸前：表明胸有成竹，对将要发生的事有思想准备，有时会有相反的意思

★ 心理处于焦虑不安时，一些人习惯于一只手放在桌上或沙发扶手上，不停地轻轻地弹手指；一些人则习惯用手指搓捻纸条或烟蒂；有些年轻女性则喜欢用手绞手绢

★ 面临某一选择而处于犹豫不决或不知所措的心理状态时，一些人会不自觉地用手搔脖子；一些人则会用手搔后脑勺

★ 握手时，紧抓对方的手，用力挤握，这类人精力充沛、自信心强，为人则偏于专断专行，但组织能力及领导才能都很突出

★ 两只脚踝相互交叠：此人正在克制自己，因为人们在克制强烈情绪时，会不由自主地脚踝紧紧交叠，交易场上或其他社交场合中，当一个人处在紧张、惶惑的情况下，往往会作出这种姿态

★ 人的心理处于紧张状态时，两腿会不停地抖动，或者用脚轻轻敲打地面

第五节　面试各阶段的注意事项

面试对于招聘方来说，是为了通过与应聘者的直接见面、交流、挑选出自己所需要的合格人才。由于招聘机构规模的大小和招聘职业差异的影响，各种面试的过程可能不尽相同，但对于面试者，不外乎分为面试前、面试过程、面试后 3 个阶段。

■ 面试前准备

好的开始等于成功了一半，当你获得一次来之不易的面试机会时，就应该做足准备。

一旦获得面试的通知，面试者应该通过各种渠道去获取该单位的信息，这可以让其在面试中知己知彼，提高面试的成功率。下面是面试前准备清单(表 11-1)。

表 11-1　面试前准备清单

你已经：	是	否
• 拿到并仔细阅读过关于招聘单位情况的年度报告和有关文件		
• 亲自到招聘单位去看过		
• 就一些主要问题与招聘单位的工作人员交谈过		
• 与最近从事过这项工作的人进行过交谈，它是一项现在还需要有很多人做的工作吗		
• 与其他一些从事该项工作的人进行过交谈，这是一项需要由很多人做的工作吗		
• 搞清楚谁是考官了吗		
• 确定招聘者需要什么样的技能		
• 确定这项任命想解决的问题		
• 准备好“自荐信”		
• 背下一小段推销自我的广告词以突出自身的优点		
• 对一切都事先演练一番，包括从闲聊到回答潜在的危险的问题		

★ 面试前的建议

◇ 事先确定面试要穿的衣服并弄清楚面试的地点。如果有必要，先去一趟

◇ 所穿服装应该能使你看上去像是公司里的一员

◇ 要守时；对接待人员要态度和蔼；在等候面试时可阅读商业杂志，但不要吸烟或嚼口香糖

◇ 说几句话打破沉默，例如，赞美一下漂亮的办公室、好看的色彩搭配、有趣的图画等

◇ 在对方招呼你坐下之前不要坐下；不要主动和对方握手，除非对方先伸手

◇ 公文包里多备几份简历，以防对方索取。你很可能会被引见给其他一些对员工的录用有发言权的人，给见到的每一位重要人物都留下一份简历

◇ 在面试时尽可能多地使用对方的姓氏和职称，但语气不应该像是在哀求对方

◇ 当你突然感到紧张时，深呼吸一下，表现出镇定自若，信心十足

■ 面试过程准备

在面试过程中，面试官几乎毫无例外地会选择他们最喜欢的人。事实上，毕业生们在改善面试过程的表现方面都尽了很大的努力。但我们应当明白：要想突围，必须努力令面试官感受到：他是与我们风格相似的人。面试中的表现已经 99％决定了你能否成为他们当中的

一员。

★ 面试过程中的建议

◇ 适当做笔记——记下关键的数字以及其他重要的信息

◇ 提出问题——不会提问题表示你对公司一无所知

◇ 保持目光的接触——保持目光的接触可以表现出你无比的自信心

◇ 学会开口要时间——遇到棘手的问题，随时向面试官要求时间考虑，既理清了思路又得到了喘息的机会

◇ 注意口头表达——时刻注意口齿伶俐，内容准确可信

◇ 快速地总结你的结论——这可以充分地表现出你的统筹、总结能力

★ 沟通技巧：成功面试与失败面试的差别

◇ 时间的分配

失败：37％的时间由求职者发言，36％的话题由求职者发起。

成功：55％的时间由求职者发言，56％的话题由求职者发起。

◇ 对于所面试职位的了解程度

失败：对所应聘职位只有模糊的了解；在面试过程中多次改变自己理想的工作。

成功：对于所面试职位有清晰的认识；能够说出为什么这是其渴望的职位；往往经过较长时间的准备。

◇ 在面试中提到单位名称的频率

失败：很少提及甚至说错单位名称。

成功：多次提及单位的名称，熟练使用单位名称的简称。

◇ 对于单位的了解程度

失败：仅仅利用面试来了解单位的基本情况。

成功：十分明显地对单位进行过研究；提到具体的信息来源，如单位的宣传小册子、单位网站、相关杂志或有关人士。

◇ 对所申请职位的兴趣以及对单位的热情

失败：对于面试官的声明平淡对待："对""是的"，对于单位有所保留。

成功：对于面试官的声明表示极为赞同："我非常赞同！""那太好了"，明显表现出愿意为单位效劳的热情。

◇ 对于自身的自信程度以及人生态度

失败：对于那些有明显倾向性的问题给予模棱两可的答复。

成功：对于这类问题给予积极而肯定的回答，并且提供生动具体的事例。

◇ 使用行话或技术术语的频率

失败：几乎不使用。

成功：经常使用专门术语。

◇ 对于问题回答的具体程度

失败：仅给予简短的回答——10个字甚至1个字，从不修饰自己的语言，大量使用"还行"。

成功：使用生动而具体的事例来支持自己的观点。大量使用对比、统计数字和第三方的评价。

◇ 提问情况

失败：简单提一些泛泛的问题。

成功：提出一些有深度的问题；提一些具体的个人问题"我该如何准备才能够尽快胜任？"

■ 面试后准备

在面试的帷幕即将落下的时候，求职者应该设法让面试官无法拒绝与你进一步联系的要求，从而为下一轮复试打开便利之门。

为了使面试结束得恰到好处，请接受以下建议：

◇ 不要显露出自己的急躁

◇ 最后再用简短的语言概括自己最突出的优点

◇ 仔细观察面试官表现出来的暗示面试应该结束的身体语言

◇ 创造进一步联系的机会

★ 怎样结束面试

到了某一时刻，面试必须结束，这时求职者必须懂得通过提出问题来结束这场面试，否则，面试官是不会主动提供信息的。

◇ "您已经了解了我的技能与经验，您认为有适合我的工作吗？"

◇ "您觉得我能得到这份工作吗？"

◇ "您需要我再来面试一次吗？"

◇ "我什么时候能得到您的回音？"

◇ "我最晚什么时候能得到您的回音？"

◇ "如果因某种原因您没有在最后期限内告诉我，我能与您联系吗？"

◇ （供选择）"你能介绍其他可能有兴趣雇我的人吗？"

第六节　面试常见问题的分析及解答

■ 涉及自身的有关问题

★ 谈谈你的优点

建议答案：

我性格外向，乐观开朗，有良好的人缘。我是一个务实家，一旦下定决心做某事，我就要把它做好。在暑假，我曾做过兼职的推销员，推销的电动用品很久都没有卖出去，但我还是挨家挨户、磨破了嘴皮，把产品全部推销完。因此，做事有恒心和毅力也算是我的一个优点吧。

提示：这是展示自我的好机会，应当好好把握，时间一般不超过 2 分钟。面试官只是希望了解你的这些优点是否能对本公司发挥作用，因此要介绍你具有的与工作有关的优势。

★ 你有什么缺点

建议答案：

◇ 我这个人做事比较急，有时甚至欲速不达，性子也很直，有意见就忍不住要提出来

◇ 我很喜欢我的工作，对于每一个项目都尽心尽力。当我感觉到其他人并未付出应有的努力时，我有点生气。我意识到了我的这个弱点，在许多场合我尽量用积极的态度去克服它

◇ 我对没有时间紧迫感的人往往缺乏耐心

◇ 我总是急于想提前完成任务

提示：谈自己缺点的时候，千万不要含糊其词、回避实质。一定要谈到自己一两个明确的弱点，但不是自己的最大弱点，尤其是对工作不利的弱点不能暴露给面试官。应该谈一些与所谋职位不发生冲突的缺点，有时甚至将缺点转化为优点。

★ 你是否能与人融洽相处

建议答案：

当然，我这个人的优点之一，就是与人为善，喜欢和周围的人友好相处，无论是家人、朋友或同学，我都能与他们谈到一块。

提示：一个人的处世能力是面试官关心的问题之一。在工作中，不能与上司、同事融洽相处的人，是面试官所讨厌的。应试者既可以从正面直接作答，也可以从侧面巧妙地回答。

★ 谈谈你对生活的态度

建议答案：

我整体的人生观就是乐观奋斗。这种人生观直接影响着我对生活的态度，我觉得人应该既讲物质又讲精神。人活着是为了能活得更好，谁都希望能开小车、住别墅，我也不例外。但人也必须要有精神寄托，读读书，从事一些有益身心的活动都是我的生活中不可缺少的一部分。

提示：每一位应试者都有自己的生活态度。重物质也好，重精神也好，只要总体态度是积极向上的就行。

★ 你在学校时最喜欢的科目是什么

建议答案：

我最喜欢房地产估价。具备了房地产估价的基本知识及相关知识，我能有把握地对楼盘的每一套房作出准确的估价，这对于我以后从事房地产估价工作打下坚实的基础。

提示：回答这个问题，应该说与你所应聘的工作有关的科目。如果你最喜欢的科目既是你最拿手的，又能对所谋的工作产生积极影响，就可以借机加以发挥，否则就做一般处理，简单作答即可。

★ 你的业余兴趣是什么？你有没有什么特殊爱好？你参加过运动吗？你最近读了哪些书

建议答案：

我广泛参加各种各样的课外活动。我特别喜欢打篮球，因为我觉得打篮球既能强健我的身体，又能使我认识很多的好朋友。我最感兴趣的书籍是有关成功人士的传记，我能在他们身上学习许多成功的经验。

提示：回答时要热情，讲明你喜欢所提及的活动的原因，侧重谈一谈那些讲求团队精神、活力向上的活动，谈谈你的业余爱好或所阅读的书籍是如何给你的工作带来益处的，重点指出影响你个人成长的电影或书籍，不要提及小说或恐怖电影。

★ 你认为你自己是个天生的领导，还是天生的随从

建议答案：

我并不认为任何人是个天生的领导。具有领导才能首先需要的是有做好领导的愿望，然后为不断提高领导能力而终身学习。如果认为自己天生就具备领导魅力，不用再学习，那不会对本单位有什么好处。

提示：谦逊的态度是最适合的。

问题链接：

(1)你的朋友对你如何评价？

(2)你用什么方法来消除疲劳感？

(3)你喜欢什么样的上司？

(4)谈谈你的家庭情况。

(5)当你受到挫折时是如何处理的？

(6)至今最痛苦的事情是什么？

(7)结婚后你将如何对待工作？

■ 涉及所应聘的工作和单位的问题

★ 你对这个职位有何了解

建议答案：

之前我已经在网上了解了从事这项工作应当具备的条件，所幸的是我发觉自己在大学所积累的能力基本可以胜任这项工作，但我想还是要在具体工作中才能体会到这项工作的魅力所在，我想有机会的话，我将来的同事一定会帮助我的。

提示：根据你的调查详细阐明这一职位在公司组织结构中的地位，你将如何在这一职位发挥作用，如何帮助公司实现它的目标，让对方确信你完全了解这一职位涉及的责任。另外，询问对方你对职位的理解是否有不足之处。

★ 你对本单位的情况了解吗

建议答案：

贵公司的声誉在本行业是名列前茅的，我曾多次在报刊、电视、广播中了解到关于贵公司的一些情况。贵公司的管理水准、经营能力、经营规模都堪称一流，特别是贵公司生产的××牌产品，在东南亚一带很有市场。

提示：面试官提这个问题来考查应试者对公司的熟悉程度，旨在了解应试者对公司的热心程度。求职者应该尽可能地掌握该单位各方面的信息，了解的信息越多，回答起这个问题来就越容易。

★ 你为什么想加盟本公司

建议答案：

贵公司经营有方，市场看好，很有发展前途。到贵公司来，一方面可以为公司出一点微薄之力；另一方面也更适合发挥我的能力和特长，更好地发展自己。

提示：回答说你所应聘的职位对你来讲是个千载难逢的机遇，而该公司则是个能使你充分展示聪明才智的最佳场所。此外，进一步解释你这么说的原因何在。不要说该公司所处的行业一直是你想尝试的领域。

★ 你对做好这份工作有信心吗

建议答案：

对这份工作我很有信心，相信经过一段时间的适应，就可以作出成绩。因为我已具备做好这份工作的××技能和一定的组织协调能力。

提示：面试官问你这个问题，一是看你有没有信心，二是从你的分析中了解你是否有此能力。所以回答时必须注意以上两点。

★ 你对工作经常需要出差有没有意见

建议答案：

◇ 作为外勤人员，公司派我出差完全是工作需要，我十分乐意接受

◇ 我应聘这份工作，主要是希望能够充分发挥我在策划方面的才能，基于工作需要，我也可以出差

提示：应采用积极的接纳态度，即使不正面积极作答，也要流露出你对工作的重视，这样才不至于起到负面影响。

★ 你觉得什么样的环境才有利于开展工作

建议答案：

该集体要有一位善于沟通的管理者，能与每一位成员共同分担生产及质量方面的责任，整个集体的生产效率才能得以提高。他还懂得协调任务要求与各方关系的重要性。最后，公司还必须重视发挥其雇员的作用。

提示：重点应该放在自己所希望的集体的环境上，避免谈及自己对环境适应的局限性。

★ 你希望的待遇是多少

建议答案：

我想贵公司有很好的人事制度，对什么职务应当享受什么样的待遇一定有一套完善的规划。对公司的待遇规定，我会尽量尊重。当然，有关我应聘的这项工作的薪金以及其他福利待遇，我也想了解一下。

提示：待遇问题是一个敏感问题，聪明的应试者最好不要作出肯定的回答，你可以先向面试官询问一下公司方面的考虑。如果你一定要正面回答，也要有一个变通的范围，并且尽可能大一些，这样商谈的余地也更大。当然有时也有例外的情况。

问题链接：

(1)如果公司安排的岗位与你的应聘职位不同，你将怎么办？

(2)如何看待学生和职员的不同点？

(3)什么样的企业你不想进入？

(4)你还正在同其他公司接洽吗？

(5)你觉得什么样的环境才有利于开展工作？

■ 涉及应试者能力的问题

★ 你如何处理工作中的突发事件

建议答案：

在一次学校举办的篮球赛中，由于场地湿滑，在开赛前 15 分钟临时改换场地，而我们的队员、啦啦队以及工作人员都来不及重新通知，造成当时情况比较紧急。但是没有乱了阵脚，重新安排各种工作，及时通知有关人员，比赛得以顺利举行。

提示：说明在这种情况下你如何立即重新安排工作的主次急缓。用具体事例说明，尽管工作中出现了始料未及的复杂情况，但你还是将工作及时完成。不要告诉对方你仍然坚持把手头的事情先做完。

★ 当你面临棘手问题时如何处理

建议答案：

不同性质的问题有不同的处理方式，总的来说，处理任何棘手的问题都需要理智、冷静和

智慧。

提示：这是一个笼统的问题，你的回答可以采取概括式的方法。如果面试官给你设置一个具体的问题情景，要你作出回答，则另当别论。

★ 你的口头发言能力如何

建议答案：

我曾经以学生代表的身份在校级活动中发言，效果很好。这是我发言前对演讲稿做大量的修改和反复地练习，以及在台上镇定、发音准确、说话流畅的结果。

提示：说明你是如何做准备工作的，同时指出表达的技巧。举出你获得成功的例子。

★ 你成绩最好的和成绩最差的学业课程分别是什么？你最喜欢和最讨厌的学业课程是什么

提示：选择那些分数最高同时又与所应聘的工作有联系的课程。成绩最差的学业课程应选择那些与所应聘的工作毫不相干的课程。避免列举你真的学得很差劲的课程。将喜欢或讨厌一门课程的原因归结于课程内容的好坏或者教师讲课的出色与否。不要说明你之所以不喜欢某一门课程是因为这门课程你学不好。

★ 你取得过的最大成就是什么

建议答案：

我刚从学校毕业，要说什么成就还谈不上。只是有一次成功地组织了学校运动会的开幕式。

提示：许多应试者一听到“成就”两个字，就有点惊慌失措。一般而言“成就”是比较重大的事件，在面试时，应试者只要将自己引以为豪的事情回答出来就行了。

第十二章　大学生创新

创新改变世界。在这个“信息爆炸”的时代，单纯的信息、知识，对于我们来说，都是触手可及的。唯独创造性的思维和智慧比以往任何时代更加不可多得。创新是民族进步之魂，是国家兴旺发达的不竭动力，更是个人保持蓬勃朝气和昂扬锐气的力量源泉。

第一节　知识经济呼唤创新

■ 创新是以新思维、新发明和新描述为特征的过程

在英语里，创新(innovation)一词起源于拉丁语的“innovare”，有三层含义：第一，更新；第二，创造新的东西；第三，改变。创新是人类特有的认识能力和实践能力，是人类主观能动性的高级表现形式，是推动民族进步和社会发展的不竭动力。一个民族要想走在时代前列，既不能没有科技创新，也不能停止理论创新。创新在经济、科技以及社会科学等领域都有着非常重要的意义。

■ 什么是创新

创新的本质是突破，即突破旧的思维定式。创新活动的核心是“新”，它或者是产品的结构、性能和外部特征的变革，或者是造型设计、内容的表现形式和手段的创造，或者是内容的丰富和完善。在经济学范畴，奥地利经济学家J. A. 熊彼特在1912年出版的《经济发展理论》一书中首先提出了创新的基本概念和思想，1939年和1942年他又分别在《经济周期》《资本主义、社会主义和民主主义》两部专著中对创新理论加以补充完善，逐渐形成了以创新理论为基础的独特的创新经济学理论体系。他提出：基于技术创新的过程机制，包括技术创新的过程模型、技术创新的演化机制、技术创新的动力模式；基于技术创新的组织创新、市场创新、金融创新、制度创新；基于技术创新的战略选择、能力培育与评价、国家创新系统。在他看来，企业家的职能就是要实行创新，引进“新组合”，从而使经济获得不断的发展。他还认为，创新是一个经济范畴，而非技术范畴；它不是科学技术上的发明创造，而是把已发明的科学技术引入企业之中，形成一种新的生产能力。

后来，许多研究者对创新进行了定义，代表性的有如下几种：

(1)创新是开发一种新事物的过程。这一过程从发现潜在的需要开始，经历新事物的技术可行性研究阶段的检验，到新事物的广泛应用为止。创新之所以被描述为一个创造性过程，是因为它产生了某种新的事物。

(2)创新是运用知识或相关信息创造和引进某种有用的新事物的过程。

(3)创新是对一个组织或相关环境的新变化的接受。

(4)创新是指新事物本身，就是指被相关使用部门认定的任何一种新的思想、新的实践或

新的制造物。

由此可见，创新概念的范畴很广，可以说各种能提高资源配置效率的新活动都是创新。既有涉及技术性变化的创新，如技术创新、产品创新、过程创新；也有涉及非技术性变化的创新，如制度创新、政策创新、组织创新、管理创新、观念创新等。

■ 创新精神

创新精神是指具有能够综合运用已有的知识、信息、技能和方法，提出新方法、新观点的思维能力及进行发明创造、改革和革新的意志、信心、勇气和智慧。它是一个国家和民族发展的不竭动力，也是一个现代人应该具备的素质。创新精神属于科学精神和科学思想范畴，是进行创新活动必须具备的心理特征，包括创新意识、创新兴趣、创新胆量、创新决心，以及相关的思维活动。

创新精神是一种勇于抛弃旧思想旧事物、创立新思想新事物的精神。例如，不满足已有认知（掌握的事实、建立的理论、总结的方法），不断追求新知；不满足现有的生活生产方式、方法、工具、材料，根据实际需要或新的情况，不断进行改革和革新；不墨守成规（规则、方法、理论、说法、习惯），敢于打破原有框框，探索新的规律、新的方法；不迷信书本、权威，敢于根据事实和自己的思考，向书本和权威质疑；不盲目效仿别人，不人云亦云，坚持独立思考，说自己的话，走自己的路；不喜欢一般化，追求新颖、独特、与众不同；不僵化、呆板，灵活地应用已有知识和能力解决问题……以上都是创新精神的具体表现。

创新精神要以遵循客观规律为前提，只有当创新精神符合客观需要和客观规律时，才能顺利地转化为创新成果，成为促进自然和社会发展的动力；创新精神既提倡新颖、独特，又受到一定的道德观、价值观、审美观的制约。

创新精神提倡独立思考，不人云亦云，并不是不倾听别人的意见、孤芳自赏，而是要团结合作、相互交流，这是当代创新活动不可缺少的方式；创新精神提倡胆大、不怕犯错误，并不是鼓励犯错误，只是出现错误认知是科学探究过程中不可避免的；创新精神提倡不迷信书本、权威，并不反对学习前人经验，任何创新都是在前人经验的基础上进行的；创新精神提倡大胆质疑，而质疑要有事实和思考的根据，并不是虚无主义地怀疑一切……总之，要用全面、辩证的观点看待创新精神。

只有具有创新精神，我们才能在未来的发展中不断开辟新的天地。

■ 创新力

创新力就是创新能力。创新能力是人们革旧布新和创造新事物的能力，包括发现问题、分析问题、发现矛盾、提出假设、论证假设、解决问题，以及在解决问题过程中进一步发现新问题，从而不断推动事物发展变化等。创新能力最基本的构成要素是创新激情、创新思维、科技素质。创新激情决定了创新的产生，创新思维决定了创新的成功和水平，科技素质则是创新的基础。创新具有普遍性，人人都有创新能力，但是在现实中错误的观念会导致人们偏离创新。

■ 知识经济以变革、创新为灵魂

随着世界经济从传统的“工业经济”向“知识经济”的转变，经济合作与发展组织（Organization for Economic Co-operation and Development，OECD）提出了知识经济的概念。所谓知识经济就是以知识的生产和传播为基础，以变革、创新为灵魂，以高新技术产业为主导，以可持续发展为目标的经济。知识经济是人类生产力、科技发展及其激烈竞争的必然产物。

在21世纪知识经济时代，创新已成为决定性的要素。"知识经济"这一概念突出了最富有创造价值的那部分知识(特别是科学技术)对经济的影响。知识经济在中国的最佳表述应该是"科学技术是第一生产力"。在知识经济时代，少数人用较少的时间生产出足够的物质产品，而大多数人将用较多的时间去从事知识的生产和传播。过去企业招聘主要看工人的个头和力气，现在把知识和能力放在首要位置。

第二节　树立创新意识

创新意识是表明一个国家和民族解决自身生存与发展问题的能力大小的最客观和最重要的标志，它促成社会多种因素的变化，推动社会的全面进步，进一步推动人的思想解放，有利于人们形成开拓意识和领先意识。社会需要充满生机和活力的人、有开拓精神的人、有现代科学文化素质的人，这客观上引导人们朝这个目标提升自己的素质，使人的本质力量在更高的层次上得以证明。创新意识能激发人的主体性、能动性和创造性的进一步发挥，从而使人自身的内涵获得极大地丰富和扩展。

■ 何为创新意识

创新意识是指人们因社会和个体生活发展的需要，产生创造新事物的动机，并在创造活动中表现出意愿和设想。它是人类意识活动中的一种积极的、富有成果性的表现形式，是人们进行创造活动的出发点和内在动力，是创造性思维和创造力的前提。

创新意识包括创造动机、创造兴趣、创造情感和创造意志。创造动机是创造活动的动力因素，它能推动和激励人们发动和维持创造活动。创造兴趣能促进创造活动成功，促使人们积极探求新奇事物。创造情感是引起、推进乃至完成创造的心理因素，只有具有正确的创造情感才能创造成功。创造意志是在创造中克服困难、冲破阻碍的心理因素，创造意志具有目的性、顽强性和自制性。创新意识主要表现为思想活跃、不因循守旧、富于创造性和批判性、敢于标新立异和独树一帜。

■ 创新意识的主要特征

★ 新颖性

创新意识是求新意识，是为了满足新的社会需求，或是用新的方式更好地满足原来的社会需求。

★ 社会历史性

创新意识以提高人们物质生活和精神生活水平为出发点，这在很大程度上受具体的社会历史条件制约。人们的创新意识激起的创造活动和产生的创造成果，应为人类进步和社会发展服务。

★ 个体差异性

人们的创新意识与其社会地位、文化素质、兴趣爱好、情感志趣等相关，这些因素对创新意识的产生具有重要的影响作用。

■ 创新意识的类型

★ 综合创新意识

综合是指将研究对象的各个构成要素联系起来加以考虑，从整体上把握事物的本质和规律。综合不是将对象的各个构成要素进行简单相加，而是按其内在联系合理组合起来，综合后的整体作用导致创造性的新发现。综合创新就是运用综合法则的创新功能去寻求新的创造，其综合创新模式如图 12-1 所示。

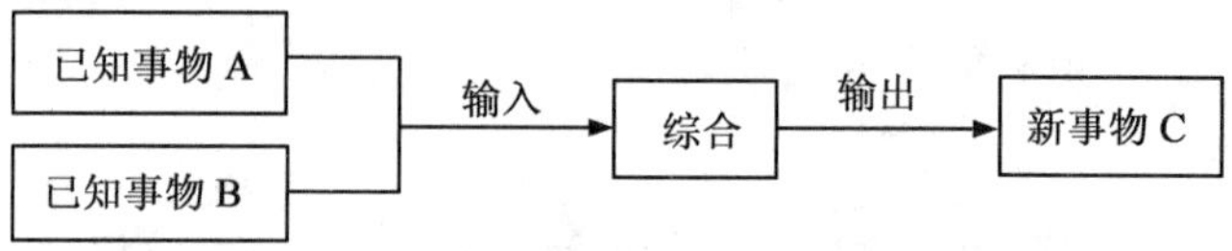

图 12-1　综合创新模式

综合创新一般有两个途径：非切割式综合与切割式综合。非切割式综合是直接将两种或两种以上的事物综合但仍保持各自完整性的综合创新模式；切割式综合是截取两种或两种以上事物的某些要素再将其有机组合成新事物的综合创新模式。

综合已有的不同科学原理可以创造出新的原理。例如，牛顿综合开普勒的天体运动定律和伽利略的运动定律，创建了经典力学体系。综合不同的学科能创造出新学科。例如，信息科学、生物科学、材料科学、能源科学等都属于综合性学科。

★ 逆向创新意识

逆向创新是运用逆向推理，将通常思考问题的思路反转过来，分析事物构成要素的相反方面，从相反或对立的角度探寻新途径的创新方法。逆向创新要克服思维定式的约束，并对熟悉的事物持陌生的态度，从新的角度去考虑问题。例如，法拉第从人们公认的“电流产生磁场”的原理出发，以逆向创新意识设想“磁能产生电”，提出了电磁感应定律，经过 9 年的实验和探索，终于证实了电磁感应现象，根据这一原理研制出世界上第一台发电机。逆向创新主要有三种途径：

(1)功能性逆向创新。人们在实践活动过程中，对解决某类问题过程中的各种功能关系进行颠倒，可能会取得新的、意想不到的效果，解决常规方法不能解决的问题。例如，普通煎鱼锅在鱼被加热时鱼体内的油滴落到热源上会产生大量的烟雾而造成污染，夏普公司的设计者运用逆向创新，改变热源和鱼的相对位置，即把热源放在上面，鱼放在下面，研制出无烟煎鱼锅。

(2)结构性逆向创新。打破传统的结构设计而设计出新结构的产品。例如，活塞式内燃机的主要结构是曲柄滑块机构，但活塞往复运动中的惯性力阻碍了内燃机转速的提高。汪克尔运用结构性逆向创新方法，发明了旋转活塞式内燃机，提高了内燃机的转速。

(3)因果关系逆向创新。自然界中很多自然现象是相互联系的，一种自然现象可以是另一种自然现象的原因，但在另一过程中这种因果关系可能会颠倒。例如，声音能引起振动，那么振动能否复现原声呢？爱迪生发明的留声机就是对声音能引起振动现象中的原因和结果的逆向应用。

★ 还原创新意识

还原法即回到根本、回到事物起点的方法。简单地说，就是暂时放下所研究的问题，回到驱使人们创新的基本出发点。还原换元是还原创造的基本模式。所谓换元，就是通过置换或代替有关技术元素进行创造。例如，“气泡室”就是英国物理学家格拉泽运用还原换元原理而发明的，用以探测高能带电粒子径迹。格拉塞尔在一次喝啤酒时，看到几粒碎小鸡骨掉入啤酒杯，随着碎骨粒的沉落，周围不断冒出气泡，气泡显示了碎骨粒下降过程的轨迹，他猛然想到自己一直在研究的课题“怎样探测高能粒子飞行轨迹”，他马上想到“能不能利用气泡来分析高能粒子的飞行轨迹”。于是他急忙赶回实验室，经过不断实验，发现当带电粒子穿过液态氢时，所经路线同样出现一串串气泡。换元实验成功了，这种方法清晰地呈现出粒子飞行的轨迹，格拉泽因此荣获诺贝尔物理学奖。

★ 分离创新意识

分离创新是指把某创造对象分解或离散成多个要素，然后抓住关键要素进行设计创新。分离创新的基本途径一般有两条：结构分离、市场细分。结构分离是指对原有产品结构进行分解并寻找创新的一种模式。市场细分是按消费者的需求、动机及购买行为的多元性和差异性，将整体市场划分为若干个子市场，即将消费者分为若干类似的消费群。例如，在机械传动中的普通 V 带传动，只能适用中心距不能调整的场合。为了扩大 V 带传动的适应性，人们对其进行结构分离创新，发明了接头 V 带传动。

★ 价值优化创新意识

设计创造具有高价值的产品，是人们追求的重要目标。价值优化也是创新活动应遵循的理念。在设计、研制产品时，设计研制所需成本为 C，取得的功能（即使用价值）为 F，则产品的价值 V 为：$V=F/C$。显然，产品的价值与其功能成正比，而与其成本成反比。那么，产品设计创新中价值优化的途径有以下几条：

(1)保持产品功能不变，通过降低成本，达到提高价值的目的；

(2)不增加成本的前提下，提升产品的功能，使价值提高；

(3)成本虽有所增加，但功能可大幅度提高，使价值提高；

(4)功能虽有所降低，但成本可大幅度下降，使价值提高；

(5)不仅使功能增加，也使成本下降，从而大幅度提高价值。

第三节　创新思维能力训练

创新型社会离不开创新型人才，创新型人才急需创新思维训练。创新思维能力是创新力的核心，有助于提升人们打破旧规则、旧方法的束缚而寻求解决办法的能力，帮助我们理解事物的复杂性，它的产生是人的左脑和右脑同时作用和默契配合的结果。创新思维是多种思维方式的综合运用。创新思维训练有如下几种方法：

■ 发散思维训练

发散思维又称辐射思维、放射思维、扩散思维或求异思维，是指大脑在思维时呈现的一种扩散状态的思维模式，其特点是考虑问题时思路开阔，能从不同方位、不同角度、不同层次、不同途径去联想，以求创造性解决问题，如“一题多解”“一物多用”等方式。心理学家认为，发散思维是创造性思维的最主要特点，是测定创造力的主要标志之一。

例如，吉尔福特的“非常用途测验”：在 8 分钟之内列出红砖的所有可能用途。某一学生说：盖房子、盖仓库、建教室、修烟囱、铺路、修炉灶等。所有这些答案，都是把红砖的用途局限于“建筑材料”范围之内，缺乏变通。而另一学生说：打狗、压纸、支书架、打钉子、磨红粉等，这些答案的变通性较大，多数是红砖的非常用途。因此，后者的创新能力比前者高。

发散思维训练方法：举一反三，触类旁通，从而提出不同凡响的新解决方案，产生超常构想。

资料链接

发散思维训练之尤伯罗斯想到的高招

尤伯罗斯主持了第23届奥运会，共有140个国家和地区的7 000多名运动员参加，观众达570万人。而这一届奥运会不仅没有负债，还盈余1.5亿美元，创造了震惊世界的奇迹。他在“节流”和“开源”方面想出许多方法。

在“节流”方面，主要有：①不像前几届奥运会那样花费巨资去新建大批体育场馆，而是尽可能利用洛杉矶已有的运动场所。②不像前几届奥运会那样花费巨资去新建供各国运动员下榻的豪华奥运村，而是利用了该市三所大学的学生宿舍。③对于必须新建的游泳池，以允许在指定场地营业和做广告为条件，尤伯罗斯说服了当地的“麦当劳”连锁快餐店，出资400万美元兴建了一座豪华壮观的露天游泳池。④对于必须新建的自行车赛场，尤伯罗斯以同样的条件，将这一“任务”交给了当地的“7-11”商店……

在“开源”方面：①慎重地选择了30家赞助奥运会的厂商，这些厂商出资1.17亿美元。②找来了50家供应商，从杂货店到废品处理公司一应俱全，这些供应商每家至少需捐助400万美元。③让美国的三大电视网竞争奥运会的独家播映权。他的顾问们原来估计最多只能要价1.5亿美元，而尤伯罗斯采取“只出价一次”的竞赛投标方法，结果美国广播公司花了2.75亿美元才取得了播映权。④当美国本土企业柯达公司认为奥运会理应购买它的照相器材，而又埋怨400万美元的赞助费太昂贵时，尤伯罗斯果断地将这一权力出售给了日本的富士公司。⑤尤伯罗斯采取的最令人惊异、赞赏的措施是，他想出了出售火炬传递接力权的办法。这一届奥运会的火炬在美国国内的传递，于1984年5月8日上午9点30分在纽约市联合国大厦前开始，从东到西沿途经过32个州和1个特区，在7月28日奥运会开幕时准时送到洛杉矶，全程15 000千米。火炬传递接力以每千米3 000美元出售。⑥尤伯罗斯想到和采取的另一高招是，他把这一届奥运会的标志“山鹰”，也作为一种商标专利广泛出售……

不难看出，正是由于尤伯罗斯采取的这些新措施，才使得洛杉矶奥运会盈利1.5亿美元，也为以后承办奥运会的国家和城市作出了榜样，积极申办奥运会的国家和城市也因此越来越多。

发散思维训练：

1. 尤伯罗斯的思维模式有什么与众不同之处？
2. 请再想出10种新的“节流”办法。
3. 请再想出10种新的“开源”办法。

■ 逆向思维训练

★ 逆向思维

从正面寻找解决问题的方法和途径，这是常规的正向思维方法；相反，从反面去思考解决的方法和途径就叫“逆向思维”，也叫作反向思维。在学习、工作和生活中，我们经常会遇到从正面无法解决的问题，由此陷入思维的陷阱。如果能转换一下思维视角，反其道而行之，把事情颠倒过来进行思考，从反面寻找出原因。

★ 如何进行逆向思维

(1)就事物依存的条件逆向思考。如做钟表生意的都喜欢说自己的表准，而一个表厂却说他们的表不够准，每天会有1秒的误差，该厂的诚实，不但没有失去顾客，反而赢得大家认可，大家踊跃购买。

(2)就事物发展的过程逆向思考。如人上楼梯是人走，路不动，而坐电梯是“路”走，人不动。

(3)就事物的位置逆向思考。

(4)就事物的结果逆向思考。

资料链接

逆向思维训练：据说俄国大作家托尔斯泰设计了这样一道题

从前有个农夫，死后留下了一些牛，他在遗书中写道：妻子得全部牛的半数加半头；长子得剩下的牛的半数加半头，正好是妻子所得的一半；次子得还剩下的牛的半数加半头，正好是长子的一半；长女分给最后剩下的半数加半头，正好等于次子所得牛的一半。结果一头牛也没杀，也没剩下，问农夫总共留下多少头牛？

思考和解答这道题，如果先假设一些情况(如假设共有20头或30头牛)，然后再对它们逐一验证和排除，自然是可以的。但这样不免有些烦琐，要费很多的时间和精力，是一个较笨的方法。

解这道题最好是倒过来想，倒过来算：

长女既然得到的是最后剩下的牛的“半数”再加“半头”，结果1头都没杀，也没有剩下，那么她必然得到的是：1头。

次子：长女得到的牛是次子的一半，那么，次子得到的牛就是长女的2倍：2头。

长子：次子得到的牛是长子的一半，那么，长子得到的牛就是次子的2倍：4头。

妻子：长子得到的牛是妻子的一半，那么，妻子得到的牛就是长子的2倍：8头。

把4个人得到的牛的头数相加：1＋2＋4＋8＝15，可见农夫留下的牛是15头。

■ 横向思维训练

横向思维也叫“侧向思维”，就是向着思考的事物及问题的侧面伸展思维触角，以求获得新的思维成果。有一个形象的比喻，这种思维就像河流一样，遇到宽广处，很自然地就会蔓延开来，但欠缺的是深度不够。例如，两个妇女被带到所罗门王面前，她们都自称是一个婴儿的母亲，争吵得不可开交。所罗门沉思良久后，下令将那个婴儿切成两半，给两个妇女一人一半。所罗门表面上是要处以公正，然而最终的结果是发现了真正的母亲，她宁愿让另一个母亲占有自己的孩子，也不愿让他死去。横向思维就这样绕了个弯，甚至是逆向而行，有效地解决了棘手的难题。

促进横向思维的方法：

(1)对问题本身提出多种选择方案(类似于发散思维)；

(2)打破思维定式，提出富有挑战性的假设；

(3)对头脑中冒出的新主意不要急着做是非判断；

(4)反向思考，用与已建立的模式完全相反的方向思维，以产生新的思想；

(5)对他人的建议持开放态度,形成交叉刺激;

(6)扩大接触面,寻求随机信息刺激,以获得有益的联想和启发(如到图书馆随便找本书翻翻;从事一些非专业工作等)。

资料链接

横向思维训练

在一次讲座中,牛津大学爱德华·德·波诺先生提出这样一个问题:

某工厂的办公楼原是一幢2层楼,占地面积很大。为了有效利用地皮,工厂新建了一幢12层的办公大楼,并准备拆掉旧办公楼。员工搬进新办公大楼不久,便开始抱怨大楼的电梯不够快、不够多,尤其是在上下班高峰期,他们得花很长时间等电梯。

顾问们想出了几个解决方案。

1. 在上下班高峰期,让一部分电梯只在奇数楼层停,另一部分只在偶数楼层停,从而减少那些为了上下一层楼而搭电梯的人。

2. 安装几部室外电梯。

3. 把公司各部门上下班的时间错开,从而避免高峰期拥挤的情况。

4. 在所有电梯旁边的墙面上安装镜子。

5. 搬回旧办公楼。

你会选哪一个方案?

波诺先生说,如果你选了1、2、3、5,那么你用的是"纵向思维",也就是传统思维。如果选了4,你用的是"横向思维",你考虑问题时能跳出思维惯性。这家工厂最后采用了第4种方案,并成功地解决了问题。

"员工们忙着在镜子前审视自己,或是偷偷观察别人",波诺先生解释说,"人们的注意力不再集中于等待电梯上,焦急的心情得到放松。大楼并不缺电梯,而是人们缺乏耐心"。

■ 换位思维训练

人们在处理问题时,常常会受到所处地位、所持立场的影响,想不出解决问题的办法。但如果变换一下立场,就可能产生新思路。换位思维就是指"设身处地"地思考问题。有些问题,只要当事人能够站在对方角度,设身处地进行思考,便不难解决。这种换位思考方法现已被广泛使用,如医院急病人之所急,为病人提供方便;商店从顾客需要出发,变换商品种类;厂家按照用户的要求进行产品改造。这种换位思维,有益于开阔思路,发现一些原先体悟不到、认识不清、理解不透的东西,产生新的思维成果。

如何进行换位思维:首先要做到设身处地,站在他人的角度,尤其是存在利益关系的"敌对方"的角度去看待和分析事物,站在对立面研究解决问题的方式。其次就是要学会"换位—再换位",要进行多次、反复的逆向换位。

资料链接

换位思维训练:宾馆经理与高考学生

2022年四五月份,时值高考期间考生复习功课的紧张阶段,海南气温居高不下,这给家庭住房紧张、周围环境不够安静的学生造成许多困难。当时海南一些高档宾馆上客率不高，空房较多。如果你是宾馆经理，站在高考学生角度进行思考（换位思维），在宾馆经营方面能不能想出新的办法？

海南的一家高档宾馆，为了解决高考学生的困难，专门辟出环境安静的客房，用较低价格出租给高考学生，并且安排了价廉可口的饭菜，还为家长陪读提供方便。该宾馆的这一举措，不但获得经济效益，而且赢得了赞誉。

■ 求同思维训练

“求同”是指在两个以上事物中找到它们的共同之处，运用这种思维，有助于在不同的事物之间找到结合点，使新结合的事物在性质、形态、功能等方面有所变化，以获得创新的效益。求同思维在创新思维活动中的作用是不可低估的，使我们能研制出许多给人们工作、生活带来方便的用品。例如，把磁疗垫放在鞋里，作出磁疗皮鞋；把录音机和电话机相结合，造出录音电话；把滚动带和计时器组合起来，做成跑步健身器等。

★ 求同思维训练

资料链接

求同思维训练：给汽车轮胎厂设计小礼品

某汽车轮胎厂生产一种名牌轮胎，出于公关需要，该厂准备制作一种精美、实用又能反映该厂特点的小礼品。请根据下面提供的要素，运用求同思维方法，选出其中两种素材，设计出一个小礼品。素材包括茶缸、烟灰缸、钢笔、工厂的厂牌、轮胎模型、工厂办公楼模型、小相框。

该厂制作的小礼品是用一个橡胶仿真小轮胎套在特制的小烟灰缸上。此外也可用橡胶仿真小轮胎当底座，插上特制钢笔；或者在两个并立的小轮胎中间，插上一个小相框。

■ 求异思维训练

求异思维，是指在相同或相似的两个以上事物中找出不同之处的思维活动，是一种富有创见性的辨异思维，它能够揭示客观事物的本质特性和内在联系，创造出新颖超常的思维成果。求异思维的核心就是创新思维，它具有不依常规、寻求变异的特点。

★ 求异思维训练

可以从各方面通过想象、联想甚至幻想来思考问题，探求解决问题的各种可能性。只有敢于求异，善于求异，才能擦出想象力的火花，埋下创造力的种子。

资料链接

求异思维训练：两家小吃店的差异

在同一条街上，相距不远开着两家小吃店，每天早点经营的都是油饼、豆浆、鸡蛋、咸菜、米粥等。但是，其中一家早餐店收入很好，而另一家却勉强维持，为什么呢？

有人实地体验了一下，发现其中的不同之处。当顾客来就餐时，一家店里的服务员会主动问顾客：“您用不用加个鸡蛋？”而另一家店里的服务员则主动问顾客：“您吃一个鸡蛋还是两个鸡蛋?”这看似毫不显眼的询问竟然起到不小的作用,前者传递的信息是可吃可不吃,后者提议的是吃一个还是吃两个,其效果当然是可想而知。

■ 头脑风暴法式思维训练

头脑风暴法是现代创造学的创始人美国学者亚历克斯·奥斯本于1938年首次提出,是一种激发集体智慧和提出创新设想的思维方法。当一群人围绕一个特定的领域提出新观点的时候,这种情境就叫作头脑风暴。头脑风暴的特点是让参与者解放思想,使各种设想在相互碰撞中产生。其可分为直接头脑风暴法和质疑头脑风暴法。前者是在专家群体决策基础上尽可能激发创造性,产生尽可能多的设想;后者则是对前者提出的设想或方案逐一质疑,发现其中现实可行的方法。

★ 如何进行头脑风暴思维训练

头脑风暴法力图通过一定的讨论程序与规则来保证头脑风暴畅谈会的有效性。组织头脑风暴畅谈会关键在于以下几个环节:

(1)确定议题。在讨论前确定一个目标,参与者明确通过这次会议需要解决什么问题。一般而言,具体的议题能使参与者较快产生设想。

(2)会前准备。为了使头脑风暴畅谈会的效率更高,效果更好,可在会前做一些准备工作,如收集一些资料并预先给大家作参考。

(3)确定人选。一般以8～12人为宜,也可略有增减(5～15人)。与会者人数太少不利于交流信息、激发思维;人数太多则不容易掌握,并且每个人发言的机会相对减少,影响会场气氛。

(4)明确分工。要有一名主持人,1～2名记录员。主持人要在头脑风暴畅谈会开始时重申讨论的议题和纪律,在会议进程中启发引导,活跃会场气氛,掌握会议进度。记录员应将与会者的所有设想进行编号,简要记录,最好写在黑板等醒目处。

(5)规定纪律。根据头脑风暴法的原则,规定几条纪律,要求与会者遵守。如要求参与者积极投入,不消极旁观;不要私下议论,以免影响他人思考;发言要紧扣议题,开门见山;与会者之间相互尊重,平等相待。

(6)掌握时间。会议时间由主持人掌握。美国创造学家帕内斯指出,会议时间最好安排在30～45分钟。

头脑风暴法还要注意以下几点:

(1)自由畅谈。参加者不应该受任何条条框框限制,放松思想,让思维自由驰骋,尽可能地标新立异,提出独创性的想法。

(2)延迟评判。坚持当场不对任何设想作出评判的原则,这是因为当场评判可能会约束与会者的积极思维。

(3)禁止批评。禁止批评是头脑风暴法应该遵循的一个重要原则。批评会对创造性思维产生抑制作用,破坏会场气氛,影响自由畅想。

(4)追求数量。头脑风暴会议的目标是获得尽可能多的创意。会议产生的创意越多,其中的创造性设想就可能越多。

(5)改善组合。从别人的创意中得到启发,进而想出更好的创意。也就是说,会议要鼓励与会者思考别人的创意,并在此基础上提炼出新的创意。

资料链接

什么办法砸核桃既快又多?

主持人:我们的任务是砸核桃,要求多、快、好,大家有什么办法?

甲:平常在家里用牙磕,用手或榔头砸,用钳子夹,用门掩。

主持人:几个核桃用这种办法行,但核桃多怎么办?

乙:应该把核桃按大小分类,各类核桃分别放在压力机上砸。

丙:可以把核桃蘸上粉末一类的东西,使它们成为一般大的圆球,在压力机上砸,用不着分类(发展了上一个观念)。

丁:粉末可能带磁性,在压力机上砸压后,或者在粉碎机上粉碎后,由于磁场作用,核桃壳可能脱掉,只剩下核桃仁(发展了上一个观念,并应用了物理效应)。

……

主持人:大家再想想用什么样的力才能把核桃砸开,用什么办法才能得到这些力。

甲:应该加一个集中的挤压力。用某种东西冲击核桃,就能产生这种力,或者相反,用核桃冲击某种东西。

乙:可以用气枪往墙壁上射核桃,如可用射软木塞的儿童气枪射。

丙:当核桃落地时,由于地球引力而产生的力量砸碎核桃。

丁:核桃壳很硬,应该先用溶剂加工,使它软化、溶解……或者使它们变得很脆,经过冷冻就可以变脆。

……

主持人:动物是怎么解决这一任务的,如乌鸦。

甲:鸟儿用嘴啄,或者飞得高高地把核桃扔在硬地上。我们应该把核桃装在容器里,从高处往硬的地方扔,如在气球上、直升机上、电梯上往水泥板上扔,然后把摔碎的核桃拾起来(类比)。

乙:可以把核桃放在液体容器里,借助水力冲击把核桃破开(物理效应)。

主持人:是否可用发现反向解决问题的方法呢?

丙:应该从里面把核桃剖开,把核桃钻个小孔,往里面打气加压(反向)。

丁:可以把核桃放在空气室里,往里打气加压,然后使空气室里压力锐减,内部压力就会使核桃破裂,因为内部压力不可能很快减小(发展了上一个观念)。或者可以急剧增加或减少空气室压力,这时核桃壳会承受交变负荷。

戊:我是核桃仁。我从核桃壳内部用手脚对外壳施加压力,外壳就会破裂(认同)。应该不让外壳长,只让核桃仁长,就会把外壳顶破(理想结果)。为此,采用照射外壳的办法或许可能。

乙:我是核桃。我用手抓住树枝,当成熟时就撒手掉在硬地上摔破。应该把核桃种在悬崖峭壁上,或种在陡坡上,它们掉下来就摔破。

甲:应该掘口深井,井底放一块钢板,在核桃与深井之间开几道沟槽。核桃从树上掉下来,顺着沟槽滚到井里,摔在钢板上就会摔破。

……

结果,仅用10分钟就收集了40个创意,经专家组评价,从中得出参考解决方案。

第四节　如何形成创意

创意来源于人类的创造力、技能和才华，来源于社会，又指导着社会发展。类人猿首先想到了造石器，然后才动手又动脚把石器造出来，而石器造出来后，类人猿也就变成了人。人类是在创意、创新中诞生的，也要在创意、创新中发展。

■ 什么是创意

创意是创造意识或创新意识的简称，它是指对现实存在事物的认知所衍生出的一种新的抽象思维和行为潜能。通过创新思维意识，可进一步挖掘和激活资源组合方式，进而提升资源价值。

创意是经过思考而产生，思考的依据来源于两方面的资料：一个是一般性资料，即创作人员必须具备的知识和智慧；另一个是特殊性资料，即创作人员对对象的了解程度。如果用一个形象的公式来表示的话，那就是创意＝人×（知识＋信息）。通常情况下，当创意者把一般性的资料与特殊性的资料融合在一起进行系统分析和研究时，就能在研究过程中产生创意。例如，创意家居用品，在满足产品本身的实用功能外，在外观上融入时尚和个性化追求。创意家居更加突出的特点是，它不仅展现了产品的实用功能，更是以巧妙的设计、创新和灵感等元素，使紧张的生活得以舒缓、增添乐趣，使生活品质上升一个台阶。

■ 如何形成创意

★ 个体创意和群体创意

1. 联想类比创意法

它是根据事物之间具有相似或相对的特点，进行由此及彼、由近及远、由表及里的一种创意方法。它通过对两种以上事物之间存在的关联性与可比性，去扩展人脑中固有的思维，使其由旧见新、由已知推未知，从而获得更多的设想、预见和推测。

联想类比创意法具有启迪性、支配性、逻辑性和扩展性。通常可以把联想类比法创意分为以下四种类型：

（1）因果联想。是从已掌握的知识信息与思维对象间的因果关系中获得启迪的创意方法。例如，由信天翁 4 米长的翼展可连续飞行数月而联想研制出机翼加长就可以远距离飞行的 U-2 型飞机。

（2）相似联想。是将观察到的事物与思维对象之间做比较，根据它们之间的相似性创造新事物的创意法。事物之间是存在联系的，可以是时间和空间上的联系，又或者是属性上的联系。利用相似联想，首先要在头脑中储存大量事物的“相似块”，然后在相似事物之间进行启发、模仿和借鉴。由于相似关系可以把两个表面上似乎相差很远的事物联系在一起，所以相似联想易于产生创新性的设想。例如，虎和猫时而奔跑如飞，时而突然止步，人们从它们的脚掌结构得到启发，发明出带钉子的跑鞋。

（3）推理联想。是指根据两者之间的逻辑关系，推导出新创造性构想的创意。例如，蝙蝠在黑夜中能自由飞翔而不会撞到障碍物，通过对蝙蝠的研究，人们发明了超声波探测仪，用来测量海洋深度、探测鱼群、追踪潜艇、诊断疾病、工业探伤等。

（4）对比联想。是指从事物性质或特点的相反面进行联想而获得的新创意。例如，从物态变化角度进行对比联想：18 世纪，拉瓦利用金刚石煅烧产生二氧化碳的实验，证明了金刚石的成分是碳。1799 年摩尔沃成功地把金刚石转化为石墨，金刚石既然能够转变为石墨，用对比联想来思考，那么反过来石墨能不能转变成金刚石呢？后来终于用石墨制成了金刚石。

2. 移植参合创意法

移植参合创意法即移植法，是指将某一领域的技术、方法、原理或构思移植到另一领域而形成新创意的方法。著名的科学方法论专家贝弗里奇教授认为："移植是科学发展中的一种重要方法。大多数已有的发现都可应用于其他领域。"移植法实质上是科技领域，甚至是整个人类思维领域中一种嫁接现象。生物领域的嫁接或杂交可以产生新的物种，科技领域的移植、嫁接则可以产生新的科技成果。例如，蜂窝是一种废料少但强度高的结构，把这一结构用于制砖，做成的蜂窝砖既能减轻墙体的重量，又能保暖、隔音。

移植法一般有如下几种类型：

(1)原理性移植。原理性移植是指把科学原理或技术原理移植到某一新领域的方法。例如，反馈原理最早应用在电子线路中，维纳等把这一原理移植到生物、机器等领域后，便创立了一般系统的控制论。

(2)功能性移植。功能性移植是指把某一种技术所具有的独特技术功能以某种形式移植到另一领域。例如，超导技术提供强磁场、大电流、无热耗的独特功能，就能移植到许多领域，研制出很多高科技的新产品，如无功耗的超导计算机、磁悬浮列车、核磁共振扫描仪等。

(3)方法性移植。方法性移植是指把某一领域的技术方法有意识地移植到另一领域而形成创造性的方法。例如，20 世纪 80 年代中期，美国数学家柴德把经典数学统计理论的研究方法移植到对模糊现象的研究中，便创立了一门新的数学分支——模糊数学。

(4)结构性移植。结构性移植是指把某一领域的独特结构移植到另一领域而形成具有新结构的事物。

3. 模仿创意法

模仿创意法是通过模拟、仿制已知事物来构造已知事物的方法。人类的创造发明总是由模仿开始的，然后再进入独创。从某种意义上说，模仿创造法较类比创造法更为深入，更为大胆，也更为可行。模仿创意法可分为仿生创意法和仿形创意法。

(1)仿生创意法。是指模仿我们熟知的某种生物而进行模仿创意的方法。它应用十分广泛，有许多人造物都是仿生创意的结果。例如，人造革、人造皮毛、人工心脏瓣、"电子狗"雷达、乳酸等。

(2)仿形创意法。是指仅仅模仿已知事物的形状而进行模仿创意的方法。例如，双层结构的公共汽车是从双层居室的结构中获取的灵感。

4. 组合创意法

组合创意法是将积累的各种信息进行有机组合而产生新的创意。例如，航天领域中把不同的材料组合在一起制造出具有综合性能较好的新材料；以结构组合的方法，生物工程技术中创立了细胞融合技术等。

5. 逆向创意法

逆向创意法是指按常规思维解决问题不见效时，即反其道而行之，通过逆向思维以获得意想不到的效果的创意方法。逆向创意法实际上是一种沿原有思路的相反方向进行思索的创意方式，使用逆向思维创意方式常常能获得新奇的创意。《孙子兵法》里也有讲道："反间可得而用也。”

6. 群体创意——头脑风暴法

头脑风暴法(brainstorming method,BS),又叫智力激励法,是指一组人员通过召开特殊的专题会议形式,对某一特定问题,与会成员之间互相交流、互相启迪、互相激励、互相修正、互相补充,从而产生大量新设想的集体性发散技法,这是世界上最早付诸实践的创意技法。头脑风暴法在20世纪30年代由奥斯本发明后在世界各国大受欢迎。此法经各国创造学研究者的实践和发展,至今已经形成了一个创意技法群,如奥斯本智力激励法、默写式智力激励法、卡片式智力激励法等。

资料链接

智力激励法解决电线被积雪压断的问题

有一年,美国北方格外严寒,大雪纷飞,电线上积满冰雪,大跨度的电线常被积雪压断,严重影响通信。

过去,许多人试图解决这一问题,但都未能如愿以偿。后来,电信公司经理应用奥斯本发明的头脑风暴法,尝试解决这一难题。他召开了一场能让头脑卷起风暴的座谈会,参加会议的是不同专业的技术人员,要求他们必须遵守以下四项基本原则:

第一,自由思考。要求与会者尽可能解放思想,无拘无束地思考问题并畅所欲言,不必顾虑自己的想法或说法是否“离经叛道”或“荒唐可笑”。

第二,延迟评判。要求与会者在会上不要对他人的设想品头论足,不要发表“这主意好极了”“这种想法太离谱了”之类的“捧杀句”或“扼杀句”。至于对设想的评判,留在会后组织专人考虑。

第三,以量求质。鼓励与会者尽可能多而广地提出设想,以大量的设想来保证质量较高的设想的存在。

第四,结合改善。鼓励与会者积极进行智力互补,在自己提出设想的同时,注意思考如何把两个或更多的设想结合成另一个更完善的设想。

按照这些会议规则,大家七嘴八舌地议论开来。有人提出设计一种专用的电线清雪机;有人想到用电热来化解冰雪;也有人建议用振荡技术来清除积雪;还有人提出能否带上几把大扫帚,乘坐直升机去扫电线上的积雪。对于这种“坐飞机扫雪”的设想,尽管大家觉得滑稽可笑,但在会上也无人提出批评。相反,有一位工程师在百思不得其解时,听到用飞机扫雪的想法后,大脑突然受到冲击,一种简单可行且高效率的清雪方法冒了出来。他想,每当大雪过后,出动直升机沿积雪严重的电线飞行,依靠高速旋转的螺旋桨即可将电线上的积雪迅速扇落。他马上提出“用直升机扇雪”的新设想,顿时又引起其他与会者的联想,有关用飞机除雪的主意一下子又多了七八条。不到1小时,与会的10名技术人员共提出90多条新设想。

会后,公司组织专家对设想进行分析论证。专家们认为设计专用清雪机、采用电热或电磁振荡等方法清除电线上的积雪,在技术上虽然可行,但研制费用大、周期长,一时难以见效。那种因“坐飞机扫雪”激发出来的几种设想,倒是一种大胆的新方案,如果可行,将是一种既简单又高效的好办法。经过现场试验,发现用直升机扇雪真能奏效,一个久悬未决的难题,终于在头脑风暴会中得到了巧妙的解决。

★ 产生创意的基本规律和工作原则

创意不是依靠创意者一时突发的“灵感”，正如管理大师德鲁克所说的，“它是一种可以组织，并需要组织的系统性工作”。因此，掌握创意产生的基本规律、遵循一定的工作原则是产生创意的前提。

1. 基本规律

创意是一种复杂高级的思想活动，研究创意思维活动的内在规律，是有组织的创意的要求。创意活动内在规律主要体现在以下 4 个方面：

(1)择优律。择优律就是通过“择优选取”以实现创新意图的规律。

(2)相似律。相似律就是对客观事物中存在的大量相似现象加以研究和运用，实现创新意图的规律。

(3)综合律。综合律就是把管理系统的某些要素、方法等重新加以组合，以实现创意意图的规律。

(4)对应律。对应律就是按照事物间存在的对立性、对称性去构思，以实现创意意图的规律。

2. 工作原则

在掌握创意思维规律的基础上，有组织的创意还必须结合创意的实际情况，限定行为规范，遵循以下 4 条工作原则：

(1)博采众长原则。能者为师，以虚心学习的态度，吸取中外成功创意的经验与教训，集众人之长，补己之短。

(2)集思广益原则。一人技短，众人技长，有了好的创意，也要广泛收集意见，才能有效及时地将创意完善，付诸实施。

(3)重点明确原则。集中力量，因地制宜地解决创意中遇到的主要矛盾，才能取得事半功倍的效果。

(4)风险控制原则。大胆创意，慎重实施。每一个创意都要经过反复的风险论证，不断修正，把实施风险掌握在可控的范围内。

第五节　大学生创新型人才的素质要求

所谓创新型人才，就是具有创新精神和创新能力的人才，通常表现为灵活、开放、好奇的个性，具有精力充沛、坚持不懈、注意力集中、想象力丰富以及富于冒险精神等特质。知识经济时代对创新型人才有以下要求：

(1)创新品质。创新型人才必须是有理想、有抱负的人，具备良好的献身精神和进取意识、强烈的事业心和历史责任感等可贵的创新品质，能够有为求真知和求新知而敢闯、敢试、敢冒风险的大无畏勇气。

(2)创新意志。创新是一个探索未知领域和对已知领域进行破旧立新的过程，充满各种阻力和风险，可能遇到重重的困难、挫折甚至失败。因此，创新型人才每前进一步都需要非凡的胆识和坚韧不拔的毅力，为了既定的目标必须坚持不懈地奋斗，锲而不舍，遇到阻挠和诽谤不气馁，遇到挫折和挫败不退却。只有具备了这样的创新意志，才能不断战胜创新活动中的种种困难，最终实现理想中的创新效果。

(3)创新发现。历史上的科学发现和技术突破，无一不是创新的结果。从这个意义上讲，创新就是发现，而且是突破性的发现。要实现突破性的发现，就要求创新型人才必须具有敏锐的观察能力、深刻的洞察能力、见微知著的直觉能力，不断地将观察到的事物和已掌握的知识联系起来，发现事物之间的必然联系，及时地发现别人没有发现的东西。

(4)创新知识。创新是对已有知识的发展，在人类知识越来越丰富和深奥的今天，要求创新型人才的知识结构既有广度，又有深度。因此，创新型人才需要具有广博而精深的知识结构，既要有深厚而扎实的基础知识，了解相邻学科及必要的横向学科知识，又要精通自己专业并能掌握所从事学科专业的最新科学成就和发展趋势，这是从事创新研究的必要条件。只有通过知识的不断积累才能用更为宽广的眼界进行创新实践。

(5)创新实践。创新的过程是遵循学科规律，依据事物的客观规律进行探索的过程。任何一种创新都不能有半点马虎和空想，因此，创新型人才必须具有严谨而求实的工作作风，严格遵循事物的客观规律，从实际出发，以科学的态度进行创新实践。

全国大学生职业规划大赛实战篇

“青年强，则国家强。当代中国青年生逢其时，施展才干的舞台无比广阔，实现梦想的前景无比光明。”习近平总书记的殷切话语，如同一束明亮的光，照亮了广大青年前行的道路。在全面建设社会主义现代化国家的新征程中，青年是国家的未来、民族的希望，他们的职业选择与国家的发展紧密相连。习近平总书记多次强调，要加强对青年职业发展的指导，帮助青年学生树立正确的职业观、就业观和成才观，引导他们在实现个人价值的同时，为国家和社会作出贡献。

党的二十大报告指出：“青年要坚定不移听党话、跟党走，怀抱梦想又脚踏实地，敢想敢为又善作善成，立志做有理想、敢担当、能吃苦、肯奋斗的新时代好青年，让青春在全面建设社会主义现代化国家的火热实践中绽放绚丽之花。”这为新时代青年的成长成才指明了方向，也赋予了他们沉甸甸的责任与使命。

全国大学生职业规划大赛，正是这样一个让大学生在实践中探索职业道路、明确人生方向的舞台。它不仅是一场技能的比拼，更是一次思想的洗礼、一次价值的塑造。在这个大赛的实战篇中，我们将带领同学们深入了解大赛的各个环节，从大赛总览到生涯发展报告的撰写，从生涯发展展示 PPT 的制作到成功求职简历的设计，再到综合展示 PPT 的呈现，每一个步骤都蕴含着丰富的课程思政元素。

当同学们在大赛中认真研究全国大学生职业规划大赛基本概况时，他们能够感受到国家对青年职业发展的重视，体会到职业规划对于个人成长和国家发展的重要意义。在了解参赛规则和准备参赛的过程中，他们可学会遵守规则、严谨规划，培养自己的责任感和纪律意识。而分析获奖要素和案例，则能让他们明白，只有将个人的职业目标与国家的发展需求相结合，才能在职业道路上走得更远、更稳。

在撰写生涯发展报告时，同学们需要深入思考自己的兴趣、优势和价值观，也要关注社会的发展趋势和国家的战略需求。这有助于他们树立正确的职业价值观，将个人的理想融入实现中华民族伟大复兴的中国梦之中。制作生涯发展展示 PPT 和成功求职简历，不仅是展示个人能力和素质的机会，更是传递积极向上、勇于担当精神的过程。每一个精心设计的页面、每一句真诚的表达，都体现了同学们对未来的憧憬和对社会的责任感。

综合展示 PPT 的制作，则是对同学们综合能力的考验。在这个过程中，他们需要将所学知识融会贯通，展现自己的创新思维和实践能力。而更重要的是，通过这次展示，他们能够更加坚定自己的职业信念，明确自己的奋斗方向。

“自信人生二百年，会当水击三千里。”青年大学生们，让我们以此次大赛为契机，在职业规划的实践中，汲取奋进的力量，将个人的成长与国家的发展紧密相连。在这个充满机遇和挑战的时代，让我们以青春之我，创建青春之家庭，青春之国家，青春之民族，在职业的舞台上绽放出最耀眼的光芒，共同书写属于我们的时代华章！

第十三章　大赛总览

为贯彻落实党中央、国务院关于高校毕业生就业工作的决策部署，落实《国务院关于印发“十四五”就业促进规划的通知》(国发〔2021〕14 号)精神，加强高校生涯教育和就业指导，增强大学生生涯规划意识，指导其及早做好就业准备，促进高校毕业生高质量充分就业，教育部定于 2023 年 9 月至 2024 年 5 月举办首届全国大学生职业规划大赛，自此拉开了全国大学生职业规划大赛的序幕。

第一节　全国大学生职业规划大赛基本概况

2025 年 4 月由教育部与湖南省人民政府共同主办的第二届全国大学生职业规划大赛在湖南圆满收官。该项赛事作为我国高等教育领域重要的实践育人平台，吸引了全国 2 763 所高校 1 507 万名学生的积极参与。

■ 大赛起源

大学生职业生涯规划大赛的兴起，与中国高等教育从“精英教育”向“大众化教育”转型、高校毕业生就业压力持续增大密切相关。21 世纪初，随着市场经济体制改革深化，就业市场从“统包统分”转向“双向选择、自主择业”，大学生群体面临前所未有的职业选择挑战。然而，传统高校教育中“重知识传授、轻职业指导”的模式普遍存在，学生普遍缺乏系统的职业认知和规划能力。

在此背景下，2004 年广东省率先举办大学生职业生涯规划区域性大赛，通过“以赛促学、以赛促教”的方式，激发学生主动探索职业发展的意识。2007 年教育部印发《大学生职业发展与就业指导课程教学要求》，明确将职业生涯规划教育纳入高校必修课，推动高校建立“全程化、全员化、专业化”的就业指导体系。2009 年 5 月[①]由教育部高校学生司指导、全国高校学生信息咨询与就业指导中心、中国教育电视台联合主办的“全国大学生职业生涯规划大赛”启动，共有 24 个省(自治区、直辖市)千余所高校的 70 余万名大学生参与，经过高校初赛、省市复赛，80 名选手入围全国总决赛，奠定了赛事的全国性规模。

为贯彻落实党中央、国务院决策部署，落实《国务院关于印发“十四五”就业促进规划的通知》(国发〔2021〕14 号)精神，加强高校生涯教育和就业指导，增强大学生职业规划意识，指导其及早做好就业准备，以择业新观念打开就业新天地，促进高质量充分就业，教育部决定举办全国大学生职业规划大赛。2023 年 9 月教育部发文《教育部关于举办首届全国大学生职业规

① 全国大学生职业生涯规划大赛落幕，千余所高校 70 余万名大学生参与. 中华人民共和国教育部 http://www.moe.gov.cn/jyb_xwfb/gzdt_gzdt/moe_1485/201001/t20100128_55385.html

划大赛的通知》(教学函〔2023〕1号),标志着这一赛事正式成为国家层面的高校人才培养配套活动。2025年4月第二届全国大学生职业生涯规划大赛于湖南成功落下帷幕,该项赛事作为我国高等教育领域重要的实践育人平台,吸引了全国2 763所高校1 507万名学生积极参与。

日前,中共中央办公厅、国务院办公厅《关于加快构建普通高等学校毕业生高质量就业服务体系的意见》(以下简称《意见》)明确要求,要强化就业指导体系,办好全国大学生职业规划大赛。作为落实《意见》的重要举措,全国大学生职业规划大赛将每年举办一次。据悉,第三届全国大学生职业规划大赛将由教育部和天津市人民政府共同主办。

■ 大赛简介

全国大学生职业规划大赛由教育部举办,面向中低年级学生设置成长赛道,面向高年级学生设置就业赛道,面向教师设置大学生职业发展与就业指导课程教学赛道。旨在加强高校生涯教育和就业指导,增强大学生职业规划意识,指导其及早做好就业准备,以择业新观念打开就业新天地,促进高质量充分就业。

大赛以"筑梦青春志在四方,规划启航职引未来"为主题,秉持着"以赛促学、以赛促教、以赛促就"的核心理念。通过搭建这样一个高规格的平台,旨在引导大学生树立正确的成长成才观与择业就业观,让大家在大学阶段就积极主动地思考未来职业发展,提前做好规划与准备。同时,大赛也推动了高校强化生涯教育,促使教师不断优化教学方法,提升就业指导服务的质量与水平。更为重要的是,大赛广泛吸引行业企业参与,搭建起人才供需对接的桥梁,全力促进高校毕业生实现高质量充分就业,为社会源源不断地输送优秀人才。

★ 赛事通常分为"成长赛道"和"就业赛道"两大模块:

◇ 成长赛道:主要面向本、专科中低年级学生,下设高教本科生组和职教组。高教组主要面向普通本科一、二、三年级学生;职教组主要面向职教本科一、二、三年级学生和高职(专科)一、二年级学生。这一赛道重点考查同学们树立生涯发展理念并合理设定职业目标的能力,关注大家围绕目标持续行动、不断调整的成长历程。鼓励同学们通过丰富的学习实践活动,逐步提升综合素质与专业能力,培育正确的择业就业观念。在这里,低年级的同学们可以大胆探索,挖掘自身兴趣与潜力,为未来职业发展筑牢根基。许多参赛同学在准备过程中,积极参加各类社团活动、学科竞赛、实习实践,在实践中明晰自己的职业兴趣,找到了努力的方向。

◇ 就业赛道:是为本、专科高年级计划求职学生(不含已通过推免等确定升学的毕业年级学生)以及研究生量身定制。与第一届相比,第二届参赛组别细分更公平,设立了高教本科生组、高教研究生组和职教组。其中本科生组面向普通本科三、四年级(部分专业五年级)学生,不包括已通过推免等确定升学的毕业年级学生。这意味着就业赛道参赛对象聚焦在有明确求职意向的高年级学生,而以升学为目标的高年级学生无法参加就业赛道。该组也包括第二学士学位学生。高教研究生组面向全体研究生,职教组面向职教本科三、四年级学生和高职(专科)二、三年级学生。将研究生和本科生、专科生分开,保证了比赛群体的公平性和科学性。该赛道聚焦于考查选手的求职实战能力,包括对照目标职业及岗位要求,自身综合素质和专业能力的匹配契合度,以及个人发展路径与就业市场需求的适应程度。在这条赛道上,同学们将自己多年积累的知识、技能和经验充分展现,与众多优秀对手同场竞技,争取获得企业抛出的橄榄枝。不少同学通过参加就业赛道比赛,成功收获心仪企业的录用意向,开启了职业生涯新篇章。

★ 大赛采用校赛、省赛、全国总决赛三级赛制,层层筛选,确保每一位有实力、有梦想的同学都有机会登上全国舞台。

◇ 校赛：作为大赛的起点，各高校积极组织，为同学们提供了最初的展示平台。在这里，同学们可以在熟悉的校园环境中，与身边的同学交流切磋，不断完善自己的职业规划方案。

◇ 省赛：由各地负责组织。从校赛中脱颖而出的选手们汇聚一堂，在更广阔的区域舞台上竞争。各地会根据自身情况，自主确定参赛名额、分组设置、比赛环节、评审方式和奖项设置等，选拔出最优秀的选手进军全国总决赛。

◇ 全国总决赛：这是全国大学生职业规划的顶级盛宴，备受瞩目。在总决赛中，选手们不仅要展示出卓越的职业规划能力，还需在面对全国顶尖评委和众多观众时，展现出自信、从容的风采。总决赛期间，还会举办校企供需对接、职业体验、课程教学研讨交流等系列活动，为选手、高校、企业搭建起全方位的交流合作平台。

■ 大赛意义

大学生职业生涯规划大赛的价值已超越"竞赛"本身，成为高校落实立德树人根本任务、服务学生全面发展的重要载体，通过"个体成长—教育改革—社会效益"三维联动机制，构建起立体化人才培养生态。该赛事在个体发展层面，依托专业测评工具与职业探索实践，破解大学生职业认知困境，形成"自我剖析—职业定位—能力锻造"的成长闭环；在教育创新层面，推动高校就业指导体系转型升级，贯通"理论教学—产业实践—赛事验证"的协同育人链条，实现人才培养模式的实质性突破；在社会服务层面，搭建产教融合对接平台，引导青年学子聚焦智慧农业、新能源技术等国家战略领域，通过赛事作品孵化与人才定向培养，有效提升人力资源供给与产业升级需求的匹配精度，彰显教育服务国家发展的战略价值。

★ 对学生的价值

以赛促学，引导大学生树立正确的成长成才观和择业就业观，科学合理规划学业与职业发展，提升就业竞争力。

学生通过积极参与和备赛，可以探索并建立职业生涯发展目标，树立正确的职业价值观，学会科学合理地规划学业与职业发展；同时，通过规划书的落地实施（如实习、考证等），积累实践资本，提升就业竞争力。

首先，成长赛道考查参赛学生树立生涯发展理念并合理设定职业目标、围绕实现目标持续行动并不断调整的成长过程，通过学习实践提升综合素质和专业能力，体现正确的择业就业观念。从大赛的考查要点看，学生在备赛过程中通过系统化的自我探索与职业分析，帮助学生明确"我想做什么""我能做什么""社会需要我做什么"，再根据探索出的职业岗位要求科学设定未来学业发展计划，围绕目标职业的要求，有针对性提升个人综合素质、专业知识和能力，提升个人的职业规划能力和职业素养，为未来的职业发展奠定了坚实基础。

其次，在比赛中有"天降实习 offer"的环节，在成长赛道中，参赛学生可获得实习机会，这是大学期间增加专业实践能力的非常宝贵的机会。此外，大赛还为学生提供了与业内专家、其他参赛者交流的平台，有助于拓展人脉资源，增加职业发展的机会。通过比赛，学生能够更好地了解真实的职场环境，提前做好职业发展规划，实现个人与社会的双赢。

最后，全国总决赛设有金奖、银奖、铜奖，这些荣誉对于个人简历和职业发展都是亮点。部分高校可能会将此类比赛的成绩作为学分认定的一部分，或者作为奖学金评定、优秀学生评选的参考。

★ 对高校的价值

以赛促教，促进高校强化生涯教育，做实做细就业指导服务。

首先，职业规划大赛不仅通过强化生涯教育，帮助大学生明确职业目标，提升自我认知能力，增强就业竞争力，还为学生提供了一个展示自我、锻炼能力的平台，并通过朋辈示范作用，唤醒了大学生开展职业规划的意识，推动了高校就业教育与专业教育、思政教育的深度融合。

其次，职业规划大赛促进了校企合作，推动了高校与企业之间的对接，为学生提供了更多实践机会和就业渠道。同时，大赛也促进了教师职业指导能力的提升，推动了高校就业指导工作的创新发展。企业导师深度参与，如京东联合高校开设"职业规划特训营"，高管亲自指导商业策划方案。

最后，"以赛促教"，提升课程和师资专业水平。推动就业指导从"课堂讲授"向"实践育人"转型。赛事倒逼高校完善生涯教育课程体系(如增设"职业信息分析""简历制作"等实操课)，促进校企合作(如企业导师进校园、提供实习岗位)，形成"课程—实践—竞赛"的闭环培养模式；倒逼教师考取职业指导师认证，提升职业指导教师队伍专业化进程。

★ 对社会的价值

以赛促就，广泛发动行业企业和高校参与赛事活动，推动人才供需有效对接，全力促进高校毕业生高质量充分就业。

职业规划大赛不仅对个人发展具有重要意义，也对社会进步和人才与企业对接起到了积极的推动作用。在社会层面，职业规划大赛不仅激发了社会对职业规划的关注与重视，还具有服务于国家战略人才储备和提升就业质量的意义。通过引导学生关注国家战略需求，推动人才供给与产业需求精准对接。职规赛不少优秀规划书作品聚焦"智慧农业""新能源技术""碳中和"等领域，体现了青年学子对国家发展方向的主动响应。

全国大学生职业规划大赛不仅是一场比赛，更是一次"自我探索—认知升级—行动落地"的成长之旅。无论是参赛规则的熟悉、备赛技巧的掌握，还是获奖要素的理解，核心都指向一个目标：帮助学生从"被动就业"转向"主动规划"，在职业发展的起点就锚定方向，走出一条属于自己的精彩之路。

■ 第二届全国大学生职业规划大赛简介

第二届大赛由教育部与湖南省人民政府共同主办，于 2024 年 10 月正式启动。大赛以"筑梦青春志在四方，规划启航职引未来"为主题，以"打造强化生涯教育的大课堂、促进人才供需对接的大平台、服务毕业生就业的大市场"为目标。通过举办大赛，实现以赛促学，引导大学生树立正确的成长成才观和择业就业观，科学合理规划学业与职业发展，提升就业竞争力；以赛促教，促进高校强化生涯教育，做实做细就业指导服务；以赛促就，广泛发动行业企业和高校参与赛事活动，推动人才供需有效对接，全力促进高校毕业生高质量充分就业。第二届大赛主体赛事包括成长赛道和就业赛道，其中，成长赛道设高教组和职教组，就业赛道设高教本科生组、高教研究生组和职教组。此外，各地各高校将围绕主体赛事广泛开展各类就业指导和校园招聘等同期活动；全国总决赛期间将举办校企供需对接、职业体验、课程教学研讨交流等系列活动，在湖南举办"以创促就"专项活动。

第二届大赛吸引全国高校师生踊跃参与，累计报名学生 1 507 万人，覆盖高校 2 763 所，其中成长赛道报名 1 198 万人，就业赛道报名 309 万人，相较于首届大赛，第二届大赛呈现出参赛规模更大、赛事更加丰富、社会参与度更高等特点，报名人数和覆盖高校实现"双增长"。大赛分为成长赛道和就业赛道，其中就业赛道首次设立研究生组，覆盖学段进一步扩大。总决赛现场，来自近千所高校约 3 000 名教师、上万名学生观摩了比赛，选手们通过主题陈述、评委提问、天降实习和就业 offer 三个环节，展现了大学生多样化的学业职业规划与行动。总决赛过程中，有近 400 家用人单位组成心选团，现场为学生发放实习、就业 offer 意向。通过参赛，学生生涯规划意识进一步增强，主动将个人职业理想融入国家发展大局。多样的同期活动，有效畅通了供需对接渠道，凝聚各方合力、推动全社会共同支持高校毕业生就业。

就业育人是立德树人的“最后一公里”，生涯教育和就业指导工作贯穿高校招生、培养、就业全过程，是就业指导服务的核心内容，是强化政治引领和价值观引导的重要载体，是促进毕业生高质量充分就业的基础工作。师生纷纷表示，大赛是一堂最生动的生涯教育与就业指导课。大赛中涌现出了一批身边的榜样，他们的生涯规划和职业探索是最好的教材。在参赛、观赛的过程中，师生不仅增强了生涯规划意识，探索了职业规划路径，提高了求职就业本领，更坚定了就业信心，未来将提早规划，努力为就业做好充分准备。

■ 首届全国大学生职业规划大赛简介

首届大赛于 2023 年 9 月启动，2024 年 4—5 月在上海举行全国总决赛。回顾首届全国大学生职业规划大赛，可谓硕果累累，亮点纷呈。大赛自 2023 年 8 月启动以来，全国高校师生踊跃参与。据统计，累计报名学生 952 万人，覆盖高校 2 740 所，占全国普通高校总数 98.6%。其中，学生成长赛道报名 744 万人，学生就业赛道报名 208 万人。课程教学赛道共有 3 707 名就业指导教师参赛，覆盖 1 565 所高校、1 921 个课程教学团队。大赛期间各地各高校同期开展促就业活动，累计举办就业指导和校园招聘活动 8.17 万场，参与人数 885 万人，提供岗位超百万个。经过激烈角逐，600 余名大学生和 80 余名教师晋级总决赛。总决赛决出金奖、银奖、铜奖，以及单项奖、优秀组织奖、优秀指导教师奖等奖项。总决赛过程中，共有近 500 家用人单位组成心选团，现场为学生发放实习、就业 offer 意向。

大赛用生动鲜活的形式集中展示了近年来高校就业育人特别是生涯教育和就业指导工作成效，涌现出一批可学可鉴的榜样人物，发挥了朋辈教育功能，搭建了校企供需对接平台，凝聚了各方共识，汇聚起促进就业工作合力，参赛师生以及社会各界给予高度评价。许多教师认为，通过教师之间互相借鉴，学习了如何当好学生在学习与职业之间的摆渡人。学生们普遍认为，通过参赛和互相启发，职业规划得到老师的评估和指导，看到优秀同龄人的成长故事，自身发展方向和实践路径逐渐明晰，要把个人选择和服务国家结合起来，在各个专业领域孜孜不倦地学习探索，为今后在不同职业道路上追逐梦想努力奋斗。正如大赛主题曲《逐光》展现的那样，新时代大学生正在“追逐光，成为光，再用光照亮他人”。

第二节 全国大学生职业规划大赛参赛规则

■ 比赛赛制及赛程

★ 比赛赛制

大赛采用“校级初赛—省级复赛—全国总决赛”三级赛制。校级初赛由各校负责组织，省级复赛由各地负责组织，各地各高校参照大赛成长、就业赛道方案，自主确定参赛名额、分组设置、比赛环节、评审方式和奖项设置等。各地完成省赛选拔后，择优推荐全国总决赛参赛选手

（本科生、研究生、专科生须保持合适比例）。

全国总决赛由各地按照大赛组委会确定的配额择优遴选推荐。全国总决赛参赛学生选手约 700 人，其中成长赛道约 350 人，就业赛道约 350 人，结合参赛选手专业背景、目标职业及所属行业等划分赛场。成长赛道、就业赛道各组别每所高校入围选手不超过 1 人。

大赛组委会将综合考虑各地参赛人数、就业指导和招聘活动情况、用人单位参与数量等因素分配全国总决赛参赛名额，赛前发布大赛提供的实习和就业岗位信息。全国总决赛设金奖、银奖、铜奖，以及地方和高校优秀组织奖、优秀指导教师奖等奖项。

职业规划大赛的赛程安排通常包括以下几个阶段：报名、校级初赛、省级复赛和全国总决赛四个阶段，不同高校和年份的赛程安排略有差异，但总体结构相似。

★ 比赛赛程

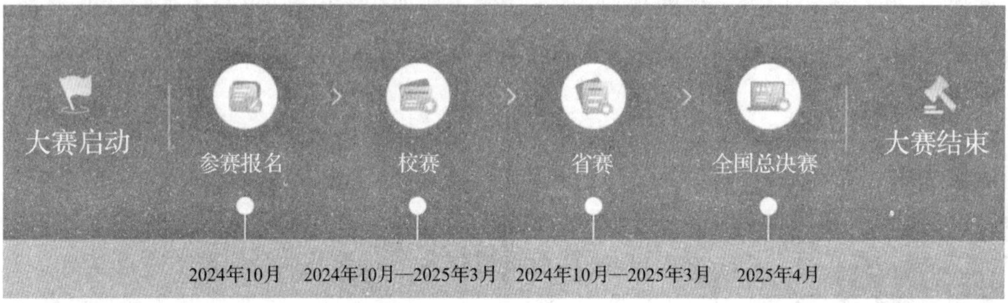

◇ 参赛报名阶段

时间通常为秋季学期。首届职规赛是 2023 年 9 月开始报名，第二届报名时间是 2024 年 10 月 22 日至 2025 年 1 月 31 日。选手通过全国大学生职业规划大赛平台（网址：zgs. chsi. com. cn）报名，报名截止时间由各地高校根据省赛安排决定，通常会约定最晚时间。第二届职规赛要求每名选手仅可选择一个赛道（成长赛道或就业赛道），首届大赛金银奖选手不得再次报名原赛道。

◇ 校赛阶段

校赛由各校组织，各高校参照大赛成长、就业赛道方案，自主确定参赛名额、分组设置、比赛环节、评审方式和奖项设置等。各高校完成校赛选拔后，按照省赛组委会分配名额择优推荐选手参加省复赛。

校赛期间，大赛平台开放成长赛道生涯闯关功能及就业赛道职业适配度测评功能，供选手备赛使用。各高校按要求设置校级管理员，使用国赛组委会分配的账号登录大赛平台管理、查看校赛信息。各校校赛大都安排在秋季学期，部分高校安排在春季学期。各省约定各高校校赛完成时间，例如，在第二届大赛中，广东省要求各高校要在 2024 年 12 月 31 日前完成校赛组织工作，完成本校入围省复赛的选手遴选推荐工作，遴选出参加省复赛的选手。

◇ 省赛阶段

广东省省赛包括省复赛和省决赛。省复赛由省赛组委会负责组织，采取两轮网评的方式进行，第一轮网评遴选出获奖选手，第二轮网评遴选出参加省决赛选手。省复赛参赛选手约 1 080 人，其中成长赛道约 48 人，就业赛道约 600 人（含高校研究生组 120 人）。省赛组委会将根据报名参赛、组织校赛等情况，向各高校分配参赛名额。

省决赛由省赛组委会负责组织，在承办高校进行金奖争夺赛和国赛晋级排位赛，遴选出省赛的金银奖选手以及全国总决赛晋级选手排序。省决赛参赛选手约150人，其中成长赛道约60人，就业赛道约90人(含高教研究生组30人)。省赛组委会给予承办高校每个赛道直通省决赛名额各1名。成长赛道、就业赛道各组别每所高校(不含承办高校)晋级省决赛的选手不超过2人。决赛前，省赛组委会择机举办晋级选手训练营，同步发布企业提供的实习和就业岗位信息。

省赛组委会将根据国赛组委会所分配的参赛名额、参赛要求和选手排位，确定并公布各赛道各组别参加全国总决赛的选手名单。每所高校每组别(如成长赛道高教组)仅限1人晋级。

◇ 全国总决赛阶段

全国总决赛参赛学生选手约700人，其中成长赛道约350人，就业赛道约350人，结合参赛选手专业背景、目标职业及所属行业等划分赛场。成长赛道、就业赛道各组别每所高校入围选手不超过1人。大赛组委会将综合考虑各地参赛人数、就业指导和招聘活动情况、用人单位参与数量等因素分配全国总决赛参赛名额，赛前发布大赛提供的实习和就业岗位信息。全国总决赛设金奖、银奖、铜奖，以及地方和高校优秀组织奖、优秀指导教师奖等奖项。

■ 第二届全国大学生职业规划大赛与首届通知对比

★ 背景理念

首届	第二届
为贯彻落实党中央、国务院关于高校毕业生就业工作的决策部署，落实《国务院关于印发"十四五"就业促进规划的通知》(国发〔2021〕14号)精神，加强高校生涯教育和就业指导，增强大学生生涯规划意识，指导其及早做好就业准备，促进高校毕业生高质量充分就业，定于2023年9月至2024年5月举办首届全国大学生职业规划大赛。现将有关事项通知如下。	为贯彻落实党中央、国务院决策部署，落实《国务院关于印发"十四五"就业促进规划的通知》精神，加强高校生涯教育和就业指导，增强大学生职业规划意识，指导其及早做好就业准备，以择业新观念打开就业新天地，促进高质量充分就业，定于2024年10月至2025年4月举办第二届全国大学生职业规划大赛。现将有关事项通知如下。

◇ 择业新观念：择国所重、择未所趋、择己所衷、择己所专。

◇ 就业新天地：新质生产力、新产业、新业态、新职业、灵活就业、数字/绿色/国际等。

强化大学生就业引导，向"新"而行才有国赛潜力。

★ 大赛目标

首届	第二届
努力将大赛打造成强化生涯教育的大课堂、促进人才供需对接的大平台、服务毕业生就业的大市场。通过举办大赛，更好实现以赛促学，引导大学生树立正确的成才观、就业观和择业观，科学合理规划学业与职业发展，提升就业竞争力；以赛促教，促	努力将大赛打造成强化生涯教育的大课堂、促进人才供需对接的大平台、服务毕业生就业的大市场。通过举办大赛，更好实现以赛促学，引导大学生树立正确的成长成才观和择业就业观，
进高校提高大学生生涯教育水平，做实做细毕业生就业指导服务；以赛促就，广泛发动行业企业和高校参与赛事活动，推动人才供需有效对接，全力促进高校毕业生高质量充分就业。	科学合理规划学业与职业发展，提升就业竞争力；以赛促教，促进高校强化生涯教育，做实做细就业指导服务；以赛促就，广泛发动行业企业和高校参与赛事活动，推动人才供需有效对接，全力促进高校毕业生高质量充分就业。

◇ 以赛促学：成长成才观＋择业就业观。

◇ 以赛促教：对于生涯教育从提高水平到强化。

◇ 以赛促就：高质量充分就业。

★ 大赛内容

首届	第二届
（一）主体赛事。包括学生成长赛道和就业赛道，每个赛道设高教组和职教组，另设大学生职业发展与就业指导课程教学赛道。	（一）主体赛事。包括学生成长赛道和就业赛道。成长赛道设高教组和职教组，就业赛道设高教本科生组、高教研究生组和职教组。本届大赛不设大学生职业发展与就业指导课程教学赛道。
（二）同期活动。各地各高校要围绕主体赛事广泛开展各类就业指导和校园招聘活动；全国总决赛期间将举办校企供需对接、职业体验等系列活动。	（二）同期活动。全国总决赛期间将举办校企供需对接、职业体验、课程教学研讨交流等系列活动，在湖南举办“以创促就”专项活动。各地各高校参照总决赛系列同期活动，围绕主体赛事精心设计并广泛开展内容丰富、形式多样的同期活动。

◇ 赛道组别：就业赛道高教组分为高教本科生组和高教研究生组（学历层次分开更为公平）。本届不设教学赛道（总决赛会举办课程教学研讨交流活动）。

◇ 同期活动：新增课程教学研讨活动和主办地专项活动（以创促就），同时对各地各高校举办同期活动提出更丰富的要求。

★ 考查内容

首届	第二届
1. 成长赛道。面向中低年级学生，考察其职业发展规划的科学性和围绕实现职业目标的成长过程，通过学习实践持续提升职业目标达成度，增强综合素质和能力。（详见附件 1） 2. 就业赛道。面向高年级学生，考察其求职实战能力，个人发展路径与经济社会发展需要的适应度，就业能力与职业目标和岗位要求的契合度。（详见附件 2） 3. 大学生职业发展与就业指导课程教学赛道。面向高校就业指导教师，考察课程实施效果和教师教学水平，有关事项另行通知。	1. 成长赛道。主要面向本、专科中低年级学生，考察其树立生涯发展理念并合理设定职业目标、围绕实现目标持续行动并不断调整的成长过程，通过学习实践提升综合素质和专业能力，体现正确的择业就业观念。参赛学生可获得实习机会。（详见附件 1） 2. 就业赛道。面向本、专科高年级计划求职学生（不含已通过推免等确定升学的毕业年级学生）和研究生，考查其求职实战能力，对照目标职业及岗位要求，个人综合素质和专业能力等方面的契合度，个人发展路径与就业市场需求的适应度。参赛学生可获得岗位录用意向。（详见附件 2）

◇ 成长赛道：强化生涯发展理念，弱化“规划”，目标由达成度到合理性；强化择业就业观念；强化专业能力。

◇ 就业赛道：适应度，适应经济社会发展需要，转变为适应就业市场需求，更准确；契合度，与目标职业和岗位要求相匹配的就业能力，转变为个人综合素质和专业能力，更详细。

★ 大赛赛制

◇ 国赛名额：总数增加 100 名，成长赛道和就业赛道各多了 50 个名额；单项奖取消；每个学校入围国赛的名额限制为每赛道 1 人（校赛竞争将更激烈）。

◇ 赛场安排：就业赛道结合学生专业、目标职业及所属行业等划分赛场，各地各高校自主完成分组设置（同“行”竞技更合理）；强化实习就业信息提供。

首届	第二届
（一）大赛采用校赛、省赛、全国总决赛三级赛制。 （二）校赛由各高校负责组织，省赛由各地负责组织。各地各高校参照大赛成长、就业赛道方案，自主确定参赛名额、比赛环节、评审方式和奖项设置等。各地完成省赛选拔后，择优推荐全国总决赛参赛选手（本科生、研究生、专科生须保持合适比例），并按要求向大赛组委会报送总结材料。 （三）全国总决赛参赛学生选手约 600 人，其中成长赛道约 300 人，就业赛道约 300 人。各赛道每所高校入围选手不超过 2 人。大赛组委会将综合考虑各地参赛人数、就业指导和招聘活动情况、用人单位参与数量等因素向各地分配全国总决赛参赛名额。 （四）全国总决赛设金奖、银奖、铜奖，另设单项奖、地方和高校优秀组织奖、优秀指导教师奖等奖项。	（一）大赛采用校赛、省赛、全国总决赛三级赛制。 （二）校赛由各高校负责组织，省赛由各地负责组织。各地各高校参照大赛成长、就业赛道方案，自主确定参赛名额、分组设置、比赛环节、评审方式和奖项设置等。各地完成省赛选拔后，择优推荐全国总决赛参赛选手（本科生、研究生、专科生须保持合适比例）。 （三）全国总决赛参赛学生选手约 700 人，其中成长赛道约 350 人，就业赛道约 350 人，结合参赛选手专业背景、目标职业及所属行业等划分赛场。成长赛道、就业赛道各组别每所高校入围选手不超过 1 人。大赛组委会将综合考虑各地参赛人数、就业指导和招聘活动情况、用人单位参与数量等因素分配全国总决赛参赛名额，赛前发布大赛提供的实习和就业岗位信息。 （四）全国总决赛设金奖、银奖、铜奖，以及地方和高校优秀组织奖、优秀指导教师奖等奖项。

★ 参赛要求

首届	第二届
（一）大赛成长、就业赛道参赛选手须为普通高等学校全日制在校学生。每名选手结合自身条件选择符合要求的一个赛道报名参赛。 （二）参赛选手应按要求在大赛平台准确填写报名信息，提交材料应坚持真实性原则，不得含有违法违规内容，否则将丧失参赛资格、所获奖项等相关权利，自负一切法律责任。 （三）各地各高校应认真做好参赛选手资格审查和提交材料审查工作，确保符合参赛要求。	（一）参赛选手须为普通高等学校在校学生。每名选手结合自身条件选择符合要求的一个赛道报名参赛。首届大赛全国总决赛获金奖、银奖选手，不得再次报名原赛道比赛。 （二）参赛选手应按要求在大赛平台准确填写报名信息，提交材料应坚持真实性原则，不得含有违法违规内容，否则将被取消参赛资格及所获奖项等，并承担相应法律责任。 （三）各地各高校应认真做好参赛选手资格审查和参赛材料审查工作，确保符合相关要求。

◇ 参赛资格：在首届大赛就业赛道中获得国赛金奖、银奖的选手不能再参赛；在首届大赛成长赛道中获得国赛金奖、银奖的选手（通过推免升学的除外）可以报名就业赛道。

◇ 基本要求：资格审查和参赛材料审查（合规性、政治性等）。

■ 成长赛道评审规则解读

★ 第二届全国大学生职业规划大赛成长赛道方案

◇ 比赛内容

考查学生树立生涯发展理念并合理设定职业目标、围绕实现目标持续行动并不断调整的成长过程，通过学习实践提升综合素质和专业能力，体现正确的择业就业观念。参赛学生可获得实习机会。

◇ 参赛组别和对象

成长赛道设高教组和职教组，参赛对象为普通高等学校全日制本、专科中低年级在校学生。高教组主要面向普通本科一、二、三年级学生，职教组主要面向职教本科一、二、三年级学生，高职（专科）一、二年级学生。

◇ 参赛材料要求

选手在大赛平台提交以下参赛材料：

(1)生涯发展报告：介绍设定职业目标的过程；实现职业目标的具体行动和成效；职业目标

及行动的动态调整等(PDF 格式,文字不超过 2 000 字,图表不超过 5 张)。

(2)生涯发展展示(PPT 格式,不超过 50 MB;可加入视频)。

◇ 比赛环节

成长赛道设主题陈述、评委提问和天降实习 offer(实习意向)环节。各环节时长根据实际情况适当调整。

(1)主题陈述(7 分钟):选手结合生涯发展报告作陈述。

(2)评委提问(5 分钟):评委结合选手陈述和现场表现提问。

(3)天降实习 offer(2 分钟):用人单位根据选手表现,决定是否给出实习意向,并对选手作点评。

★ 第二届与首届全国大学生职业规划大赛成长赛道评审标准对比

◇ 比赛考查核心点

首届	第二届
考察学生职业发展规划的科学性和围绕实现职业目标的成长过程,通过学习实践持续提升职业目标的达成度,增强综合素质和能力。	考察学生树立生涯发展理念并合理设定职业目标、围绕实现目标持续行动并不断调整的成长过程,通过学习实践提升综合素质和专业能力,体现正确的择业就业观念。参赛学生可获得实习机会。

第二届在理念观念上要求我们树立生涯发展理念,体现正确的择业就业观念。同时,我们还需要强化行动,强化专业能力,要求“持续行动+动态调整+行动成效”。

◇ 参赛材料要求

首届	第二届
选手在大赛平台(网址:zgs.chsi.com.cn)提交以下参赛材料: (一)生涯发展报告:介绍职业发展规划、实现职业目标的具体行动和成果(PDF格式,文字不超过1500字,如有图表不超过5张)。 (二)生涯发展展示(PPT格式,不超过50MB,可加入视频)。	选手在大赛平台提交以下参赛材料: (一)生涯发展报告:介绍设定职业目标的过程;实现职业目标的具体行动和成效;职业目标及行动的动态调整等(PDF 格式,文字不超过 2000 字,图表不超过 5 张)。 (二)生涯发展展示(PPT 格式,不超过 50MB;可加入视频)。

(1)行动成效:行动成果调整为行动成效。不再仅仅关注行动成果的堆积,而是更加注重行动成效,即通过具体的行动来提升个人的实际能力,从而有效地缩短与目标岗位要求之间的差距。这种成效的衡量,是基于个人职业目标的实现程度,而非单纯成果的数量。

(2)字数限制:生涯发展报告字数限制由 1500 字调整为 2000 字,这为学生提供了更广阔的空间来详细阐述他们的生涯发展规划历程。

◇ 评审标准

(1)职业发展评估体系调整如下:原 4 项指标缩减为 3 项,调整后为职业目标(30%)、学习实践行动(50%)、动态调整(20%)。其中职业目标指标要求结合专业课程、行业报告、个人能力等方面合理设定职业目标;学习实践行动指标强调利用学校资源(如实验室、校企合作项目)和社会资源开展实践活动,同时需体现学校特色(如理工院校侧重科研创新,师范院校强化教

首届

指标	说明	分值
职业目标	1. 职业目标体现积极正向的价值追求，能够将个人理想与国家需要、经济社会发展相结合。 2. 职业目标匹配个人价值观、能力优势、兴趣特点。 3. 准确认识目标职业在专业知识、通用素质、就业能力等方面的要求，科学分析个人现实情况与目标要求的差距，制订合理可行的计划	20
行动成果	1. 成长行动符合目标职业在通用素质、就业能力、职业道德等方面的要求。 2. 成长行动对弥补个人不足的针对性较强。 3. 能够将专业知识应用于成长实践，提高通用素质和就业能力。 4. 成长行动内容丰富，取得阶段性成果	40
目标契合度	1. 行动成果与职业目标的契合程度。 2. 总结成长行动中存在的不足和原因，对成长计划进行自我评估和动态调整	30
实习意向	现场获得用人单位发放实习意向情况	10

第二届

指标	说明	分值
职业目标	结合所学专业多渠道了解相关行业发展趋势和就业市场需求，综合分析个人能力优势、兴趣特长等，合理设定职业目标	10
	基于职业目标对综合素质和专业能力等方面要求，科学分析个人现实情况与职业目标间的差距，制订合理可行的成长计划	10
	职业目标能够将个人理想与国家需要、经济社会发展相结合，体现正确的择业就业观念	10
学习实践行动	围绕目标职业要求，结合学校育人特色和所学专业，利用学校及社会资源开展学习实践	30
	学习实践行动取得阶段性标志性成果，接近职业目标要求	20
动态调整	及时对学习实践行动成效进行自我评估、总结分析收获、不足和原因，对职业目标和学习实践行动路径等作动态调整	20

学实践)；动态调整指标重点考查学生根据就业市场变化调整职业规划的能力。

(2)自我认知部分从原先的价值观、能力、兴趣三个维度简化为两个维度：一是能力优势，通过课程作业、竞赛活动等实际表现评估；二是兴趣特长，结合社团参与、课外项目等经历综合判断，学生也可补充其他自我分析内容。

(3)评分比重方面，行动成果及学习实践行动的分数占比从 40%提升至 50%，强化了对学生实践过程与成果的考核。此外，学校特色贯穿评估体系，例如，职业目标需关联专业培养方向，学习实践活动需结合学校第二课堂、双创教育等特色项目，确保评估标准与学校人才培养定位相匹配。

★ 第二届全国大学生职业规划大赛成长赛道评审标准解析

◇ 职业目标增加了分值

指标	说明	分值
职业目标	结合所学专业多渠道了解相关行业发展趋势和就业市场需求，综合分析个人能力优势、兴趣特长等，合理设定职业目标	10
	基于职业目标对综合素质和专业能力等方面要求，科学分析个人现实情况与职业目标间的差距，制订合理可行的成长计划	10
	职业目标能够将个人理想与国家需要、经济社会发展相结合，体现正确的择业就业观念	10

职业目标指标考查个人职业目标是如何设定的，对职业目标是否了解。首届职规赛职业目标的分值为 20 分，第二届增加为 30 分，并细化了各分值评判标准。职业目标维度主要有三个考查要点：一是对外探索立足个人所学专业多渠道了解行业发展趋势和就业市场需求，拓展职业机会，要求学生充分利用人脉资源、网络资源、实践资源等多种渠道拓展职业选项并探索职业机会。二是对内探索结合个人能力、兴趣特长、价值观，尤其是在个人价值观与社会价值观的整合中找到职业机会和职业发展的平衡点。值得注意的是，可以通过职业测评，但绝不能用职业测评代替自我探索。三是目标聚焦在整合外部探索和自我探索的基础上初步设立职业

目标，并且探索职业目标，了解职业目标对综合素质和专业能力等方面的要求，科学分析个人现实情况与职业目标之间的差距，制订合理可行的成长计划。

◇ 学习实践行动部分新增结合学校特色和资源

学习实践行动	围绕目标职业要求，结合学校育人特色和所学专业，利用学校及社会资源开展学习实践	30
	学习实践行动取得阶段性标志性成果，接近职业目标要求	20

第二届全国大学生职业规划大赛在学习实践行动部分，新增“围绕目标职业要求，结合学校育人特色和所学专业，利用学校及社会资源开展学习实践”(30 分)。对此，学生在采取学习实践行动时，或者教师提供学生学习实践资源时，要充分结合学校和专业的人才培养目标、定位、特色和优势，利用校友资源、学长学姐资源、学校就业中心资源、校企合作资源、企业实习实践机会资源等，广泛开展行动。同时，“学习实践行动取得阶段性标志性成果，接近职业目标要求”(20 分)。

◇ 动态调整作为独立评审指标进行考查

动态调整	及时对学习实践行动成效进行自我评估，总结分析收获、不足和原因，对职业目标和学习实践行动路径等作动态调整	20

第二届全国大学生职业规划大赛不再将目标契合度作为独立评审指标，此部分的考查而是由评委基于对学生个人学习实践行动、成果与职业目标之间的判断对目标契合度作出评估。动态调整部分重点考查参赛选手及时对个人学习实践行动的成效进行自我评估，总结分析收获、不足和原因，对职业目标和学习实践行动路径等进行动态调整。在参赛材料的准备上，生涯发展报告和生涯发展展示 PPT 可以根据职业目标、学习实践行动、动态调整三个模块进行展开，但尽量不要将评审指标直接作为材料标题，避免模板化、同质化，可以在名称上做更具吸引力的表达与呈现。

从成长赛道的考查要点和评审指标可以看出，成长赛道紧密围绕生涯规划的核心要素展开。清晰的生涯规划包括三个要素：一是在生涯态度上要积极主动且懂得应变；二是自主探索生涯目标；三是积极主动开展生涯行动。因此，职业规划大赛不仅仅是一个比赛，在参赛过程中，参赛学生所搜集到的信息以及对未来的规划和考量，不管最终是否获奖，在这个过程中都会对自己的成长有极大帮助。

■ 就业赛道评审规则解读

★ 第二届全国大学生职业规划大赛就业赛道方案

◇ 比赛内容

考查学生求职实战能力，对照目标职业及岗位要求，个人综合素质和专业能力等方面的契合度，个人发展路径与就业市场需求的适应度。参赛学生可获得岗位录用意向。

◇ 参赛组别和对象

就业赛道设高教本科生组、高教研究生组和职教组，参赛对象为普通高等学校全日制本、专科高年级在校学生，以及全体研究生。高教本科生组面向普通本科三、四年级(部分专业五年级)学生(不含已通过推免等确定升学的毕业年级学生)，全体第二学士学位学生；高教研究生组面向全体研究生；职教组面向职教本科三、四年级学生和高职(专科)二、三年级学生。

◇ 参赛材料要求

选手在大赛平台提交以下参赛材料：

(1)求职简历(PDF 格式)。

(2)求职综合展示(PPT 格式，不超过 50 MB；可加入视频)。

(3)辅助证明材料，包括实践、实习、获奖等证明材料(PDF 格式，整合为单个文件，不超过 50 MB)。

◇ 比赛环节

就业赛道设主题陈述、综合面试、天降 offer(录用意向)环节。各环节时长根据实际情况适当调整。

(1)主题陈述(6 分钟)：选手结合求职综合展示 PPT，陈述个人求职意向和职业准备情况。

(2)综合面试(6 分钟)：评委提出真实工作场景中可能遇到的问题，选手提出解决方案；评委结合选手陈述自由提问。

(3)天降 offer(2 分钟)：用人单位根据选手表现，决定是否给出录用意向，并对选手作点评。

★ 第二届与首届全国大学生职业规划大赛就业赛道评审标准对比

◇ 比赛考查要点变化

核心考查要点“求职实战能力”保持不变，但在与行业发展趋势和人才需求的契合度以及适应度的表述上有所调整。具体而言，原表述“个人发展路径与经济社会发展需要的适应度”已更改为“个人发展路径与就业市场需求的适应度”。这意味着参赛者需结合市场需求和个人特质来合理设定目标，并提升个人对职业发展要求的适应能力。同时，“就业能力与职业目标和岗位要求的契合度”这一表述也已更新为“对照目标职业及岗位要求，个人综合素质和专业能力的契合度”，并且将“就业能力”细化为“个人综合素质和专业能力”。这样的表述更加精确和详尽，强调了高质量就业的实现必须建立在学生综合能力的扎实培养之上。

首届	第二届
考查学生的求职实战能力，个人发展路径与经济社会发展需要的适应度，就业能力与职业目标和岗位要求的契合度。	考查学生求职实战能力，对照目标职业及岗位要求，个人综合素质和专业能力等方面的契合度，个人发展路径与就业市场需求的适应度。参赛学生可获得岗位录用意向。

◇ 参赛组别和对象

首届	第二届
（一）就业赛道设高教组和职教组，每组均设5个分赛道。其中，针对企业职能岗位，设产品研发、生产服务、市场营销、通用职能分赛道（按相近行业分小组）；针对公共服务岗位，设公共服务分赛道。 （二）就业赛道参赛对象为普通高等学校全日制高年级在校学生。高教组面向普通本科三、四年级（部分专业五年级）学生和全体研究生，职教组面向职教本科三、四年级学生和高职（专科）二、三年级学生。	就业赛道设高教本科生组、高教研究生组和职教组，参赛对象为普通高等学校全日制本、专科高年级在校学生，以及全体研究生。高教本科生组面向普通本科三、四年级（部分专业五年级）学生（不含已通过推免等确定升学的毕业年级学生），全体第二学士学位学生；高教研究生组面向全体研究生；职教组面向职教本科三、四年级学生和高职（专科）二、三年级学生。

组别变化有两个，首先在原有高教本科生组和职教组的基础上增加了高教研究生组，这样对高教本科生更加公平；其次取消了首届的五个分赛道。另外需要注意的是，参赛要求的变化，明确“已通过推免等确定升学的毕业年级学生不能参与此赛道”，更加强调就业赛道的就业属性。

◇ 评审标准

首届

指标		说明	分赛道分值				
一级指标	二级指标		产品研发	生产服务	市场营销	通用职能	公共服务
通用素质	职业精神	具有家国情怀，有爱岗敬业、忠诚守信、奋斗奉献精神等	35	35	45	45	45
	心理素质	具备目标岗位所需的意志力、抗压能力等					
	思维能力	具备目标岗位所需的逻辑推理、系统分析和信息处理能力等					
	沟通能力	具备目标岗位所需的语言表达、交流协调能力等					
	执行和领导能力	能够针对工作任务制定计划并实施，具备目标岗位所需的团队领导、协作、激励和执行能力等					
岗位能力	岗位认知程度	全面了解目标行业现状、发展趋势和就业需求，准确把握目标岗位的任职要求、工作流程、工作内容等	20	20	15	15	15
	岗位胜任能力	具备目标岗位所需的专业能力、实习实践经历、解决实际工作问题的能力等	25	25	20	20	20
发展潜力	—	职业目标契合行业发展前景和人才需求	10	10	10	10	10
录用意向	—	现场获得用人单位提供录用意向情况	10	10	10	10	10

第二届

指标	说明	分值
职业目标	能够结合就业市场需求和个人所学专业、能力及兴趣等特点，合理设定职业目标	5
	准确把握目标职业的任职要求、工作内容、基本流程和发展前景等	5
岗位胜任力	具备目标岗位所需综合素质，如思维认知、沟通协作能力和执行力等，具有敬业奉献的职业精神	40
	具备目标岗位所需的专业知识和技能要求，相关实习实践经历丰富，具备解决实际问题的专业能力	40
发展潜力	具备持续学习能力、创新精神和应对不确定性挑战的潜质，适应未来职业发展要求；符合就业市场需求，现场获得用人单位提供的录用意向	10

首届赛事的四大评价指标经过整合，优化为三大核心指标：职业目标占10%、岗位胜任力占80%、发展潜力占10%。同时，取消了原有的二级指标，使得整体评价体系的逻辑更加明晰。首届赛事中，设立了产品研发、生产服务、市场营销、通用职能以及公共服务五个独立的分赛道，不同赛道在通用素质与岗位胜任各个二级指标中分数占比有所不同。第二届赛事则将这些分赛道合并，并统一了评分标准，转而通过提高岗位胜任力的评分比重（占总分的80%）来加强对参赛选手与岗位匹配度的评估，而发展潜力的评分比重保持不变，仍为10%。

★ 第二届全国大学生职业规划大赛就业赛道评审标准解析（表13-1）

表13-1 就业赛道评审标准

指标	说明	分值
职业目标	能够结合就业市场需求和个人所学专业、能力及兴趣等特点，合理设定职业目标	5
	准确把握目标职业的任职要求、工作内容、基本流程和发展前景等	5

续表 13-1

指标	说明	分值
岗位胜任力	具备目标岗位所需综合素质，如思维认知能力、沟通协作能力和执行力等，具有敬业奉献的职业精神	40
	具备目标岗位所需的专业知识和技能要求，相关实习实践经历丰富，具备解决实际问题的专业能力	40
发展潜力	具备持续学习能力、创新精神和应对不确定性挑战的潜质，适应未来职业发展要求；符合就业市场需求，现场获得用人单位提供的录用意向	10

◇ 新增职业目标的设定和了解(10 分)

第二届全国大学生职业规划大赛就业赛道新增考查学生职业目标的形成路径，即根据就业市场需求、个人所学专业、个人能力、兴趣等特点，合理设定职业目标，并且充分了解目标职业，准确把握目标职业的任职要求，工作内容、基本流程、职业发展前景等具体职业信息。

◇ 综合素质和解决实际问题的专业能力成为评分重点(80 分)

一是将敬业奉献的职业精神、心理素质、思维能力、沟通协作、执行力等通用素质纳入岗位胜任力考查范畴；二是对照目标岗位所需的专业知识和技能要求，具备丰富的、相关的实习实践经历以及解决实际问题的专业能力。

◇ 考查未来发展潜力(10 分)

发展潜力考查学生具备持续学习、创新精神和应对不确定性挑战的潜质，重点在关注学生对未来职业发展的适应性。现场天降 offer 环节用人单位录用意向不再单独计分，作为考查学生对就业市场需求的符合程度，统一纳入发展潜力。

不同高校和比赛方案中，评审标准可能略有差异，但总体上就业赛道侧重高年级学生的“岗位匹配度与就业竞争力”，学生求职实战能力为考查重点。同第一届大赛要求相一致，重点考查学生的求职实战能力，包括对目标职业及岗位要求的了解度，以及在对照目标职业要求的基础上，考查其与个人综合素质和专业能力的契合度。即回答“我对目标职位了解吗”“对照目标职位的要求，我能力可以吗”两大问题。

第三节　全国大学生职业规划大赛参赛准备

■ 明确规则

知己知彼百战不殆，选手可以认真研究教育部和各省市职业规划大赛文件，领会比赛精神、明确组赛目的、评分标准、提交的参赛材料及形式。相较之前的职规赛，首届和第二届全国职规赛的文件明显传达出比赛不是锦标赛的形式，并且摒弃演讲式的比赛。评审指标中也舍弃了与“形象、着装、表达”等相关的要素。成长赛道评委由高校职业生涯发展规划和就业指导专家、企业专家组成；就业赛道的评委主要由企业专家组成。

赛道参赛材料要求方面，成长赛道要求参赛选手在大赛平台提交材料是两份，一份是生涯发展报告(PDF 格式，文字不超过 2 000 字，图表不超过 5 张)，介绍设定职业目标的过程；实现职业目标的具体行动和成效；职业目标及行动的动态调整等。对于参赛选手来说，图表可以放置辅助文字证明的图片，或将部分文字转化成图片以打破文字限制。另一份是生涯发展展示，要求是 PPT 格式，不超过 50 MB；可加入视频。选手需要注意生涯发展展示 PPT 在网评环节和现场主题陈述环节的区别和发挥的作用。在校赛或省赛专家网评时，由于缺乏与评委讲解的环节，需要注意图文结合，使其能够清晰传达 PPT 内容。在现场主题陈述环节时，PPT 内容要围绕现场主题陈述的讲解稿展开，用于辅助个人陈述，因此在重点、逻辑、框架等方面与网评阶段有所不同。

需要明确比赛流程。成长赛道决赛包括主题陈述、评委提问及天降实习 offer(实习意向)环节。在主题陈述环节(耗时 7 分钟)，参赛者需结合生涯发展报告进行陈述；评委提问环节(耗时 5 分钟)中，评委将根据参赛者的陈述及现场表现进行提问；天降实习 offer 环节(耗时 2 分钟)则由用人单位根据参赛者的表现决定是否提供实习意向，并进行点评。该环节旨在引入企业资源，致力于将大赛打造成为促进人才供需对接的平台，为学生提供与企业对接的实习实践机会。就业赛道则包括主题陈述、综合面试及天降 offer(录用意向)环节。在主题陈述环节(耗时 6 分钟)，参赛者需结合求职综合展示 PPT，陈述个人求职意向和职业准备情况；综合面试环节(耗时 6 分钟)中，评委将提出真实工作场景中可能遇到的问题，参赛者需提出解决方案，并接受评委的自由提问；天降 offer 环节(耗时 2 分钟)由用人单位根据参赛者的表现决定是否提供录用意向，并进行点评。两届国赛的成长赛道和就业赛道决赛均包含这三个环节，仅各环节时长略有不同。因此，备赛的第一阶段应专注于文本材料的准备，而备赛的第二阶段则需提升 PPT 演讲及答辩面试应对的能力。

■ 备赛步骤

★ 确立职业目标

选择一个有竞争力的职业目标是大学生参加职业规划大赛面临的首要问题，所以准备大赛，第一步不是下载生涯报告模板、简历模板和 PPT 模版，而是确定一个有竞争力的职业目标，这也是我们后续有针对性准备参赛材料的基础。职业目标要符合国家、社会、经济的趋势，要有真实的社会需求，不建议太小众或就业面过窄的职业目标，有地方特色的职业目标或许是个亮点。

◇ 确立职业目标的标准

标准 1：职业目标清晰、具体、可实现

职业目标不清晰是参赛的大忌，很多学生对职业名称不了解，或者还没有形成清晰的职业目标。在参赛呈现的材料中，往往会出现模糊的职业目标，或自己创造的职业目标，如教师类、电子商务类等。如果职业目标不清晰、不够聚焦、不是官方职业名称，就会导致我们在准备参赛材料时缺乏明确的指向，也会让评委对我们选择的职业产生缺乏了解的初步印象。

标准 2：职业目标与专业相关

在第二届的职业规划大赛评分标准中，明确提出了职业目标要结合个人所学专业，能够将专业所学知识技能运用于解决实际问题，立足个人专业，思考专业学习与未来职业发展之间的关系，这也是第二届职规大赛的新导向。有些学生在参赛时会选择与专业相关性较弱的职业目标，这不仅会导致我们不能呈现很多与专业相关的实践经历，也会违背大赛的精神导向，偏离学校及专业的人才培养目标，从而大大降低我们的参赛优势。

标准 3：职业目标特色明显

同样是小学教育专业，职业目标同样是小学教师，那面对诸多同质或类似的众多职业目标，如何才能脱颖而出呢？那就是打造特色。这种特色包括职业目标所在行业领域的特色（高新技术产业、战略性新兴产业、国防军工、航天航空等）、职业目标体现的时代特色（人类命运共同体、新质生产力、老龄化等）、职业目标体现的地域特色（民族地区、乡村地区、经济带等）、职业目标体现学校育人特色和优势等。因此，可以在特色挖掘上下功夫，让你的职业目标同他人区分开来。例如，黑龙江作为中国大豆第一省，年产量占全国总量一半，致力于发挥黑龙江大豆省份、黑土地的地域特色与优势，可致力于做扎根北大仓的大豆育种工作者。

标准 4：职业目标体现个人发展与国家需要的结合

职业目标不仅要体现个人生涯发展的目标理想，还要结合国家发展需要，如乡村振兴、民生保障等，体现出职业目标的价值，致力于在实现小我的人生价值基础上，以职业推动国家富强、民族振兴、人民幸福的社会大我。例如，解决花卉"卡脖子"问题的科研技术员，发现本国花卉资源丰富却依赖国外进口，原产于中国却被国外引种转手倒卖中国，拿着中国的东西赚中国人的钱，所以将个人职业发展与国家需要相结合，致力于解决花卉育种的"卡脖子"问题。

标准 5：职业目标最好有政策背书

职业目标如果契合国家的政策导向，将会更加符合未来国家发展的需要和就业市场的需要。为此，可以充分了解国家的发展战略规划，尤其是"十四五"规划，从中挖掘就业机会，确定职业目标。例如，"十四五"规划中提出将大力推动面向航天领域的机器人研发创新，为此可致力于做空间机器人工程师，助力航天强国梦。

标准 6：职业目标体现出规划的科学性、合理性

这一点非常非常重要，但是我们往往对职业目标确定的科学性和合理性存在理解上的偏差，例如，根据测评得出自我探索的结果就确定了"我适合做××"的职业目标，认为社会发展在某个方面有大量的发展空间和人才需要就确定了"我适合做××"的职业目标，更不是他人强加给我们身上而形成的职业目标。职业目标的确定是一个集多方面探索和整合的过程，需要我们审时度势，也需要我们"找到初心"。没有一蹴而就的职业目标，需要我们在实践中探索、检验、动态调整，找到发展的方向，这才是生涯规划的意义，也是大赛的教育意义。

因此，确定一个能够在职业规划大赛中脱颖而出的职业目标，尽可能符合上述标准，这样不仅能够开展差异化的竞争比赛，打造个人竞争优势，也能够为个人的职业发展提供明确的方向和动力。

◇ 确立职业目标的步骤

在参赛准备中，确立职业目标是首要环节。初步确定职业目标，可以围绕以下步骤进行：

第一步：立足专业，多渠道探索专业所有的就业机会

在当今竞争激烈的就业市场中，了解并掌握各种可能的就业途径对于职业发展至关重要。这包括但不限于网络招聘平台、行业招聘会、专业社群、校园招聘以及通过校友和导师的推荐等。

专业能力是立身之本，展示要到位，知道—会做—做得很好，怎么通过成长报告/简历、PPT 体现？在求职过程中，如何有效地展示自己的专业能力是一个关键环节。这不仅需要通过精心制作的成长报告和简历来体现，还需要通过专业的 PPT 演示来进一步强化。在这些材料中，应当清晰地展示出你对专业知识的掌握程度、你所具备的技能，以及你如何将这些技能应用到实际工作中，并取得显著成效。

(1)根据专业所学内容，调研往届学长的就业情况，圈定"强相关"职业；

(2)盘点专业所涉及的行业领域，梳理细分行业及上下游产业链关系；与产业链相关的所有职业，均是可选择的“中度相关”职业；

(3)从“哪些职业可能会用到我所学的专业知识和技能”的逆向思维，拓展“弱相关”职业；

第二步：了解国家社会需求，了解热门行业及经济社会发展趋势。如新质生产力、新职业、乡村振兴、懒人经济、情绪经济等。

关于国家战略方面，同学们需要依据自身专业发展，开展“DIOR”四个阶段的调研并进行成果呈现，这四个阶段分别为数据(D)、信息(I)、岗位(O)、资源(R)。

(1)数据(D)阶段，同学们要引用各类调研报告、国家政策文件等资料，获取基础数据支撑。

(2)信息(I)阶段，则需针对收集到的数据报告，结合自身特点展开分析与整合，提炼出有价值的信息。

(3)岗位(O)阶段，在做信息确认时，不能仅依赖数据(D)与信息(I)类材料，还需融入一线体验，如通过实习/实践以及生涯人物访谈来获取一手信息。毕竟单纯通过分析招聘信息得出的岗位要求，远不如一线资深专家所提供的标准那般具有参考价值。

(4)资源(R)阶段，同学们要通过信息呈现并展示已拥有足以实现理想的充分资源。

第三步：结合个人兴趣特长、能力优势等初步确定职业目标。

自我分析部分慎用职业测评，特别是那些做了很多测试又说不出个所以然的材料大概率得分不会高，360°测评要言之有物，不要蜻蜓点水、流于形式。也不要强调“二代”身份，尽管确实有影响、有助力，但是容易引起不必要的麻烦。能力是有层次之分的，同样是沟通能力，可以分出好几个层次(段位)，并不是参加了演讲比赛获奖语言表达能力就好，也不是组织过学生活动组织能力就强，特别是在就业赛道，人岗匹配度用人单位的考查标准是什么？

第四步：针对性探索目标职业的行业现状、代表单位、市场需求、能力素质等(这部分不需要写得很详细，但是参赛学生需要充分了解，这部分是评委提问环节所重点关注的模块)。

岗位分析不能浮于表面，要深入下去，SWOT 分析、行业分析、职业路径分析是同样的道理。职业的准入资格也必须要弄清楚，很多时候，有资格不代表能进入，例如：考取教师资格证≠能够当教师，大多数地方公立学校要通过教师事业编考试。分析大家都向往的职业，卡住大多数人的关键点在哪里？行业分析、职业分析要打破“臆想”，往深入的方向再打 2～3 层，例如：大学生想象的会计——受 AI 挑战，现实的就业市场、求职机会分析；市场需求的全链条、复合型会计对大学人才培养的挑战——你所就读的学校-专业-你自己的机会在哪里？

★ 积极采取学习实践行动

一是探索学校资源(育人资源、优势学科、校企合作等)、专业资源(学科建设资源、师资队伍资源等)、社会资源(家庭资源、地域优势、实习实践等)。尤其是对于大一学生而言，探索资源对于个人成长有重要价值。

二是围绕目标职业，针对性开展学习实践行动。如果是要想参赛，即使当下采取的行动不够，仍可以利用双休或其他时间去针对性“补行动”，例如，人物访谈、跟岗实习、企业参观、行业调查、职业调查等。实习、获奖及阶段性成果要跟职业目标强相关，评委视角：需要去辨别学生展示的五花八门的获奖证书的含金量和专业相关度。参赛者若有特别含金量高的成果，一定要说明项目是什么、培养和锻炼了自己哪方面的能力、自己在事件中的角色是什么？

三是学习实践行动提升的能力素质契合目标职业的需求。

★ 持续动态调整

一是评估学习实践行动成效、收获和不足，找出差距。其中收获的呈现要对标职业目标的要求。

二是制定理想的成长行动计划(确定性)，这部分既可以写在第一个模块职业目标确定部分，也可以写在本部分。

三是评估生涯发展的风险和机遇，制定应对变化策略(灵活性)，如首选目标与备选目标之间的考虑。

★ 优势挖掘

优势挖掘需要四步，素材盘点—甄选评估—整理挖掘—回馈分析。

全面记忆扫描，从中筛选出与目标职位匹配的经历，再通过成就故事，STAR 法则挖掘经历的细节和闪光点，最后坚持复盘分析可以让你对于个人优势有清晰的认知。

第一步，素材盘点

按时间顺序全面回顾大学学习和生活经历，暂不考虑是否可写入简历。

◇ 盘点教育背景：盘点学历证书、专业课程成绩、GPA 绩点、在校荣誉等教育背景信息。这些是求职者专业知识和学习能力的体现，能为简历增添亮点。例如，高绩点和专业排名前茅可以展示求职者在学术上的优秀表现；获得奖学金和荣誉称号可以体现其综合素质。

对于专业课程，要选择与意向职位相关的核心课程进行重点展示，突出自己在专业领域的优势。同时，可以结合课程项目或实验成果，进一步说明自己在实际应用中的能力。

◇ 盘点实践经历：盘点专业实习、竞赛经历、校外兼职、校内职务等实践经历。这些经历能体现求职者的实践能力和综合素质，是简历中的重要部分。例如，实习经历可以展示求职者在实际工作中的表现和成果；竞赛获奖可以体现其专业能力和创新精神；校内职务可以展示其组织协调能力和团队合作精神。在盘点实践经历时，要注重挖掘其中的亮点和成果，如项目成功案例、获得的表扬和认可等，这些都能为简历增色不少。

◇ 盘点其他经历：盘点兴趣研究、阅读写作、旅行探险、间隔年等其他经历。这些经历虽然看似与求职关系不大，但能体现求职者的个性和综合素质，有时也能成为简历中的独特亮点。例如，兴趣研究可以展示求职者对某一领域的深入探索和热情；旅行探险可以体现其冒险精神和适应能力。在描述这些经历时，要注重挖掘其中与求职相关的元素，如通过兴趣研究培养的某项技能、通过旅行探险锻炼的团队协作能力等，使这些经历与求职目标相呼应。

第二步，甄选评估

从全面回顾中筛选出 3～5 项与目标职位匹配且能展现个人优势的关键经历。选取标准包括：意向职位匹配度高，实习单位品牌较大或项目影响力较大，经历距今时间较近且工作时间较长。

◇ 评估专业知识技能：对盘点出的专业知识技能进行评估，确定哪些是与意向职位最相关的。例如，应聘软件工程师岗位，编程语言的掌握程度、项目开发经验等是关键技能；应聘市场营销岗位，市场调研能力、数据分析能力等是重要技能。通过评估，筛选出最能体现求职者专业优势的技能进行重点展示。评估专业知识技能时，要结合实际项目和成果进行论证。例如，通过参与的软件开发项目展示编程能力，通过市场调研报告展示数据分析能力，使技能描述更具说服力。

◇ 评估可迁移技能：对可迁移技能进行评估，确定哪些是求职者在不同岗位上都能发挥的优势。例如，沟通能力、团队协作能力、时间管理能力等是大多数岗位都需要的通用技能。通过评估，筛选出最能体现求职者综合素质的可迁移技能进行展示。评估可迁移技能时，要结合具体事例进行说明。例如，通过团队项目中的沟通协调经历展示沟通能力，通过多任务处理的经历展示时间管理能力，使技能描述更具真实性和可信度。

◇ 评估个人特质：对个人特质进行评估，确定哪些是求职者的核心竞争力。例如，责任心强、学习能力强、抗压能力强等是雇主非常看重的个人特质。通过评估，筛选出最能体现求职者个人魅力的特质进行展示。评估个人特质时，要结合具体事例进行论证。例如，通过在困难项目中坚持到底的经历展示责任心，通过快速掌握新技能的经历展示学习能力，使特质描述更具说服力。

第三步，整理挖掘

遵循“情况—任务—行动—结果”(STAR)法则，围绕每项关键经历展开描述。STAR法则是一种结构化描述方法，是 situation、task、action、result 的四个首字母。

◇ 背景(situation)：事件发生的环境、前提条件或挑战，要点在于通过背景信息的介绍来凸显该事件的难度，“当时是什么情况？”。

◇ 任务或目标(task)：明确目标或需完成的任务要点在于展示你的目标感和规划力。“为什么要从事这项工作？”“你希望取得什么成果？”。如担任总策划协调 7 个部门完成 500 人规模活动。

◇ 行动(action)：具体行动、职责、方法与工具，清晰地展示你具体是如何做的。“你的主要职责是什么？”“每项工作都有哪些关键流程？”“为了完成好这项工作，需要运用哪些方法、工具、技术？”“你遇到过什么困难？”“分析问题的思路是什么？”“怎么解决的？”如跨团队统筹、使用项目管理表、应对主持人生病换人等突发情况。

◇ 结果(result)：量化成果、积极评价与经验总结，要点在于展现你的结果思维，尤其注意这个结果的相对位置介绍，以便让评委清晰了解结果的含金量。“取得了怎样的工作成果？”“有哪些可量化的数据？”“得到了哪些积极的评价？”“如有机会重做此项工作，你会如何改进？”如参与人数超预期 67%、获学院领导表扬、优化应急预案。

第四步，回馈分析

管理大师德鲁克曾说，要发现自己的长处，唯一途径就是回馈分析法。每当你要作出重要决定或采取重要行动时，事先记录下你对重要决策和行动的预期，9～12 月后进行对比，来看一看预期和结果之间的差距。通过 2～3 年的对比分析，你将知道擅长做什么、不擅长做什么；同时你也会看到你做决策和重要行动时的模式。

回馈分析结果会向你表明：

(1)是什么原因导致你未能充分发挥长处？

(2)哪些方面是你不擅长的？

(3)哪些方面是你不具备优势也无力做好的？

■ 成长赛道材料准备(图 13-1)

成长赛道的考查重点是学生树立生涯发展理念并合理设定职业目标、围绕实现目标持续行动并不断调整的成长过程。所以本质上成长赛道的参赛材料准备可以说是一个【求解题】，在这个过程中学生需要探索和回答以下两类问题：

第一类：关于职业目标的合理性我的职业目标是什么？我的职业目标从何而来？我是如

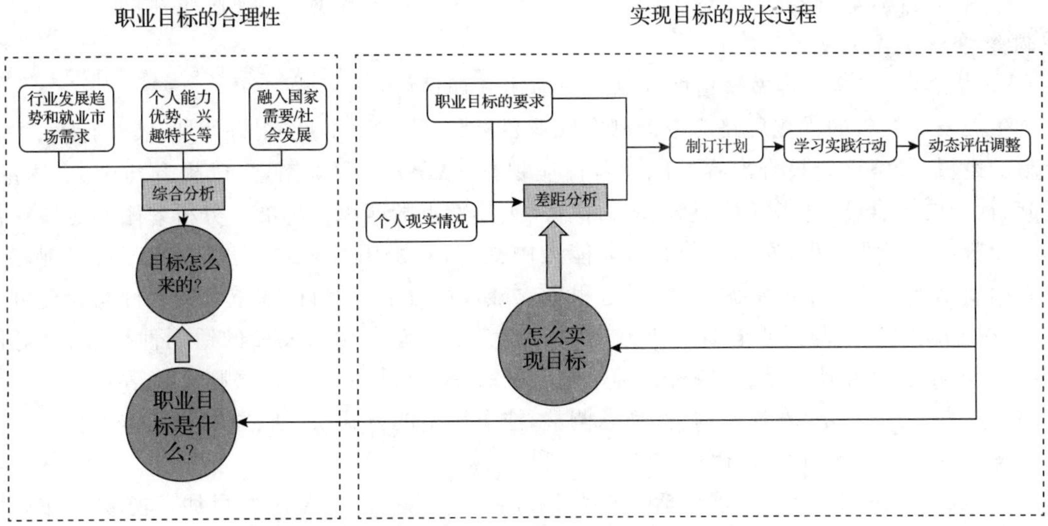

图 13-1　根据成长赛道的考查要点搭建参赛材料的骨架

（摘自仁能达生涯，2024-12-12）

何了解职业目标所在的行业发展趋势及就业市场需求？职业目标是否有考虑个人的兴趣、能力等？我的职业目标是否考虑了国家需要与社会经济发展需要？我的职业目标是如何基于个人能力、兴趣和市场需求等合理设定的？

第二类：实现职业目标的成长过程我是如何科学分析了职业目标的要求与个人现实情况的差距，并制订了针对性的成长计划？我是如何开展学习实践行动的，利用了哪些校内外资源？我采取的学习实践行动成果如何？取得了哪些标志性的成果？这些经历过程提升了自己哪些与职业目标要求相关的能力和综合素质？我是否对自己的行动成效进行了持续和动态的评估？如果进行了评估，我评估了哪些内容？使用了哪些评估方法？基于评估结果，我又开展了哪些针对性的调整计划？

★ 生涯发展报告撰写

生涯发展报告与传统的职业生涯规划书略有不同，由于篇幅限制，避免出现大篇幅的职业测评。写作结构通常包括引言、专业认知、职业认知、自我认知、职业目标与路径设计以及结语。引言部分应直接引入职业目标。专业认知部分需阐述选择该专业的理由、了解程度、所学课程、研究领域以及发展前景与趋势。职业认知部分应分析家庭、学校、社会以及职业环境对个人职业选择的影响。自我认知部分包括职业兴趣、性格特征、职业技能以及职业价值与人民、国家、民族、社会、个体的契合度。职业目标与路径设计部分应对职业定位进行 SWOT 分析、制订长期至短期的实施计划，并提供评估调整的备选方案。结语部分应对整体内容进行概括性总结。

◇ 引言：开题点题，直接引入职业目标。

◇ 专业认知：选择原因、了解程度、学习哪些课程、研究领域、发展前景与趋势。

◇ 职业认知：家庭环境分析、学校环境分析、社会环境分析、职业环境分析（行业、职业、单位、职位、地域等的影响）。

◇ 自我认知：职业兴趣、性格特征、职业技能、职业价值（与“个人、国家、民族、社会、个体”的契合度）。

◇ 职业目标与路径设计：对职业定位进行 SWOT 分析、计划实施(长期-中期-短期)、评估调整(备选方案)。

◇ 结语：对整体内容做概括性的总结和描述，简明扼要。

生涯发展报告的优化思路应遵循制定职业目标、分析差距不足、制订计划、展开行动、评估调整的逻辑，最终确定报告内容。职业目标应根据 SMART 原则制定，以提升与个人、国家、民族、社会的契合度，并考虑价值观、能力优势、兴趣特点的匹配性标准。分析差距不足应从目标职业所需的专业知识、通用素养和就业能力中探索，并采用 SWOT 模型进行分析。制订计划时应发掘支持体系中的资源，结合远近目标，分阶段、分节点制订，注重可实现性与合理可行性，并突出风险应对与过程管理。展开行动时应考虑行动与生涯发展的适切性标准，针对标准、差距不足进行弥补，并结合四种标准呈现成长故事，可采用 STAR 法则。评估调整应包括评估四要素，总结不足、发现原因，并动态调整，注重调整的方式、计划、原则和具体内容。

★ 生涯发展展示 PPT 制作

生涯发展展示 PPT 的要求包括格式为 PPT，大小不超过 50 MB，并可加入视频。PPT 是要让规划"可视化"，需遵循"简洁、重点、视觉化"原则，避免大段文字堆砌。PPT 应结合生涯发展报告进行陈述和展示，突出重点及核心内容。优化要点包括得体美观、表达简洁、目标明确、逻辑清晰、引人入胜。自检清单应确保 PPT 封面信息正确无误、目录逻辑清晰、内容突出展示就业核心竞争力、内容图文并茂、重点内容加粗或变色突出、字体使用规范、文字与图片对齐、页数规范(15～18 页，最多不超过 25 页)、多格式保存(编辑格式为.pptx，上传格式为 PDF)、大小符合要求(不超过 50 MB)。

自检清单：

◇ 检查 PPT 封面信息是否准确无误。

◇ 确认 PPT 目录是否逻辑清晰、条理分明。

◇ 核实 PPT 内容是否有效地突出了关于就业的核心竞争力。

◇ 查看 PPT 内容是否做到了图文并茂。

◇ 确保重点内容是否通过加粗/变色等方式得到突出展示。

◇ 审查字体使用是否规范(避免侵权、软件不兼容导致的乱码显示问题)。

◇ 检验 PPT 中文字与文字、文字与图片等是否对齐。

◇ 确认 PPT 页数是否符合标准(通常为 15～18 页，最多不超过 25 页)。

◇ 确保 PPT 已多格式保存(建议保存为编辑格式：.pptx；上传格式：PDF)。

◇ 验证 PPT 大小是否满足要求(不超过 50 MB)。

拓展阅读

参赛材料设计注意事项

首先，材料必须真实。这意味着参赛选手的职业目标应当是其内心的真实想法，而不是仅仅为了参加比赛而设定。我们不鼓励选手选择那些看似容易获奖的职业，因为这样的选择缺乏真诚和深度。在职业规划的过程中，以及在将规划转化为文字材料时，都应当保持真实性。只有真实地反映自己的行动和思考过程，材料才能具有说服力和可信度。

其次，材料应当与个人匹配。这意味着参赛选手应当选择与自己能力和兴趣相匹配的职业，从而实现人职匹配。在材料中，应当具体展示如何通过实践来提高自己的能力。

再次，材料的设计应当精心。一篇优秀的材料应当结构严谨、内容完整，并且遵循写作规范。在逻辑上，材料应当清晰严谨，同时也要有创新和创意，形式可以多样化。为了使材料更加生动和有说服力，应当使用数据来支撑论点，并且图文并茂，整体上呈现出美观的视觉效果。

最后，材料应当具有灵动性。它不仅应当体现个人的人生使命和价值引领，还应当反映出对家庭、国家的深厚情感以及对时代的责任感。这样的材料能够触动人心，展现出选手的全面素质和深刻思考。

与文字和图片相比，视频更容易吸引评委的注意力，并且能够为材料加分。在制作视频时，应注意避免内容过于繁杂，过多的内容可能会使观众感到困惑，难以抓住重点。应当精心挑选和组织视频内容，确保其简洁、有力，能够有效地传达核心信息。

拓展资源

第二届全国大学生职业规划大赛成长赛道常见问题解答

Q1 参加成长赛道对我有什么帮助?

A：积极参与和备赛，可以帮助我们探索并建立职业生涯发展目标，树立正确的职业价值观，学会科学合理地规划学业与职业发展，提升就业竞争力。主要体现在以下几方面：

（一）成长赛道考查参赛学生树立生涯发展理念并合理设定职业目标、围绕实现目标持续行动并不断调整的成长过程，通过学习实践提升综合素质和专业能力，体现正确的择业就业观念；从大赛的考查要点看，学生在备赛过程中可以探索职业与自我信息，根据探索出的职业岗位要求科学设定未来学业发展计划，围绕目标职业的要求，有针对性提升个人综合素质、专业知识和能力，提升个人的职业规划能力。

（二）在比赛中有“天降实习 offer”的环节，在成长赛道中，参赛学生可获得实习机会，这是大学期间增加专业实践能力的非常宝贵的机会。

（三）全国总决赛设有金奖、银奖、铜奖，这些荣誉对于个人简历和职业发展都是亮点；部分高校可能会将此类比赛的成绩作为学分认定的一部分，或者作为奖学金评定、优秀学生评选的参考。

Q2 哪类同学能参加成长赛道?

A：成长赛道主要是为低年级学生准备，设有高教组和职教组，与就业赛道相比没有研究生组，参赛对象为普通高等学校全日制本、专科中低年级在校学生。

（一）高教组主要面向普通本科一、二、三年级学生；

（二）职教组主要面向职教本科一、二、三年级学生，高职（专科）一、二年级学生。

Q3 成长赛道比赛的赛制是什么样的?

A：大赛采用校赛、省赛、全国总决赛三级赛制。

参赛报名（2024 年 10 月至 2025 年 1 月）。参赛选手通过全国大学生职业规划大赛平台报名。

校赛省赛（2024 年 10 月至 2025 年 3 月中旬）。各地完成省赛组织工作不晚于 2025 年 3 月 15 日。

全国总决赛（2025 年 4 月）。参加总决赛选手通过现场比赛决出各类奖项。

Q4 在成长赛道里每个学校有多少个名额能够进入国赛?

A：校赛由各高校负责组织，省赛由各地负责组织。成长赛道各组别每所高校入围全国总决赛的选手不超过1人，让更多的学校有机会走上全国总决赛的舞台。

全国总决赛中，成长赛道的参赛学生人数约为350人，结合参赛选手专业背景、目标职业及所属行业等划分赛场。

Q5 成长赛道的比赛流程是怎么样的？

A：成长赛道的比赛流程包含“主题陈述、评委提问、天降实习 offer”三个环节。

（一）主题陈述（7分钟），选手结合生涯发展报告作陈述。

（二）评委提问（5分钟），评委结合选手陈述和现场表现提问。

（三）天降实习 offer（2分钟），用人单位根据选手表现，决定是否给出实习意向，并对选手作点评。成长赛道中这一部分不作为评分标准，但与获得实习机会有关。

各环节的时长根据实际的情况适当调整。

Q6 成长赛道要如何报名呢？

A：参赛选手通过全国大学生职业规划大赛平台（简称大赛平台，网址：zgs.chsi.com.cn）报名。使用学信网账号进行登录，若不是普通高等学校全日制在校生学籍，暂时无法报名参赛。在填写报名信息时，依次选择参赛的赛道组别。

Q7 成长赛道报名时需要提供哪些材料？

A：需要准备的材料有：

（一）生涯发展报告：介绍设定职业目标的过程，实现职业目标的具体行动和成效，职业目标及行动的动态调整等，即成长赛道评审标准的三大部分（PDF格式，文字不超过2 000字，图表不超过5张）。

注：若报告中字数不够图表内也可添加文字。

（二）生涯发展展示（PPT格式，不超过50 MB；可加入视频）。

注：在不超过50 MB的文件大小限制下，可以准备40～50页PPT；材料提交的PPT由校赛或省赛的专家来评审，这里没有讲解的机会，所以PPT内容要描述得清楚，不要每页只放几张图片；与比赛现场讲解的PPT意义不同。

Q8 成长赛道和就业赛道的考查重点有什么不同？

A：成长赛道考查学生树立生涯发展理念并合理设定职业目标、围绕实现目标持续行动并不断调整的成长过程，通过学习实践提升综合素质和专业能力，体现正确的择业就业观念。参赛学生可获得实习机会。

就业赛道考查学生求职实战能力，对照目标职业及岗位要求，个人综合素质和专业能力等方面的契合度，个人发展路径与就业市场需求的适应度。参赛学生可获得岗位录用意向。

换句话说，成长赛道要说明你的目标从何而来，还要说明为了实现目标持续行动，并不断调整和不断成长的过程，同时还要体现正确的择业就业观。

就业赛道比的是实实在在的求职实战能力，对照目标职业岗位要求、行业未来发展要求和个人综合素质、专业能力等方面的契合度。

Q9 本科三年级和专科二年级两个赛道都能选，该如何选择？

A：综合考量成长赛道和就业赛道的考查重点，在你的规划中，是更希望展示出你具有合理的职业目标、正确的择业就业观，并有为了实现目标持续努力并不断调整不断成长的能力；还是希望展示你的求职实战能力，以及你的个人综合素质、专业能力和目标岗位的契合度。

这不仅仅是我们希望展示的内容，也关乎我们希望在哪些方面获得成长。参赛过程本身就是同学们学习和成长的重要环节。

Q10 我的职业目标和所学专业差距比较大可以吗?

A:根据教育部发布的大赛文件中评审标准部分,"职业目标要结合所学专业多渠道了解相关行业发展趋势和就业市场需求"。

大赛对于大学生职业规划的需求点是,希望学生们可以立足于自己所学专业的基础上去探索更多的就业机会,而不是抛开自身专业;如果学生的职业目标和所学专业相关度弱,在职规大赛上缺少优势。

Q11 如何多渠道了解相关行业发展趋势和就业市场需求?

A:搜集信息有三种方式:一是网上查,二是找人问,三是去实践;在确定职业目标时不要通过想,或通过简单的网络搜索就得出来职业目标。而是多渠道,如人物访谈、去企业参观实习、做行业内相关岗位的调研,最后得到所学专业对应的行业和就业市场的需求。

一个专业可以去不同的行业,去不同的公司,去不同的岗位;同学们应深度探索就业机会,多渠道地去获取信息。

Q12 大赛平台的"生涯闯关"要做吗?

A:大赛报名平台上的"生涯闯关"功能,里面包含生涯愿景、专业探索、职业瞭望、兴趣揭秘、目标锚定、能力盘点、技能提升、生涯启航8个关卡。通过"生涯闯关"可以帮助同学们了解生涯规划的路径和方法,还可以帮助同学们进行自我探索方面的生涯思考。

Q13 有哪些职业价值观更容易脱颖而出?

A:在大赛文件评审标准中表明,"职业目标要能够将个人理想与国家需要、经济社会发展相结合";也就是说,同学们在做职业选择的时候不要只考虑个人因素,如高收入、离家近、个人发展等,而是将职业目标与国家需要、社会经济发展相融合,简单来说,就是将小我与大我相融合,追求社会价值。

但同学们不要掉进过度强调情怀的误区,展现国家情怀应该要先立足于本身,在自身与国家之间找到一个平衡点,不能只讲情怀。所以这次大赛想要的更多是可实现的职业规划,而不是看起来漂亮但不能落地的职业规划。

Q14 我所学的专业未来就业前景不乐观怎么办?

A:其实不一定说新兴职业、高新技术产业才有发展,传统职业在内的各行各业都有很多的问题需要去解决。所以在谈个人理想的时候,要多去想我能为这个行业做点什么,要在这个方面多体现。

Q15 对学习实践行动做动态调整怎么理解?

A:及时对学习实践行动成效进行自我评估,总结分析收获、不足和原因;同时也要做风险评估,评估自己的职业目标中存在的风险,若自己无法完成目标,是否有相对应的其他计划。

例如,你的职业目标是做科研,未来需要考研或者考博,但如果没有考上怎么办?或者职业目标是考公、考事业单位,如果考编未能成功会有什么样的其他打算?再或者选择目标城市,如果首要目标是北上广深等一线城市,留在那里有困难,那么要准备第二梯度城市的选择。

Q16 可以利用哪些学校的资源采取实践行动?

A:可以利用校友资源、学长学姐资源、学校就业中心资源、校企合作资源、企业实习实践机会资源等等。

将学习实践行动基于这些资源的探索下去展开，并利用这些资源提升自己的综合素质和专业能力，以达到接近职业目标的要求。

Q17 传统专业选择目标行业时，怎样更有优势？

A：首先要了解热门行业及经济社会发展趋势，如计算机、自动化、通信等相关专业的毕业生就业前景还不错，这属于热门行业；但财务、会计、市场营销、人力资源等传统专业的目标行业是可以去各行各业的，那么就可以选择热门行业相关岗位去设置目标。

同时，可以通过一些新职业，例如，人工智能、区块链、物联网或者老年能力评估师、呼吸治疗师等等，这里一部分体现了社会需求，所以同学们在选择目标行业的时候也要了解一下这部分内容，有没有新的职业机会增长点。

Q18 如果我的职业兴趣特长与所学专业不符，我要怎么弥补？

A：一个专业在不同的职业兴趣中会出现很多不同的工作机会，同学们要全方位地去探索所学专业在不同工作中的可能性。

举个例子，一个学财经专业的学生，他不是很喜欢和数字打交道，但他在大学做了很多记者的工作，也选修了一些新闻、传媒类的课程，最后他的职业定位是财经记者。

这是一个将个人的专业背景与兴趣特长、能力优势相结合的职业规划策略。这样的参赛项目也是比较有特色的。

Q19 我才刚大一，学习实践经历不够丰富，可以怎么补充？

A：从现在开始准备参赛，到提交材料，再到未来有机会走向省赛或者国赛，这段时间是很长的，可以利用空闲时间或假期补充一些实习实践、人物访谈等行动。

但补充行动之前，要去了解一下学校有哪些资源，优势学科是什么，育人特色有什么，校企合作、师资队伍、专业资源等等；同时也要了解自己有哪些社会资源，如家庭资源、地域优势产业等等，在充分了解后再去采取行动。

摘自仁能达生涯，2024-11-01.

■ 就业赛道材料准备(图 13-2)

就业赛道考查的是学生的求职实战能力，对标目标职业及岗位要求，个人专业能力和综合素质等方面的适合度、个人发展路径与就业市场需求的适应度，所以本质上就业赛道的参赛材料准备可以说是一个【证明题】，在这个过程中学生需要证明以下两类问题：

第一类：我充分了解了目标职业的任职要求、工作内容、基本流程和发展前景等。我充分了解了目标职业所在行业的发展趋势和前景。

第二类：我现在能够胜任岗位的要求，具备了目标职业所需的专业知识和技能，并且有相关的实习或实践经验。我具备了目标岗位所需的思维认知能力、沟通协作能力和执行力等综合素质，在实习或实践中解决过实际问题，展示了扎实的专业能力。

第三类：我有潜力能够适应岗位未来的变化，我有通过持续的学习来持续提升与目标岗位相关的知识和技能。在面对不确定性和挑战时，能够展示出适应和解决问题的能力。

所以，成长赛道和就业赛道的考查重点是存在较大差别的，我们尽量不要用成长赛道的逻辑框架准备就业赛道的参赛 PPT，而是要在梳理两个赛道的框架基础上针对性准备参赛内容，也就是要对照“考点”，在拆题的基础上有方法、有结构地“解题”才能获得高分。

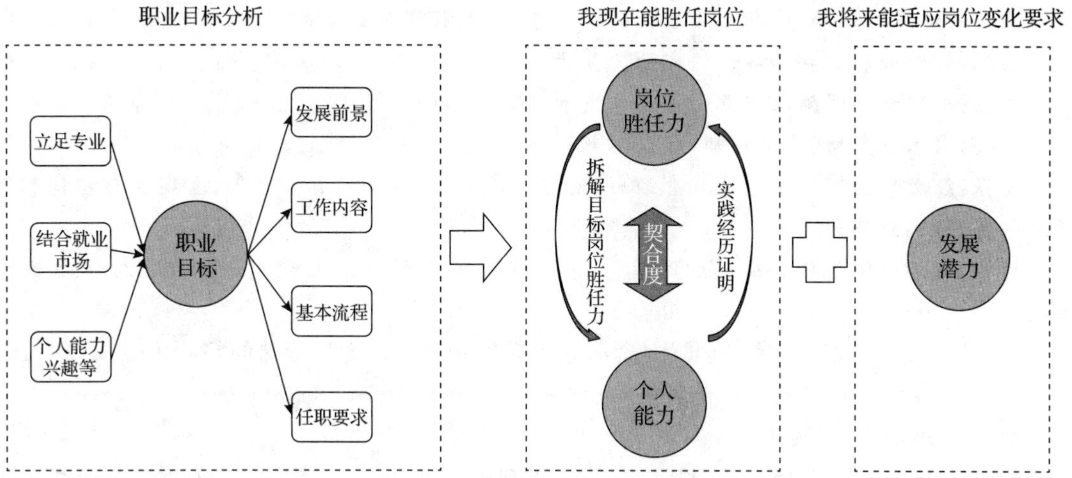

图 13-2　根据就业赛道的考查要点搭建参赛材料的骨架

（摘自仁能达生涯，2024-12-12）

★ 求职简历制作

◇ 格式：PDF 格式。

◇ USP 简历法则：强调关键词（展示能力，描述专业活动或成就，与招聘信息要求相匹配）；使用数字（用数字、比例来量化，代替纯文字描述）；运用动词（表明行动程度，与岗位紧密相关）；突出结果（阐述经历带来的成果，以及对他人和自身的价值）。核心问题：我是谁？我的最强项是什么？我能为公司带来什么价值？

◇ 简历六要素

（1）个人信息：简洁明了，确保信息真实且明确，可包括姓名、性别、年龄、求职意向、毕业院校、联系方式等关键信息，并可附上高清职业照片。

（2）教育背景：明确列出最高学历的毕业学校名称、专业、入学及毕业时间，应届毕业生可添加绩点和专业排名，避免包含与工作无关的课程或培训内容。

校园、实践经历：重点突出与意向岗位相关的经历，强调能展现个人优势的事件，用数据和具体实例来量化成果。

（3）技能特长：有选择性地列出，仅包括对申请岗位有帮助的技能。

（4）获奖情况：根据奖项的重要性进行排列，避免占用过多篇幅。

（5）自我评价：高度概括和总结过往经历及优势亮点，结合应聘岗位需求，重点描述岗位所需技能。

（6）加分小技巧：保持排版简洁、布局合理（正文使用微软雅黑五号字体，颜色为黑色或深蓝色，行间距设置在 18～22 之间，内容尽量控制在一张 A4 纸内）；简历内容需具有针对性（根据申请的职位和公司定制，强调相关经验和技能）；确保内容真实、逻辑连贯（适当优化，但不可夸大或虚假，经历和项目应能提供实例证明）。

拓展阅读

什么是 HR 青睐的好简历？

一份好简历，是一篇结构严谨、语言精练的议论文。它的价值，在于“论证”你具备与意向职位匹配的特质与优势，能满足雇主的招聘需求，从而获得面试邀约。

因此，好的简历需要具备议论文的三要素：

论点：求职意向明确求职意向是你愿意和适合从事的一类工作，且职位之间存在一定的关联性，如测试工程师/调试工程师，建议不超过 3 个。

论据：经历详实有力。通过教育经历、实习经历、校园活动的具体事例，呈现你与招聘职位匹配的特点、优点、亮点。

论证：结构简明清晰，让 HR/面试官高效地了解你的特点与优势，作出邀约你面试的决定。

摘自邹艳. 应届生：资深导师教你 5 步打造 HR 青睐的好简历. 2022-03-10.

★ 综合展示 PPT 制作

综合展示要求 PPT 格式，不超过 50 MB，可加入视频，展示内容围绕个人求职意向和职业准备情况，突出通用素质与岗位能力。可以采用职业缘起、职业认知、人岗匹配、未来发展的逻辑进行呈现。特别强调的是，成长赛道、就业赛道考查逻辑不同，PPT 结构不能互相套用。备赛过程中，不少就业赛道学生的求职综合展示 PPT 用职业缘起、职业目标认知、自我认知、行动计划、评估调整的逻辑进行呈现，这种呈现逻辑的背后，本质上是模糊了成长赛道和就业赛道的考查重点。

成长赛道考查学生树立生涯发展理念并合理设定职业目标、围绕实现目标持续行动并不断调整的成长过程，通过学习实践提升综合素质和专业能力，体现正确的择业就业观念。参赛学生可获得实习机会。

就业赛道考查学生求职实战能力，对照目标职业及岗位要求，个人综合素质和专业能力等方面的契合度，个人发展路径与就业市场需求的适应度。参赛学生可获得岗位录用意向。

换句话说，成长赛道要说明你的目标从何而来，还要说明为了实现目标持续行动，并不断调整和不断成长的过程，同时还要体现正确的择业就业观。就业赛道比的是实实在在的求职实战能力，对照目标职业岗位要求、行业未来发展要求和个人综合素质、专业能力等方面的契合度。因此，两个赛道的考查重点是截然不同的，我们要根据两个赛道的侧重点进行有针对性的材料准备。

一份优秀的参赛材料＝根据考查侧重点搭建了逻辑框架（骨）＋根据评审细分标准准备了说服力的内容素材（肉）＋用故事性等有吸引力、有逻辑的语言表达串联起了内容（血）＋用 PPT 视觉包装设计的方式加强了内容与印象管理（皮）。所以，围绕成长赛道和就业赛道的各自逻辑框架准备材料也是优秀材料的必经之路。

拓展阅读

就业赛道为何不能套用成长赛道 PPT 框架

在备赛过程中，不少就业赛道学生的求职综合展示 PPT 用职业缘起、职业目标认知、自我认知、行动计划、评估调整的逻辑进行呈现，这种呈现逻辑的背后，本质上是模糊了成长赛道和就业赛道的考查重点。如果在准备就业赛道材料时，错误地应用了成长赛道的框架，可能会导致一系列的问题。

1. 重点偏移

我们知道成长赛道侧重行动和发展，就业赛道侧重岗位胜任力，因此使用成长赛道的框架可能会导致就业赛道的重点偏移，无法准确展示学生对目标职业的岗位胜任力和适应度。

2. 内容不匹配

就业赛道需要展示的是学生与特定岗位的契合度，包括专业技能、实习经历、项目经验等。如果按照成长赛道的框架准备，可能会过多地强调个人成长故事、目标确定过程和未来发展规划，而忽视了与具体岗位相关的技能和经验的展示。

3. 与评审标准不符

两个赛道的评审标准不同，成长赛道更注重职业目标的合理性、学习实践行动及动态调整，而就业赛道更注重岗位胜任力和发展潜力，强调的是学生的实际工作能力和解决实际问题的能力。使用成长赛道的框架准备就业赛道作品，学生可能会缺乏对这些实战能力的展示，从而影响评委对学生实际岗位胜任能力的评价，无法准确评估学生在就业赛道上的表现。

4. 市场需求适应性弱

就业赛道要求学生能够展示自己如何适应当前的就业市场需求。使用成长赛道的框架可能会导致学生无法有效地展示自己对市场需求的理解和适应性。

5. 就业机会受影响

由于就业赛道还涉及"天降 offer"环节，即用人单位根据选手表现决定是否给出录用意向。使用成长赛道的框架可能会影响学生在这个环节的表现，从而影响获得就业机会的可能性。

综上，成长赛道和就业赛道的考查重点不同，材料准备的逻辑框架会存在较大的区别，大学生在准备参赛材料时，千万不要将成长赛道的逻辑框架直接套用到就业赛道的材料准备上。

★ 辅助证明材料制作

辅助证明材料要求：PDF 格式，整合为整个文件，不超过 50 MB，包括实践、实习、获奖等证明材料，证明经历真实性。建议在材料开头编制目录，每类中重要奖项放在前面，同一类奖项放在一起，注意突出亮点。

拓展资源

第二届全国大学生职业规划大赛就业赛道常见问题解答

Q1 参加职业规划大赛对我来说有什么用?

A:在积极参与和备赛的过程中，可以帮助我们明确职业目标，提升就业竞争力。

(一)就业赛道考查参赛学生的求职实战能力，对照目标职业及岗位要求，考查个人综合素质和专业能力等方面的契合度、个人发展路径和就业市场需求的适应度等；从大赛的考查要点，学生在备赛的过程中可以深度了解目标职业要求，围绕目标职业的要求，有针对性提升个人综合素质、专业知识和能力，提升个人解决实际问题的专业能力。

(二)在比赛中有"天降 offer"环节，可以增强学生与企业的对接，并且参赛学生有机会获得就业机会，这对于即将步入职场的学生来说是一个宝贵的机会。

(三)全国总决赛设有金奖、银奖、铜奖，这些荣誉对于个人简历和职业发展都是亮点；部分高校可能会将此类比赛的成绩作为学分认定的一部分，或者作为奖学金评定、优秀学生评选的参考。

Q2 哪类同学能参加就业赛道？

A：就业赛道设高教本科生组、高教研究生组和职教组，参赛对象为普通高等学校全日制本、专科高年级在校学生，以及全体研究生。

（一）高教本科生组面向普通本科三、四年级（部分专业五年级）学生（不含已通过推免等确定升学的毕业年级学生），同时包括全体第二学士学位学生；

（二）高教研究生组面向全体研究生；

（三）职教组面向职教本科三、四年级学生和高职（专科）二、三年级学生。

Q3 与去年第一届相比，第二届职规赛就业赛道在参赛组别上有何变化？

A：第二届职规赛就业赛道取消了去年的5个细分赛道（企业职能岗、产品研发岗、生产服务、市场营销、通用职能岗）。在总决赛时视入围选手的情况而定，结合选手们专业背景、目标职业及所属行业等划分赛场。例如，教师职业和医生职业会分开进行比赛。

Q4 就业赛道比赛的赛制是什么样的？

A：大赛采用校赛、省赛、全国总决赛三级赛制。

参赛报名（2024年10月—2025年1月）。参赛选手通过全国大学生职业规划大赛平台报名。

校赛省赛（2024年10月—2025年3月中旬）。各地完成省赛组织工作不晚于2025年3月15日。

全国总决赛（2025年4月）。参加总决赛选手通过现场比赛决出各类奖项。

Q5 每个学校有多少个名额能够进入国赛？

A：校赛由各高校负责组织，省赛由各地负责组织。就业赛道各组别每所高校入围全国总决赛的选手不超过1人，让更多的学校有机会走上全国总决赛的舞台。

全国总决赛参赛学生选手就业赛道约350人，结合参赛选手专业背景、目标职业及所属行业等划分赛场（本科生、研究生、专科生须保持合适比例）。

Q6 比赛的流程是怎么样的？

A：比赛流程包含“主题陈述、综合面试、天降offer（录用意向）”三个环节。

（一）主题陈述（6分钟）需要选手结合求职综合展示PPT，陈述个人求职意向和职业准备情况。

（二）综合面试（6分钟）中评委会结合选手上一环节的陈述进行自由提问，提出真实工作场景中可能遇到的问题，选手根据提问提出解决方案。

（三）天降offer（2分钟）是由用人单位根据选手表现，决定是否给出录用意向，并对选手作点评，用人单位录用意向也作为评分的标准。

Q7 如何报名呢？

A：参赛选手通过全国大学生职业规划大赛平台（简称大赛平台，网址：zgs. chsi. com. cn）报名。使用学信网账号进行登录，若不是普通高等学校全日制在校生学籍，暂时无法报名参赛。

Q8 报名需要提供哪些材料？

A：（一）求职简历（PDF格式），同时就业赛道参赛选手提交参赛材料时，要在“求职简历”步骤需前往【国家大学生就业服务平台】完善简历信息，再回到职规赛官网报名系统选择对应的参赛简历。

（二）求职综合展示（PPT 格式，不超过 50 MB；可加入视频）。

（三）辅助证明材料，包括实践、实习、获奖等证明材料（PDF 格式，整合为单个文件，不超过 50 MB）。

Q9 参赛选手需要如何准备比赛？

A：参赛选手需明确阐述自己的求职目标，并在比赛过程中展示自己对目标职业的充分了解以及具备目标岗位所需的综合素质、专业知识、技能要求以及发展潜力等。

其中与职业目标相关的综合素质、专业知识和技能成为考查重点。

Q10 缺乏与目标岗位相关的综合素质、专业知识和技能要求，要如何弥补？

A：在明确目标岗位要求的基础上，通过专业学习、实习实践、科研项目、社会活动等多种渠道积累专业知识，提升解决问题的专业能力，促进个人综合素质的提升。

Q11 学生如何论证自己具备职业精神？如何在比赛中体现职业精神？

A：可以通过提供实习经历、志愿者经历等实例来证明具备职业精神，但这不是最好且唯一的方式，需要围绕目标岗位的职业要求，内化对职业精神的理解，站在更高的角度理解职业精神。

Q12 跨专业就业、目标职业与专业不相关怎么提高竞争力？

A：虽然目标职业与专业不相关，但要将目标职业进行充分了解，让自己具备目标职业所要求的岗位胜任力，这是首要目的。

其次在此基础上再做加法，融入自己所学专业，发挥所学专业的优势。跨专业就业不是绊脚石，而是垫脚石，无论跨多远专业的就业，一定要把自己本来的专业优势融合到目标职业中去。

Q13 主题陈述环节如何围绕职业目标进行升华？

A：将职业目标升华到自己的职业梦想、人生理想，或者突出自己的某种职业情怀、职业价值观，以及将个人发展与国家发展、社会需要相融合。

Q14 大学期间参与的科研项目在比赛中有优势吗？

A：有用，但要视情况而定。

参与的科研项目要和岗位要求相关，与职业目标无关的科研项目是不建议提前展示的。其本质是一个 1 和 0 的关系，1 说的是匹配，首先需要展示的是目标职业岗位的胜任力。在 1 的基础上锦上添花再补充 0 的部分，不能倒置。没有 1，再多的 0 都没有说服意义，有了 1，0 才有存在价值。

Q15 如何知道我所学专业在企业里有哪些就业岗位？

A：比较实用的方法，可以到学校就业中心网站上去搜索，搜索相关专业的关键词，会出现很多有关的就业岗位信息。

如果说学校就业中心网站提供的信息有限，可以在全国其他相同类型的高校就业信息网中搜索，大部分高校就业信息网通常都是对外的，可以分别浏览、共享信息。

Q16 某些专业（如医学），本科就业和硕士博士就业竞争力不同，怎么体现出自己的优势？

A：在比赛中会结合选手们专业背景、目标职业及所属行业等划分赛场，大家的竞争背景是相似的。

如果所学的专业本科培养更加注重基础，那么选手在比赛中要侧重于自己基础的培养，如为了让基础更扎实，做了哪些事情和准备。

Q17 我所学的专业就业前景不乐观，要怎么发挥就业优势？

A：若某些行业从传统的发展数据上来看确实是不容乐观，但是我们可以从“质”上进行改变，结合自己所学专业促进该行业的发展与突破，如解决某些行业的存在已久的问题，突破某些“卡脖子”的技术难题等。

Q18 考研、专升本能参加就业赛道吗？

A：根据教育部发布的《关于举办第二届全国大学生职业规划大赛的通知》文件，明确说明就业赛道的参赛对象“不含已通过推免等确定升学的毕业年级学生”。

Q19 第一届的优秀作品在哪看？

A：在央视网上报道过第一届获奖的优秀参赛者，同时也可以在不同的社交媒体网站上搜到一些内容。

Q20 在第一届全国大学生职业规划大赛全国总决赛中获奖的选手还能继续参赛吗？

A：首届大赛全国总决赛获金奖、银奖选手，不得再次报名原赛道参赛。

Q21 普通本科三年级学生，成长赛道和就业赛道都可以参加吗？

A：不可以，每名选手结合自身条件选择符合要求的一个赛道报名参赛。

摘自仁能达生涯，2024-10-31.

■ 答辩实战指南

★ 评委提问核心考查维度

评委提问环节聚焦三大核心能力评估，旨在全面考查选手的职业规划合理性与执行潜力：

首先，专业知识深度。评委通过专业领域相关问题，检验选手对专业知识的理解与掌握程度。例如，针对“乡村教师”职业规划，可能提问“如何将教育心理学理论应用于留守儿童教学？”选手需结合课程学习与实践案例，展示知识积累的系统性与应用能力。

其次，实践经验转化。重点关注选手能否将理论转化为行动。常见问题如“实习中遇到的最大挑战是什么？如何解决？”需通过具体项目（如校园公益活动、企业岗位实习成果）说明实践价值，避免空泛表述。

再次，行业洞察能力。

最后，考查对行业趋势的敏感度，例如，“人工智能对教育行业的影响，如何体现在你的职业规划中？”需结合政策文件、市场报告（如《中国教育科技发展白皮书》），展示前瞻性分析，体现“职业目标与社会需求相结合”的规划逻辑。

★ 优秀答辩的五大关键要素

成长赛道主题陈述与就业赛道综合面试，本质是“个人职业品牌发布会”，需借鉴商业路演逻辑，打造记忆点：

第一，吸睛的开场设计，用故事或悬念切入。例如：“三年前，我在山区支教时遇到一个拒绝开口的孩子，这段经历让我决定成为特殊教育教师……”通过具体场景引发评委共情。

第二，结构化的内容输出，确保逻辑清晰，重点突出。确保你的演讲有清晰的逻辑结构，让评委容易跟随。答辩时也需要清晰表达，突出重点。时间有限，评委没时间听你绕圈子。说话要清楚，抓住重点，突出你的职业目标和规划亮点。别堆砌太多细节，简洁明了才是王道！例如，你可以说：“我未来想成为一名产品经理，因为热爱创新，我已经通过实习积累了相关经验，并制定了清晰的行动计划。”整体可采用“总-分-总”框架，例如，总述：“我的职业目标是成为可持续农业技术推广者，分三个阶段实现”；分述：“短期（1～2 年）完成技术认证，中期（3～5 年）建立示范基地，长期（5～10 年）推动区域产业升级”；总结：“这一路径既结合我的农学专业背景，也响应乡村振兴战略”。

第三，视觉辅助工具优化。PPT 仅呈现关键词与数据图表(如“实习期间改良土壤肥力提升 20%”的对比图)，避免文字堆砌。视频素材控制在 30 秒内，聚焦“关键行动场景”(如实验室研发、田间实践画面)。

第四，善于情感共鸣，用真实经历传递价值观，例如：“我的祖父是乡村医生，他临终前仍在为村民义诊，这种‘利他精神’是我选择基层医疗的初心”。

第五，增强互动意识。提问设计：在 PPT 中穿插互动环节，例如：“各位评委老师，可能有人会好奇，为什么我选择乡村教师而不是城市重点校？接下来我想用一个故事回答这个问题……”引导评委关注后续内容。

★ 演讲者必备的底层能力

第一，体态展现自信与坚定。站立时双脚与肩同宽，手持激光笔自然下垂；避免频繁看手机或笔记，眼神以“评委眉心”为焦点，传递坚定感。

第二，掌握故事化叙事方法。采用“冲突-行动-结果”逻辑替代平铺直叙，增强内容感染力。反面案例：避免罗列事实——“我参加了实习，学会了沟通。”正面案例：用故事呈现成长——“实习时遇到一位抗拒沟通的留守儿童，我每周陪他写作业、分享自己的成长故事，3 个月后他主动找我聊心事，这让我意识到‘教育不仅是知识传递，更是心灵陪伴’。”

第三，善用数据提升可信度。例如：“在 XX 企业实习期间，通过优化客户回访流程，使客户满意度从 65%提升至 82%，这一经验让我认识到流程创新在提升服务质量中的关键作用。”。

第四，金句收尾法：用精练语句升华主题，强化记忆点。例如：“教育不是注满一桶水，而是点燃一把火——这是我坚持乡村教育的信念，也是未来十年不变的职业方向。

★ 答辩演练

通过多次模拟演练，确保细节把控到位。时间管理方面，练习时预留 1 分钟弹性空间，避免超时；关键数据(如“累计志愿服务 300 小时”)需精准记忆，要做到可以脱口而出。

模拟演练：首先，进行多次单人闭环训练，即使用手机录制视频，重点观察“手势重复性”“口头禅频率”(如“嗯”“然后”)等细节；对镜练习微笑，调整表情张力，避免“严肃脸”或“机械式假笑”。其次，可以邀请同学扮演“行业评委”“学术评委”，从不同视角提问(如“企业评委”关注“投入产出比”，“学术评委”关注“理论依据”)。最后，可以进行压力测试模拟，例如，可以在嘈杂环境(如教室走廊)或限时(缩短 30%时间)条件下演讲，训练抗干扰能力。

★ 应急预案

整理常见突发状况，提前练习应对预案。

◇ 设备故障：提前将 PPT 拷贝至 U 盘＋云端(如腾讯文档)，备用激光笔藏于袖口。

◇ “忘词”应对：练习“自然过渡法”——“接下来这个部分，我想通过一个数据来展开”，同时快速浏览 PPT 关键词衔接内容。

◇ 问题卡壳：“这个问题让我想到实际案例中的一个细节，稍等我整理一下思路”(争取 10 秒思考时间)。

◇ 质疑反驳：“您的建议非常专业，我目前的规划确实在 XX 方面考虑不足，后续会增加 XX 维度的分析”(先认可，再补充)。

★ 真诚：打动、评委的终极法则

职业规划大赛的本质，是“用真实经历证明职业选择的必然性”。避免以下误区：

◇ 假大空目标:“我的目标是成为行业领军人物”(缺乏支撑案例)。

◇ 完美人设包装:“我没有任何短板”(暴露自我认知不足)。

◇ 数据造假:虚构实习成果(易被评委专业提问拆穿)。

正确示范:“选择环保行业,源于童年目睹家乡河流污染的经历。虽然我的化学成绩曾是短板(展示大一成绩单),但通过参加‘绿色化学工作坊’(附活动照片),现在已能独立设计简易水质检测方案(展示实验报告)。我清楚自己在技术深度上仍有差距,但会用持续学习来弥补,这是我的职业起点,也是未来坚持的方向。”

通过“弱点+行动+成长”的真诚叙事,展现可感知的职业发展逻辑,远比“完美规划”更具说服力。

答辩技巧是“术”,职业规划的“道”在于“人职匹配”的合理性与“长期主义”的坚定性。唯有将个人成长与社会需求深度结合,才能在舞台上展现真正的光芒。愿每位选手都能以赛为镜,照见更清晰的职业未来。

第四节　全国大学生职业规划大赛获奖案例及获奖要素

■ 获奖案例

★ 首届全国大学生职业规划大赛全国总决赛成长赛道高教组金奖代表[①]

◇ 让小柚子变成黄金果

姓名:詹坤秀

院校专业:广东工业大学生物医药学

职业目标:分子研发工程师

广东工业大学的詹坤秀看到家乡柚子林里堆积如山的废弃柚果烂掉,感到非常心疼。找到一种方法变废为宝,激发她选择生物工程专业,并坚定了她成为一名分子研发工程师的职业目标。

一次次实验,詹坤秀正在努力寻找一个答案。这个答案关乎专业,关乎人生。她是从果园里走出来的大学生,深切地理解果农的艰辛。学有所成后,可以为家乡做些什么?这是他一直在不断探寻的人生课题。果农为了柚子品质更好,会打下七成的废果,这些废果往往只能成堆烂在地里。如何将废弃幼果转化为农民增收的黄金果,这是詹坤秀正在钻研的专业课题。1671次失败,她不知道下一次能否成功。461份调查问卷,他不知道变废为宝的希望能否在这里破土而出。从实验室到果园再到生产车间,她努力寻找打通产学研渠道的方案……一个个难题被攻克,未来也在一次次探索中变得清晰,她希望努力成为一名分子研发工程师,让青春在乡村振兴中闪光。

詹坤秀仍然清晰地记得开学第一课时,老师强调了生物工程学习的实践性和创新性。老师指出,将科研与农村产业相结合,解决实际问题,才是科研的真正意义。詹坤秀和她的团队

① 青春的方向——首届全国大学生职业规划大赛风采展示.[EB/OL].全国大学生职业规划大赛.2024-09-07.https://zgs.chsi.com.cn/home

将实验室工作扩展到田间地头，确定了废弃幼果再利用的研究方向。他们专注于将幼果中的苦味分子转化为甜味剂等高附加值产品，实现了变废为宝的目标。随着老乡们收入的增加和生活水平的提高，詹坤秀感到自己离梦想更近了一步。通过参加首届全国大学生职业规划大赛，她意识到，相较于获得金奖，她更希望用自己的经历激励更多的青年。她坚信乡村振兴不是空话，而是要用双手和所学知识，让小幼果释放出巨大的能量，让家乡的柚子香飘万里。

◇ 让世界听到中国声音

姓名：邬丽婷

院校专业：华中师范大学英语专业

职业目标：国际新闻记者

新闻报道，一字一句，足以改变世界。华中师范大学英语专业的邬丽婷想要成为一名记者，像埃德加·斯诺一样，用真实笔触改变了世界对中国的看法。

2023 年 APEC 工商领导人峰会现场新闻播报，进入三分钟倒计时。乌丽婷正在做上台前的最后准备，每一个字句都要反复研读。因为她知道，在新闻的世界里，一字之差，谬之千里。为了这一刻，她已经准备了三年，三年中她曾无数次问自己，英语专业学生从事新闻行业，自己真的可以吗？

来自华中师范大学的邬丽婷，一直怀揣着成为国际新闻记者的梦想，希望像《西行漫记》的作者艾德加·斯诺那样，通过真实的笔触向世界描绘生动的故事。她夯实专业能力，选修新闻学课程，不断丰富自己的实践积累。每一次努力都是她通向梦想的阶梯。在一次次比赛和活动中，她感受到了自己的进步与无限可能，也愈加坚定自己的梦想。把真实动人的中国讲给世界，将日新月异的世界呈现给中国。迈向演播室的每一步都是她为自己敲响的战鼓。每一次出发都是一次全新的挑战。邬丽婷相信新闻的力量足以改变世界，并致力于将这样的故事带给世界，为书写中国式现代化的青春篇章贡献自己的力量。

★ 首届全国大学生职业规划大赛全国总决赛就业赛道高教组金奖代表①

◇ 油菜花女孩的“禾下乘凉梦”

姓名：万媛媛

院校专业：西南大学作物遗传育种专业的博士生

职业目标：油菜现代育种科技服务工作者

西南大学作物遗传育种专业博士生万媛媛，锚定了油菜现代育种科技服务工作者的目标。十多年来，与团队共同努力，终于培育出首个国际领先的黄籽高油酸新品种——康油 2 号。仅三年时间，重庆大足实现高油酸黄籽油菜新品种全覆盖，累计种植面积 10 万余亩，菜籽产量增长 20%。

油菜花女孩儿万媛媛是袁隆平院士的小粉丝，她立志做一名育种专家，像袁隆平那样用一粒种子改变世界。与农业结缘，要从她高中的一次下乡经历说起。那年，父亲带着她去村里扶贫调研，她看着乡亲们依然用着落后的工具种着早被淘汰的品种，虽然常年披星戴月劳作，收成却一年不如一年，一幕幕场景深深触动着她的心弦。一颗农业报国的种子在心中萌芽。农

① 青春的方向——首届全国大学生职业规划大赛风采展示.[EB/OL].全国大学生职业规划大赛.2024-09-07. https://zgs.chsi.com.cn/home

业科研不是件简单事儿，提取 RNA 进行植物组织培养，一次又一次失败，深夜的实验室里，姑娘洗把脸，再一次告诉自己，不能气馁，不能马虎。边学习，边调研，村子里哪些品种可以换新，大伯大婶们的种植技术哪里需要改进？万媛媛将收集到的一件件细碎问题融汇成以《改变优良品种，促进农民增收》为题的十万余字调研报告。她发起助农惠农计划，和老师，同学们携手一起，将科学的油菜种植技术送下乡。一粒粒种子逐渐开成一片片油菜花海，让油菜花成为乡村产业振兴的幸福花。这就是就业赛道金奖代表——万媛媛。

万媛媛，一个对农业充满热情的西南大学作物遗传育种专业博士生，深受袁隆平院士的影响，立志成为育种专家。她的职业生涯规划始于一次高中时期的下乡扶贫调研，目睹了乡亲们使用过时的种植技术和品种，这激发了她用农业报国的决心。在大学期间，万媛媛面对科研中的重重困难，如提取 RNA 和植物组织培养的失败，但她从未放弃。她将学习与实地调研相结合，关注哪些作物品种需要更新，以及农民的种植技术如何改进。通过十万余次的调研，她撰写了一份详尽的报告，并发起了助农惠农计划，将科学的油菜种植技术推广到农村。

万媛媛认为科研的真正意义在于将理论转化为实际成果，造福更多人。她的努力使得油菜花成为乡村产业振兴的象征。在职业生涯规划大赛中，她以金奖得主的身份分享了自己的故事和目标：她希望让国人的油瓶装满国产优质菜籽油。为此，她从大二开始就进入实验室，经过十多年的团队合作，终于在研究生二年级时取得了甘蓝型黄子性状与高油酸聚合的重大突破，研制出国际领先的甘蓝型黄子高油酸新品种“康油 2 号”。

不到三年，重庆大足区就实现了新品种的全覆盖，农民因新品种的丰收而喜悦，这让她深刻体会到科研的价值。未来，万媛媛将继续坚持初心，不断前行，为农民带来希望与收获，为国家粮油安全贡献自己的力量。

★ 第二届全国大学生职业规划大赛全国总决赛获得成长赛道高教组金奖

◇ 让每一个特殊学生都有人生出彩机会①

姓名：叶柔妘

院校专业：华中师范大学教育学院 2022 级特殊教育（公费师范）专业

职业目标：特教老师

初次接触到特殊教育，认知和经验上的空白让叶柔妘感到迷茫。“一开始真的是手足无措，担心没办法照顾好孩子们”，大一时在武昌区培智中心学校的见习经历至今让她记忆犹新：第一次面对课堂上学生的突发状况，她只能慌乱地安抚，却不知如何有效引导学生矫正问题行为。

“纸上得来终觉浅”，为了提升专业素养，她在认真学好专业课程之余，积极参加实践活动。在教育学院的特教实验室，她对着教学视频反复练习手语，力求每一个动作精准到位；做志愿服务时，她一遍遍优化个别化教育方案，不断改进教学方法；在厦门市特殊教育学校实习时，她结合学生发展需要，每天带着孩子们打扫教室，在生活自理训练中体验教学实践的复杂性远超想象，对叶柔妘而言，最大的困难就是与特殊学生沟通，尤其在与听障学生交流时，标准化手语教材与实际场景应用、地域手语存在差异，使她在沟通时屡屡碰壁。但她没有气馁，而是通过反复观看听障人士在网络平台分享的视频、在课堂实习中观察学生的每一个细微反应，不断优

① 案例来源：华中师范大学融媒体中心报道

化沟通方式。

在不断实践探索中，叶柔妘的专业素养得到提升，她也敏锐察觉到现阶段特殊教育的核心问题——如何让特殊学生更好地融入社会。带着明确的职业目标，叶柔妘参加了职业规划大赛。她将目光聚焦在“特殊学生的融合发展”上，从院赛到国赛，一直全力以赴。在学院老师的指导下，她以“特教心—专业力—融合行”的陈述框架，用自己的成长故事传递对特殊教育的热爱与坚守。

在叶柔妘看来，特殊教育的意义在于“让特殊的人群不再特殊，让每一个孩子都能在阳光下奔跑，让每一个人都有出彩的机会”。作为一名公费师范生，她计划毕业后回到家乡的特殊教育学校，帮助更多特殊学生融入社会。她还希望今后通过非全日制研究生深造，在教研相长中提升自己的能力，为推动特殊教育发展贡献自己的力量。

谈及特殊教育，叶柔妘有着自己的心得：“多方探索，勇敢试错；走近学生和家庭，倾听真实需要；学会观察和记录，发现特教中的小确幸，让幸福感成为坚持的动力”。正如她在实习时记录的那样：“看着孤独症孩子在教室里自在地唱歌、奔跑，我忽然明白，特教的幸福在于见证每一个生命以自己的方式绽放。

叶柔妘的成长轨迹展现了特教从业者的典型路径：从实践迷茫到专业笃定，从个人成长到行业担当。她的故事印证了“教育是生命影响生命”的真谛，也为职规赛参赛者提供了“以问题为导向、以实践为根基、以人文为底色”的规划范本。正如她所言：“每一分‘不同’都值得被珍视，每一段成长都应当被守护。”

◇ 探问星辰路，铸就材料魂[①]

姓名：朱泓宇

院校专业：哈尔滨工业大学，未来技术学院 2023 级本科生

职业目标：航天智能复合材料研究员

(1)朱泓宇的生涯故事

我的生涯故事，始于一颗仰望星空的心。

我出生于“两弹一星”的发源地——四川绵阳，家国情怀浸润童年。孩提时代仰望夜空，我被“东方红一号”点亮心中的星辰梦想，立志成为像孙家栋老师一样的“追星人”。2023 年，我带着这份梦想从西南奔赴东北，踏入了中国航天第一校——哈尔滨工业大学。

入学之初，习近平总书记在校园讲述“新质生产力”，引发我对材料专业与国家战略之间关系的深度思考。曾经被戏称为“天坑”的材料学科，为何被赋予如此重任？答案在一次与冷劲松院士的讲座中浮出水面。冷老师讲述团队如何借助智能复合材料，使五星红旗在火星上缓缓展开，那一刻，我真正理解了材料的价值——它不仅是一门科学，更是托举中国深空梦的无形之手。

讲座之后，我主动与冷院士交流，了解到高分子复合材料等关键技术仍被“卡脖子”，强烈的责任感油然而生。国家的需要，就是我的方向。从那一刻起，我下定决心，投身航天材料研究，攻坚深空探测核心技术。

为了验证这份选择，我积极走访航天科研单位、参与企业座谈会，与专家面对面交流，调研岗位需求，最终提炼出四项关键能力，并以此为核心构建自己的成长路径。在此过程中，我入

① 第二届全国大学生职业规划大赛优秀选手风采展示——朱泓宇.[EB/OL].黑龙江高校就业要情.2025-5-13.

选“尖班”七年直博培养计划，与国家新质生产力战略发展同频共振。

在本科前两年，我坚持以专业能力建设为核心：在工程力学竞赛中，经过近百日集训，成为国赛团队唯一大一成员，荣获两项国家一等奖；在国际赛中荣膺金奖、国际奥赛中获国际个人一等奖；项目研究方面，我聚焦深空探测中的智能结构，突破压电驱动精度低、响应慢等难题，项目历时 200 余天，荣获“校级优秀”结题；随后聚焦能源供给问题，我带领团队开展纳米超材料结构研究，项目成功入选哈工大科技路演唯一材料结构方向项目。

在材料制备实践方面，我作为冷院士团队中最年轻的成员，掌握了多项智能复合材料的制备工艺，并担任企业合作项目的技术负责人，助力航天散热板项目降本增效。

此外，我多次参加高水平学术会议，就智能材料课题向院士汇报，参与全国交流活动，代表哈工大发声，并积极投身支教、演讲、分享等志愿服务，全面提升科研综合素养。

我深知，通往航天强国之路并非坦途。面对人工智能等技术变革，我主动跨界修读 AI 课程，将其融入材料研究之中，为突破瓶颈开辟新路径。结合《空间科学中长期发展规划》，我以 2030 年深空战略节点为目标，规划长远发展，矢志在博士毕业之际，成为支撑国家航天战略的智能材料骨干力量。

从绵阳启航，到哈工追梦，从赤诚初心，到实干磨砺。我将以新时代青年的担当与热血，赓续“两弹一星”精神，投身材料强国、航天强国的伟大事业。

(2)朱泓宇生涯寄语

仰望星空，不如脚踏实地地去接近它。大学不仅是积累知识的阶段，更是明确方向、探索自我的关键时刻。希望你们能从国家发展的宏图中找准个人定位，把专业所学融入时代所需。主动参与科研、竞赛、实践与调研，在真实的挑战中磨炼能力、坚定理想。生涯规划不是一纸蓝图，而是一场场亲历与成长。愿你们以青春为笔，描绘属于自己的星辰大海。

★ 第二届全国大学生职业规划大赛全国总决赛就业赛道高教组金奖代表

◇ 奔赴时代现场，抵达社会真相[①]

姓名：梁栋

院校专业：暨南大学新闻与传播学院本科生

职业目标：社会新闻记者

(1)梁栋生涯故事

对梁栋而言，读新闻专业是一种阴差阳错，然而却逐渐演变为热爱。在校期间，他先后荣获：第十二届范敬宜新闻教育学子奖、首届大学生新文科实践创新大赛国赛金奖、第八届中国数据新闻大赛二等奖、2024 年南风窗调研中国全国十强、二等奖、第十一届中国青年创青春大赛国赛优秀奖，以及第十四届“挑战杯”大学生创业计划竞赛省赛银奖。

我很难去量化自己走过了多远的路，只知道自己这两年来一直未曾懈怠。在国奖答辩时，我才第一次有勇气承认自己的新闻理想。而得知自己获得国奖的那一刻，我也终于有勇气相信：只要你努力且坚持，终有一天会被看见、被认可。我深知这份殊荣来之不易，感谢背后默默支持我、鼓励我的父母、学界业界老师、学长学姐和同行者们。至今我仍只走过了大学半数的旅程，希望自己带着这份荣誉，带着所有的鼓励与期望，在新闻路上继续前行。

---

① 编撰自：2 金 1 银，广东第一！[EB/OL]. 暨南大学. 2025-04-20. 奋斗者，正青春——国家奖学金优秀学子风采⑤. [EB/OL]. 暨南大学学生资助管理中心. 2025-03-26.

高中时，我喜文却选理，读新闻是一种阴差阳错。在那个迷茫的 2022 年冬天，我在学姐的推荐下，加入了「新闻公益社群」深度训练营。这是我目前为止人生中最重要的转折点，我开始坚定自己的新闻理想。自此之后，我的大学期间只有一条主线：为走上新闻的道路而不断努力。我深知新闻学的学习必须要理论和实践相结合。为此，我一边忙碌于学业的量化指标中，一边做自己热爱的新闻。我觉得我能做的就是以时间换空间，花更多的时间、付出更多的努力。最重要的是，要做一个靠谱、负责任的人，这样才能把握住更多机会；也一定要坚持自己的热爱，这既是一种生活上的调适，也时时给我前进的动力。

(2)生涯寄语

不论外界如何变化，永远坚持做自己想做的、做自己热爱的事情。永远不要因为外界的指标和评价体系而放弃自己的热爱，这些才会指引我们去到想去的地方。“觉察、锚定、而后不止不休”。

新闻之路漫漫，理想始于足下。我始终认为，只有深入新闻现场躬身实践，才能触摸行业脉搏。在学院中打下深厚理论根基的同时，我先后于南方都市报、南方周末、财新实习，担任「深度训练营」运营总监，累计发表报道两百余篇，有幸荣获“范敬宜新闻学子奖”。于我而言，参加职规赛既是一次直面职业理想的契机，也是对过往的回望与观照。如今 AIGC 时代已经到来，新闻报道的边界不断被重塑。对于记者而言，只有积极拥抱新技术，赋能报道创新，才能真正回应时代之问。

(3)赛后感言

今天想和所有新闻人分享一则振奋人心的消息：在教育部主办的职业规划大赛中，我以“‘深度与温度’兼具的社会新闻记者”作为职业目标，获得了全国金奖。我并不把这个奖项理解为对我个人的肯定，而应该是宏大的社会层面，对于行业价值给予的最高认可。

一路走来，我一直在求证两件事：“新闻理想”是否可以宣之于口，深度报道在今天是否还可以得到最广泛的认同。

我想，这次获奖正是对这两件事的“确证”。

对于一个积极的悲观主义者而言，这是一场精神上的巨大鼓舞。过去两年里，我每每挣扎于理想和现实之间的沟壑。在反反复复的挣扎和碰撞中，我开始逐渐锚定坐标：以实用主义的方式践行理想主义。

在岔路不断的新闻道路上，我无数次感受到前辈对于后辈的关怀，感受到行业对于年轻人的托举，更总是怀念起在深度训练营感受的那种纯粹。我将之理解为一种惺惺相惜，一种衣钵传承，一种全然信任的托付。

前辈们的叮咛和体悟，也总给我信心与力量。“有限空间内，做记者仍大有可为。”“觉察，锚定，而后不止不休。”“梁兄，江湖见。”

每每念及于此，脸上风轻云淡，心中却早已潸然泪下。

虽然现实很可能是，年轻人即使怀揣着火种，也再难进入行业。但我觉得不管身在何方，我们对于新闻的热情不会变，对于公共议题的关注不会变，对于社会的关切也不会变。

新闻只是瞬时的火把，但执火者代代相传。

这一次，希望我们都不再羞于谈论新闻理想。

■ 获奖作品特点与获奖选手特质

★ 获奖作品特点

◇ 规划的科学性与可行性

评委对职业规划的“第一印象”源于其科学性与可行性，这需要借助专业理论与工具构建逻辑框架，并以具体行动支撑目标落地。科学性在于理论与工具的深度应用。优秀作品需符合生涯发展理论，并运用SWOT分析、SMART原则等工具提升专业性。可行性是拒绝空泛，聚焦行动细节。评委注重规划的可操作性，反感“口号式”目标。以医学专业学生为例，其“毕业后进入社区医院”的规划包含具体行动：大四选择××社区卫生服务中心实习，重点学习慢性病管理；备考“全科医师规范化培训”证书；主动联系××区卫健委了解招聘政策。此类“接地气”的计划因具备明确的资源支撑与时间节点，最终获得省级金奖认可。

◇ 与国家战略的契合度

大赛对“个人理想与国家需求结合”的导向日益鲜明，获奖作品常以国家战略为背景提升格局。可以从以下方面突破，首先，政策导向下的趋势。我们注意到“乡村振兴”“碳中和”“专精特新”等国家战略关键词频繁出现在获奖作品中。其次，结合专业的战略切入方法。挖掘规划与国家战略的结合点，可从每年《政府工作报告》《“十四五”规划纲要》中提取关键词(如2024年“新型工业化”“数字中国”)，再结合自身专业寻找落地场景：计算机专业可聚焦“工业互联网”领域，环境专业可围绕“碳足迹核算”展开规划，确保职业目标兼具时代性与专业性。

◇ 个人特色与差异化

面对海量参赛作品，评委对“模板化”内容辨识度极高，而独特视角与真实故事是突破同质化的关键。选手要规避模板化陷阱，千篇一律的自我分析(如“兴趣广泛＋能力突出＋价值观正确”)和目标设定(如“考研＋考公＋就业”)难以打动评委。获奖作品往往以个性化元素打破常规：某师范专业学生在“特殊教育规划”中，融入“高中陪伴孤独症表弟康复”的亲身经历，将个人情感转化为“成为特殊教育教师”的职业动力，并提出“用音乐治疗改善孤独症儿童社交能力”的创新策略，凭借“真实情感＋专业洞察”获得评委认可。

大赛的胜出者，往往能在“科学逻辑”“家国情怀”“个人特色”三者间找到平衡——以专业理论夯实基础，以国家战略提升视野，以真实故事塑造独特性。唯有将个人发展置于时代坐标系中，同时展现对自身优劣势的清醒认知与切实可行的行动路径，才能打造兼具思想深度与落地价值的参赛作品。

★ 获奖选手特质

王占仁对首届全国大学生职业规划大赛全国总决赛中荣获金奖并进行风采展示的八位选手的特质进行了深入的总结。他指出，这些选手共同具备了四个显著的特质。首先，他们都是因为对某项工作的热爱而确定了自己的职业兴趣，这种热情是他们职业生涯的起点。其次，他们在大学期间通过扎实的学习，不断提升自己的职业能力，为未来的职业生涯打下了坚实的基础。第三，他们通过持续参与社会实践，不断拓宽自己的视野，进而增强了职业能力，使自己在职场中更具竞争力。最后，他们心怀对家乡和国家的热爱，深深扎根于中国大地，展现出深厚的家国情怀。这四个方面的特质，也是我们在开展职业规划大赛时需要提炼和学习的精神。我们每个人都应该向他们看齐，并在自己的职业生涯中体现这些品质。具备了这些，我们就能在中国这片土地上，既实现个人价值，又为国家和民族作出贡献。

◇ 清晰的职业目标

每位参赛者都有明确的职业目标，这些目标涵盖了跨境电商运营、智能制造、乡村医疗、幼儿教育、移动应用开发、汽车检测与维修、工程造价、护理、体育科普、社会工作等多个领域。这种目标导向的思维模式是实现职业梦想的关键，它帮助参赛者在职业规划中保持方向感和动力。

◇ 专业技能与实践经验

学生们详细介绍了自己在专业领域的学习和实践经历，这些经历包括参与科研项目、社会实践、技能竞赛等。通过这些活动，他们不仅加深了对专业知识的理解，还提升了实际操作技能，这些都极大地增强了他们的专业能力。

◇ 强烈的社会责任感

许多参赛者在演讲中表达了他们对社会责任的认识，他们希望通过自己的专业知识和技能为社会作出贡献。这种强烈的社会责任感是他们职业规划中不可或缺的一部分，也是他们选择职业道路的重要考量。

◇ 良好的沟通能力

无论是在演讲还是答辩中，参赛者都能清晰、有逻辑地表达自己的观点。良好的沟通能力不仅帮助他们更好地展示自己的想法，也使他们能够更有效地与他人合作，共同推动项目或任务的完成。

◇ 情感投入

参赛者的演讲中充满了对所选择职业的热爱和对未来的憧憬，体现了他们对实现个人职业梦想的坚定决心。这种情感投入是他们职业规划中的重要动力，也是他们面对挑战时能够坚持不懈的精神支柱。

■ 职业规划官方资源

★ 生涯闯关

在各赛道赛制中，选择成长赛道和未参赛的在校大学生均可体验“生涯闯关”功能；选择就业赛道的在校大学生可同时体验“生涯闯关”和“职业测评”功能；无论是否在校、是否参赛，所

有用户都可以体验学职平台完整测评和匹配功能。

“生涯闯关”功能为全体在校大学生提供了 8 大关卡，模拟出完整的职业规划路线。通过点亮徽章的方式，激发大家以生涯楷模为起点，进行专业、职业、兴趣探索，锚定职业目标，定位自身能力水平并确定提升方向，最终根据自我探索过程，自动生成《我的生涯探索成长单》。

大学生可以通过访问全国大学生职业规划大赛官网（zgs. chsi. com. cn/home）→点击导航栏“生涯闯关”→登录→点击左侧“生涯闯关”→点击“去闯关”的步骤使用此项功能。

注：此功能为选做性质，结果仅供参考，不影响参赛资格和比赛结果。

★ 职业测评

参加就业赛道的选手，可在“生涯闯关”之外，体验“职业测评”功能。内容包括核心通用能力和企业职务能力测评，帮助你深度了解行业、企业细分职能，并基于测评与学习，为你锁定中、高适配度职业目标。

注：就业赛道选手在校级管理员审核通过报名信息后，方可进入“职业测评”模块参与此项功能。

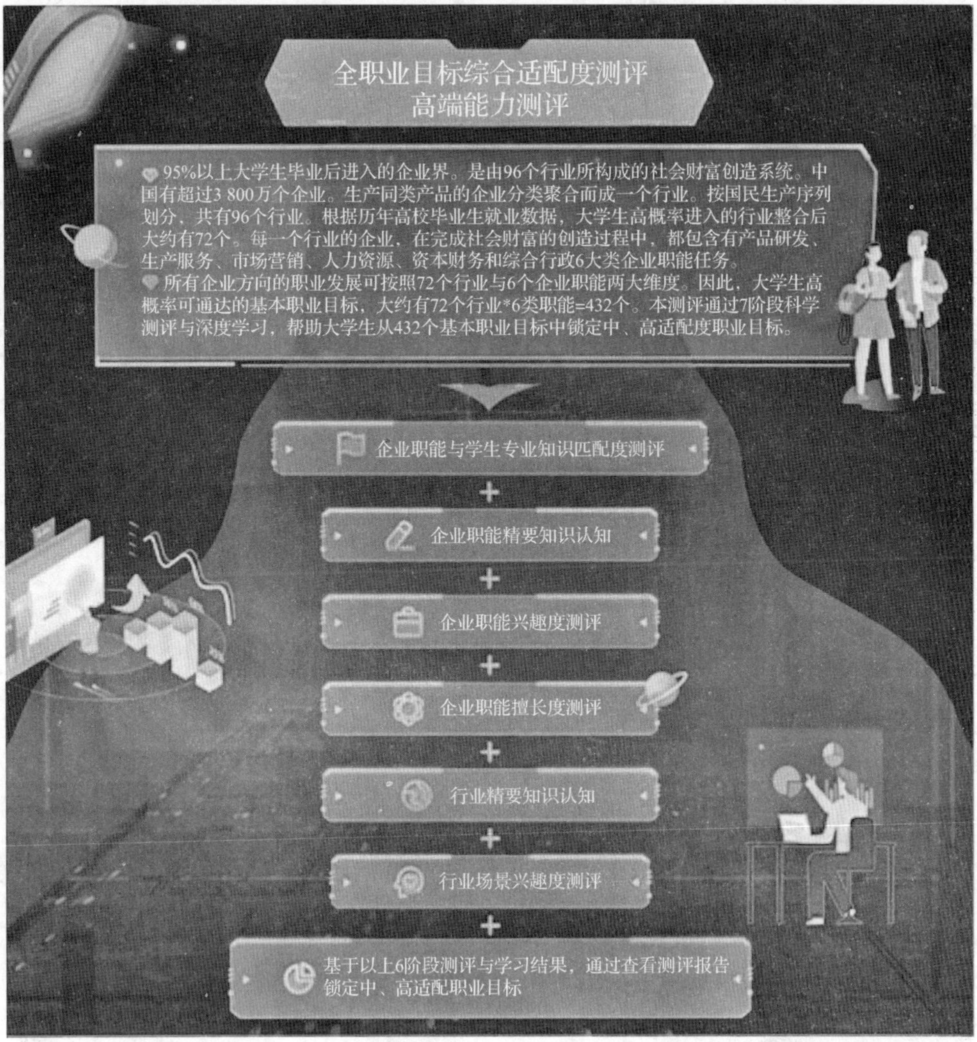

★ 全国大学生学业与职业发展平台(学职平台)

◇ 栏目 1　职业测评

与仅供就业赛道选手使用的职业测评不同，学职平台职业测评是由学职平台联合北大、北师大、南师大心理和职业生涯规划领域教授、专家联合研发，对所有用户免费开放，包含 44 项专业测评，涉及兴趣/性格、态度/评价、能力/素养、生涯/决策四大类型，不仅能匹配职业目标，还能帮助你了解自己各方面的优劣势、认清自我。

◇ 栏目 2　职业探索

包含我的职业推荐清单与职业库。职业推荐清单中根据所学专业、职业兴趣、职业价值观测评推荐了多个与你匹配的职业；职业库中，包含 121 项职业描述，详细展示了任务职责，知识技能与资格要求、发展前景及毕业生能力模型等内容。通过系统阅读，了解不同岗位的要求，帮助你针对性制订能力提升计划，拉近与目标职业的距离。

◇ 栏目 3　职业人物

如果说职业百科侧重共性，那么职业人物则侧重个性。659 个职业人访谈，让你了解不同行业、企业、职业从业者的一天、具体工作内容、知识技能与证书，以及职业人对本职业行业的现状及发展的看法等工作真相。帮助你从学兄学姐的就业故事中获取择业就业和职业规划的经验。

◇ 栏目 4　就业指导课

教育部自 2020 年 4 月起推出“互联网＋就业指导”公益直播课。课程涵盖行业趋势、职业规划等 9 大主题，涉及互联网、金融等 18 个行业。帮助大家从职业指导专家、高校、企业等角度，了解行业、企业、职业现状与发展前景、市场需求与从业要求，获取简历撰写指南、个体/群体面试攻略等信息。

◇ 栏目 5　综合测评报告-能力素养

为了避免仅参考各项职业的信息数据带来的理想化设想，学职平台在综合测评页面——

能力素养栏目中，增加了我的能力——感兴趣职业的能力模型对比功能，让大家更直观地看到个人能力与感兴趣职业能力的匹配度，为大家进一步选择职业方向提供一定参考。

注：

1. 职业测评、职业探索、职业人物、就业指导课位置：

(1)微信搜索“学职平台”公众号→点击关注→点击菜单栏“学职测评”，即可看到各项内容。

(2)访问学信网官网(chsi.com.cn)→点击导航栏“学职平台”，即可看到各项栏目。

2. 综合测评报告-能力素养位置：

(1)微信搜索“学职平台”公众号→点击关注→点击菜单栏“求职系列”→打开“我的综合测评报告”→绑定微信和学信网账号→查看“能力素养”→解锁感兴趣职业的能力模型。

(2)访问学信网官网(chsi.com.cn)→点击导航栏“学职平台”→点击“职业探索”→探索更多感兴趣的职业→进入职业介绍→查看职业技能→点击“查看我的能力对比”。

第十四章　撰写生涯发展报告

生涯发展报告是系统化职业规划的载体，是通过整合自我探索与环境分析，将抽象目标转化为可执行的阶段性计划，并借助评估机制动态优化路径。其本质是引导学生从被动应对转向主动掌控职业未来，在复杂就业环境中实现可持续成长。

第一节　生涯发展报告撰写准备

近年来，随着全国范围内高校毕业生数量连年屡创新高，叠加经济转型影响，岗位供给竞争加剧，大学毕业生就业环境愈加复杂，让在校生尽早地接触大学生职业生涯规划，了解职业生涯规划的重要意义，对于其后期学习、发展与就业必将发挥重要的积极作用，不仅整合学业、能力、兴趣、价值观等核心要素，精准定位个人优势与方向，更深入调研行业趋势与职业要求，通过系统化的自我探索与环境分析，帮助在校生从迷茫走向清醒，将被动应对转化为主动规划。

■ 自我评估

自我评估就是对自己做全面分析。

在自我评估中，要通过科学的认知方法和手段，对自己的职业价值观、职业兴趣、能力、气质类型、性格等进行全面认识，清楚自己的优势与特长、劣势与不足。同时，自我评估要客观、冷静，不能以点代面，既要看到自己的优点，又要敢于面对自己的缺点。只有这样，才能避免设计中的盲目性，使设计高度适宜。

■ 职业环境分析

在制定个人的职业生涯规划时，要对职业环境进行分析，分析环境条件的特点，环境发展变化情况，自己与环境的关系，自己在这个环境中的位置，环境对自身的要求，环境给自身带来的影响等，以此来确定职业机会的大小。

■ 确定职业生涯目标

★ 符合社会与组织需求

在确定职业生涯目标时，要考虑到内外环境的需要，特别是要考虑到社会与组织的需要。有需求，才有位置。

★ 适合自身特点

职业生涯目标是在充分认识自我和职业环境的过程中得到的。将目标建立在个人优势的基础上，就占据了主动有利的地位。

★ 高远且可行

确定目标的总原则为既不宜过高，更不能过低，而要现实、可行。在与个人实际相符合的范围内，确定的目标可以稍高一些。

★ 长短配合恰当

我们要把总体目标分解为若干个长期(5～10 年)目标，长期目标继续分解为若干个中期(3～5 年)目标，中期目标要继续分解为短期(1～2 年)目标。

★ 同一时期目标不宜多

就职业目标而论，同一时期目标不宜多，而应集中在一个方面。一个时期一个目标，拉开时间差距，实现一个目标后，再实现另一个目标。

★ 明确而具体

目标明确是指目标要有量化的标准，便于评估目标的完成情况，也便于有针对性地制定相应的措施。目标具体是指要确定目标的范围，使其可产生行为导向作用。

★ 目标幅度不宜过宽

职业生涯目标的专业面不要过宽，最好是先选择一个窄一点的范围，把全部身心力量投放进去，则比较容易取得成功。

★ 要留有余地

在实现目标的时间安排上，不要过急、过满或过于死板。要留有机动的时间，即便发生某些意外，也有时间和精力机动处理。

第二节　生涯发展报告撰写要素

在当今快速变革的时代，职业发展路径日益多元而充满挑战，大学生如何科学规划未来、明确成长方向，已成为个人发展与社会适配的关键命题。职业生涯发展报告作为系统梳理自我认知、洞悉行业趋势、锚定职业目标的行动指南，不仅是高校人才培养的重要环节，更是青年学子探索职业可能性的重要工具。

■ 什么是生涯发展报告?

★ 生涯发展报告的定义

职业生涯发展报告是对个人在一生中所经历的职业、学习和个人成长过程进行综合记录与分析的文档。它不仅包含职业规划和发展，还涉及学习、社交、情感和精神层面的成长，强调个人在各个生活阶段不断追求自我实现、适应社会变化、实现人生价值的过程。

★ 生涯发展报告的特征

◇ 完整性。是指生涯发展报告书涉及的资料应翔实，实施步骤应齐全。

◇ 全面性。报告需包含个人基本信息、自我分析、职业认知、职业目标设定、发展计划等多个方面，要综合考虑个人内部因素和外部因素。一份完整的大学生职业生涯发展报告，会从这些维度全面剖析个人职业发展状况与规划。

◇ 逻辑性。报告的结构应清晰合理，各部分内容之间逻辑连贯，层次分明。一般按照前言、自我分析、职业认知、职业目标设定、发展计划、评估与调整等顺序进行编排，使读者能够清晰地理解报告的内容和思路。在分析和建议过程中，要运用合理的逻辑推理，确保结论和建议的合理性和可靠性。

◇ 可操作性。职业目标要具体、明确，具有可衡量性和可实现性。例如，设定短期目标为在一年内获得某个专业证书，中期目标为在三年内晋升为部门主管等，这样的目标便于执行和评估。发展计划中的具体行动步骤要切实可行，具有可操作性。要明确每个步骤的时间节点、责任人以及所需的资源，确保计划能够顺利实施。

◇ 客观性。无论是自我评估还是职业分析，都要以客观事实为依据。在自我评估中，对自己的能力、优势和劣势的判断要准确，不能主观臆断；在职业分析中，对行业现状、市场需求等的描述要基于实际数据和调研结果。例如，在分析目标行业的人才需求时，要参考权威的行业报告和统计数据。

◇ 匹配性。报告内容要紧密围绕个人的职业发展需求和目标，与个人的兴趣、能力和价值观相匹配来制定职业规划。不同的个人有不同的职业倾向和发展路径，报告应根据个人特点进行个性化设计。例如，一个对艺术有浓厚兴趣且具备设计技能的人，其职业发展报告应侧重于艺术设计领域的相关内容。

◇ 创新性。要对目标行业的未来发展趋势有一定的创新思维和预判能力，考虑到技术进步、政策变化、市场需求等因素对职业发展的影响。例如，随着科技的发展，人工智能、大数据等领域的人才需求可能会增加，报告中应考虑到这些因素对职业规划的影响。

■ 生涯发展报告模板举例

二维码

生涯发展报告模板

■ 生涯发展报告撰写要素

生涯发展报告是对生涯发展规划的书面化呈现，不仅能呈现大学生的宏观职业生涯规划，还能对具体的学习和工作起到指导及鞭策作用。其基本内容主要包括以下几个要素：

★ 封面、个人基本信息与目录

包括报告标题、日期、姓名、性别、年龄、专业、学校、联系方式、年限、起止日期及目录等，还可简要介绍个人特长、爱好及家庭背景等，为后续职业规划提供背景信息，目录需明确章节层级。

★ 前言

阐述撰写生涯发展报告的背景、目的与意义，如明确职业发展方向、为未来职业发展提供指引等，为后续内容的展开奠定基调。

★ 自我分析

包括兴趣爱好、性格特点、价值观、技能与能力等方面：

◇ 兴趣爱好。详细列出自己喜欢从事的活动和领域，如音乐、绘画、编程、旅游等，并分析这些兴趣爱好与未来职业发展的关系，以便更好地制订职业规划。

◇ 性格特点。深入分析自己的性格特点，如是否善于沟通、决策、团队合作等，思考这些性格特点与未来职业发展的适配性。

◇ 价值观。明确自己对于工作、家庭、社会等方面的价值观，如对工作成就感、薪资待遇、工作环境等的重视程度，分析其与职业选择的关系（表 14-1）。

表 14-1 社会价值分析

核心维度	自我价值	社会价值	超越性价值
定义	个人对自身能力、理想、人格的认同与实现，关注“我想成为什么样的人”。	通过个人行为对家庭、社区、社会产生积极影响，体现“我能为世界带来什么”。	超越个体生命局限，追求更宏观、永恒的意义，如对真理、美、信仰的探索。
关键词	❖ 知识与技能提升 ❖ 性格完善 ❖ 兴趣爱好的追求 ❖ 心理健康与自我接纳 ❖ 个人目标达成	❖ 家庭责任 ❖ 职业贡献 ❖ 公益与志愿服务 ❖ 人际关系的正向影响 ❖ 文化传承或创新	❖ 哲学或宗教层面的思考 ❖ 艺术创作或科学发现的传世价值 ❖ 对生态环境或人类文明的长远关怀 ❖ 价值观的传承

◇ 技能与能力。评估自己目前所具备的技能和能力，如专业技能、通用技能(沟通能力、组织协调能力等)，以及自己的优势和不足，思考如何发挥优势、改进不足；

◇ 职业倾向。结合自身情况，初步确定自己倾向的职业领域和岗位类型。

◇ SWOT 分析：结合测评工具呈现优势、劣势、机会、威胁(图 14-1)。

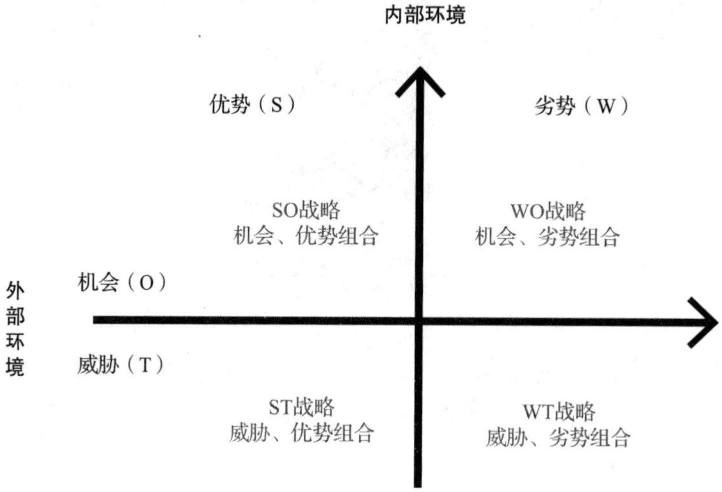

图 14-1 SWOT 分析图

◇ 人生价值韦恩图(图 14-2)：

★ 职业分析

◇ 社会环境分析：包括对政治环境、经济环境、法律环境、职业环境的分析(表 14-2)。

PESTEL 分析：政策(political)、经济(economic)、社会(social)、技术(technological)、环境(environmental)、法律(legal)。

◇ 目标行业分析

(1)现状和趋势：了解目标行业的当前发展状况、市场规模、增长趋势等，判断行业的未来发展前景。

(2)主要公司和组织：研究目标行业内的知名企业、机构，了解其业务范围、发展战略、企业文化等。

(3)人才需求和要求：分析目标行业对人才的知识、技能、经验、素质等方面的要求。

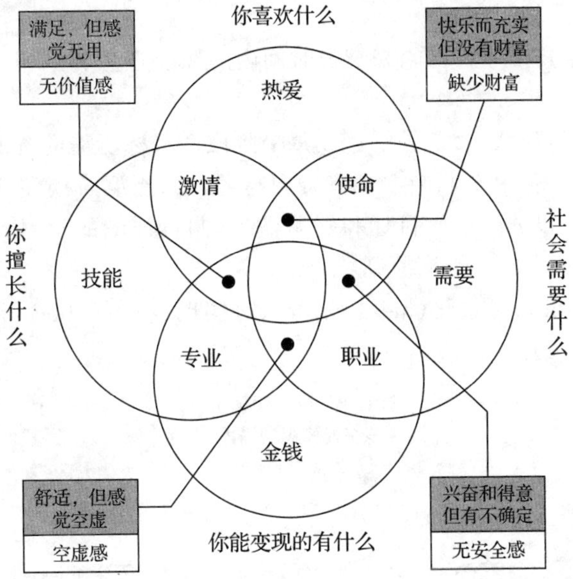

图 14-2　人生价值韦恩图

表 14-2　社会环境分析

社会环境	是什么	包括什么
政策	对行业有影响力的政治力量或相关政策、法规	税收政策、贸易限制、碳中和等
经济	行业外部的经济结构、发展和趋势	经济增长率、汇率波动、通货膨胀率等
社会	行业所处社会的历史文化、教育发展和风俗习惯等	人口结构、生活方式变化、教育水平、老龄化等
技术	所处行业生产相关的新技术发展和趋势	创新速度、数字化趋势、研发投资等
环境	行业运作过程中与环境的交互影响	可持续发展、气候变化、环保政策等
法律	由法律法规、司法和公民意识等法律力量所综合而成的系统	知识产权、消费者保护法、著作权法等

(4)职业发展路径：梳理目标行业内的职业晋升路径和常见的发展方向。

◇ 市场需求和就业前景

(1)市场需求分析：研究目标职位的市场需求情况，包括需求规模、增长趋势等。

(2)竞争状况：了解目标职业市场的竞争程度，如竞争激烈程度、主要竞争对手等。

(3)薪酬水平和福利待遇：调查目标职业的薪资待遇、福利政策等，为自己的职业选择提供参考。

★ 职业目标定位及目标实现路径

◇ 职业方向及总体目标

根据时间划分，如以学期或学年为单位设定阶段性目标，使目标更具可达成性，便于监控进度。

(1)短期(1～2 年)：具体、明确且可操作，如在大学期间考取相关证书、参加实习等，为实现中期和长期目标奠定基础。

(2)中期(3～5 年)：通常与职业晋升、技能提升等相关，如在工作中获得晋升机会、掌握新的技能等。

(3)长期(5～10 年):描述自己未来较长时间内的职业理想和期望,如成为行业专家、企业高管等。

◇ 分析资源需求与现状差距:了解达成每个阶段性目标所需的资源,如学术成绩、实习经历、技能提升、社交网络等,并分析自身现有资源与需求的差距,制定弥补策略。

◇ 制定实施计划:根据阶段性目标和资源需求,制订详细的学习计划、技能培训计划、实习计划等。确保计划满足 SMART 原则:

目标需具体(specific)、可量化(measurable)、可实现(achievable)、相关性(relevant)、有时限(time-bound)(图 14-3)。

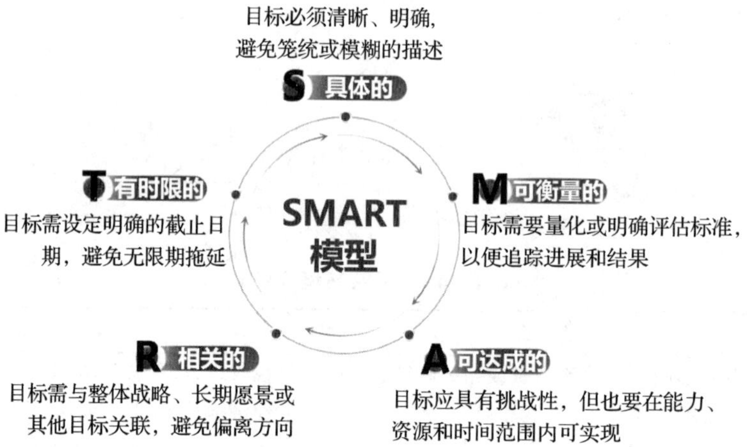

图 14-3　SMART 模型

报告的核心输出是具体、可操作的步骤。行动计划应详细说明:做什么、怎么做、何时做、需要哪些资源/支持、如何衡量进展/成功。

★ 设定评估与调整机制

在实施过程中,设定评估机制来衡量进度和成果,如定期检查、自我评估、导师反馈等。如果发现目标或计划存在偏差,及时调整实施计划。评估与调整机制包含以下几个方面:

◇ 行业趋势,评估是否需要重新选择行业。

◇ 职业目标,评估是否需要重新选择职业。

◇ 职业路径,评估是否需要调整发展方向。

◇ 实施策略,评估是否需要改变行动策略。

◇ 职业技能,评估是否需要加大学习力度。

◇ 时间资源,评估是否需要调整现有框架。

◇ 其他因素,评估身体、家庭、经济状况以及机遇、意外情况等。

■ 为什么撰写生涯发展报告?

★ 明确自我定位

撰写生涯发展报告能帮助大学生深入了解自己的兴趣、价值观、技能、性格特点及优势,从而更清晰地认识自己适合什么样的工作领域和环境,明确职业目标。例如,通过报告可以发现自己擅长逻辑推理、数据分析,可能就适合从事金融、科研等方面的工作。

★ 合理规划学业与职业发展

在大学期间，学生需要平衡学业、社团活动、实习实践等多方面的任务。通过制定职业生涯发展报告，学生可以更加科学地安排时间和精力，确保各项任务的顺利进行，并为未来的职业发展打下坚实的基础。例如，明确了自己未来想从事教育行业，就可以有针对性地选择相关课程、参加教育实践活动等。

★ 提升职业竞争力

在竞争激烈的就业市场中，具备明确职业规划和优秀综合素质的学生更容易脱颖而出。通过提前规划好未来的职业发展方向和目标，学生可以有针对性地提升自己的专业技能和综合素质，从而更好地适应职场环境和工作要求。例如，提前了解目标行业对英语水平的要求，有针对性地提高英语听说读写能力。

★ 激发学习动力和创新精神

通过设定清晰的职业目标，并为之努力奋斗，可以促使大学生更加积极地面对学习挑战，培养解决问题的能力和团队合作精神。在此过程中的不断探索和实践，有助于大学生塑造一个全面发展的个体，使其在未来职场上更具竞争力。例如，为了实现进入知名企业的目标，学生会努力学习专业知识，积极参加科研项目和竞赛活动。

★ 培养自我管理和时间管理能力

在撰写报告的过程中，学生需要对未来的学习、实践、职业发展等进行规划，这有助于培养他们的自我管理和时间管理能力，提高综合素质。

★ 适应社会变化

职业生涯规划强调自我反思和持续学习，能够帮助大学生在面对职业挑战和变化时，灵活调整策略，适应不断变化的工作环境。例如，当所在行业出现新的技术或趋势时，有规划的学生能够更快地调整自己的职业发展方向。

第十五章　制作生涯发展展示 PPT

全国大学生职业生涯规划大赛成长赛道生涯发展展示 PPT 的本质是“职业成长故事的可视化论证”。制作时，需要以“目标—行动—证据—调整”闭环，结合评审六大指标，用数据锚点（量化成果）替代主观表述，以资源整合（校企/政策）构建差异化壁垒，还可预设推免/竞聘风险缓冲带（如地理教师备选多校导师），实现“小步快跑式迭代”。

第一节　生涯发展展示 PPT 制作准备

■ 什么是 PPT?

Microsoft Office PowerPoint（通常简称为 PPT）是微软公司开发的演示文稿制作软件。以其强大的功能性，PPT 已逐渐成为各行各业不可或缺的辅助展示工具。

在日常工作生活中，PPT 广泛应用于多种场景，如工作汇报、企业宣传、产品推介、婚礼庆典、项目竞标、岗位竞聘、管理咨询以及新品发布会等。根据 PPT 应用场合的不同，PPT 可分为阅读型和演讲型两大类。

★ 阅读型 PPT：主要用于供受众自行阅读。其特点是内容翔实，常包含大量文字和注释，确保受众在近距离（如面对电脑屏幕，视距通常小于 1 米）阅读时能清晰、完整地理解信息，无须制作者额外解说。

★ 演讲型 PPT：主要用于配合演讲者进行现场汇报演示。该类 PPT 通常投影于大屏幕，受众在较远距离观看。其核心特点是内容精炼、重点突出、图文并茂和设计精美。演讲型 PPT 仅呈现关键信息点、核心数据和视觉元素（如图表、图片），具体内容由演讲者现场口述。其设计目的在于吸引现场人员的注意力，引导思路，与演讲者讲解形成有效配合，进而更好地引发共鸣。

制作 PPT 的核心目标是实现有效沟通。它能够将复杂冗长的文字内容、庞杂的分析过程及枯燥的数据信息，通过提炼、总结、归纳和结构化思维，转化为精炼的词语、直观的图表、生动的图片及恰当的动画效果，进行视觉化表达。这种表达方式显著提升了信息的可理解性和接受度。

因此，一份优秀的 PPT 演示文稿必然是内容美与形式美的高度统一。掌握提炼信息、结构化思维以及视觉化表达的能力是制作和美化 PPT 的关键。

■ PPT 制作及美化技巧

★ 内容简洁化

内容简洁化是 PPT 制作的核心原则之一，其核心目标是减少页面文字量，信息清晰、直观、一目了然。对于演讲型 PPT 而言，大量的文字必须进行浓缩和简化，既能清楚表达希望传递的内容，又不给排版美化增添过多麻烦[①]。实现内容简洁化主要从两大策略入手。

一是针对 PPT 中大段文字如何简化的问题，可以采用以下方法进行简洁化处理：

◇提取关键词，重组核心句。先抓取文中的关键词，再重组，形成相对简短的句子。示例：“这款神奇拖把的最大特色是超强的吸水性。”在这段文字中，需要抓取“神奇拖把”“超强”“吸水性”3 个关键词，就可重组为“吸水性超强的神奇拖把”。

◇识别并删除非必要信息，浓缩句子。先对文本进行深度分析，整理归类、提炼核心要点；然后在不改变原意和信息传达的基础上，把原因性、解释性、重复性、辅助性和铺垫性文字删除，让句子变得更简短。

(1)原因性文字：常用“因为”“由于”“基于”等表述原因，而 PPT 聚焦呈现结论和结果，即“所以”“于是”后面的文字。因此，可以删除表示原因性的文字，仅保留结果性文字。

(2)解释性文字：经常在关键词后用冒号、括号、破折号等，用于描述备注、补充、展开介绍等解释内容，这些内容由演讲者口头表达即可，不必再用 PPT 呈现，可删除。若担心演讲者忘词，可以把删除内容放入“备注页”，并在幻灯片放映时勾选“使用演示者视图”。这种视图模式不仅可以帮助演讲者避免忘词的尴尬，还可以让演讲者提前知晓下一张幻灯片要讲的内容，提升演讲者的信心和演讲效果[②]。

(3)重复性文字：为保证文章的连贯性和严谨性，会使用一些重复性文字，如第一段讲“我公司……”，第二段还会讲“我公司……”。在 PPT 中，相同主语或主题通常在标题或版式设计中已体现，无须在正文中重复这类词语。

(4)辅助性文字：经常会使用“截至目前”“已经”“终于”“经过”“但是”“所以”等词，这些词在书面语中起连接作用，但在 PPT 的视觉呈现中易让画面显得累赘，除突出关键词句外，这些词可删除。

(5)铺垫性文字：在 Word 中经常见到“在上级机关的正确领导下”“经过全体员工的团结努力”“根据 2018 年年度规划”等语句，这类背景或过程描述通常属于演讲开场或过渡语，不必占用 PPT 页面空间，可删除。

◇理解原意，重构口语化表达。先通过细读领会原句所要表达的真实含义，摆脱原文句式束缚，用更简短、自然、口语化的句子重新表达。例如，幻灯片模板旨在用更少的时间创建有精美外观的演示文稿。如果希望所有幻灯片里包含相同的字体和图像(如徽标)，可以对幻灯片模板进行这些更改，它们将应用于所有幻灯片，在真正理解并懂得幻灯片模板的作用后，可简化为“快速统一设置所有幻灯片的共用内容(如 LOGO、字体)”。

二是当某些关键信息(如法规条文、复杂定义、必要说明等)无法大幅度删减时，用以下排版技巧提升可读性，实现视觉上的“简洁”：

◇结构化分层，创造留白空间。

(1)将大段文字按逻辑拆分为多个小段落。

(2)显著加大段落间距(大于行间距)，形成清晰视觉区块。

(3)使用项目符号(•)或编号(1.2.3.)引导各要点。

(4)调整合适的行距(建议 1.2～1.5 倍)，让文字有“呼吸感”。

---

① 林清华.高质量 PPT 课件制作模式探析[J].教育科学(全文版)，2016(12)：106.

② 荆力群.高质量 PPT 课件制作模式探析[J].信息与电脑(理论版)，2016(4)：131，133

目的：增强层次感与美感，便于观众快速定位和阅读。

◇提炼核心，添加引导性标题。拆分段落或要点群后，在上方添加精炼的小标题。小标题需准确概括下方内容的核心，起到聚焦视线、引导理解的作用。这需要制作者具备较强的信息归纳能力和文字提炼功底，需不断练习。

◇菜单导航，分页呈现。把单页过量内容，按逻辑拆解到多张连续幻灯片上。在每张幻灯片的固定位置，如顶部，添加选项卡式导航菜单（如“概述”“特点”“优势”“案例”），借助导航菜单提示内容结构，引导观众跟随演讲节奏消化信息，规避单页信息过载问题。

★ 页面视觉化

页面视觉化是 PPT 设计的核心策略，其核心在于将抽象或冗长的文字信息转化为直观的视觉元素，如图片、图表、图形。在完成内容简化后，要为提炼的核心信息匹配合适的视觉载体，强化信息的具体性、直观性，助力理解和记忆。相对于文字而言，因此能将抽象的信息形象化，意义表达更简明准确，更容易理解、记忆和阅读，也能给观众留下更为深刻的印象①。打造 PPT 视觉化效果，可以采取以下方法。

◇巧用图片，以图释义。为精炼文字内容，搭配高清、无水印且与主题高度相关的图片。正所谓“一图抵千言”“无图不真相”。图片选用原则遵循如下：

(1)相关性：图片必须与当前页面核心信息紧密关联，切忌“图不对文”。

(2)高质量：使用分辨率高、清晰、无水印的图片。

(3)协调性：图片风格、色调应与整体 PPT 版面适配。

(4)时代感与创意：优先选择符合当下审美、视角新颖或有创意的图片。

◇善用图表，结构化呈现。识别文字信息的内在逻辑结构，选用合适的图表或图形模板进行可视化呈现。这可以借助 PPT 内置的 SmartArt 图形功能或美化大师等第三方插件实现。

具体操作步骤如下：

(1)提炼关键词：从文字中提取需要展示的核心信息点，通常是名词和关键数据。

(2)分析逻辑关系：明确这些信息点之间的内在逻辑。常见的逻辑关系包括：

①并列关系：信息点处于同等重要地位，如项目 A、项目 B、项目 C。

②流程关系/步骤关系：信息点按时间或操作顺序排列，如步骤 1→步骤 2→步骤 3。

③循环关系：信息点构成闭环流程，如计划→执行→检查→改进。

④层级关系：信息点存在上下级或包含关系，如组织结构图。

⑤因果关系/因子关系：展示原因与结果、影响因素与现象之间的关联。

⑥对比关系：比较不同信息点之间的差异，如柱状图、表格。

匹配并套用图表模板：根据逻辑关系，在 SmartArt 或插件库中选择最匹配的图表类型模板。

(3)逻辑结构化

逻辑结构化是构建优秀 PPT 演示文稿的核心骨架，其核心在于将分散的幻灯片内容，按照清晰的逻辑关系和递进顺序进行组织编排，目的是让受众能够迅速理解信息脉络、抓住核心观点，并跟随演讲者的思路逐步深入。若 PPT 内容无逻辑，就如同散沙，信息碎片化、重点模

① 张小琪. 教师制作 PPT 课件中存在的问题及制作技巧[J]. 中国新通信，2014，16(15)：85.

糊;清晰的逻辑结构不仅能让观众看得明白、听得有意思,还能让演讲者准备更充分,讲得更周全①。为实现 PPT 逻辑结构化,可借助巴巴拉·明托提出的金字塔原理,它是强大的结构化思维和表达工具,其核心思想是:

①结论先行:无论何种层次的思考表达,都应从该层次的核心结论或中心思想开始。

②以上统下:结论是对其论据的概括,论据要支撑结论。

③归类分组:同一层级的思想/论据必须属于同一逻辑范畴,并遵循 MECE 原则,即相互独立、完全穷尽。

④逻辑递进:各组思想论据之间需按特定逻辑顺序,如时间、结构、程度、重要性等顺序呈现。这种由上而下的制作过程如图 15-1 所示。

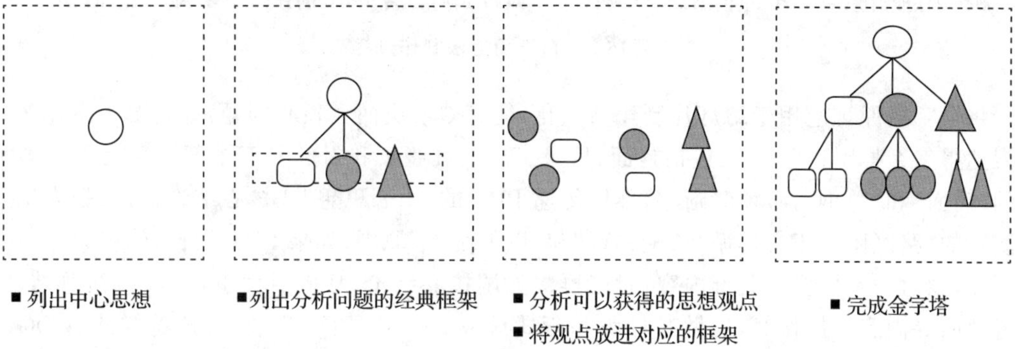

图 15-1　制作过程

在进行年终总结汇报时,若要介绍过去一年的业绩,存在的问题,以及来年的工作计划,则可构建年终总结的金字塔结构(图 15-2)。

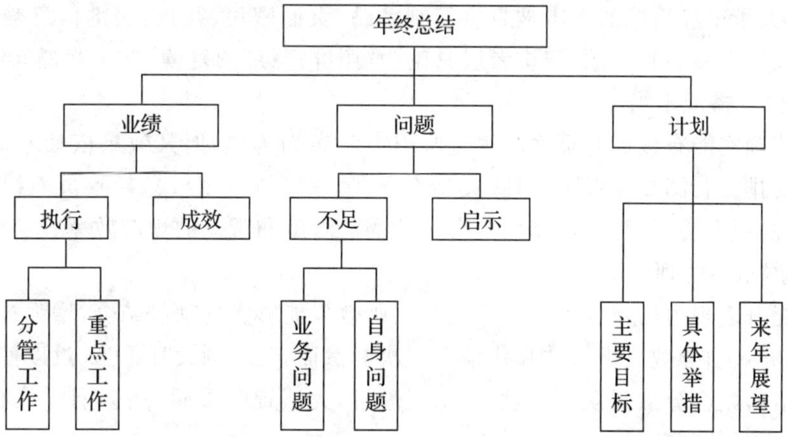

图 15-2　年终总结的金字塔结构

自下而上法:对不熟悉的业务内容,可先列出所有要表达的思想观点,然后找出它们之间的关系,并总结每类思想观点,依次倒推出最终的结论或主题。尽量做到每个结论都是对下一层次思想观点的总结概括,下一层的内容都是对上一层思想观点的支撑论证。其制作过程如

① 黄媛媛,李瑜. 浅析基于协同管理的数字化校园平台建设[J]. 湖南邮电职业技术学院学报,2014(3):45-49.

图 15-3 所示。

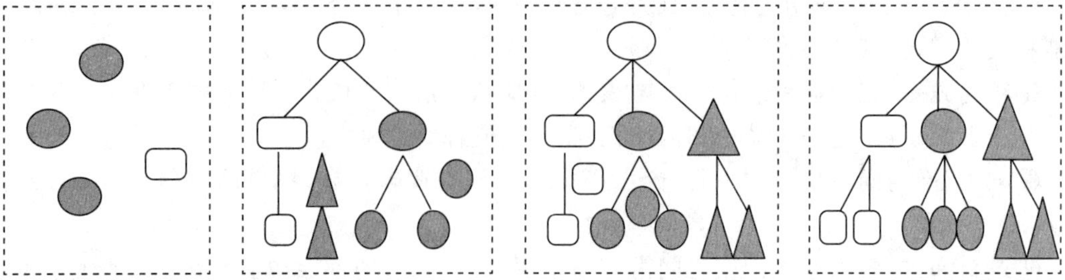

图 15-3 自下而上法制作过程

将金字塔原理应用于幻灯片制作与美化，能有效解决两大核心问题：一是要表达什么？二是表达得怎么样？PPT 一般包括封面、目录、正文、过渡页和封底等五个部分。封面是整个演示的“门面”和“总纲”，必须清晰、精准地传递 PPT 的“中心思想”或核心结论；目录是为受众提供演示的“路线图”；正文遵循“结论先行”和“以上统下”原则，如果 PPT 很长，建议添加一个过渡页或内容概括页，罗列关键内容；封底再次强调核心结论，呼应封面页，可以包括总结、问答或者致谢等内容。制作时，先做好母版和版式统一，字体、配色、背景、占位符样式、LOGO 位置等保持视觉风格一致，再按照自上而下的顺序，逐页制作和美化内容。

■ PPT 演示文稿在制作中的常见弊端

★ 大量文字堆积

在 PPT 制作实践中，信息过载与文字堆砌是普遍存在的问题。制作者将 PPT 当作 Word 文档或板书，大量未经提炼的文本被直接复制粘贴，页面密集、冗长，关键信息被淹没，受众在短时间内难以捕捉核心和主题，演讲者极易沦为“照屏宣科”的复读机，违背视觉传达原则。

★ 图文位置搭配不当

图文并茂确实能有效提升页面的视觉吸引力和布局美感，但其效果依赖于对图文位置的合理规划与安排。若图文位置不合理（文字不齐、随意摆放），则极易导致页面视觉混乱、信息零散，不仅无法提升美观度，还会降低信息传达的清晰度和观众的理解效率。

★ 动画展示不合理

动画是提升表现力的重要手段。恰当的动画效果能够实现动静结合，增强视觉吸引力，丰富演示形式，有效引导观众视线并强化信息层次。然而，若动画设计不当（过度使用、节奏失控或与内容脱节），则会分散观众的注意力、干扰理解，无法提升美感，还会削弱核心内容的传达力，让动画效果适的其反。

第二节　生涯发展展示 PPT 内容体系

■ 定义

依据《第二届全国大学生职业规划大赛成长赛道方案》（教育部教学函〔2024〕3 号），生涯发展PPT是参赛者职业规划成果的可视化载体，需系统呈现“目标设定—行动实践—动态调整”的成长闭环。核心功能包括叙事、证据、逻辑，具体为：①叙事功能，即浓缩《生涯发展报告》核心内容（≤2 000字），以图文呈现职业探索历程；②证据功能，即展示能力提升的量化成果，如竞赛奖项、技能证书、实践数据；③逻辑功能，即结构化串联职业目标与行动路径，体现规划的科学性。

■ 与赛事环节的适配性

根据2025年广东省分赛决赛通知，从以下三点进行调整匹配。

★ 主题陈述环节（7分钟）：PPT需精准匹配时间限制，每页传递单一核心信息。同时遵循材料规范要求：PPT为16∶9显示比例、可嵌入视频（≤50MB）、禁用复杂动画（避免设备兼容问题）。主题陈述环节时间如何分配？具体如下：

◇开场定位（1分钟）

PPT封面，涵盖价值观金句和职业目标

话术模板：“评委老师好！我是XX大学XX专业的XXX。我的职业目标是成为智慧农业工程师，致力于用科技解决粮食安全问题。今天我将用7分钟，为大家展示我如何通过“三步走计划”，逐渐从专业新生成长为接近目标的探索者。”

◇职业目标解析（90秒）

话术模板：选择该目标基于三重考量。第一，国家需求。2023年农业农村部数据显示，我国粮食损耗率高达15%（展示数据图），而我的目标岗位可降低损耗5%以上；第二，个人匹配。通过霍兰德职业取向模型测试（展示结果），我的现实型（R）与研究型（I）得分均超90%，适合技术攻关；第三，专业支撑。本校农学专业全国排名前10%，提供智慧农业实验室等资源（可列2个核心资源）。

◇学习实践行动（3分钟）

例如，我的核心行动聚焦目标岗位要求的（智能装备研发能力）：实践1：粮仓温控系统优化，情境：某粮库因温控失衡年损粮500吨（展示问题图）；行动：应用“传感器原理”课程知识（结合教材封面），设计物联网监测方案；成果：获“省机械创新设计大赛一等奖”（展示证书），方案被当地粮库试用（展示企业函）；实践2：农用无人机改造；情境：传统无人机播种误差率30%（展示调研数据）；行动：校企合作项目（展示项目书），优化定位算法；成果：误差率降至8%（展示对比图），获专利受理（展示申请号）等。

◇能力成长论证（90秒）

模板：通过上述实践，我的核心能力显著提升。专业能力：从70分→92分（课程设计满分率提升40%）；创新能力：从60分→85分（以专利＋竞赛获奖佐证）；工程应用：从50分→80分（获企业采纳项目）；当前与目标岗位要求匹配度达88%（以岗位能力模型对比图呈现）。

◇动态调整展示（1分钟）

例如，原计划成为农机设计师，但在企业实习中发现“智慧粮仓领域人才缺口更大”（人社部2024报告）。经SWOT分析（展示矩阵图），我将目标调整为“粮储智能系统工程师”，并新增三项行动：①选修“物联网工程”课程（附课表截图）；②加入国家级粮储科研项目（附立项书）；③考取工业互联网认证（附学习计划表）”。

◇总结升华（30秒）

“从‘知农’到‘惠农’，我将持续践行‘用科技守护中国粮仓’的初心。未来三年：完成学业→

加入中储粮技术团队→研发国产智能储粮系统！恳请评委老师指正！”

注意：禁用“梦想”“希望”等虚词，改用“将”“计划”等行动导向动词。

★ 评委提问环节(5 分钟)：PPT 内容需预设评审焦点，如目标调整依据、能力短板改进等，提问特点如表 15-1 所列。

表 15-1　预设评审提问特点

序号	提问核心特征	考查要点
1	动态性	源于 PPT 报告中模糊点或矛盾点
2	压力测试	30%问题考查抗压能力与应变思维
3	真实性验证	重点追问成果细节与个人反思

◇常见问题分类

(1)职业目标类(占比 35%)

职业目标类常见问题见表 15-2。

表 15-2　职业目标类常见问题

问题类型	典型问题	科学应答实例	错误示范
目标合理性	你目标岗位要求 Python 技能，但简历中无相关实践？	大二选修“Python 数据分析”，课程作业开发了粮库虫害预测模型(展示代码截图)，计划本月考取 NCTP 认证(学习计划表)	我打算毕业后自学
国家战略契合度	智慧农业工程师如何服务乡村振兴战略？	参考 2023 农业农村部《数字乡村建设指南 2.0》，我的粮储项目已覆盖 2 个脱贫县(企业函)，降低损耗率＝增收 12 万元/年(数据)	所有农业岗位都服务乡村振兴

(2)实践行动类(占比 45%)

实践行动类常见问题见表 15-3。

表 15-3　实践行动类常见问题

问题类型	典型问题	科学应答模板	错误示范
专业衔接深度	温控系统项目与“传感器原理”课程的具体关联？	项目直接应用课程“第三章热电偶标定法”(教材 P78 截图)，校企导师指导改进冷端补偿算法(会议记录)	课程教会我基础知识
成果真实性	专利受理不等于授权，你的创新点是否被行业认可？	专利实审意见肯定创新性(展示审查书)，方案获省机械学会推荐(红头文件)，已在 XX 粮库试用(验收报告)	专利能证明我的能力

(3)动态调整类(占比 20%)

动态调整类常见问题见表 15-4。

表 15-4　动态调整类常见问题

问题类型	典型问题	科学应答模板	错误示范
调整必要性	原目标‘农机设计师’市场需求旺盛，为何放弃?	据《智联招聘 2024 报告》，农机设计师岗位年增 8%，但智慧粮储工程师年增 23%(数据图)，且更契合我算法优化特长(霍兰德职业取向模型测试)	听从老师建议
风险评估	新目标要求物联网技能，你如何补足知识缺口?	制订三步计划：1 个月考取华为 IOT 认证(备考表)→加入 XX 教授智慧农业项目(邮件确认)→毕业前完成 3 个企业案例(合作意向书)	我会努力学习

★ 应答策略

◇数据锚定法

适用问题：成果真实性质疑。

模板示例：您关注的成果可由三部分验证。

第一，官方认证：奖项证书编号(X2024GD123)

第二，第三方证明：粮库试用报告(盖章)

第三，数据溯源：损耗率计算依据 GB/T 3543—2023

◇价值观升华术

适用问题：职业目标价值拷问。

模板示例：我的选择不仅基于个人兴趣。

国家层面：对接粮食安全战略。

社会层面：项目使 2 000 户农民增收(附调研数据)。

行业层面：推动储粮技术国产化(附专利说明书)。

◇缺口转化法

适用问题：能力短板被质疑时。

模板示例：您指出的物联网技能缺失属实，这也是我调整目标的契机。原目标是农机设计(要求机械制图能力，我评分 95 分)→新目标粮储系统(要求物联网＋机械复合能力，当前匹配度 70%)→缺口 30%通过三项计划补足(附课程/认证/项目时间表)。

■ 生涯发展 PPT 设计评审要点

根据教育部第二届全国大学生职业规划大赛成长赛道评审标准，需紧扣以下六大指标设计内容。

★ 职业目标合理性

依据《第二届全国大学生职业规划大赛成长赛道方案》中的评审标准。

◇“结合所学专业，多渠道了解行业趋势和就业市场需求，综合分析个人能力优势、兴趣特长等，合理设定职业目标”(10 分)。

◇“科学分析个人现实情况与职业目标间的差距，制订合理可行的成长计划”(10 分)。

◇“职业目标体现正确的择业就业观念”(10 分)。

执行《广东省教育厅关于举办第二届全国大学生职业规划大赛广东省分赛的通知》要求：

"禁用未注明数据来源的行业预测""目标调整需提供政策或市场依据"。

其中合理性的三重核心支柱包括国家战略契合度(10 分)、个人特质匹配度(10 分)和发展路径可行性(10 分),详见表 15-5 至表 15-7。

表 15-5 国家战略契合度

要素	PPT 内容要点	案例模板
政策响应	关联国务院/部委专项规划(如制造强国、乡村振兴)	工业机器人工程师→对接《'十四五'机器人产业发展规划》重点领域
行业需求	引用权威人才缺口数据(人社部/行业协会报告)	据智能制造人才发展报告,2025 年工业机器人运维人才缺口达 68 万人
区域发展	结合地方产业布局(如粤港澳大湾区人工智能产业带)	选择半导体设备工程师→服务广东'强芯工程'产业链

表 15-6 个人特质匹配度

工具	学术理论支撑	PPT 呈现形式
霍兰德职业取向模型测试	现实型(R)/研究型(I)适合技术岗,社会型(S)适合服务岗	雷达图显示职业目标岗位要求与个人兴趣匹配度≥85%
能力拆解矩阵	冰山模型:显性技能(证书)+隐性素质(批判思维)	表格对比:岗位 JD 能力项 vs 个人当前水平 vs 提升计划
价值观坐标	舒伯职业锚理论(技术职能型 VS 管理型 vs 创造型)	三维坐标系标注目标岗位在"创新性—稳定性—影响力"的定位

表 15-7 发展路径可行性

验证维度	操作指南	省赛合规要求
专业支撑	标注核心课程与目标岗位的对应关系	职教组必须体现"岗课赛证"融通(如维修电工证)
资源可及性	列明校内外资源(实验室/企业导师/行业认证中心)	禁用虚构资源(如"已联系某院士指导"需提供相关证明)
时间节点	时间图显示短期(1 年)—中期(3 年)—长期(5 年)目标	计划需包含动态评估点

★ 成长计划科学性

《第二届全国大学生职业规划大赛成长赛道方案》提到:"基于职业目标要求,科学分析现实差距,制订合理可行的成长计划",这部分占比 10 分。《广东省教育厅关于举办第二届全国大学生职业规划大赛广东省分赛的通知》也提及:"禁用无量化节点的空泛计划",可用时间轴等图示呈现分阶段计划,标注计划与专业课程、学校资源的衔接点,如双创项目、校企合作等。

★ 价值观契合度三重内涵:国家战略响应度、社会价值贡献度、个人价值实现度。根据《第二届全国大学生职业规划大赛成长赛道方案》评审标准:"职业目标能够将个人理想与国家需要、经济社会发展相结合，体现正确的择业就业观念”以及《广东省教育厅关于举办第二届全国大学生职业规划大赛广东省分赛的通知》材料要求：“需凸显择业观关键词，如‘服务乡村振兴、投身智能制造’，在生涯发展 PPT 的首页或总结页突出择业观金句，如‘到祖国需要处建功立业’”等，该部分分值为 10 分。

★ 学习实践行动包含双重内涵：行动设计的科学性与成果达成的标志性。行动需直指目标岗位的核心能力，强调“结合学校育人特色和所学专业”。围绕目标职业要求，结合学校育人特色和所学专业开展学习实践，取得阶段性标志性成果，贴近职业目标要求。《广东省教育厅关于举办第二届全国大学生职业规划大赛广东省分赛的通知》要求实践经历需标注与专业课程衔接点，禁用无证明的成果描述。

用 STAR 法则（情境—任务—行动—结果）展示 2～3 个关键实践，嵌入实习/项目成果截图，如调研报告封面、系统界面，该部分分值为 30 分。

★ 阶段性成果，设计能力对比雷达图（参赛前 vs 参赛后），集中展示奖项、证书缩略图（不超过 5 项核心成果），该部分分值为 20。

★ 动态调整能力-用流程图展示目标调整路径，如原目标→实践受阻→评估→新目标，附反思日记片段增强真实性，该部分分值为 20 分。

■ 广东省分赛特色要求与应对策略小技巧

★ PPT 设计原则

◇PPT 三大核心使命。

（1）成长故事视觉化载体：将《生涯发展报告》中的文字叙述转化为可感知的成长轨迹（如能力提升对比、关键事件里程碑、可嵌入视频）。

（2）优化结构化排版：引导评委快速抓取职业目标合理性→行动成果→动态调整逻辑链。教育部评审标准中明确了“职业目标”“学习实践行动”“动态调整”三大维度。

（3）能力证据的集中展示台：重点呈现量化成果（如竞赛奖项、项目数据）和能力对比图（雷达图/前后能力值对比）。广东省分赛明确要求图表不超过 5 张，需高效传递信息。

★ 赛制变化：取消“天降实习 offer”环节，PPT 需强化用人单位视角内容，在实践行动页添加企业导师评语截图。

★ 职业目标页：注明岗位能力认证标准（如“目标岗位需 Python 技能→已考取全国计算机二级 Python 证书”）。

★ PPT 设计禁用：动画特效（易导致设备兼容问题）、模糊图片/截图。

★ PPT 致命误区与避坑指南。

◇内容脱节型：误区为 PPT 堆砌经历却未呼应职业目标。对策是每项经历标注能力关键词（如“XX 项目→提升用户调研能力→目标岗位核心要求”）。

◇证据薄弱型：误区为仅文字描述“能力提升”，但无数据支撑。对策是用迷你图表（如条形图显示沟通能力值从 60%→85%）替代纯文字等方式。

◇逻辑断裂型：误区为未展示目标调整过程，规划显得僵化。对策是专设“规划迭代”页，用箭头图示连接旧目标→瓶颈→新目标。

第三节 生涯发展展示PPT优秀案例分析

全国大学生职业规划大赛自2023年8月启动以来，全国高校师生踊跃参与。据统计，累计报名学生952万人，覆盖高校2 740所，占全国普通高校总数98.6%。其中，学生成长赛道报名744万人。学生们普遍反馈，通过参赛和互相启发，职业规划得到老师的评估和指导，既能看到优秀同龄人的成长故事，自身发展方向和实践路径逐渐明晰，又懂的把个人选择与服务国家相结合，在各个专业领域孜孜不倦地探索，为在不同职业道路上追逐梦想努力奋斗。正如大赛主题曲《逐光》展现的那样，新时代大学生正在“追逐光，成为光，再用光照亮他人”。作为贯彻落实《“十四五”就业促进规划》的重要举措，全国大学生职业规划大赛将每年举办。

作为全国大学生职业规划大赛评委，崔玲玲现场参与了广东省、湖北省、海南省等5省决赛，网评了8个省提交的600余份学生参赛资料。她发现，优秀的职业生涯规划具有相似性：能够将个人理想与国家需要、区域发展相结合，大学期间聚焦生涯目标开展丰富具体的成长行动。下面选取几组优秀案例[①]进行学习分析。

■ 2023年(首届)金奖案例节选

★ 案例1：某985高校机械工程专业学生

职业目标：航空发动机研发工程师。

路径设计：

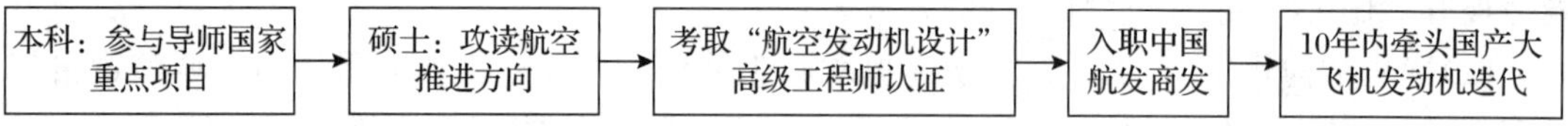

实践成果：

本科阶段发表2篇SCI论文(燃烧效率优化方向)；

获中国航发实习机会并完成某叶片冷却结构改进方案(被采纳应用)。

★ 案例2：某师范院校心理学专业学生

职业目标：青少年心理健康教育产品研发总监。

能力矩阵构建见表15-8。

表15-8 能力矩阵构建

阶段	专业能力	商业能力
本科	心理咨询师资格证	校创赛“心理科普APP”获奖
硕士	参与教育部青少年心理课题	实习于某教育科技公司
职业初期	开发校本心理课程体系	主导产品用户增长50%

■2024年(第二届)金奖案例节选

★ 案例1：某双一流高校生物技术专业学生

职业目标：细胞治疗产品CMC(化学生产与控制)总监。

---

① 李瑞璇，樊未晨.职业规划有没有最优解：来自全国大学生职业规划大赛的观察[N].中国青年报，2024-04-22(5).

行业深度调研:访谈 12 家药企 CMC 部门负责人,撰写《细胞治疗 CMC 人才能力白皮书》;精准定位“GMP 生产管理+基因编辑技术”双技能缺口。

里程碑实践:通过自考获得“执业药师资格证”;在药明生物实习期间,优化某 CAR-T 细胞冻存工艺(降本 30%)。

★ 案例 2:某艺术类院校数字媒体专业学生

职业目标:元宇宙数字场景架构师。

资源整合路径:联合计算机系学生成立“虚实交互实验室”,开发 3 项虚拟空间专利;与广美、腾讯互娱合作“岭南文化元宇宙展厅”项目(用户超 10 万人)。

能力可视化设计:创建个人作品 NFT 画廊,链接行业雇主直接评估技能。

★ 思考:以上优秀作品的共性分析如何呢?

◇目标与行业趋势强关联:紧扣生物医药“细胞治疗”、航空航天“国产替代”、数字经济“元宇宙”等广东重点产业方向。

◇人才缺口论证:引用《广东省制造业高质量发展“十四五”规划》等文件,量化目标合理性(如某项目指出“2025 年细胞治疗 CMC 人才缺口达 2.3 万人”)。

◇“目标—能力—行动”逻辑形成闭环(表 15-9)。

表 15-9　目标—能力—行动逻辑分析

维度	金奖要求	失败案例常见问题
目标	符合 SMART 原则(如“5 年内晋升药企 CMC 经理”)	目标模糊(“成为优秀工程师”)
能力	拆分硬技能(证书/专利)+软技能(管理/创新)	仅罗列课程成绩
行动	每阶段成果可量化(如“实习期间降本 30%”)	计划空洞(“加强学习”)

◇差异化竞争力构建。

复合能力:如“航空工程师+高级认证+技术转化能力”。

资源杠杆:整合校企实验室、行业赛事(如项目借力“第七届“祖冲之杯”昆山创新创业大赛粤港澳大湾区(深圳)・花桥元宇宙数字创新技术产业赛”背书)。

■以某某高中地理教师参加职业规划大赛的 PPT 作品为例分析①

★ 案例主体概况

就读于某大学创新班,该班级为学校拔尖创新人才培养平台,选拔率仅 1%,具备多学科交叉培养、高保研率(保研名额不限制)等优势。所属专业为地理学(国家一流本科专业建设点,学校拥有一级学科硕士、博士学位授权点),依托某省高校协同创新中心(陆海国土利用与保护研究方向)开展学习与科研。

学业表现:专业成绩连续两年年级第一,GPA 达 3.8(满分 4.0),核心课程均分 90 分以上,其中“气象学与气候学”“经济地理学”“遥感导论”等课程成绩均在 92 分及以上,展现了扎实的学科知识基础。

学术荣誉:连续两年获某省政府奖学金,入选国家级、省级科研项目(如某省新苗人才计划),在《生态环境学报》(北京大学核心期刊)发表论文 1 篇,研究方向为“城镇化与生态安全耦合协调关系”。

① 郑天,宁波大学阳明学院创新班,第二届全国大学生职业规划大赛浙江省分赛成长赛道银牌作品。

★ 职业目标宣言页

主标题："推开自然之门，昭示人文精华"，摒弃空泛口号（如"为国家做贡献"等）。

副标题：对接"做一名高中地理教师"核心目标。

★ 规划逻辑框架

以"明己—察境—履践—致远"为核心逻辑链，贯穿职业缘起、认知、实践与未来规划，体现"自我认知—环境分析—行动落地—目标进阶"的完整规划闭环。

★ 自我认知：兴趣与使命的双重驱动

◇目标定位：明确以高中地理教师为职业目标，长期向地理教研员发展，致力于推动地理教育从"知识传授"向"教研创新"转型，培养具有"家国情怀、人地协调观"的学生。

◇驱动因素。

(1)兴趣启蒙：10岁时受《中国国家地理》相关极地科考内容影响，萌发了对地理学科的热爱，埋下"冒险、敬畏、坚持"精神种子。

(2)家庭影响：父亲为教师，"教书育人"的理念潜移默化，奠定其职业价值观。

(3)使命升华：高中时期参与地理实践活动(如手绘中国地图、制作植被分类标签、模拟世界洋流分布等)，结合新课改背景，意识到地理教育需“教、研并重”，进而将个人兴趣升华为“推动地理教育高质量发展”的职业使命。

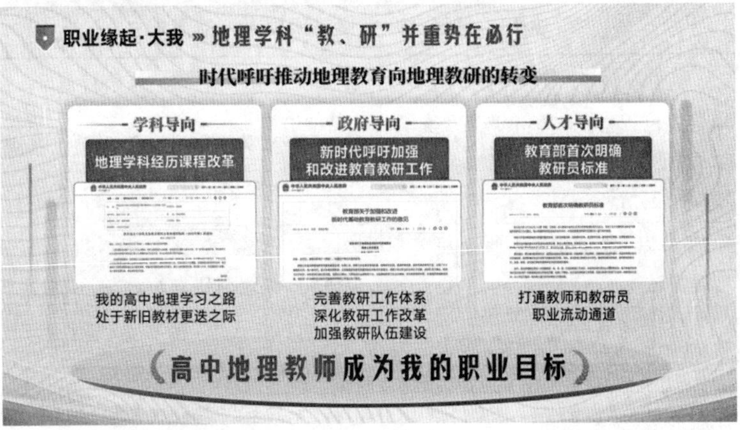

★ 环境分析——精准把握行业准入与发展要求

◇明确学历与专业硬性指标。

(1)学历门槛：需具备研究生学历及硕士以上学位，凸显行业对学术深度的要求。

(2)专业匹配度：限定专业为地理学一级学科及二级学科(如自然地理学、人文地理学)、天文学相关学科、课程与教学论(地理方向)或学科教学(地理)专业，严格排除非科班背景，强调学科知识体系的系统性。

◇职业资格认证。

(1)必备证书：需取得高中地理教师资格证书，涵盖笔试(教育综合知识、学科专业知识)、面试(试讲、答辩)及普通话等级(二级乙等以上)。

(2)隐性能力门槛：招聘考核采用“笔试＋试讲”形式。

(3)笔试：侧重地理学科专业知识(如高考题、大学地理综合题)、教材教法(如新课标解读、教学设计)、综合公共知识(如教育法规、心理学)。

(4)试讲：考查课堂教学能力(如板书设计、互动设计)、专业知识应用(如地理原理生活化阐释)、临场应变能力(如突发问题处理)。

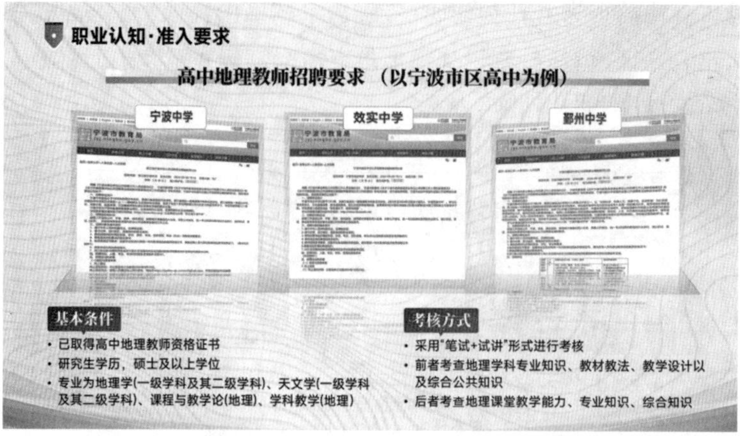

★ 卓越教师四大核心素养(基于生涯访谈)

通过访谈某市高中地理教研员郑老师(教学经验超 20 年,全国优秀地理教育工作者),提炼了地理教师行业对顶尖人才的要求(表 15-10)。

表 15-10 地理教师行业对顶尖人才的要求

素养维度	具体内涵	案例体现
师德素养	师德规范:遵守教育伦理,关爱学生;教育情怀:以“人地协调观”培养家国情怀	参与“生态文明宣讲”“阳明文化宣讲”,将思政元素融入地理教学,体现教育情怀
地理素养	地理知识、地理能力、地理思想、地理方法	掌握 INVEST 模型、FRAGSTATS 软件,开展生态安全研究;实地调研 5 个地貌区,积累教学案例
教学素养	教学知识、教学能力、教学理念	实习期间完成 25 份教案,设计《洋流的形成和分布》情景化课堂,获教研员肯定
发展素养	持续学习、科研创新	主持“挑战杯”课题《青年发展与乡村振兴》,将调研方法融入教学,体现“教学-科研”联动

★ 能力框架:六大核心能力对标

围绕“地理专业知识-教学技能-实践创新”构建能力体系,具体包括。

◇地理专业知识力:核心课程均分 90+,阅读地学书籍百余本,覆盖自然、人文、跨学科领域,支撑深度教学。

◇地理语言艺术力:通过 20 余场宣讲打磨表达能力,形成“亲和力强、逻辑清晰”的授课风格,适配“15 后”学生认知特点。

◇地理实践指导力:指导学生绘制地理素描图、制作地貌模型,利用野外调研素材(如普陀山微地貌照片)设计探究性活动。

◇地理科研转化力:将科研成果(如城镇化与生态安全研究)转化为教学案例,引导学生关注现实问题(如“共富背景下的乡村地理”)。

◇地理技术应用力:运用 ArcGIS、遥感 RS 等工具开展教学,设计“区时演示仪”“手工日晷仪”等教具,实现“技术赋能课堂”。

◇地理教学反思力:通过“高校-中学”虚拟教研室参与听评课,针对“喀斯特地貌”等课程进行同课异构分析，持续优化教学策略。

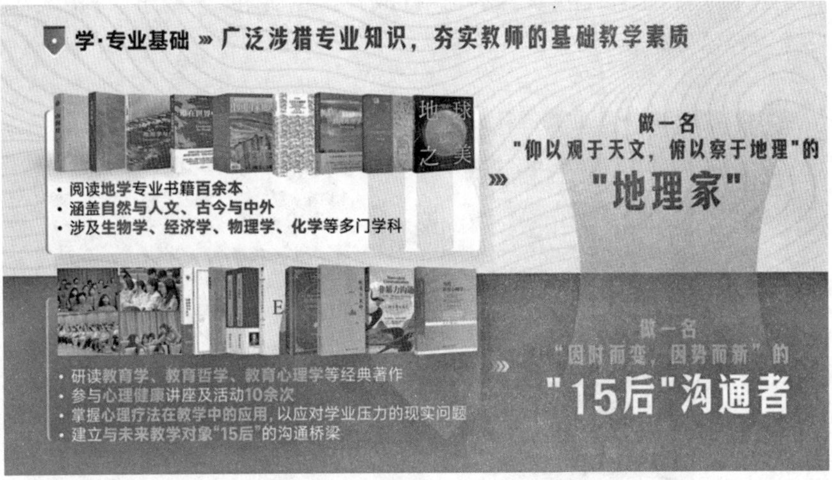

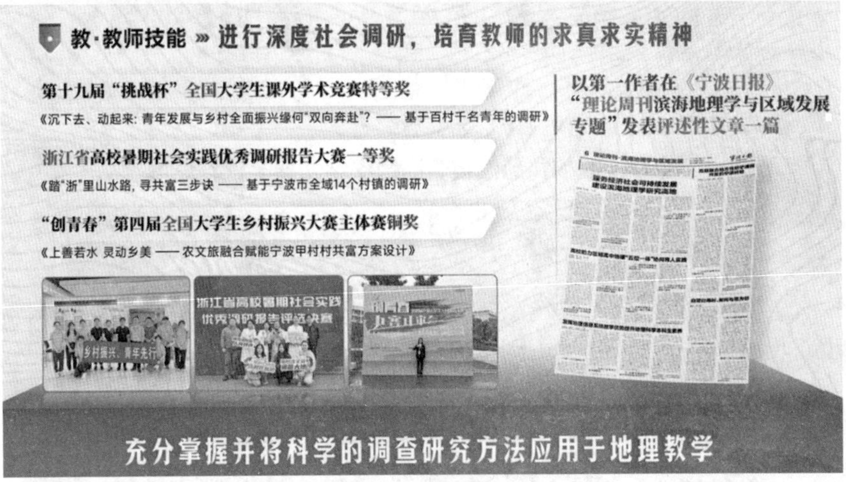

★ 院校与行业资源联动：构建成长护城河

◇高校培养模式赋能。

依托学校创新班"六融合"培养体系，形成独特优势。

(1)高保研率：无名额限制的保研政策，助力冲刺华东师范大学等顶尖师范院校，突破地域院校壁垒。

(2)科研导师制：师从李教授(地理学博导)，大学一年级即参与国家级课题，建立"学术训练-职业能力"衔接路径。

(3)跨学科平台：班级汇聚多学科背景学生，支持地理与生态学、经济学交叉研究，如参与"乡村振兴"调研，融合地理与社会学方法。

◇行业实践资源整合。

(1)实习基地网络：学校与慈溪某高级中学、海曙区洞桥镇某中学等建立实习合作，提供 4 个月沉浸式教学实践，覆盖备课、授课、班级管理全流程。

(2)教研导师指导：通过"高校-中学"协同机制，获市级地理行业专家一对一指导，他的实习汇报课获“具备优秀教师潜质”点评。

(3)赛事与学术平台：依托学校资源参与“挑战杯”“创青春”等赛事，将实践成果(如“农文旅融合赋能乡村共富”方案)转化为职业竞争力。

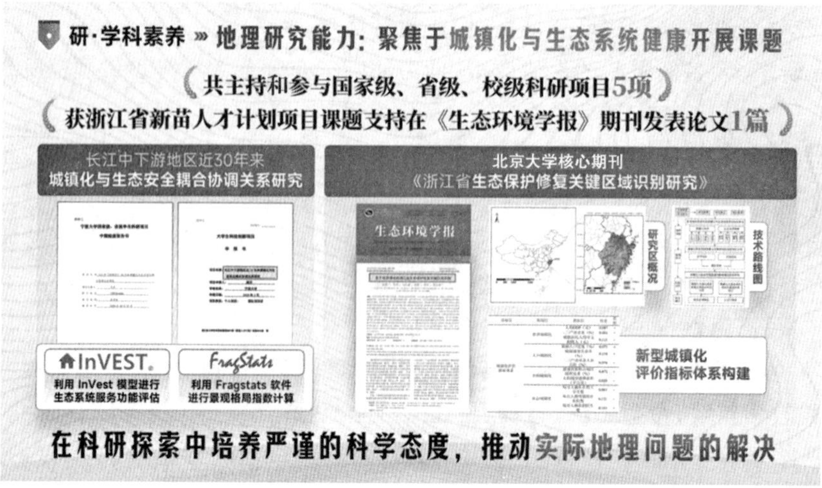

★ 目标规划：阶梯式成长路径设计

案例中的成长计划以“专业奠基—实践打磨—教研引领”为主线，结合行业发展规律与个人生命周期，将职业发展划分为短期（储备期）、中期（成熟期）、长期（引领期）三个阶段，每个阶段设定明确的能力目标与行动路径，体现“知识输入—实践转化—价值输出”的闭环逻辑（表15-11）。

表 15-11　职业发展阶梯成长路径

阶段	核心目标	实施策略	风险应对
短期（2024—2029 年）	保研至华东师大攻读学科教学（地理），取得教师资格证并入职中学	利用学校高保研率优势冲刺名校深化教材研究与教学风格塑造	推免风险：备选多校，提升科研成果竞争力
中期（2030—2040 年）	获高级教师职称与骨干教师称号，主导校级教研，发表教研论文	创新教学方法，聚焦地理教学问题开展课题研究	竞争压力：持续提升教学竞赛与科研产出
长期（2041 年后）	竞聘地区教研员，引领区域地理教育创新	提炼教学模式，推动“教研—实践”转化	职业倦怠：定期更新教学理念，参与跨区域教研交流

以“地理教育创新”为主线，通过“精准定位-资源整合-动态迭代”的策略，构建了从“新手教师”到“教研领袖”的清晰成长路径。这一模式不仅适用于地理教育领域，更为成长赛道选手提供了“目标可拆解、行动可落地、成果可积累”的规划范本，体现了职业生涯规划的科学性与前瞻性。

★ 动态调整的核心原则

他的职业规划展现了“目标坚定性与策略灵活性”的平衡：既非僵化遵循预设路径，也非随波逐流缺乏主线，而是以动态评估为引擎，持续校准方向，在变化中实现螺旋式成长。

◇预防性优于补救性：在规划初期即预设“推免风险”“竞聘压力”等情景，主动应对而非被动处置。例如，她提前积累多校导师人脉、参与跨区域实习，构建“风险缓冲带”。

◇小步快跑迭代：每学期进行“微调整”（如调整某类技能训练时长），每年进行“中调整”（如变更科研方向），避免一次性大幅度转向带来的成本过高。

◇价值锚点不变：无论路径如何调整，“推动地理教育创新”“培养学生人地协调观”的核心使命始终不变，确保调整不偏离职业本质。

第十六章　制作成功求职简历

简历是所有招聘活动的必备材料。对应聘者来说,简历是求职的“敲门砖”;对用人单位来说,简历是筛选岗位候选人的核心依据。大学毕业生的简历则是对其大学期间生活、学习、社会实践、学业成绩的集中反映。本章将系统阐述简历的核心构成要素、撰写规范技巧以及制作过程中的注意事项。

第一节　成功求职简历制作准备

■ 求职定位

在简历制作或修改前,我们不妨先梳理下列问题,以明确求职定位。

★ 我希望寻找什么样的工作

在进行职业选择时,有效运用生涯决策平衡单的方法至关重要。我们需要系统地梳理并评估影响工作选择的关键因素:既包括深入了解自身的性格特质、核心兴趣、期望的薪酬水平以及偏好的工作地点、公司规模和文化环境等内在驱动与外在条件;又必须客观衡量工作的现实要求,如岗位对加班强度、压力承受度、出差频率的要求,同时结合个人中长期的人生规划(如家庭责任、继续深造的打算),来评估该职业路径的可持续性。

借鉴决策平衡单的逻辑对上述所有因素进行清晰归类与优先级排序:明确区分哪些是毫无妥协余地、必须满足的核心需求(如特定的工作地点以照顾家庭、最低健康保障的工作强度),这些将作为筛选机会的刚性底线;哪些是存在弹性空间、可协商或适应调整的方面(如薪酬的具体数额、福利细节或非核心的文化差异)。这种基于平衡单思维对“不可妥协项”的严格界定是确保最终职业选择的重要考量因素。

★ 满足上述条件的工作岗位有哪些

在探索职业方向时,我们可以主动出击:通过联系业内人士进行信息访谈、深度浏览招聘网站的职位描述,或者在社交平台等搜索真实从业者的经验分享,来具体了解心仪岗位的日常内容、发展路径和真实体验。基于这些信息,筛选并列出符合自身兴趣和价值观的典型公司及职位。

从工作强度角度出发,像直播运营、游戏策划、互联网大厂核心研发、一线咨询顾问这类岗位,普遍节奏快、压力大、工作强度高,但也可能带来快速成长和高回报;而企业财务、人力资源、行政文员、运营管理等岗位则工作强度较小。从工作环境与发展模式角度来看,如果你渴望快速成长、喜欢自主决策、能接受不确定性,新兴科技公司(初创或成长期)或中小型团队可能更适合,有更多机会展示能力;如果你更看重系统性培训、清晰的晋升通道、成熟的企业文化和完善的福利保障,大型成熟企业,如知名外企、国企等,通常是更稳妥的选择,能提供稳定的学习成长框架。

★ 我是否适合这个工作

大学生在迈出求职第一步时，常常会不自觉地被一些固有观念所束缚。其一，过度理想化地追求“兴趣驱动”，认为只有能点燃自己全部热情的工作才值得选择，忽略了现实岗位的复杂性和其他重要因素。其二，深陷“专业对口”的执念，仿佛离开了大学所学专业的“安全区”，就丧失了所有竞争筹码，对跨领域机会望而却步。其三，经验焦虑，面对招聘启事上五花八门的要求，因在校期间实践经历相对有限而底气不足，难以清晰识别自己的核心优势、适配方向，甚至对自身所学能否胜任实际工作产生怀疑。

要拨开迷雾，找到真正契合的起点，关键在于采取系统且务实的行动策略。第一步，深度“解码”目标岗位：主动搜寻并仔细研究，特别是那些面向应届生或经验要求较低的入门级职位（如助理、管培生、初级专员等）的工作描述和任职要求，这是了解市场真实需求的窗口。第二步，必须进行深刻的“自我审计”：一方面，要珍视并善用自的学历和专业背景，这是求职的基石和敲门砖；另一方面，清醒认识到自己在实际工作经验、特定技能熟练度或行业人脉等方面的短板，并理解目标岗位成功所需的核心胜任力（如沟通协调、解决问题、特定工具使用等）。基于这两方面的认知，果断“聚焦”：过滤那些虽然光鲜亮丽（符合兴趣或专业）但现阶段自身条件差距过大的“梦幻岗位”。此外，别忽视“人脉网络”：积极与学长学姐、亲戚朋友等沟通，其中有人身处行业一线，或许能提供宝贵的内部视角、岗位动态，甚至推荐机会，这将会极大拓宽信息渠道。第三步，将这一切浓缩于自己的简历：并非简单罗列经历，而是根据具体岗位的核心需求，有策略地突出自己与之匹配的教育背景、项目经验、技能或特质，让自己优势一目了然。

职业道路的探索与适配是一个持续的“动态校准”过程，绝非一次性的选择。随着不断学习新知识、积累职场经验、拓展行业视野，对“我是谁”“我能做什么”“我想成为什么”的认知会越来越清晰，职业目标也会调整和聚焦。正因如此，简历的打磨应被视为一项“长期工程”，而非求职前夕的“紧急任务”。从大学期间开始，定期反思、更新和优化自的简历——它绝不仅仅是一份用于投递的“自我推销说明书”，争取宝贵的面试门票；它更是一面映射自己成长的“镜子”，通过梳理经历、提炼价值、发现不足，持续驱动自己进行有针对性的学习和提升，为未来的职业发展奠定坚实基础。临时拼凑的简历难以承载这份厚重的意义。

■ 简历筛选

简历的初次读者通常是企业的人力资源专员（HR）和用人部门负责人，偶尔也可能涉及高层管理者。对于接收简历量巨大的知名企业核心岗位（日均数百份），HR 审阅单份简历的时间极其有限——通常不足 30 秒。这源于其繁重的日常工作（如简历分类、电话沟通、员工培训、绩效评估等），使得高效筛选成为必然。因此，简历必须在极短的时间内抓住 HR 的注意力并传递关键价值。

作为招聘门户，人力资源部汇总部门需求并发布职位。其核心任务是对海量简历进行初步筛选，其标准深刻反映了招聘的本质：求职者与岗位的双向匹配。HR 虽不深谙具体业务细节，但其初筛聚焦两个关键维度：一是评估求职者的核心素质、潜力与企业文化及发展需求的契合度（这关乎未来的“组织满意度”——企业能否认可并满意求职者的贡献）；二是判断求职者的关键经验、能力与岗位核心要求的匹配程度（这奠定了“职业满意度”——个人对职业发展感到满意的基础）。成功的求职必须同时满足组织对岗位的要求和个人对职业的期待，最终达成双重满意度。正因评估标准明确且时间紧迫，HR 只会快速扫描简历中的重点信息。因此，制胜简历的关键在于让人力资源专员能在其宝贵的几十秒内，迅速捕捉他们最关心、证明自己符合上述双向匹配标准的核心信息。

★ 招聘人员的阅读习惯

招聘人员是如何阅读简历的呢？心理学眼动实验表明，HR 在初步筛选简历时遵循“F 型视觉轨迹”，即视线首先水平扫视页面顶端（如姓名、求职岗位），随后垂直下移至简历中部偏上区域（前 1/3 至 1/2 的位置）。这一轨迹与正常阅读习惯一致，但具有高度目标导向性。眼动追踪数据显示，HR 平均仅用 6～8 秒完成初筛，其中 80％的时间聚焦于中部偏上的“黄金三角区”。该区域通常包含工作经历、项目成果等核心信息，而顶部的个人信息（如联系方式、住址）仅在匹配岗位需求时被回溯性查看。例如，高校图书馆网页眼动追踪实验发现，用户首视点集中于页面中上部，且该区域注视时长占比达 57％，印证了简历核心内容需前置的合理性

基本信息被主动跳过：因岗位硬性条件（如学历、工作年限）需快速匹配，HR 会直接跳过非关键信息。研究显示，简历顶部的个人信息区平均注视时长不足 0.5 秒，而中部“工作经历”区的注视点数量高出 3 倍。竞争力要素的视觉捕捉：与岗位直接相关的量化成果（如“业绩提升 30％”）能触发注视锁定效应。眼动追踪数据显示，含关键词的成就描述（如“项目管理”“成本节约”）可使注视时间延长 40％，并减少视线跳跃频率。格式设计的认知负荷调节：杂乱排版会引发无效回视（眼球反复跳转同一区域）。眼动追踪数据显示，采用清晰标题、留白分隔的简历，其信息提取效率提升 35％，这与网页布局研究结论一致，即中部区域组织有序的内容能降低认知负荷，提高信息加工效率。

基于眼动规律，简历设计需遵循三项原则：

◇核心竞争力前置。将最近工作经历、关键技能置于中部偏上区域，且量化成果（如“缩减成本 200 万元”）应使用加粗字体突出，注视率可提升 60％。

◇视觉层次强化 F 型轨迹。采用标题分级与项目符号引导视线。“F 型视觉轨迹”显示，HR 会沿左对齐文本垂直扫描，右侧空白区域的注视点不足 10％。用 F 型视觉轨迹对这些行为特征进行解释：①水平扫描（顶部横杠），即用户沿页面顶部从左到右快速水平浏览，形成 F 的第一横杠。该区域通常放置导航栏、核心标题或关键行动按钮（如“新建”“搜索”）。②缩短的水平扫描（第二横杠），即视线下移后，进行第二次较短的水平扫描，覆盖区域小于第一次，形成 F 的第二横杠。该处适合放置次级重点信息或补充操作项。③垂直扫描（左侧竖杠），即沿页面左侧快速垂直向下扫视，注意力集中于段落开头、列表项或加粗关键词。该区域是文本内容的“黄金走廊”，用户仅捕捉关键词而非全文。

◇规避注意力陷阱。冗余信息（如冗长自我评价）导致注视分散。眼动追踪数据证实，低关联内容（如无关证书）的注视时长占比较低，而岗位相关技能的注视聚焦度则较高。此外，网页滚屏研究指出，首屏以下内容曝光率骤降，故核心竞争力必须置于无须滚屏区域，因此简历制作为一页 A4 纸为佳，可降低关键信息被省略的概率。

★ 招聘人员希望快速获取哪些重点信息

◇HR 在简历筛选中的核心关注点与信息优先级。

HR 在简历筛选过程中会快速“扫描”与岗位属性高度相关的关键信息，以评估求职者的匹配度。这些关键信息包括：教育背景（如专业和学历），在校园招聘中尤其重要，因为岗位往往对专业有明确要求，相关教育信息应置于核心位置，以突出基本资格；工作经验和实习经验，若岗位强调经验要求，需将最相关的经历前置，并用量化成果（如业绩增长百分比）来展示能力，以证明岗位契合度和实际贡献；技能和刚性资格证书[对于技术类岗位（如程序开发）]、硬

性技能认证(如编程语言或框架掌握)必须放在简历顶端,进行高度概括,满足最低门槛要求。HR 的核心关注点是岗位匹配度、硬性条件筛选(学历、证书等)和成果量化能力,这些要素需优先展示,以在 15 秒内抓住 HR 的注意力。

◇自我评价的适用场景与策略建议。

自我评价在简历中的放置需视求职者背景而定:若经历分散或跨行业求职(如缺少相关工作经验),则将其置于第一部分,提炼个人优势(如软技能或职业目标),提升与目标岗位的契合度,但必须"脱虚入实",用真实案例和数字佐证(如团队协作成就),避免泛泛而谈;若已有突出相关经验,自我评价不宜放首位,避免占用黄金位置,应强化教育、经验或技能等硬性内容。HR 更看重自我评价是否展示清晰动机、职业规划和文化适配性,而非主观描述

■ 简历与履历的差别

★ 词源文化内涵差异

◇履历 CV(curriculum vitae)。

拉丁语中"curriculum"源于动词"currere"(奔跑),原指"跑道"或"竞赛路线",引申为人生轨迹的连续性;与"vitae"(生命)结合后,字面意为"生命的历程",强调对个人学术与职业发展轨迹的完整性记录,其复数形式"curriculavitae"仍保留拉丁语语法特征。

◇简历(resumé)。

法语动词"résumer"(总结)的过去分词名词化,词根为拉丁语"resumere"(re-重新+sumere 拿起),本义为"重新拾起要点"的摘要。15 世纪,先作动词表示"恢复行动",1804 年名词化后专指"职业经历概要",20 世纪 40 年代成为求职文书的专称。

★ 核心差异的实践表现

在内容深度上,履历要求详列学术全貌,包括出版物(区分已发表/待刊)、会议报告、科研经费和学术兼职等;简历则聚焦岗位关联技能,如技术认证、项目成果和管理经验。

在功能导向上,履历的学术完整性体现为时间连贯性(如教育背景需从本科起逆向罗列);简历允许功能型排序(按技能模块重组经历)。

★ 篇幅差异的成因

CV 的开放性源于学术评价体系:学者需展示终身成就(如诺贝尔奖得主 CV 超 50 页),用于期刊投稿、基金申请时,同一文档可复用。

简历的压缩性(尽可能控制在一页 A4 版面)受制于招聘流程:HR 平均 6 秒扫描一份简历,ATS 系统(申请人跟踪系统)优先提取关键词,冗余信息会降低机器识别率。

CV 因学术属性被称为"学术简历",适用于高校、科研机构、医学法律领域的职位申请或奖学金、基金资助的申请;简历则广泛用于工商业界等非学术岗位。二者核心功能虽相似(均通过展示教育、技能等资质证明岗位匹配性),但 CV 突出完整性与学术性,简历强调简洁性与功能性。除招聘方明确要求外,学术相关职位用 CV,其他场合用简历。

第二节　成功求职简历制作要素

简历作为求职者职业价值的精炼呈现,是获取面试的关键媒介。一份有效的简历需文字精炼、重点突出(如量化成果展现成就),并包含基本信息、求职意向、教育背景、工作经历、获奖

成果及自我评价等核心要素，同时避免含糊冗长。

简历写作本质上是一种特殊的应用文创作，其体裁可归类为议论文——核心论点为“求职者是目标岗位的最佳人选”，教育背景、工作经历和获奖成果等要素构成支撑论点的论据，而个人素质与岗位要求精准匹配的过程则是论证环节。然而，许多毕业生误将简历视为说明文，仅罗列在校最高荣誉和重要经历(近 50%简历存在重点缺失问题)，却忽视了经历与求职目标的相关性，导致论据无法有效支撑核心论点。这种违背“针对性原则”的做法(占毕业生简历错误的 20.6%)，正是部分求职者虽事迹突出却未能通过筛选的主因(表 16-1)；反之，遵循“真实性、针对性、简洁性、量化成果”四大原则，尤其通过量化数据(如“成本降低 20%”)和岗位关键词强化论证逻辑，才能构建具有说服力的议论文式简历结构(引论提出论点→本论展开论证→结论强化主张)。

表 16-1　毕业生最常犯的简历错误(2024 年)　%

错误类型	错误率
出现错别字或语法错误	43.1
内容过于简单，无重点	36.7
资料夸张失真	31.0
内容过于复杂/过长	23.8
联络资料错误	23.4
设计太花哨	23.4
CV 不是量身定制	20.6
没有书写相关经历	19.0
过多无关的兴趣	16.9
使用 AI 撰写 CV	15.3
相片过于修饰	11.3
过于专注工作经验，而非工作成就	8.9
电子邮件地址太奇怪	7.7
书写宗教信仰/政治背景/性取向	4.8
过于负面	4.8
其他	0.8

■ 简历的要素

★ 基本信息

简历的“基本信息”模块需包含姓名、电话、邮箱三项核心信息，这是人力资源专员识别求职者身份并安排面试联系方式的必备要素。其他个人信息，如身高、体重、性别、籍贯、民族等，若招聘单位未明确要求或无法确认其对岗位竞争力有增益作用，建议省略。此外，照片应使用职业风格证件照。

★ 求职意向

求职意向是简历的核心部分。不同职位对应聘人员的要求不一样。人力资源专员在筛选简历时会根据求职者的应聘职位判断其是否符合该职位的具体要求。如果求职者的求职意向不明确或者没有，人力资源专员只有在时间充裕或者心情愉悦时才会看一下其简历，猜测其应聘的职位或者适合哪个职位，所以在简历的开头就一定要写明求职意向，且尽可能具体、明晰。求职意向不能空泛太多、太杂，不要一次列举多个意向部门/职位，那样只会给人力资源专员留下不专业的印象。

为提升简历竞争力，求职意向应满足三个核心原则：精准性、一致性与灵活性。首先，意向表述需聚焦单一目标岗位，围绕该职位所需技能展开（例如，“计算机软件开发工程师，精通 ASP. NET 框架”），并置于个人信息下方的醒目位置（占 A4 纸顶部 1/4 区域），便于 HR 快速定位。其次，避免将自我评价混入求职意向（如罗列性格优点），确保语言精炼，直指岗位核心能力。若需投递不同公司或岗位，必须针对性地修改求职意向，或采用“多版本简历”策略——为每类目标职位单独制作简历，调整相关经历描述；另一种高效做法是在简历文件名中标注求职意向（如“张三_市场营销经理. pdf”），便于 HR 分类管理。

◇求职意向撰写实例。

求职意向：新媒体运营。

求职意向：广告策划。

★ 教育背景

采取时间倒叙的形式呈现教育背景，只需要大学及之后的阶段。教育背景除就读学校、学位、专业外，还可列举所学专业的专业核心课程；如果成绩非常优秀，也可写上学习成绩、奖学金等，凸显自身的能力，记得用数据（如排名、占比）强调，便于人力资源专员判断获得这些成果的难度，进而判定求职者的能力。

◇教育背景撰写实例。

2021.09—2025.06 广州华商学院　　　　视觉传达设计

2018.09—2021.06 广州华商职业学院　　视觉传达设计

★ 工作经历

这是简历中最能体现求职者综合素质的关键模块。人力资源专员会通过求职者承担的角色职责、具体行动及量化成果，评估其是否具备岗位所需能力与发展潜力。缺乏正式工作经验的应届毕业生应重点突出实习经历、校内外实践活动（如学生干部/社团任职/竞赛参与）及科研项目或创业经历，且描述这些经历必须包含六个基本要素：工作单位与部门、工作性质、职位名称、具体工作内容、可衡量的成果以及明确的起止时间。

若校外工作经验有限，就应强化校内实践经历。根据企业调研数据，79.78%的用人单位最看重学生的工作经历，71.99%重视同行业的实习经验。

◇描述实践经历需遵循三大核心原则。

(1)角色定位：明确标注职务名称（如学生会宣传部部长）。

(2)职责描述：使用强动词说明具体工作（如“策划 20＋校园活动”）。

(3)成果量化：通过数据呈现影响力（如“活动参与率提升 40%”）。同时需要注重将经历与目标岗位关联。例如，应聘新媒体岗位时，可将社团宣传经验对应“内容规划”“热点追踪”等岗位关键词。

◇工作经历描述需聚焦三个维度。

(1)岗位关键词匹配：提取招聘启事中的高频词（如“数据分析”“用户增长”），将其融入经历描述，提升简历通过率。例如，新媒体运营经历可强调“通过内容审核流程优化，推文打开率可提升 25%”。

(2)结构化表达：每段经历描述不超过 3 个要点，每点 1～2 行。采用 STAR 法则(情境—任务—行动—结果)构建叙事逻辑，如"针对社团招新困难(S，情境)，负责优化宣传策略(T，任务)，设计社交媒体传播矩阵(A，行动)，实现报名人数同比增长 200%(R，结果)"。

(3)数据可视化成果：将抽象成果转化为量化指标，避免模糊表述。例如，将"提升运营效率"改写为"通过流程优化，周报制作时间可缩减 5 小时"。

◇撰写时需特别注意。

(1)关键词植入：分析目标岗位 JD，提取核心能力词，将其自然融入经历描述。如电商岗位需突出"转化率""用户画像分析"等术语。

(2)语言精练度：删除重复性、短期性内容，每项经历保持 3～5 个要点。用"主导/协调/优化"等动词替代"参与/协助"等弱效表达。

(3)量化刚性成果：强制要求每个成就包含数据支撑。例如，将"改善用户反馈"转化为"处理 200＋用户咨询，满意度评分达 4.8/5.0"。若经历与岗位关联弱(如服务生经历应聘工程师)，仅保留职位与时间信息即可。

◇工作经历撰写实例。

实例 1

2024.09—2025.06　　创新创业协会　　社长

• 全面管理协会运作，修订社团章程并建立项目孵化评审制度，推动协会获评校级"五星社团"。

• 策划第六届"粤创粤新"创业集市，吸引 32 个学生创业团队入驻，拉动校企赞助 8 500 元，单日客流超 1 500 人次。

• 任职期间招新会员 180 人(比上年增长 40%)，组织路演培训 12 场，团队获省级创新创业大赛二等奖，个人领导力与资源协调能力显著提升。

实例 2

2023.07—2024.06　　校团委大学生新媒体发展中心　　视觉传媒部部长

• 负责校庆专题公众号运营，策划"20 周年校庆倒计时"系列推文，单篇最高阅读量 2 018 人次，带动视频号新增粉丝 3 000 人。

• 主导"青春唱游"校庆合唱比赛短视频宣发，设计多平台传播矩阵，相关话题抖音播放量 48 万次，微博粉丝增长 6 000 人，活动覆盖全校两校区。

• 联合四会市公安局举办校园安全短视频大赛，组织创作防诈主题作品 37 部，其中 2 部作品被市公安局采用为安全教育素材。

实例 3

2024.09—2024.06　　校团委对外联络中心　　副部长

• 通过 15 次企业洽谈，两周内为学校第三届校园舞蹈大赛成功争取 2 000 元现金赞助及舞台灯光设备支持，打破部门连续两年无现金赞助的纪录。活动吸引超 3 000 人次参与，获校庆专题报道。

• 主导策划"医疗科技进校园"系列活动，联合科技协会举办技术交流会，4 天内完成全流程筹备，活动现场参与师生达 250 人，企业资源对接成本降低 50%。

★ 获奖成果

真实且有含金量的奖励是雇主评估候选人能力的关键依据。在简历中呈现荣誉证书时，必须明确强调奖项的级别（如国家级、省级）和特殊性，如仅授予特定比例参与者的稀缺性奖项。由于人力资源专员对常规奖项已司空见惯，仅列出名称无法体现竞争力，需通过量化数据或获奖范围直观展示难度。如“校级优秀毕业生（前 3%）”或“全国创新创业大赛金奖（1/500）”，该类表述能清晰传递奖项的含金量，显著提升简历筛选通过率。

◇有效的奖励描述需遵循三个原则。

(1)量化成果：将抽象荣誉转化为具体指标，如“连续三年获得国家奖学金（专业前 5%）”，用数据化表达能让招聘方快速判断能力水平。

(2)关联岗位需求：优先展示与目标职位相关的专业类奖项（如工程师岗位突出“结构设计竞赛一等奖”），非相关荣誉可省略，以节省篇幅。

(3)说明背景价值：简要补充奖项的评选标准或影响范围，如“省级优秀志愿者（服务时长 300 小时，覆盖 5 个社区）”，借助背景信息强化成就的可信度。同时建议按时间倒序或含金量降序排列奖项，确保关键荣誉位于简历显眼位置。

◇获奖成果撰写实例

实例 1

宝洁商业挑战赛全国金奖（2024.08，冠军/200 队），带队完成新品定位方案，被采纳后试点销售额提升 180 万元。

校级优秀学生干部（2023—2024，前 3%），策划校园品牌活动，吸引 15 家赞助商，参与人数突破 5 000 人。

全国高校创业大赛银奖（2023.11），负责市场推广模块，短视频曝光量超 200 万次。

实例 2

国家奖学金（2024—2025，全校前 0.5%），教育部颁发，评定标准为综合绩点 3.95/4.0＋SCI 一作论文 2 篇。

全国大学生数学建模竞赛一等奖（2024.10，TOP5/1 000＋队伍），主导算法优化模块，模型预测精度提升 23%。

省级优秀毕业生（2025.06，学院唯一），连续三年专业排名第 1，获校长特别提名。

★ 自我评价

自我评价在简历中并非必需模块，若企业明确要求，则需遵循以下核心原则撰写。

(1)真实性原则：避免夸大或虚构，HR 可通过措辞判断诚信度（如使用“独立优化核心模块提升 30%性能”，而非笼统说“技术顶尖”）。

(2)岗位匹配性原则。

销售岗：突出沟通能力（如客户拓展）、抗压能力（如业绩目标达成）、顾客导向（如复购率提升）。

行政岗：强调细节管理（如流程错误率控制）、责任心（如紧急事务处理）、服务意识（如跨部门协作效率）。

(3)证据支撑原则：每项素质需在简历其他模块找到对应依据。例如，表述“抗压能力强”，可补充“连续3季度超额完成销售目标120%，排名团队前10%”。

(4)结构精简原则：采用“特质+事例+成果”三要素结构，避免超过4点。

■ 简历的亮点

在求职简历中，突出与目标职位的匹配度是通过筛选的关键。人力资源专员通常基于职位胜任力素质模型(competency model)评估候选人，如销售岗位需执行力与社交能力，产品岗位需概括思维与协调能力，客服岗位需沟通理解能力。申请学术职位时，避免过多社会实践经历，以免被质疑学术专注度；申请行政职位时，减少文艺活动描述，避免显得过于外向，缺乏沉稳特质。匹配度高的简历不仅能通过HR快速筛选，还能体现求职者的职业规划清晰度和对岗位理解的深度，显著提升获取面试机会的概率。

★ 运用STAR法则描述经历

◇STAR法则的含义。

STAR法则是情境(situation)、任务(task)、行动(action)、结果(result)四项的缩写，具体含义如下。

(1)情境(S)：事件发生的背景，需包含时间、地点、人物、挑战点(如“2023年某电商大促期间，团队面临流量激增50%的系统崩溃风险”)。

(2)任务(T)：你的具体职责或目标，明确个人角色(如“作为项目负责人，需在48小时内恢复系统稳定性”)。

(3)行动(A)：针对目标任务，采用的具体行动，占70%篇幅，聚焦个人行动而非团队，强调技能运用(如“主导分库分表方案，协调测试团队完成压力测试”)。

(4)结果(R)：结果怎样及量化影响，需包含数据(如“系统稳定性提升至99.9%，支撑GMV超2亿”)、能力提升或经验总结。

◇STAR法则应用场景。

(1)简历撰写：用STAR结构描述工作/项目经历，替代流水账式叙述[如原句“负责产品迭代”改为“主导用户画像重构项目(S)，优化推荐算法(A)，DAU提升20%(R)”]。

(2)面试回答：应对行为类问题(如“请举例说明你如何解决冲突”)，借助STAR法则，清晰呈现处理问题的过程与成果。

◇核心价值。

(1)求职者：提炼经历中的可迁移技能(如沟通、决策能力)；增强表达的逻辑性与说服力，避免泛泛而谈；辅助职业规划，通过复盘经历明确能力长短板。

(2)HR：高效评估候选人与岗位的匹配度；预测未来工作表现，优于传统面试方法。

◇使用技巧。

(1)行动(A)为重点：详细展示解决问题的思路与方法，体现核心竞争力。

(2)结果(R)需多维呈现：除数据外，可补充能力成长(如“掌握跨部门协作方法”)或资源复用价值(如“方案被推广至全公司”)。

◇某同学的成就经历简述：校园文化艺术节统筹项目。

情境(situation)

2024年3月，我当选校学生会文艺部长。当时校园艺术活动形式单一(仅年办1场晚会)，部门预算仅5 000元，团队成员积极性低迷，往届活动平均参与人数不足200人。

任务(task)

(1)革新校园文艺生态,打造季度性品牌活动矩阵。

(2)提升活动影响力,实现单场参与人数突破 1 000 人,获校级媒体专题报道。

(3)建立可持续运作模式,吸引企业赞助,降低学校经费负担。

行动(action)

(1)需求调研与资源整合。

①发起全校艺术兴趣问卷(回收量 1 200+份),锁定传统戏曲、街舞、原创音乐三大热点领域。

②联合 6 个院系学生会成立“艺术联盟”,共享场地及宣传资源(如借用美院展厅举办书画展)。

(2)活动创新与执行。

①策划“四季艺廊”主题系列活动 * *(春·戏曲周/夏·街舞赛/秋·音乐节/冬·创意市集)。

②采用分级赞助方案:基础级(5 000 元)获冠名权,进阶级(2 万元)增加产品展位,成功签约 3 家企业(XX 饮料、XX 乐器行、XX 文创品牌),总赞助额达 4.5 万元。

③设计裂变式传播机制:参与者在社交平台带话题#四季艺廊#发布现场照,可兑换限量文创周边(参与率提升 40%)。

(3)团队管理与流程优化。

①建立项目制小组(策划组/外联组/技术组),实行周例会+KPI 看板管理。

②开发活动物资共享数据库,重复使用背景板、灯光设备等,降低单场成本 30%。

结果(result)

(1)影响力突破:全年举办活动 12 场,累计参与人次达 8 500+(单场最高参与 1 800 人),活动报道登上校新闻网头版及《XX 青年报》教育专栏。

(2)资源升级:部门年度总预算从 5 000 元增至 8 万元(含赞助+学校专项拨款),建立长期合作企业库(5 家)。

(3)个人成长:获评“校园文化建设突出贡献奖”,《高校艺术活动商业化运营手册》被纳入学生会工作指南。

◇STAR 法则的具体运用。

通过“关键动词+关键名词+方法行动+研究成果”的撰写模式,可显著提升工作经历描述的针对性与凝练度,深度契合 STAR 法则(情境—任务—行动—结果)的表达逻辑。

(1)关键动词+关键名词:精准定义工作内容。

核心价值。

①清晰界定职责范围(如“制定营销策略”比“负责营销工作”更精准)。

②使用企业通用术语(如 IT 领域用“部署服务器集群”而非“搭建电脑系统”)。

③匹配招聘系统关键词扫描机制,提升简历通过率。

(2)关键动词多样化应用(表 16-2)。

表 16-2　各类型场合关键动词多样化应用范例

类型	高频动词范例	应用场景示例
沟通协作类	协调/谈判/演示/调解	“协调 5 部门完成跨区域项目路演”
解决问题类	诊断/重构/优化/排除	“优化仓储分拣流程，错误率下降 40%”
成就贡献类	突破/创收/超额达成/扭亏	“超额达成 Q3 销售目标 128%”

(3)量化成果的标准化呈现。

实施要点。

①基础量化：用具体数值替代模糊表述。如“大幅提升客户满意度”→“客户回购率提升 35%”。

②稀缺性标注：注明成果含金量。如“获董事长特别奖(年度唯一获奖技术岗)”。

③对比基准：突显改进幅度。如“将交付周期压缩至行业平均值的 60%”。

■ 如何优化简历

当简历长期未获回应时，求职者易陷入自我怀疑与焦虑情绪，甚至动摇职业信心。然而，这种现象的根源并非因个人能力不足，而可能涉及岗位适配度低、企业招聘策略调整(如企业仅储备人才而不急招人)或 HR 筛选机制等客观因素。此时，应避免消极等待，需主动调整心态——简历无回音是常态(数十份投递无反馈属于正常)，同时将注意力转向核心问题：简历内容与岗位的匹配度是否达标。这种反思并非否定自我，而是通过优化求职策略，打破僵局的关键一步。

低质量简历通常存在以下问题。

(1)形式冗余：如添加华而不实的封面(如显眼位置标注“个人简历”)、篇幅超 1.5 页，导致关键信息被淹没。

(2)内容失焦：超过 50%的内容与目标职位无关，未突出岗位所需的核心技能。

(3)可读性差：字号过小、行距密集、排版混乱，迫使 HR 在 30 秒内放弃阅读。

★ 撰写简历原则

◇目标相关性原则。

目标相关性是简历撰写的核心原则。对经验丰富的求职者而言，挖掘过往经历与目标职位的关联至关重要——无关经验可能会成为应聘障碍。招聘企业更关注与岗位高度匹配的经历。建议职业初期(实习期至毕业 3 年内)探索行业方向，后期则需深耕单一领域，频繁跨行业变动会损害职业发展的连贯性。

相关性可分为两类。

(1)招聘职位的相关性。求职者常因岗位表面匹配而海投简历，但高效不等于有效，针对心仪职位需定制化优化简历。HR 筛选简历时依赖关键词快速匹配岗位需求，例如，新媒体运营关注“阅读量、增长率、微信/抖音”等词；证券分析师侧重“CPA、投资收益、Wind、报告撰写”等术语。

简历嵌入该类关键词可显著提升面试概率。若招聘公告信息模糊，可参考同类岗位描述提取关键词。

(2)内容排序的相关性。简历模块顺序需优先服从相关性逻辑。随着经历增加，应删除无关内容，保留与应聘职位强相关的工作/项目/培训经历。核心策略包括：①黄金位置布局。将高相关性、高成果的经历置于简历前 1/3 版面（页面顶端）；②弱相关经历简化。次要经历可压缩为单行标题，供面试官选择性提问。

◇结果导向性原则。

结果导向不仅是简历撰写的黄金法则，更是职场生存与发展的底层逻辑。在职场中，上级关注目标达成结果，若仅说“已尽力执行 A、B 方案但未见效”，易被视为推卸责任。“执行动作”是职责基础，“达成效果”才是能力证明。例如，销售主管若仅汇报“每日拜访客户”，忽略“签约率提升”，则无法体现实际价值。职场着重个体在困境中解决问题的思考力与执行力，而非单纯的工作量。因此，简历需聚焦结果，将隐性努力转化为显性价值。

(1)结果导向在简历中的实现技巧：数字化表达。数字化表达是量化成果的核心手段，能显著提升简历的精准性与说服力，具体操作需聚焦三个维度。

①业绩量化：用数额（销售额、成本节约）、效率（耗时降幅、错误率降低）、数量（用户增长、项目规模）等客观数据替代模糊描述。例如，“优化供应链流程”改为“6 个月内将库存周转率从 30 天压缩至 15 天，降低仓储成本 27%”。

②场景覆盖。

教育经历：GPA 排名（如“年级前 5%”）、奖学金覆盖率；

工作经历：KPI 达成率（如“超额完成年度目标 150%”）、晋升周期（如“3 个月内从专员晋升为主管”）。

项目/活动：影响范围（如“策划校园竞赛吸引 2 000+参与者，公众号增粉 300%”）。

③效果验证：数据需与岗位需求挂钩。例如，应聘营销岗时，“通过 SEO 优化使官网流量提升 80%”比“负责网站运营”更具针对性。

④资料支撑：强化“数字展现业绩卓著”，对比社群运营案例，凸显数据化表达的竞争力优势，提出简历的“数字增强可读性”。

(2)行为动词的选择与角色相匹配。行为动词是结果导向表达的骨架，需满足两个标准。

①动词强度：避免弱动词（如“参与”“协助”），选用强动词体现主动性（如“主导”“策划”“攻克”）。

按能力维度分类：

流程执行类：执行、协调、优化。

创新突破类：开创、重构、颠覆。

领导管理类：统领、组建、赋能。

角色真实性：动词需严格匹配实际职责。例如，实习生若使用“领导 10 人团队完成项目”，易引发质疑，改为“协调 5 部门资源，辅助落地项目”更符合身份。如“将负责客户调研”优化为“设计问卷并访谈 30 家客户，提炼需求痛点驱动产品迭代”。

②资料支撑：对比“实现增长”与“助力提升”的动词差异，提出六类行为动词模型，警示“避免过度修饰”。

(3)综合应用：构建结果导向的叙事逻辑。优秀简历需整合数字化表达与行为动词，形成“情境—任务—行动—结果”闭环。

公式化结构：行为动词+具体任务+量化结果。

如“主导（动词）用户留存计划（任务），通过会员体系优化，3 个月复购率可提升 40%

(结果)”。

STAR法则适配：在项目经历中补充背景与任务，如“在特殊时期(背景)负责远程团队协作(任务)，推行敏捷管理工具(行动)，项目交付周期缩短25%(结果)”。这种结构既可满足HR快速抓取关键信息的需求，也能体现求职者的结构化思维与价值创造意识。

资料支撑：提出“负责工作＋结果＋价值”的万能公式，详解STAR法则在简历中的应用，强调“背景＋任务＋行动＋结果”四要素。

◇客观性原则。

简历作为个人职业经历的客观陈述，允许对真实经历进行适度优化，但严禁无中生有或过度夸大，否则将构成简历造假。诚信是企业招聘的底线，资深HR凭借丰富的甄别经验能快速识别虚假信息。即使侥幸通过简历筛选，面试环节对细节的深挖也会暴露矛盾(如工作成果的时间逻辑矛盾或数据失真)，导致求职者因心虚而表现失常。更严重的是，造假行为会引发法律风险(违反《中华人民共和国劳动合同法》第二十六条，企业可无条件解约并追偿)，还可能造成行业性职业声誉崩塌。因此，实践经历撰写需遵循“数据量化—结果反馈—逻辑闭环”原则：数据要求用具体数字支撑成就(如增长率、排名)，结果需明确工作产出带来的实际效益，逻辑则需完整呈现“背景任务→执行动作→可验证成果”的因果链条。

★ 与简历相关的证明材料

除个人简历外，多种附加材料可共同构成求职者的能力证明体系。这些材料通过展示专业技能、学术成就和实践成果，为用人单位提供多维度的胜任力验证依据。精心准备的附件能显著增强简历可信度，在竞争激烈的岗位中成为差异化竞争的核心要素。常见的材料有毕业生就业推荐表、成绩单、结业证书、荣誉证书等。

◇毕业生就业推荐表：应届生身份与综合能力的官方背书。

作为学校向用人单位出具的正式推荐文件，就业推荐表包含学业情况、社会实践、奖惩记录、学校评价等核心模块，需经就业主管部门盖章生效。

权威性与唯一性：该表是验证应届生身份的关键凭证，公务员/事业单位报考必备，每人仅持一份原件，应聘时建议提交复印件，签约后补交原件。

内容规范要求：需用黑色签字笔工整填写个人基础信息(姓名/政治面貌/学历等)、社会实践时段、校级以上奖项，自我鉴定需突出专业能力与团队协作意识，避免空泛描述。

◇成绩单：专业学习能力的量化证明。

成绩单的应用场景呈现显著差异。

留学申请：英美高校普遍要求中英文对照原件，需密封盖章。GPA换算需注意国别差异(如美国4分制、英国等级制)，专业课程成绩影响录取权重。

企业招聘：技术/科研类岗位常将其作为筛选参考，如华为等企业通过专业核心课成绩评估知识储备。若整体绩点不高，可补充专业排名证明，以提升竞争力。

◇荣誉证书：成就特质的外化呈现。

证书价值体现在两个维度：

(1)岗位适配强化：师范生技能大赛奖项可直接印证教学能力，奖学金证书在选调生审核中属于硬性材料。

(2)考核量化加分：企事业单位年度考核时，荣誉证书可作为量化评分依据，在职称晋升中产生差异化优势。需精选与岗位关联度高的证书(如仅附省级以上奖项)。

◇从业资格证：职业准入门槛与专业背书。

分两类发挥不同作用：

(1)法定准入类：教师资格证、法律职业资格证等属从业前置条件，缺失则无法任职。

(2)能力评价类：CFA/CPA等证书在金融领域提升竞争力，可衔接职称认定(如广西规定职业资格可直接对应中级职称)。

◇写作样本：思维与表达能力的立体展示。

超越传统简历的文字证明材料需满足：

(1)类型适配：学术岗位提交期刊论文、市场岗提供活动策划案、行政岗附公文范本。

(2)呈现技巧：设计类作品需去水印后排版，搭配200字说明创作逻辑，视频解说可提升理解效率。

◇短视频：新媒体时代的动态能力证明。

适用于三类场景：

(1)表达能力验证：口播类视频可展示演讲节奏与镜头表现力。

(2)专业技能可视化：动画设计岗可呈现建模流程快剪。

(3)跨文化能力佐证：外语配音作品同时证明语言应用与跨文化适应力。需控制时长为90秒，并添加关键帧标注。

◇个人作品集与新闻报道：专业影响力的双轨印证。

作品集构建需遵循：

(1)逻辑架构：按"项目背景-解决方案-个人贡献-成果数据"四段式说明，工业设计类作品需标注应用投产情况。

(2)媒体曝光加成：被权威媒体报道的奖项(如学科竞赛冠军)可截取新闻页并超链接原文，增强公信力。

◇推荐信：第三方背书的信用增值。

区别于企业推荐信，学术推荐信应：

(1)选择推荐人：优先专业课教授或实习导师，避免亲属推荐。

(2)内容聚焦：用具体案例描述分析能力(如"独立完成某课题的数据建模")，而非空泛表扬。

◇表扬信：能力具象化。

无论因赢得竞赛、获得学术荣誉、工作表现突出收到的正式表彰，还是由服务对象主动发出的赞赏信函，这些文件均以具体事实为基础，通过突出个人品质(如责任心、专业精神或团队协作能力)和量化成果(如项目效率提升、客户满意度增长)，可为招聘企业提供客观的能力验证。例如，服务对象的表扬信不仅证明求职者的实际服务水平(如解决复杂问题的能力、沟通技巧)，更能折射其职业素养与道德品质，成为简历中独特的差异化优势；学术类表扬信(如奖学金、科研奖项)则通过制度化认可，强化求职者的学习能力、创新潜力及学术诚信，对申请研究型岗位或深造，加成显著。

◇公务员/事业单位专项材料：政策合规性文件。

需重点准备的体制内报考材料：

(1)身份证明类：在职人员提供单位同意报考证明(加盖人事章)；退役士兵附退伍证。

(2)政治审查类：留学生需提供教育部认证学历报告，党员需附党组织考察意见。

第十七章　制作综合展示PPT

综合展示PPT是全国大学生职业规划大赛中至关重要的组成部分。一份出色的综合展示PPT不仅能梳理演讲思路,还能让评委更直观地理解求职者的汇报内容,还是求职者就业能力的直观体现。因此,制作一份简洁明了、逻辑清晰、内容充实的综合展示PPT尤为重要。一份出色的综合展示PPT通常具备以下特点。

◇目标明确:需要明确制作该PPT的目的。对于综合展示PPT而言,其核心在于清晰阐述个人职业能力与职位要求的契合度。

◇结构清晰、逻辑严谨:优秀的综合展示PPT必须具备清晰的结构,这有助于评委更好地理解PPT的主题和要点。每一页的内容都应围绕明确的主题展开,并按照合理的逻辑顺序排列。

◇内容翔实:内容翔实不仅体现在PPT的文字内容上,还体现在如何充分利用PPT的特性,要结合实际案例或数据,进行丰富且有深度的展示。

◇风格统一:从整体角度出发,PPT风格的统一,强调视觉和表达的一致性,包括字体、颜色、布局等元素的协调搭配。

◇排版整洁:排版的好坏会直接影响PPT的第一印象。优秀的PPT会在排版上格外用心,确保文字、图片和图表的布局合理、美观,提升专业性和可读性。

第一节　综合展示PPT制作准备

在制作PPT前,要先明确演示的目的和受众,这将会决定内容选择、设计风格以及演讲的基调。

第一,确定演示目的:明确通过PPT传达的主要信息或解决的主要问题。综合展示PPT的目标只有一个,就是“为什么适合这个职业”。

第二,了解受众:包括他们的背景、兴趣点和期望,以此调整内容深度和风格。综合展示PPT是全国大学生职业规划大赛的重要组成部分,受众就是全国大学生职业规划大赛的评委。因此,需要了解评委的评分点和大赛的考核点。

基于以上两个方面,我们需要在制作综合展示PPT前就考虑以下几个问题及其考核重点。

◇为什么选择这个职业?

◇这个职业发展前景如何?

◇这个职业需要什么样的能力?

◇是否具备这个职业所要求的能力?

◇个人能力与职业需求的差距，下一步规划和调整如何？

■ 为什么选择这个职业？

考核重点：职业目标应体现积极正向的价值追求，能够将个人理想与国家需求、经济社会发展相结合。

可以根据个人实际情况从以下几方面展示：

★ 个人经历：过往经历，包括家庭环境、成长历程、实习经历等的情感因素，促使自己对某职业产生兴趣。

★ 专业导向：受专业学习的影响，而产生对某职业的热情。

★ 市场环境：当前就业环境或市场发展趋势会影响个人对职业的选择。

■ 这个职业发展前景如何？

考核重点：分析行业的发展历史、现状及未来趋势，可以通过查阅相关行业报告、新闻报道、专家观点等途径获取信息。了解行业的发展前景，体现对行业的深刻理解和前瞻性思维。

可以根据以下几个方面进行展示：

★ 该行业是否处于增长阶段？

★ 市场需求是否旺盛？

★ 未来是否有新的发展机遇？

同时，可结合具体数据或案例来增强说服力。

■ 这个职业需要什么样的能力？

考核重点：分析职业需求，深入了解该职业的核心职责和日常工作内容，包括但不限于专业技能、软技能、团队协作能力和创新能力等。在展示时，结合具体的职业要求列举关键能力，以实际经历或项目案例证明，体现对职业要求的全面理解和准备。

★ 在专业技能方面，如技术岗位可能需要掌握特定的编程语言、开发工具或行业知识；管理岗位则可能需要具备项目管理、团队领导和决策制定等能力。

★ 在软技能方面，良好的沟通能力、时间管理和自我驱动力是多数职业都不可或缺的。此外，随着行业的发展和技术的革新，持续学习和适应变化的能力也变得越来越重要。

■ 你是否具备这个职业所要求的能力？

考核重点：职业目标匹配个人价值观、能力优势、兴趣特点。

可以根据以下两个方面进行展示：

★ 职业兴趣测试，在选择职业时，了解自己的个性特点和职业的要求非常重要，可借助工具完成：迈尔斯-布里格斯类型指标（MBTI）测评和霍兰德职业取向模型测试。

◇迈尔斯-布里格斯类型指标（MBTI）测评：根据心理类型进行职业匹配。基于人格理论，通过测量个体在四个维度上的偏好，即内向与外向、感觉与直觉、思维与情感、判断与知觉，来确定最适合的职业类型。

◇霍兰德职业取向模型测试：根据个体兴趣和职业特征进行职业匹配。它将职业分为六个基本类型：现实型、研究型、艺术型、社会型、企业型和常规型，并通过测试个体类型偏好来确定最适合的职业类型。

★ 个人经历，根据职业所要求的能力，用具体事例来证明这些能力，包括学校、实习或志愿活动等取得的成就，以及运用能力解决问题或推动项目进展。在描述这些经历时，要突出自己的角色、所采取的行动以及最终的结果，以此来展示自己的能力和潜力。

■ 个人能力与职业需求的差距，下一步规划和调整如何？

考核重点：总结成长行动中存在的不足和原因，准确认识目标职业在专业知识、通用素质、就业能力等方面的要求，科学分析个人现实情况与目标要求的差距，制订合理可行的计划。

可以根据以下两个方面进行展示：

★ 进行 SWOT 分析，即分析自己的优势、劣势、机会和威胁。优势和劣势可以从个人技能、工作经验、教育背景等方面评估；机会和威胁可结合行业趋势、竞争状况、技术发展等因素。通过 SWOT 分析，更清楚地认识自身优势和劣势，找到应对策略。

★ 制作 PPT 时，可列出短、中、长期规划，有目标地规划职业道路、弥补劣势，提升职业生涯的成功率和满意度。

◇短期(1 年)计划。

※提升自身技能和知识水平，参加相关培训和课程，弥补当前的劣势。

※积极参与行业内的交流活动和专业组织，拓展人脉，获取更多的机会和资源。

※寻找合适的导师或职场前辈，学习经验和技巧，加速职业发展的步伐。

◇中期(2 年)计划。

※制订详细的职业发展计划，明确目标和时间节点，不断调整和完善自身的职业规划。

※进一步提升专业技能，参与更多的项目和挑战，积累经验，提高竞争力。

※关注行业的最新动态和趋势，积极学习和适应新技术和工具，与时俱进。

◇长期(5 年)计划。

※根据兴趣和职业发展方向，选择合适的岗位和领域，稳步发展自己的职业生涯。

※积极参与行业内的重要项目和活动，提升个人行业影响力和知名度。

※建立良好的人际关系，与关键人物建立合作关系，共同推动个人和行业的发展。

◇备选方案。

※考虑进修学位或取得相关认证，提升自身学历和专业素养。

※转行或跨行业发展，寻找新的机会和挑战。

※创业或自主就业，开拓自己的事业，掌握职业主动权。

第二节　综合展示 PPT 制作要素

一份制作精良、内容丰富的综合展示 PPT 不仅能够有效地传递信息，还能够展现制作者的专业素养和创意能力。它不只是信息载体，更是能够吸引观众注意力、传达核心信息的强有力工具。以下是综合展示 PPT 的几个基本要素，这些要素共同构成了一份成功的演示文稿。

■ 明确主题，制定结构

制作专业的 PPT，首要环节是明确主题并制定结构。在该阶段，需要深入思考 PPT 的目标、受众以及核心信息。明确这些要素后，构建 PPT 的整体框架。典型的综合展示 PPT 结构通常包含职业缘起、职业需求分析、自我分析和职业准备四个部分。

PPT 的结构应符合叙述逻辑。在制定结构时，可以使用思维导图或大纲工具来梳理内容，既有助于理清思路，又能确保 PPT 内容逻辑完整。需要注意的是，每个章节都应有明确的主题，章节过渡要自然、流畅。

■ 设计精美的页面布局

页面布局是决定 PPT 视觉效果的关键因素。优秀的布局不仅能吸引观众的注意力，还能有效传达信息。在设计布局时，应注意以下几点。

★ 统一的风格：选择贯穿 PPT 的主题风格，包括配色方案、字体和图形元素等，这有助于提升 PPT 的整体美感和专业度。

★ 合理的留白：适当的留白可以让页面更加清晰、舒适，避免堆砌过多内容，突出重要信息。

★ 网格系统：使用网格系统可以帮助对齐页面元素，创造整洁、有序的视觉效果。大多数 PPT 软件都提供网格和对齐工具，善用这些功能可以显著提升页面的专业度。

■ 选择合适的字体和配色

字体和配色对 PPT 的整体效果有着重要影响。在选择字体时，应考虑以下因素。

★ 可读性：选择清晰易读的字体，避免使用过于花哨或复杂的字体。常用的专业字体包括 Arial、Helvetica 和微软雅黑等。

★ 字体搭配：标题和正文可以使用不同的字体，但要确保风格适配，一份 PPT 中的字体不超过三种。

★ 字号设置：标题字号通常设置为 28～36 磅，正文字号为 18～24 磅。确保在投影时字体清晰可见。

在配色方面，专业的 PPT 通常遵循以下原则。

★配色和谐：选择互补或类似的颜色，避免使用过于鲜艳或冲突的颜色。

★符合主题：配色应与 PPT 的主题和内容相呼应，如商务主题可以选择稳重的蓝色系。

★对比度：确保文字和背景有足够的对比度，提高可读性。

■ 运用图表和图片增强视觉效果

图表和图片是 PPT 中传递信息的有力工具。合理使用这些视觉元素可以让 PPT 更加生动、直观。

★ 在使用图表时，应注意以下几点。

◇选择合适的图表类型：根据数据的特点选择图表类型。例如，柱状图适合比较不同类别的数值，饼图适合展示占比关系。

◇简化图表：避免在图表中使用过多的颜色和装饰元素，简洁清晰。

◇添加说明：为图表添加简洁的标题和必要的说明，帮助观众理解图表内容。

★ 在使用图片时，需要注意以下事项。

◇保证高质量：使用高分辨率、清晰的图片，避免使用模糊或像素低的图片。

◇内容适配：确保图片内容与各章节主题保持一致。作为观点的论据，图片必须真实和准确。

◇风格统一：适当裁剪和调整图片，并符合 PPT 的整体风格。

■ 增加动画和过渡效果

适当的动画和过渡效果可以增强 PPT 的吸引力，但过度使用则会分散观众的注意力。在添加动画和过渡效果时,应遵循以下原则。

◇目的性:每个动画效果都应有明确的目的,如强调重点或展示过程。

◇一致性:在整个 PPT 中保持动画和过渡效果的一致性,避免使用过多不同类型的效果。

◇简洁性:选择简单、流畅的动画效果,避免使用过于花哨或耗时的设计。

◇时间控制:合理设置动画的持续时间和延迟时间,确保演示流畅自然。

制作 PPT 是一项复杂又有趣的任务,需要综合考虑内容、设计和演示技巧。通过明确演示目的,精心设计内容和结构,选用适当的模板,合理运用文字、图表、动画等元素,再反复梳理细节和外部审阅,就能够制作出一份引人注目、清晰明了的 PPT。

在总体上,综合展示 PPT 的目的是更有效地展示个人的能力和才华。作为视觉辅助工具,它能够帮助个人在演示过程中更好地传达信息和观点。在设计 PPT 时,应当避免使用过度复杂的设计元素,以免分散观众的注意力;追求清晰、简洁和合理的布局,这样信息传递更高效,观众也能够轻松理解演示内容,实现更好的演示效果。

第三节　综合展示 PPT 优秀案例

一份标准的综合展示 PPT 框架通常包含四个主要板块:职业缘起、职业需求剖析、个人剖析以及职业筹备。以下是各板块的具体内容:职业阐述选择该职业的动机和背后的故事。分享个人经历和选择该职业的原因,展现对该职业的初步认知和热情。职业需求剖析深入分析国家政策及当前市场对该职业的需求状况,涵盖行业趋势、技能要求以及未来发展前景等,旨在向评委展示对职业的全面分析,体现自身的专业度。个人剖析聚焦个人能力、兴趣与职业目标的匹配度。详细分析自身优势、兴趣以及职业目标,帮助评委更全面地了解自己,进一步明确职业定位。职业筹备介绍职业筹备计划,包括教育背景的提升、技能培养以及实习机会的寻找等,以此向评委证明自身已做好充分准备。

优秀案例

■ 封面:基础信息和职业目标

■ 目录：演示的内容和逻辑

■ 职业缘起：阐述选择该职业的动机和背后的故事

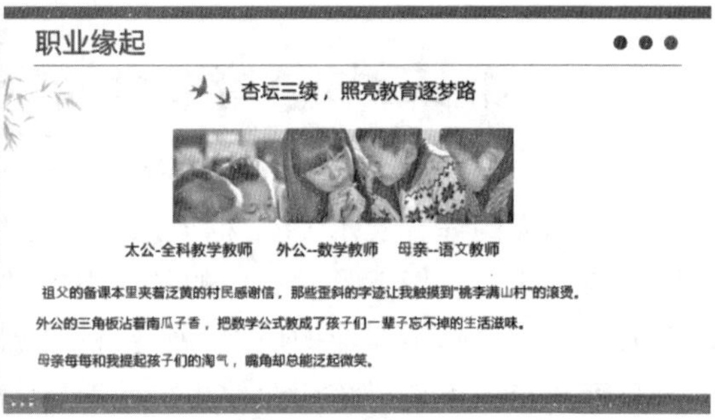

■ 职业需求剖析：分析国家政策及当前市场对该职业的需求状况

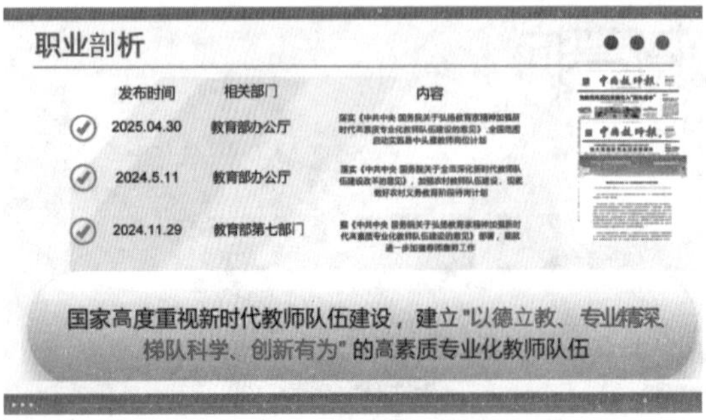

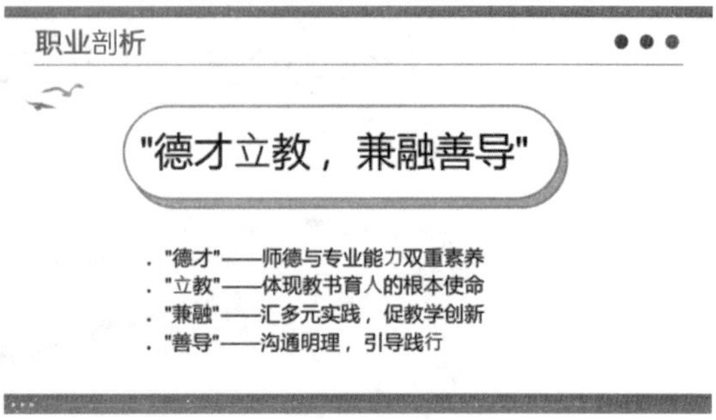

■ 个人剖析：聚焦于个人能力、兴趣与职业目标的匹配度

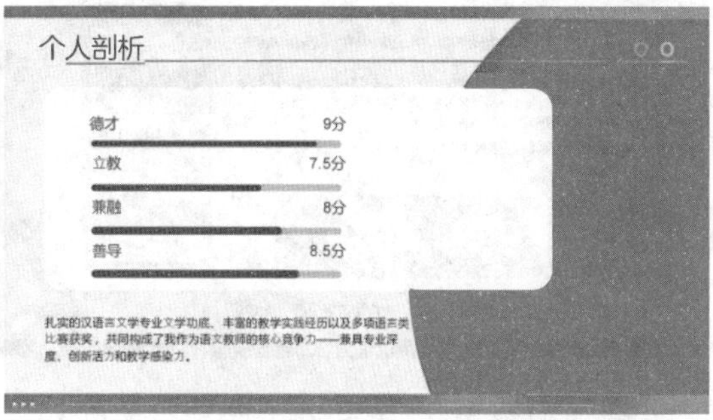

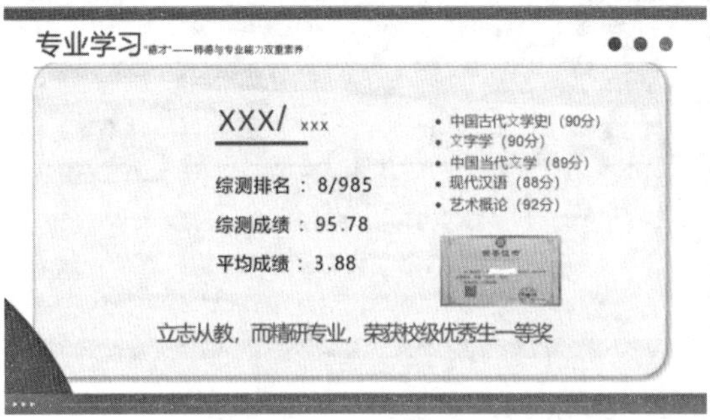

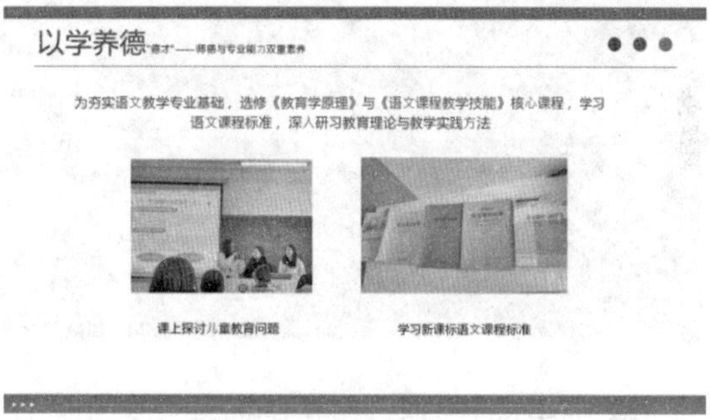

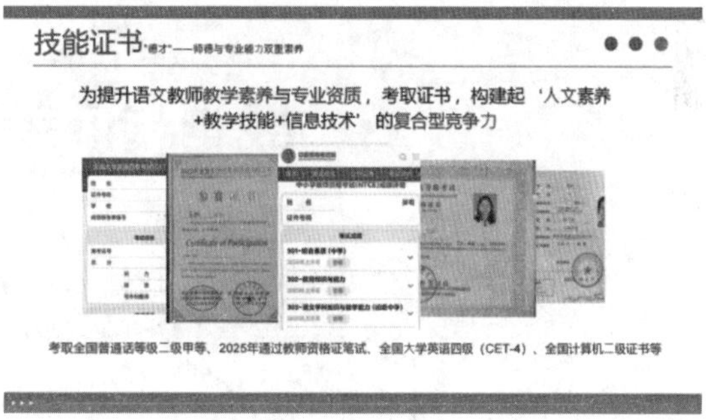

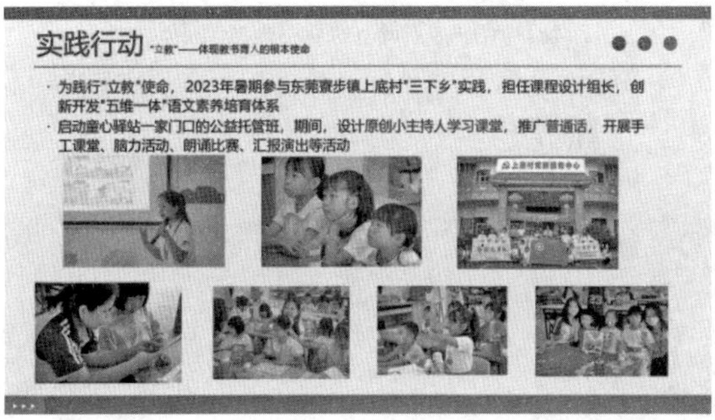

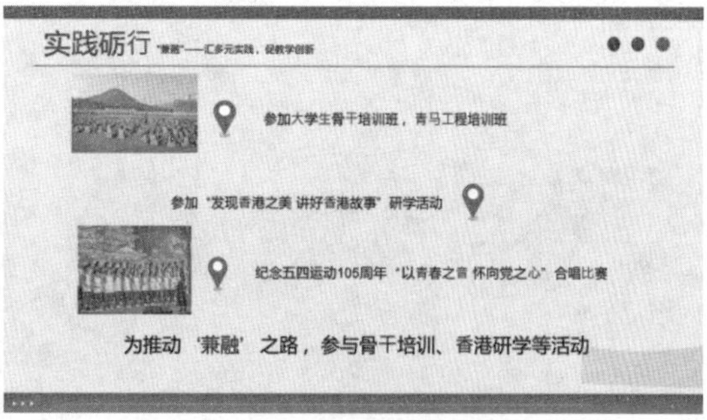

■ 职业筹备：介绍个人的职业筹备计划，包括具体的建议和实施步骤

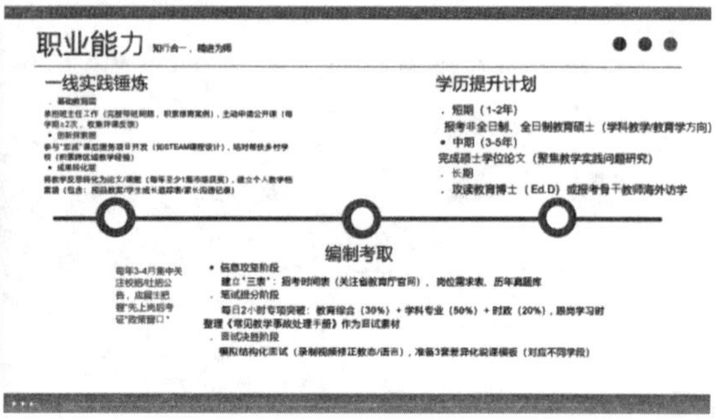

■ 结束语：向观众表达的一种礼貌和感谢的言辞

摘自吴桐．广州华商学院汉语言文学23级．广州华商学院大学生职业规划大赛就业赛道，2025．

附录一　中华人民共和国就业促进法

（2007年8月30日第十届全国人民代表大会常务委员会第二十九次会议通过）

目　　录

第一章　总　　则

第一条　为了促进就业，促进经济发展与扩大就业相协调，促进社会和谐稳定，制定本法。

第二条　国家把扩大就业放在经济社会发展的突出位置，实施积极的就业政策，坚持劳动者自主择业、市场调节就业、政府促进就业的方针，多渠道扩大就业。

第三条　劳动者依法享有平等就业和自主择业的权利。

劳动者就业，不因民族、种族、性别、宗教信仰等不同而受歧视。

第四条　县级以上人民政府把扩大就业作为经济和社会发展的重要目标，纳入国民经济和社会发展规划，并制订促进就业的中长期规划和年度工作计划。

第五条　县级以上人民政府通过发展经济和调整产业结构、规范人力资源市场、完善就业服务、加强职业教育和培训、提供就业援助等措施，创造就业条件，扩大就业。

第六条　国务院建立全国促进就业工作协调机制，研究就业工作中的重大问题，协调推动全国的促进就业工作。国务院劳动行政部门具体负责全国的促进就业工作。

省、自治区、直辖市人民政府根据促进就业工作的需要，建立促进就业工作协调机制，协调解决本行政区域就业工作中的重大问题。

县级以上人民政府有关部门按照各自的职责分工，共同做好促进就业工作。

第七条　国家倡导劳动者树立正确的择业观念，提高就业能力和创业能力；鼓励劳动者自主创业、自谋职业。

各级人民政府和有关部门应当简化程序，提高效率，为劳动者自主创业、自谋职业提供便利。

第八条　用人单位依法享有自主用人的权利。

用人单位应当依照本法以及其他法律、法规的规定，保障劳动者的合法权益。

第九条　工会、共产主义青年团、妇女联合会、残疾人联合会以及其他社会组织，协助人民政府开展促进就业工作，依法维护劳动者的劳动权利。

第十条　各级人民政府和有关部门对在促进就业工作中作出显著成绩的单位和个人，给予表彰和奖励。

第二章　政策支持

第十一条　县级以上人民政府应当把扩大就业作为重要职责，统筹协调产业政策与就业政策。

第十二条　国家鼓励各类企业在法律、法规规定的范围内，通过兴办产业或者拓展经营，增加就业岗位。

国家鼓励发展劳动密集型产业、服务业，扶持中小企业，多渠道、多方式增加就业岗位。

国家鼓励、支持、引导非公有制经济发展，扩大就业，增加就业岗位。

第十三条　国家发展国内外贸易和国际经济合作，拓宽就业渠道。

第十四条　县级以上人民政府在安排政府投资和确定重大建设项目时，应当发挥投资和重大建设项目带动就业的作用，增加就业岗位。

第十五条　国家实行有利于促进就业的财政政策，加大资金投入，改善就业环境，扩大就业。

县级以上人民政府应当根据就业状况和就业工作目标，在财政预算中安排就业专项资金用于促进就业工作。

就业专项资金用于职业介绍、职业培训、公益性岗位、职业技能鉴定、特定就业政策和社会保险等的补贴，小额贷款担保基金和微利项目的小额担保贷款贴息，以及扶持公共就业服务等。就业专项资金的使用管理办法由国务院财政部门和劳动行政部门规定。

第十六条　国家建立健全失业保险制度，依法确保失业人员的基本生活，并促进其实现就业。

第十七条　国家鼓励企业增加就业岗位，扶持失业人员和残疾人就业，对下列企业、人员依法给予税收优惠：

（一）吸纳符合国家规定条件的失业人员达到规定要求的企业；

（二）失业人员创办的中小企业；

（三）安置残疾人员达到规定比例或者集中使用残疾人的企业；

（四）从事个体经营的符合国家规定条件的失业人员；

（五）从事个体经营的残疾人；

（六）国务院规定给予税收优惠的其他企业、人员。

第十八条　对本法第十七条第（四）项、第（五）项规定的人员，有关部门应当在经营场地等方面给予照顾，免除行政事业性收费。

第十九条　国家实行有利于促进就业的金融政策，增加中小企业的融资渠道；鼓励金融机构改进金融服务，加大对中小企业的信贷支持，并对自主创业人员在一定期限内给予小额信贷等扶持。

第二十条　国家实行城乡统筹的就业政策，建立健全城乡劳动者平等就业的制度，引导农业富余劳动力有序转移就业。

县级以上地方人民政府推进小城镇建设和加快县域经济发展，引导农业富余劳动力就地就近转移就业；在制定小城镇规划时，将本地区农业富余劳动力转移就业作为重要内容。

县级以上地方人民政府引导农业富余劳动力有序向城市异地转移就业；劳动力输出地和输入地人民政府应当互相配合，改善农村劳动者进城就业的环境和条件。

第二十一条　国家支持区域经济发展，鼓励区域协作，统筹协调不同地区就业的均衡增长。

国家支持民族地区发展经济，扩大就业。

第二十二条　各级人民政府统筹做好城镇新增劳动力就业、农业富余劳动力转移就业和失业人员就业工作。

第二十三条　各级人民政府采取措施，逐步完善和实施与非全日制用工等灵活就业相适应的劳动和社会保险政策，为灵活就业人员提供帮助和服务。

第二十四条　地方各级人民政府和有关部门应当加强对失业人员从事个体经营的指导，提供政策咨询、就业培训和开业指导等服务。

第三章　公平就业

第二十五条　各级人民政府创造公平就业的环境，消除就业歧视，制定政策并采取措施对就业困难人员给予扶持和援助。

第二十六条　用人单位招用人员、职业中介机构从事职业中介活动，应当向劳动者提供平等的就业机会和公平的就业条件，不得实施就业歧视。

第二十七条　国家保障妇女享有与男子平等的劳动权利。

用人单位招用人员，除国家规定的不适合妇女的工种或者岗位外，不得以性别为由拒绝录用妇女或者提高对妇女的录用标准。

用人单位录用女职工，不得在劳动合同中规定限制女职工结婚、生育的内容。

第二十八条　各民族劳动者享有平等的劳动权利。

用人单位招用人员，应当依法对少数民族劳动者给予适当照顾。

第二十九条　国家保障残疾人的劳动权利。

各级人民政府应当对残疾人就业统筹规划，为残疾人创造就业条件。

用人单位招用人员，不得歧视残疾人。

第三十条　用人单位招用人员，不得以是传染病病原携带者为由拒绝录用。但是，经医学鉴定传染病病原携带者在治愈前或者排除传染嫌疑前，不得从事法律、行政法规和国务院卫生行政部门规定禁止从事的易使传染病扩散的工作。

第三十一条　农村劳动者进城就业享有与城镇劳动者平等的劳动权利，不得对农村劳动者进城就业设置歧视性限制。

第四章　就业服务和管理

第三十二条　县级以上人民政府培育和完善统一开放、竞争有序的人力资源市场，为劳动者就业提供服务。

第三十三条　县级以上人民政府鼓励社会各方面依法开展就业服务活动，加强对公共就业服务和职业中介服务的指导和监督，逐步完善覆盖城乡的就业服务体系。

第三十四条　县级以上人民政府加强人力资源市场信息网络及相关设施建设，建立健全人力资源市场信息服务体系，完善市场信息发布制度。

第三十五条　县级以上人民政府建立健全公共就业服务体系，设立公共就业服务机构，为劳动者免费提供下列服务：

（一）就业政策法规咨询；

（二）职业供求信息、市场工资指导价位信息和职业培训信息发布；

（三）职业指导和职业介绍；

（四）对就业困难人员实施就业援助；

（五）办理就业登记、失业登记等事务；

（六）其他公共就业服务。

公共就业服务机构应当不断提高服务的质量和效率，不得从事经营性活动。

公共就业服务经费纳入同级财政预算。

第三十六条　县级以上地方人民政府对职业中介机构提供公益性就业服务的，按照规定给予补贴。

国家鼓励社会各界为公益性就业服务提供捐赠、资助。

第三十七条　地方各级人民政府和有关部门不得举办或者与他人联合举办经营性的职业中介机构。

地方各级人民政府和有关部门、公共就业服务机构举办的招聘会，不得向劳动者收取费用。

第三十八条　县级以上人民政府和有关部门加强对职业中介机构的管理，鼓励其提高服务质量，发挥其在促进就业中的作用。

第三十九条　从事职业中介活动，应当遵循合法、诚实信用、公平、公开的原则。

用人单位通过职业中介机构招用人员，应当如实向职业中介机构提供岗位需求信息。禁止任何组织或者个人利用职业中介活动侵害劳动者的合法权益。

第四十条　设立职业中介机构应当具备下列条件：

（一）有明确的章程和管理制度；

（二）有开展业务必备的固定场所、办公设施和一定数额的开办资金；

（三）有一定数量具备相应职业资格的专职工作人员；

（四）法律、法规规定的其他条件。

设立职业中介机构，应当依法办理行政许可。经许可的职业中介机构，应当向工商行政部门办理登记。

未经依法许可和登记的机构，不得从事职业中介活动。

国家对外商投资职业中介机构和向劳动者提供境外就业服务的职业中介机构另有规定的，依照其规定。

第四十一条　职业中介机构不得有下列行为：

（一）提供虚假就业信息；

（二）为无合法证照的用人单位提供职业中介服务；

（三）伪造、涂改、转让职业中介许可证；

（四）扣押劳动者的居民身份证和其他证件，或者向劳动者收取押金；

（五）其他违反法律、法规规定的行为。

第四十二条　县级以上人民政府建立失业预警制度，对可能出现的较大规模的失业，实施预防、调节和控制。

第四十三条　国家建立劳动力调查统计制度和就业登记、失业登记制度，开展劳动力资源和就业、失业状况调查统计，并公布调查统计结果。

统计部门和劳动行政部门进行劳动力调查统计和就业、失业登记时，用人单位和个人应当如实提供调查统计和登记所需要的情况。

第五章　职业教育和培训

第四十四条　国家依法发展职业教育，鼓励开展职业培训，促进劳动者提高职业技能，增强就业能力和创业能力。

第四十五条　县级以上人民政府根据经济社会发展和市场需求，制订并实施职业能力开发计划。

第四十六条　县级以上人民政府加强统筹协调，鼓励和支持各类职业院校、职业技能培训机构和用人单位依法开展就业前培训、在职培训、再就业培训和创业培训；鼓励劳动者参加各种形式的培训。

第四十七条　县级以上地方人民政府和有关部门根据市场需求和产业发展方向，鼓励、指导企业加强职业教育和培训。

职业院校、职业技能培训机构与企业应当密切联系，实行产教结合，为经济建设服务，培养实用人才和熟练劳动者。

企业应当按照国家有关规定提取职工教育经费，对劳动者进行职业技能培训和继续教育培训。

第四十八条　国家采取措施建立健全劳动预备制度，县级以上地方人民政府对有就业要求的初高中毕业生实行一定期限的职业教育和培训，使其取得相应的职业资格或者掌握一定的职业技能。

第四十九条　地方各级人民政府鼓励和支持开展就业培训，帮助失业人员提高职业技能，增强其就业能力和创业能力。失业人员参加就业培训的，按照有关规定享受政府培训补贴。

第五十条　地方各级人民政府采取有效措施，组织和引导进城就业的农村劳动者参加技能培训，鼓励各类培训机构为进城就业的农村劳动者提供技能培训，增强其就业能力和创业能力。

第五十一条　国家对从事涉及公共安全、人身健康、生命财产安全等特殊工种的劳动者，实行职业资格证书制度，具体办法由国务院规定。

第六章　就业援助

第五十二条　各级人民政府建立健全就业援助制度，采取税费减免、贷款贴息、社会保险补贴、岗位补贴等办法，通过公益性岗位安置等途径，对就业困难人员实行优先扶持和重点帮助。

就业困难人员是指因身体状况、技能水平、家庭因素、失去土地等原因难以实现就业，以及连续失业一定时间仍未能实现就业的人员。就业困难人员的具体范围，由省、自治区、直辖市人民政府根据本行政区域的实际情况规定。

第五十三条　政府投资开发的公益性岗位，应当优先安排符合岗位要求的就业困难人员。被安排在公益性岗位工作的，按照国家规定给予岗位补贴。

第五十四条　地方各级人民政府加强基层就业援助服务工作，对就业困难人员实施重点帮助，提供有针对性的就业服务和公益性岗位援助。

地方各级人民政府鼓励和支持社会各方面为就业困难人员提供技能培训、岗位信息等服务。

第五十五条　各级人民政府采取特别扶助措施，促进残疾人就业。

用人单位应当按照国家规定安排残疾人就业，具体办法由国务院规定。

第五十六条　县级以上地方人民政府采取多种就业形式，拓宽公益性岗位范围，开发就业岗位，确保城市有就业需求的家庭至少有一人实现就业。

法定劳动年龄内的家庭人员均处于失业状况的城市居民家庭，可以向住所地街道、社区公共就业服务机构申请就业援助。街道、社区公共就业服务机构经确认属实的，应当为该家庭中至少一人提供适当的就业岗位。

第五十七条　国家鼓励资源开采型城市和独立工矿区发展与市场需求相适应的产业，引导劳动者转移就业。

对因资源枯竭或者经济结构调整等原因造成就业困难人员集中的地区，上级人民政府应当给予必要的扶持和帮助。

第七章　监督检查

第五十八条　各级人民政府和有关部门应当建立促进就业的目标责任制度。县级以上人民政府按照促进就业目标责任制的要求，对所属的有关部门和下一级人民政府进行考核和监督。

第五十九条　审计机关、财政部门应当依法对就业专项资金的管理和使用情况进行监督检查。

第六十条　劳动行政部门应当对本法实施情况进行监督检查，建立举报制度，受理对违反本法行为的举报，并及时予以核实处理。

第八章　法律责任

第六十一条　违反本法规定，劳动行政等有关部门及其工作人员滥用职权、玩忽职守、徇私舞弊的，对直接负责的主管人员和其他直接责任人员依法给予处分。

第六十二条　违反本法规定，实施就业歧视的，劳动者可以向人民法院提起诉讼。

第六十三条　违反本法规定，地方各级人民政府和有关部门、公共就业服务机构举办经营性的职业中介机构，从事经营性职业中介活动，向劳动者收取费用的，由上级主管机关责令限期改正，将违法收取的费用退还劳动者，并对直接负责的主管人员和其他直接责任人员依法给予处分。

第六十四条　违反本法规定，未经许可和登记，擅自从事职业中介活动的，由劳动行政部门或者其他主管部门依法予以关闭；有违法所得的，没收违法所得，并处一万元以上五万元以下的罚款。

第六十五条　违反本法规定，职业中介机构提供虚假就业信息，为无合法证照的用人单位提供职业中介服务，伪造、涂改、转让职业中介许可证的，由劳动行政部门或者其他主管部门责令改正；有违法所得的，没收违法所得，并处一万元以上五万元以下的罚款；情节严重的，吊销职业中介许可证。

第六十六条　违反本法规定，职业中介机构扣押劳动者居民身份证等证件的，由劳动行政部门责令限期退还劳动者，并依照有关法律规定给予处罚。

违反本法规定，职业中介机构向劳动者收取押金的，由劳动行政部门责令限期退还劳动者，并以每人五百元以上两千元以下的标准处以罚款。

第六十七条　违反本法规定，企业未按照国家规定提取职工教育经费，或者挪用职工教育经费的，由劳动行政部门责令改正，并依法给予处罚。

第六十八条　违反本法规定，侵害劳动者合法权益，造成财产损失或者其他损害的，依法承担民事责任；构成犯罪的，依法追究刑事责任。

第九章　附　　则

第六十九条　本法自 2008 年 1 月 1 日起施行。

附录二　就业服务与就业管理规定

（2007 年 11 月 5 日劳动保障部令第 28 号公布　根据 2014 年 12 月 23 日《人力资源和社会保障部关于修改＜就业服务与就业管理规定＞的决定》第一次修订　根据 2015 年 4 月 30 日《人力资源和社会保障部关于修改部分规章的决定》第二次修订　根据 2018 年 12 月 14 日《人力资源和社会保障部关于修改部分规章的决定》第三次修订　根据 2022 年 1 月 7 日《人力资源和社会保障部关于修改部分规章的决定》第四次修订）

第一章　总　　则

第一条　为了加强就业服务和就业管理，培育和完善统一开放、竞争有序的人力资源市场，为劳动者就业和用人单位招用人员提供服务，根据就业促进法等法律、行政法规，制定本规定。

第二条　劳动者求职与就业，用人单位招用人员，劳动保障行政部门举办的公共就业服务机构和经劳动保障行政部门审批的职业中介机构从事就业服务活动，适用本规定。

本规定所称用人单位，是指在中华人民共和国境内的企业、个体经济组织、民办非企业单位等组织，以及招用与之建立劳动关系的劳动者的国家机关、事业单位、社会团体。

第三条　县级以上劳动保障行政部门依法开展本行政区域内的就业服务和就业管理工作。

第二章　求职与就业

第四条　劳动者依法享有平等就业的权利。劳动者就业，不因民族、种族、性别、宗教信仰等不同而受歧视。

第五条　农村劳动者进城就业享有与城镇劳动者平等的就业权利，不得对农村劳动者进城就业设置歧视性限制。

第六条　劳动者依法享有自主择业的权利。劳动者年满 16 周岁，有劳动能力且有就业愿望的，可凭本人身份证件，通过公共就业服务机构、职业中介机构介绍或直接联系用人单位等渠道求职。

第七条　劳动者求职时，应当如实向公共就业服务机构或职业中介机构、用人单位提供个人基本情况以及与应聘岗位直接相关的知识技能、工作经历、就业现状等情况，并出示相关证明。

第八条　劳动者应当树立正确的择业观念，提高就业能力和创业能力。

国家鼓励劳动者在就业前接受必要的职业教育或职业培训，鼓励城镇初高中毕业生在就业前参加劳动预备制培训。

国家鼓励劳动者自主创业、自谋职业。各级劳动保障行政部门应当会同有关部门，简化程序，提高效率，为劳动者自主创业、自谋职业提供便利和相应服务。

第三章 招用人员

第九条 用人单位依法享有自主用人的权利。用人单位招用人员，应当向劳动者提供平等的就业机会和公平的就业条件。

第十条 用人单位可以通过下列途径自主招用人员：

(一)委托公共就业服务机构或职业中介机构；

(二)参加职业招聘洽谈会；

(三)委托报纸、广播、电视、互联网站等大众传播媒介发布招聘信息；

(四)利用本企业场所、企业网站等自有途径发布招聘信息；

(五)其他合法途径。

第十一条 用人单位委托公共就业服务机构或职业中介机构招用人员，或者参加招聘洽谈会时，应当提供招用人员简章，并出示营业执照(副本)或者有关部门批准其设立的文件、经办人的身份证件和受用人单位委托的证明。

招用人员简章应当包括用人单位基本情况、招用人数、工作内容、招录条件、劳动报酬、福利待遇、社会保险等内容，以及法律、法规规定的其他内容。

第十二条 用人单位招用人员时，应当依法如实告知劳动者有关工作内容、工作条件、工作地点、职业危害、安全生产状况、劳动报酬以及劳动者要求了解的其他情况。

用人单位应当根据劳动者的要求，及时向其反馈是否录用的情况。

第十三条 用人单位应当对劳动者的个人资料予以保密。公开劳动者的个人资料信息和使用劳动者的技术、智力成果，须经劳动者本人书面同意。

第十四条 用人单位招用人员不得有下列行为：

(一)提供虚假招聘信息，发布虚假招聘广告；

(二)扣押被录用人员的居民身份证和其他证件；

(三)以担保或者其他名义向劳动者收取财物；

(四)招用未满16周岁的未成年人以及国家法律、行政法规规定不得招用的其他人员；

(五)招用无合法身份证件的人员；

(六)以招用人员为名牟取不正当利益或进行其他违法活动。

第十五条 用人单位不得以诋毁其他用人单位信誉、商业贿赂等不正当手段招聘人员。

第十六条 用人单位在招用人员时，除国家规定的不适合妇女从事的工种或者岗位外，不得以性别为由拒绝录用妇女或者提高对妇女的录用标准。

用人单位录用女职工，不得在劳动合同中规定限制女职工结婚、生育的内容。

第十七条 用人单位招用人员，应当依法对少数民族劳动者给予适当照顾。

第十八条 用人单位招用人员，不得歧视残疾人。

第十九条 用人单位招用人员，不得以是传染病病原携带者为由拒绝录用。但是，经医学鉴定传染病病原携带者在治愈前或者排除传染嫌疑前，不得从事法律、行政法规和国务院卫生行政部门规定禁止从事的易使传染病扩散的工作。

用人单位招用人员，除国家法律、行政法规和国务院卫生行政部门规定禁止乙肝病原携带者从事的工作外，不得强行将乙肝病毒血清学指标作为体检标准。

第二十条　用人单位发布的招用人员简章或招聘广告，不得包含歧视性内容。

第二十一条　用人单位招用从事涉及公共安全、人身健康、生命财产安全等特殊工种的劳动者，应当依法招用持相应工种职业资格证书的人员；招用未持相应工种职业资格证书人员的，须组织其在上岗前参加专门培训，使其取得职业资格证书后方可上岗。

第二十二条　用人单位招用台港澳人员后，应当按有关规定到当地劳动保障行政部门备案，并为其办理《台港澳人员就业证》。

第二十三条　用人单位招用外国人，应当在外国人入境前，按有关规定到当地劳动保障行政部门为其申请就业许可，经批准并获得《中华人民共和国外国人就业许可证书》后方可招用。

用人单位招用外国人的岗位必须是有特殊技能要求、国内暂无适当人选的岗位，并且不违反国家有关规定。

第四章　公共就业服务

第二十四条　县级以上劳动保障行政部门统筹管理本行政区域内的公共就业服务工作，根据政府制定的发展计划，建立健全覆盖城乡的公共就业服务体系。

公共就业服务机构根据政府确定的就业工作目标任务，制定就业服务计划，推动落实就业扶持政策，组织实施就业服务项目，为劳动者和用人单位提供就业服务，开展人力资源市场调查分析，并受劳动保障行政部门委托经办促进就业的相关事务。

第二十五条　公共就业服务机构应当免费为劳动者提供以下服务：

（一）就业政策法规咨询；

（二）职业供求信息、市场工资指导价位信息和职业培训信息发布；

（三）职业指导和职业介绍；

（四）对就业困难人员实施就业援助；

（五）办理就业登记、失业登记等事务；

（六）其他公共就业服务。

第二十六条　公共就业服务机构应当积极拓展服务功能，根据用人单位需求提供以下服务：

（一）招聘用人指导服务；

（二）代理招聘服务；

（三）跨地区人员招聘服务；

（四）企业人力资源管理咨询等专业性服务；

（五）劳动保障事务代理服务；

（六）为满足用人单位需求开发的其他就业服务项目。

第二十七条　公共就业服务机构应当加强职业指导工作，配备专（兼）职职业指导工作人员，向劳动者和用人单位提供职业指导服务。

公共就业服务机构应当为职业指导工作提供相应的设施和条件，推动职业指导工作的开展，加强对职业指导工作的宣传。

第二十八条　职业指导工作包括以下内容：

（一）向劳动者和用人单位提供国家有关劳动保障的法律法规和政策、人力资源市场状况咨询；

（二）帮助劳动者了解职业状况，掌握求职方法，确定择业方向，增强择业能力；

（三）向劳动者提出培训建议，为其提供职业培训相关信息；

（四）开展对劳动者个人职业素质和特点的测试，并对其职业能力进行评价；

（五）对妇女、残疾人、少数民族人员及退出现役的军人等就业群体提供专门的职业指导服务；

（六）对大中专学校、职业院校、技工学校学生的职业指导工作提供咨询和服务；

（七）对准备从事个体劳动或开办私营企业的劳动者提供创业咨询服务；

（八）为用人单位提供选择招聘方法、确定用人条件和标准等方面的招聘用人指导；

（九）为职业培训机构确立培训方向和专业设置等提供咨询参考。

第二十九条　公共就业服务机构在劳动保障行政部门的指导下，组织实施劳动力资源调查和就业、失业状况统计工作。

第三十条　公共就业服务机构应当针对特定就业群体的不同需求，制定并组织实施专项计划。

公共就业服务机构应当根据服务对象的特点，在一定时期内为不同类型的劳动者、就业困难对象或用人单位集中组织活动，开展专项服务。

公共就业服务机构受劳动保障行政部门委托，可以组织开展促进就业的专项工作。

第三十一条　县级以上公共就业服务机构建立综合性服务场所，集中为劳动者和用人单位提供一站式就业服务，并承担劳动保障行政部门安排的其他工作。

街道、乡镇、社区公共就业服务机构建立基层服务窗口，开展以就业援助为重点的公共就业服务，实施劳动力资源调查统计，并承担上级劳动保障行政部门安排的其他就业服务工作。

公共就业服务机构使用全国统一标识。

第三十二条　公共就业服务机构应当不断提高服务的质量和效率。

公共就业服务机构应当加强内部管理，完善服务功能，统一服务流程，按照国家制定的服务规范和标准，为劳动者和用人单位提供优质高效的就业服务。

公共就业服务机构应当加强工作人员的政策、业务和服务技能培训，组织职业指导人员、职业信息分析人员、劳动保障协理员等专业人员参加相应职业资格培训。

公共就业服务机构应当公开服务制度，主动接受社会监督。

第三十三条　县级以上劳动保障行政部门和公共就业服务机构应当按照劳动保障信息化建设的统一规划、标准和规范，建立完善人力资源市场信息网络及相关设施。

公共就业服务机构应当逐步实行信息化管理与服务，在城市内实现就业服务、失业保险、就业培训信息共享和公共就业服务全程信息化管理，并逐步实现与劳动工资信息、社会保险信息的互联互通和信息共享。

第三十四条　公共就业服务机构应当建立健全人力资源市场信息服务体系，完善职业供求信息、市场工资指导价位信息、职业培训信息、人力资源市场分析信息的发布制度，为劳动者求职择业、用人单位招用人员以及培训机构开展培训提供支持。

第三十五条　县级以上劳动保障行政部门应当按照信息化建设统一要求，逐步实现全国人力资源市场信息联网。其中，城市应当按照劳动保障数据中心建设的要求，实现网络和数据资源的集中和共享；省、自治区应当建立人力资源市场信息网省级监测中心，对辖区内人力资源市场信息进行监测；劳动保障部设立人力资源市场信息网全国监测中心，对全国人力资源市场信息进行监测和分析。

第三十六条　县级以上劳动保障行政部门应当对公共就业服务机构加强管理，定期对其完成各项任务情况进行绩效考核。

第三十七条　公共就业服务经费纳入同级财政预算。各级劳动保障行政部门和公共就业服务机构应当根据财政预算编制的规定，依法编制公共就业服务年度预算，报经同级财政部门审批后执行。

公共就业服务机构可以按照就业专项资金管理相关规定，依法申请公共就业服务专项扶持经费。

公共就业服务机构接受社会各界提供的捐赠和资助，按照国家有关法律法规管理和使用。

公共就业服务机构为用人单位提供的服务，应当规范管理，严格控制服务收费。确需收费的，具体项目由省级劳动保障行政部门会同相关部门规定。

第三十八条　公共就业服务机构不得从事经营性活动。

公共就业服务机构举办的招聘会，不得向劳动者收取费用。

第三十九条　各级残疾人联合会所属的残疾人就业服务机构是公共就业服务机构的组成部分，负责为残疾劳动者提供相关就业服务，并经劳动保障行政部门委托，承担残疾劳动者的就业登记、失业登记工作。

第五章　就业援助

第四十条　公共就业服务机构应当制定专门的就业援助计划，对就业援助对象实施优先扶持和重点帮助。

本规定所称就业援助对象包括就业困难人员和零就业家庭。就业困难对象是指因身体状况、技能水平、家庭因素、失去土地等原因难以实现就业，以及连续失业一定时间仍未能实现就业的人员。零就业家庭是指法定劳动年龄内的家庭人员均处于失业状况的城市居民家庭。

对援助对象的认定办法，由省级劳动保障行政部门依据当地人民政府规定的就业援助对象范围制定。

第四十一条　就业困难人员和零就业家庭可以向所在地街道、社区公共就业服务机构申请就业援助。经街道、社区公共就业服务机构确认属实的，纳入就业援助范围。

第四十二条　公共就业服务机构应当建立就业困难人员帮扶制度，通过落实各项就业扶持政策、提供就业岗位信息、组织技能培训等有针对性的就业服务和公益性岗位援助，对就业困难人员实施优先扶持和重点帮助。

在公益性岗位上安置的就业困难人员，按照国家规定给予岗位补贴。

第四十三条　公共就业服务机构应当建立零就业家庭即时岗位援助制度，通过拓宽公益性岗位范围，开发各类就业岗位等措施，及时向零就业家庭中的失业人员提供适当的就业岗位，确保零就业家庭至少有一人实现就业。

第四十四条　街道、社区公共就业服务机构应当对辖区内就业援助对象进行登记，建立专门台账，实行就业援助对象动态管理和援助责任制度，提供及时、有效的就业援助。

第六章 职业中介服务

第四十五条 县级以上劳动保障行政部门应当加强对职业中介机构的管理，鼓励其提高服务质量，发挥其在促进就业中的作用。

本规定所称职业中介机构，是指由法人、其他组织和公民个人举办，为用人单位招用人员和劳动者求职提供中介服务以及其他相关服务的经营性组织。

政府部门不得举办或者与他人联合举办经营性的职业中介机构。

第四十六条 从事职业中介活动，应当遵循合法、诚实信用、公平、公开的原则。

禁止任何组织或者个人利用职业中介活动侵害劳动者和用人单位的合法权益。

第四十七条 职业中介实行行政许可制度。设立职业中介机构或其他机构开展职业中介活动，须经劳动保障行政部门批准，并获得职业中介许可证。

未经依法许可和登记的机构，不得从事职业中介活动。

职业中介许可证由劳动保障部统一印制并免费发放。

第四十八条 设立职业中介机构应当具备下列条件：

（一）有明确的机构章程和管理制度；

（二）有开展业务必备的固定场所、办公设施和一定数额的开办资金；

（三）有一定数量具备相应职业资格的专职工作人员；

（四）法律、法规规定的其他条件。

第四十九条 设立职业中介机构，应当向当地县级以上劳动保障行政部门提出申请，提交下列文件：

（一）设立申请书；

（二）机构章程和管理制度草案；

（三）场所使用权证明；

（四）拟任负责人的基本情况、身份证明；

（五）具备相应职业资格的专职工作人员的相关证明；

（六）工商营业执照（副本）；

（七）法律、法规规定的其他文件。

第五十条 劳动保障行政部门接到设立职业中介机构的申请后，应当自受理申请之日起20日内审理完毕。对符合条件的，应当予以批准；不予批准的，应当说明理由。

劳动保障行政部门对经批准设立的职业中介机构实行年度审验。

职业中介机构的具体设立条件、审批和年度审验程序，由省级劳动保障行政部门统一规定。

第五十一条 职业中介机构变更名称、住所、法定代表人等或者终止的，应当按照设立许可程序办理变更或者注销登记手续。

设立分支机构的，应当在征得原审批机关的书面同意后，由拟设立分支机构所在地县级以上劳动保障行政部门审批。

第五十二条 职业中介机构可以从事下列业务：

（一）为劳动者介绍用人单位；

（二）为用人单位和居民家庭推荐劳动者；

（三）开展职业指导、人力资源管理咨询服务；

（四）收集和发布职业供求信息；

（五）根据国家有关规定从事互联网职业信息服务；

（六）组织职业招聘洽谈会；

（七）经劳动保障行政部门核准的其他服务项目。

第五十三条　职业中介机构应当在服务场所明示营业执照、职业中介许可证、服务项目、收费标准、监督机关名称和监督电话等，并接受劳动保障行政部门及其他有关部门的监督检查。

第五十四条　职业中介机构应当建立服务台账，记录服务对象、服务过程、服务结果和收费情况等，并接受劳动保障行政部门的监督检查。

第五十五条　职业中介机构提供职业中介服务不成功的，应当退还向劳动者收取的中介服务费。

第五十六条　职业中介机构租用场地举办大规模职业招聘洽谈会，应当制定相应的组织实施办法和安全保卫工作方案，并向批准其设立的机关报告。

职业中介机构应当对入场招聘用人单位的主体资格真实性和招用人员简章真实性进行核实。

第五十七条　职业中介机构为特定对象提供公益性就业服务的，可以按照规定给予补贴。可以给予补贴的公益性就业服务的范围、对象、服务效果和补贴办法，由省级劳动保障行政部门会同有关部门制定。

第五十八条　禁止职业中介机构有下列行为：

（一）提供虚假就业信息；

（二）发布的就业信息中包含歧视性内容；

（三）伪造、涂改、转让职业中介许可证；

（四）为无合法证照的用人单位提供职业中介服务；

（五）介绍未满16周岁的未成年人就业；

（六）为无合法身份证件的劳动者提供职业中介服务；

（七）介绍劳动者从事法律、法规禁止从事的职业；

（八）扣押劳动者的居民身份证和其他证件，或者向劳动者收取押金；

（九）以暴力、胁迫、欺诈等方式进行职业中介活动；

（十）超出核准的业务范围经营；

（十一）其他违反法律、法规规定的行为。

第五十九条　县级以上劳动保障行政部门应当依法对经审批设立的职业中介机构开展职业中介活动进行监督指导，定期组织对其服务信用和服务质量进行评估，并将评估结果向社会公布。

县级以上劳动保障行政部门应当指导职业中介机构开展工作人员培训，提高服务质量。

县级以上劳动保障行政部门对在诚信服务、优质服务和公益性服务等方面表现突出的职业中介机构和个人，报经同级人民政府批准后，给予表彰和奖励。

第六十条　设立外商投资职业中介机构以及职业中介机构从事境外就业中介服务的，按照有关规定执行。

第七章　就业与失业管理

第六十一条　劳动保障行政部门应当建立健全就业登记制度和失业登记制度，完善就业管理和失业管理。

公共就业服务机构负责就业登记与失业登记工作，建立专门台账，及时、准确地记录劳动者就业与失业变动情况，并做好相应统计工作。

就业登记和失业登记在各省、自治区、直辖市范围内实行统一的就业失业登记证(以下简称登记证)，向劳动者免费发放，并注明可享受的相应扶持政策。

就业登记、失业登记的具体程序和登记证的样式，由省级劳动保障行政部门规定。

第六十二条　劳动者被用人单位招用的，由用人单位为劳动者办理就业登记。用人单位招用劳动者和与劳动者终止或者解除劳动关系，应当到当地公共就业服务机构备案，为劳动者办理就业登记手续。用人单位招用人员后，应当于录用之日起 30 日内办理登记手续；用人单位与职工终止或者解除劳动关系后，应当于 15 日内办理登记手续。

劳动者从事个体经营或灵活就业的，由本人在街道、乡镇公共就业服务机构办理就业登记。

就业登记的内容主要包括劳动者个人信息、就业类型、就业时间、就业单位以及订立、终止或者解除劳动合同情况等。就业登记的具体内容和所需材料由省级劳动保障行政部门规定。

公共就业服务机构应当对用人单位办理就业登记及相关手续设立专门服务窗口，简化程序，方便用人单位办理。

第六十三条　在法定劳动年龄内，有劳动能力，有就业要求，处于无业状态的城镇常住人员，可以到常住地的公共就业服务机构进行失业登记。

第六十四条　劳动者进行失业登记时，须持本人身份证件；有单位就业经历的，还须持与原单位终止、解除劳动关系或者解聘的证明。

登记失业人员凭登记证享受公共就业服务和就业扶持政策；其中符合条件的，按规定申领失业保险金。

登记失业人员应当定期向公共就业服务机构报告就业失业状况，积极求职，参加公共就业服务机构安排的就业培训。

第六十五条　失业登记的范围包括下列失业人员：

(一)年满 16 周岁，从各类学校毕业、肄业的；

(二)从企业、机关、事业单位等各类用人单位失业的；

(三)个体工商户业主或私营企业业主停业、破产停止经营的；

(四)承包土地被征用，符合当地规定条件的；

(五)军人退出现役且未纳入国家统一安置的；

(六)刑满释放、假释、监外执行的；

(七)各地确定的其他失业人员。

第六十六条　登记失业人员出现下列情形之一的，由公共就业服务机构注销其失业登记：

(一)被用人单位录用的；

(二)从事个体经营或创办企业,并领取工商营业执照的;

(三)已从事有稳定收入的劳动,并且月收入不低于当地最低工资标准的;

(四)已享受基本养老保险待遇的;

(五)完全丧失劳动能力的;

(六)入学、服兵役、移居境外的;

(七)被判刑收监执行的;

(八)终止就业要求或拒绝接受公共就业服务的;

(九)连续6个月未与公共就业服务机构联系的;

(十)已进行就业登记的其他人员或各地规定的其他情形。

第八章 罚 则

第六十七条 用人单位违反本规定第十四条第(二)、(三)项规定的,按照劳动合同法第八十四条的规定予以处罚;用人单位违反第十四条第(四)项规定的,按照国家禁止使用童工和其他有关法律、法规的规定予以处罚。用人单位违反第十四条第(一)、(五)、(六)项规定的,由劳动保障行政部门责令改正,并可处以一千元以下的罚款;对当事人造成损害的,应当承担赔偿责任。

第六十八条 用人单位违反本规定第十九条第二款规定,在国家法律、行政法规和国务院卫生行政部门规定禁止乙肝病原携带者从事的工作岗位以外招用人员时,将乙肝病毒血清学指标作为体检标准的,由劳动保障行政部门责令改正,并可处以一千元以下的罚款;对当事人造成损害的,应当承担赔偿责任。

第六十九条 违反本规定第三十八条规定,公共就业服务机构从事经营性职业中介活动向劳动者收取费用的,由劳动保障行政部门责令限期改正,将违法收取的费用退还劳动者,并对直接负责的主管人员和其他直接责任人员依法给予处分。

第七十条 违反本规定第四十七条规定,未经许可和登记,擅自从事职业中介活动的,由劳动保障行政部门或者其他主管部门按照就业促进法第六十四条规定予以处罚。

第七十一条 职业中介机构违反本规定第五十三条规定,未明示职业中介许可证、监督电话的,由劳动保障行政部门责令改正,并可处以一千元以下的罚款;未明示收费标准的,提请价格主管部门依据国家有关规定处罚;未明示营业执照的,提请工商行政管理部门依据国家有关规定处罚。

第七十二条 职业中介机构违反本规定第五十四条规定,未建立服务台账,或虽建立服务台账但未记录服务对象、服务过程、服务结果和收费情况的,由劳动保障行政部门责令改正,并可处以一千元以下的罚款。

第七十三条 职业中介机构违反本规定第五十五条规定,在职业中介服务不成功后未向劳动者退还所收取的中介服务费的,由劳动保障行政部门责令改正,并可处以一千元以下的罚款。

第七十四条 职业中介机构违反本规定第五十八条第(一)、(三)、(四)、(八)项规定的,按照就业促进法第六十五条、第六十六条规定予以处罚。违反本规定第五十八条第(五)项规定的,按照国家禁止使用童工的规定予以处罚。违反本规定第五十八条其他各项规定的,由劳动保障行政部门责令改正,没有违法所得的,可处以一万元以下的罚款;有违法所得的,可处以不超过违法所得三倍的罚款,但最高不得超过三万元;情节严重的,提请工商部门依法吊销营业执照;对当事人造成损害的,应当承担赔偿责任。

第七十五条 用人单位违反本规定第六十二条规定,未及时为劳动者办理就业登记手续的,由劳动保障行政部门责令改正。

第九章 附 则

第七十六条 本规定自 2008 年 1 月 1 日起施行。劳动部 1994 年 10 月 27 日颁布的《职业指导办法》、劳动保障部 2000 年 12 月 8 日颁布的《劳动力市场管理规定》同时废止。

附录三　国务院办公厅关于进一步做好高校毕业生等青年就业创业工作的通知

国办发〔2022〕13号

各省、自治区、直辖市人民政府，国务院各部委、各直属机构：

高校毕业生等青年就业关系民生福祉、经济发展和国家未来。为贯彻落实党中央、国务院决策部署，做好当前和今后一段时期高校毕业生等青年就业创业工作，经国务院同意，现就有关事项通知如下。

一、多渠道开发就业岗位

（一）扩大企业就业规模。坚持在推动高质量发展中强化就业优先导向，加快建设现代化经济体系，推进制造业转型升级，壮大战略性新兴产业，大力发展现代服务业，提供更多适合高校毕业生的就业岗位。支持中小微企业更多吸纳高校毕业生就业，按规定给予社会保险补贴、创业担保贷款及贴息、税费减免等扶持政策，对吸纳高校毕业生就业达到一定数量且符合相关条件的中小微企业，在安排纾困资金、提供技术改造贷款贴息时予以倾斜；对招用毕业年度高校毕业生并签订1年以上劳动合同的中小微企业，给予一次性吸纳就业补贴，政策实施期限截至2022年12月31日；建立中小微企业专业技术人员职称评定绿色通道和申报兜底机制，健全职业技能等级（岗位）设置，完善职业技能等级认定机制，落实科研项目经费申请、科研成果等申报与国有企事业单位同类人员同等待遇。设置好“红灯”“绿灯”，促进平台经济健康发展，带动更多就业。稳定扩大国有企业招聘规模，指导企业规范发布招聘信息，推进公开招聘。

（二）拓宽基层就业空间。结合实施区域协调发展、乡村振兴等战略，适应基层治理能力现代化建设需要，统筹用好各方资源，挖掘基层就业社保、医疗卫生、养老服务、社会工作、司法辅助等就业机会。社区专职工作岗位出现空缺要优先招用或拿出一定数量专门招用高校毕业生。继续实施“三支一扶”计划、农村特岗教师计划、大学生志愿服务西部计划等基层服务项目，合理确定招募规模。对到中西部地区、艰苦边远地区、老工业基地县以下基层单位就业的高校毕业生，按规定给予学费补偿和国家助学贷款代偿、高定工资等政策，对其中招聘为事业单位正式工作人员的，可按规定提前转正定级。

（三）支持自主创业和灵活就业。落实大众创业、万众创新相关政策，深化高校创新创业教育改革，健全教育体系和培养机制，汇集优质创新创业培训资源，对高校毕业生开展针对性培训，按规定给予职业培训补贴。支持高校毕业生自主创业，按规定给予一次性创业补贴、创业担保贷款及贴息、税费减免等政策，政府投资开发的创业载体要安排30%左右的场地免费向高校毕业生创业者提供。支持高校毕业生发挥专业所长从事灵活就业，对毕业年度和离校2年内未就业高校毕业生实现灵活就业的，按规定给予社会保险补贴。

（四）稳定公共部门岗位规模。今明两年要继续稳定机关事业单位招录（聘）高校毕业生的规模。深化落实基层法官检察官助理规范便捷招录机制，畅通政法专业高校毕业生进入基层司法机关就业渠道。支持承担国家科技计划(专项、基金等)的高校、科研院所和企业扩大科研助理岗位规模。充分考虑新冠肺炎疫情影响和高校毕业生就业需要,合理安排公共部门招录(聘)和相关职业资格考试时间。受疫情影响严重地区,在 2022 年 12 月 31 日前可实施中小学、幼儿园、中等职业学校教师资格“先上岗、再考证”阶段性措施。

二、强化不断线就业服务

(五)精准开展困难帮扶。要把有劳动能力和就业意愿的脱贫家庭、低保家庭、零就业家庭高校毕业生,以及残疾高校毕业生和长期失业高校毕业生作为就业援助的重点对象,提供“一人一档”“一人一策”精准服务,为每人至少提供 3—5 个针对性岗位信息,优先组织参加职业培训和就业见习,及时兑现一次性求职创业补贴,千方百计促进其就业创业。对通过市场渠道确实难以就业的困难高校毕业生,可通过公益性岗位兜底安置。实施“中央专项彩票公益金宏志助航计划”,面向困难高校毕业生开展就业能力培训。实施共青团促进大学生就业行动,面向低收入家庭高校毕业生开展就业结对帮扶。及时将符合条件的高校毕业生纳入临时救助等社会救助范围。实施国家助学贷款延期还款、减免利息等支持举措,延期期间不计复利、不收罚息、不作为逾期记录报送。

(六)优化招聘服务。推进公共就业服务进校园,逐步实现公共就业招聘平台和高校校园网招聘信息共享。建立高校毕业生就业岗位归集机制,广泛收集机关事业单位、各类企业、重大项目等高校毕业生就业岗位需求计划,集中向社会发布并动态更新。构建权威公信的高校毕业生就业服务平台,密集组织线上线下专项招聘服务,扩大国家 24365 大学生就业服务平台、百日千万网络招聘、“千校万岗”、中小企业网上百日招聘等招聘平台和活动影响力。积极组织服务机构、用人单位进校园招聘。

(七)加强就业指导。健全高校学生生涯规划与就业指导体系,开展就业育人主题教育活动,引导高校毕业生树立正确的职业观、就业观和择业观。注重理论与实践相结合,开展多种形式的模拟实训、职业体验等实践教学,组织高校毕业生走进人力资源市场,参加职业能力测评,接受现场指导。高校要按一定比例配齐配强就业指导教师,就业指导教师可参加相关职称评审。打造一批大学生就业指导名师、优秀职业指导师、优秀就业指导课程和教材。举办全国大学生职业规划大赛,增强大学生生涯规划意识,指导其及早做好就业准备。

(八)落实实名服务。深入实施离校未就业高校毕业生就业创业促进计划,强化教育、人力资源和社会保障部门离校前后信息衔接,持续跟进落实实名服务。运用线上失业登记、求职登记小程序、基层摸排等各类渠道,与有就业意愿的离校未就业高校毕业生普遍联系,为每人免费提供 1 次职业指导、3 次岗位推荐、1 次职业培训或就业见习机会。

(九)维护就业权益。开展平等就业相关法律法规和政策宣传,坚决防止和纠正性别、年龄、学历等就业歧视,依法打击“黑职介”、虚假招聘、售卖简历等违法犯罪活动,坚决治理付费实习、滥用试用期、拖欠试用期工资等违规行为。督促用人单位与高校毕业生签订劳动(聘用)合同或就业协议书,明确双方的权利义务、违约责任及处理方式,维护高校毕业生合法就业权益。对存在就业歧视、欺诈等问题的用人单位,及时向高校毕业生发布警示提醒。

三、简化优化求职就业手续

(十)稳妥有序推动取消就业报到证。从 2023 年起,不再发放《全国普通高等学校本专科毕业生就业报到证》和《全国毕业研究生就业报到证》(以下统称就业报到证),取消就业报到证补办、改派手续,不再将就业报到证作为办理高校毕业生招聘录用、落户、档案接收转递等手续的必需材料。

(十一)提供求职就业便利。取消高校毕业生离校前公共就业人才服务机构在就业协议书上签章环节,取消高校毕业生离校后到公共就业人才服务机构办理报到手续。应届高校毕业生可凭普通高等教育学历证书、与用人单位签订的劳动(聘用)合同或就业协议书,在就业地办理落户手续(超大城市按现有规定执行);可凭普通高等教育学历证书,在原户籍地办理落户手续。教育部门要健全高校毕业生网上签约系统,方便用人单位与高校毕业生网上签约,鼓励受疫情影响地区用人单位与高校毕业生实行网上签约。对延迟离校的应届高校毕业生,相应延长报到入职、档案转递、落户办理时限。

(十二)积极稳妥转递档案。高校要及时将毕业生登记表、成绩单等重要材料归入学生档案,按照有关规定有序转递。到机关、国有企事业单位就业或定向招生就业的,转递至就业单位或定向单位;到非公单位就业的,转递至就业地或户籍地公共就业人才服务机构;暂未就业的,转递至户籍地公共就业人才服务机构。档案涉密的应通过机要通信或派专人转递。公共就业人才服务机构要主动加强与高校的沟通衔接,动态更新机构服务信息,积极推进档案政策宣传服务进校园,及时接收符合转递规定的学生档案。档案管理部门要及时向社会公布服务机构名录和联系方式。

(十三)完善毕业去向登记。从2023年起,教育部门建立高校毕业生毕业去向登记制度,作为高校为毕业生办理离校手续的必要环节。高校要指导毕业生(含结业生)及时完成毕业去向登记,核实信息后及时报省级教育部门备案。实行定向招生就业办法的高校毕业生,省级教育部门和高校要指导其严格按照定向协议就业并登记去向信息。高校毕业生到户籍和档案接收管理部门办理相关手续时,教育部门应根据有关部门需要和毕业生本人授权,提供毕业生离校时相应去向登记信息查询核验服务。

(十四)推进体检结果互认。指导用人单位根据工作岗位实际,合理确定入职体检项目,不得违法违规开展乙肝、孕检等检测。对外科、内科、胸透X线片等基本健康体检项目,高校毕业生近6个月内已在合规医疗机构进行体检的,用人单位应当认可其结果,原则上不得要求其重复体检,法律法规另有规定的从其规定。用人单位或高校毕业生对体检结果有疑问的,经协商可提出复检、补检要求。高校可不再组织毕业体检。

四、着力加强青年就业帮扶

(十五)健全青年就业服务机制。强化户籍地、常住地就业失业管理服务责任,允许到本地就业创业的往届高校毕业生、留学回国毕业生及失业青年进行求职登记、失业登记,提供均等化基本公共就业服务,按规定落实就业创业扶持政策。实施青年就业启航计划,对有就业意愿的失业青年,开展职业素质测评,制订求职就业计划,提供针对性岗位信息,组织志愿服务、创业实践等活动。对长期失业青年,开展实践引导、分类指导、跟踪帮扶,提供就业援助,引导他们自强自立、及早就业创业。

(十六)提升职业技能水平。适应产业转型升级和市场需求,高质量推动产训结合和职业技能培训资源共建共享,扩大青年职业技能培训规模,拓展学徒培训、技能研修、新职业培训等多种模式,举办各类职业技能竞赛活动。鼓励高校毕业生等青年在获得学历证书的同时获得相关职业资格证书或职业技能等级证书，对需要学历学位证书作为报考条件的，允许先参加考试评定，通过考试评定的，待取得相关学历学位证书后再发放职业资格证书或职业技能等级证书。

（十七）扩大就业见习规模。实施百万就业见习岗位募集计划，支持企事业单位、社会组织、政府投资项目、科研项目等设立见习岗位，按规定给予就业见习补贴。鼓励有条件的地方或用人单位为见习人员购买商业医疗保险，提高见习保障水平。离校未就业高校毕业生到基层实习见习基地参加见习或者到企事业单位参加项目研究的，视同基层工作经历，自报到之日起算。实施大学生实习"扬帆计划"，广泛开展各级政务实习、企业实习和职业体验活动。

五、压紧压实工作责任

（十八）加强组织领导。各地区各部门各高校要以习近平新时代中国特色社会主义思想为指导，认真贯彻落实党中央、国务院决策部署，把高校毕业生等青年就业作为就业工作重中之重，作为政府绩效考核和高校绩效考核内容，将帮扶困难高校毕业生就业作为重点，明确目标任务，细化具体举措，强化督促检查。各有关部门要立足职责，密切配合，同向发力，积极拓宽就业渠道，加快政策落实。

（十九）强化工作保障。要根据本地区高校毕业生等青年就业形势和实际需要，统筹安排资金，加强人员保障，确保工作任务和政策服务落实。健全公共就业服务体系，实施提升就业服务质量工程，增强对高校毕业生等青年就业指导服务的针对性有效性。运用政府购买服务机制，支持经营性人力资源服务机构、社会组织等市场力量参与就业服务、职业指导、职业培训等工作。

（二十）做好宣传引导。开展就业政策服务专项宣传，及时提供通俗易懂的政策解读。开展"最美基层高校毕业生""基层就业出征仪式"等典型宣传活动，引导高校毕业生等青年将职业选择融入国家发展，在奋斗中实现人生价值。做好舆论引导，及时回应社会关切，稳定就业预期。

国务院

二〇二二年五月五日

附录四　中华人民共和国劳动法

（网站链接）

附录五　部分职业测评网站

大学生就业测评网
中国国家人才测评网
职业测试-职业测评-职业规划网
北京数银英才测评网
中华英才网
中国南方人才网

附录六 部分求职网站

教育部国家大学生就业服务平台
全国大学生学业与职业发展平台(学职平台)
人力资源和社会保障部官网
国聘招聘平台
中智招聘网
中国人力资源市场网
中国公共招聘网
高校毕业生就业服务平台
中国国家人才网
就业在线
团团微就业

参 考 文 献

陈敏.大学生创业设计.上海:上海中医药大学出版社,2008.

程忠国.大学生就业与创业指导.武汉:华中科技大学出版社,2004.

邓基泽,曾龙威.大学生职业生涯规划与就业创业指导教程.2版.北京:中国农业大学出版社,2021.

邓基泽.大学生职业指导实用教程.北京:中国农业大学出版社,2004.

奋斗者,正青春:国家奖学金优秀学子风采⑤.暨南大学学生资助管理中心.(2025-03-26)[2025-06-03].

国务院办公厅印发《关于进一步做好高校毕业生等青年就业创业工作的通知》.人力资源和社会保障部.(2022-05-13)[2025-06-03].https://mp.weixin.qq.com/s/KoOz03wzfmOdl-pJhkUh-XA

胡解旺.大学生就业报告.北京:中央编译出版社,2004.

胡治永.通信机房动力环境监控系统.南京:南京邮电大学,2015.

华图教育.无领导小组讨论面试.北京:中国社会科学出版社,2018.

黄媛媛,李瑜.浅析基于协同管理的数字化校园平台建设.湖南邮电职业技术学院学报,2014(3):45-49.

黄中天.生涯规划—理论与实践.北京:高等教育出版社,2007.

嵇芹珍,罗冲.就业与创业指导.北京:中央民族大学出版社,2002.

江俊文,杜旭林,蒋超.就业创业成功学.成都:成都时代出版社,2007.

教育部.推荐使用全国高校毕业生网上签约平台.(2022-07-06)[2025-06-03].https://mp.weixin.qq.com/s/WPXNL_di_ogk1hvR-Rn3zw.

今年起,不再发放就业报到证.人民日报.(2023-05-13)[2025-06-03].https://mp.weixin.qq.com/s/qP0gGFkgDJh8JLfx1Wx_gQ.

荆力群.高质量PPT课件制作模式探析.信息与电脑(理论版),2016(4):131,133.

李德全.大学生就业指导实用教程.北京:中国文史出版社,2005.

李建明.大学生职业生涯设计与就业指导.沈阳:东北大学出版社,2005.

李瑞璇,樊未晨.职业规划有没有最优解:来自全国大学生职业规划大赛的观察.中国青年报,2024-04-22(5).

李树森.大学生就业与创业指导.沈阳:辽宁教育出版社,2004.

李永新.广东省公务员全真面试教程.北京:人民出版社,2012.

里尔登.职业生涯发展与规划.侯志谨,译.北京:高等教育出版社,2005.

林清华.高质量PPT课件制作模式探析.教育科学(全文版),2016(12):106.

刘超.就这样通过面试.成都:西南财经大学出版社,2003.

刘万韬. 大学生创新与创业教程. 天津:南开大学出版社,2013.

罗天虎. 创业学教程. 西安:西北工业大学出版社,2004.

青春的方向:首届全国大学生职业规划大赛风采展示. 全国大学生职业规划大赛. (2024-09-07)[2025-06-03]. https://zgs. chsi. com. cn/home.

人社部、教育部发文,积极稳妥做好高校毕业生档案转递接收工作. 中国政府网. (2023-06-16)[2005-06-03]. https://mp. weixin. qq. com/s/E8fVYZOymT0zSJA_XBwpHQ.

仁能达生涯. 职规赛成长、就业赛道考察逻辑大不同! PPT 结构千万别互相套用!!! ——揭秘成长赛道与就业赛道 PPT 的准备差异. (2024-12-12)[2025-06-03]. https://mp. weixin. qq. com/s/B2Kd4rINYaJT6rEwc351TA.

仁能达生涯. 第二届职规大赛成长赛道常见问题解答. (2024-11-01)[2025-06-03]. https://mp. weixin. qq. com/s/4oCjef5zlkMUpWNo45mz7A.

孙长缨. 当代大学生就业研究. 北京:高等教育出版社,2008.

唐娜. 邓宁. 你的职业性格是什么? MBTI16 型人格与职业规划. 2 版. 王瑶,邢之浩,译. 北京:电子工业出版社,2019.

汪熙. 成功面试的技巧. 上海:上海人民出版社,2000.

王福庆. 一份简历打天下. 北京:新华出版社,2003.

吴永峰. 动力环境集中监控系统在通信基站维护中的应用. 电子技术与软件工程,2014(15):65.

吴余舟. 大学生职业生涯规划与就业创业指导. 北京:机械工业出版社,2010.

肖胜萍. 中小企业创业与经营人力资源. 北京:中国纺织出版社,2010.

谢晓翠,王静. 职业生涯设计与就业指导. 杭州:浙江大学出版社,2007.

许洁,林泽瑞,秦璟文,等. 基于眼动追踪的原创网络文学网站优化研究-以起点中文网为例. 出版与印刷,2022(2):2-13.

央视网. 教育部要求规范做好高校毕业生去向登记这几点需注意. (2023-06-26)[2025-06-03]. https://mp. weixin. qq. com/s/aVDWG3uJ2wmoqxeArLUAJQ.

张小琪. 教师制作 PPT 课件中存在的问题及制作技巧. 中国新通信,2014(15):85.

邹艳. 应届生:资深导师教你 5 步打造 HR 青睐的好简历. 执灯者笔记. (2022-03-10)[2025-06-03]. https://mp. weixin. qq. com/s/ahtorOzvTT4fOVL1YRHY_A.